novum pro

Aleksandra Dimova

Der **MENSCH** im ***FLUSS*** der ***VERWANDLUNG***

EIN INTERDISZIPLINÄRES
MENSCH-UMWELT MODELL

novum ◢ pro

Inhaltsverzeichnis

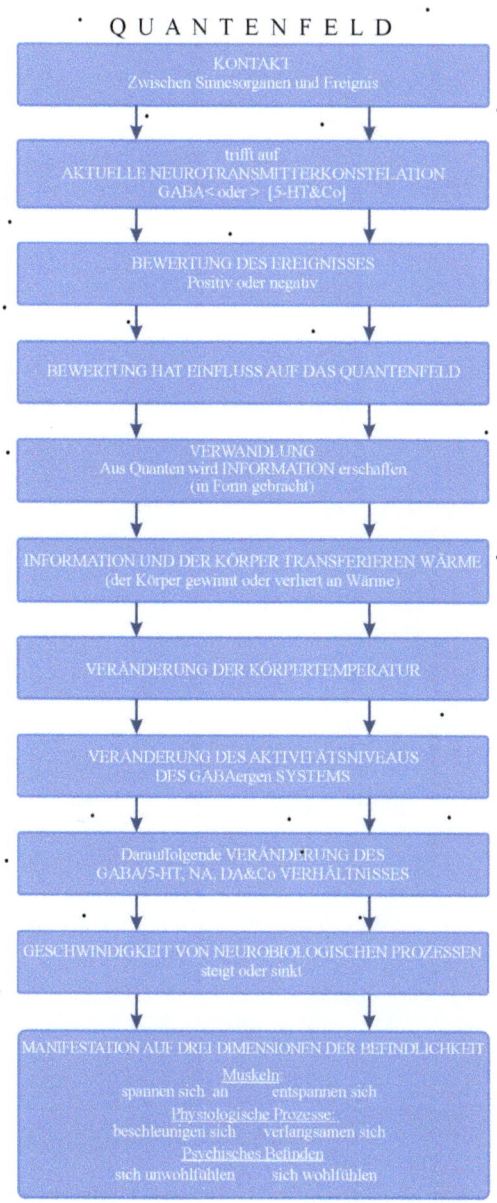

Bild. 1

Das interdisziplinäre Mensch-Umwelt Model: Fluss der Verwandlung

EINLEITUNG

Der britische Autor und Biologe Rupert Sheldrake schrieb:

„Ich habe dieses Buch geschrieben, weil ich glaube, dass die Naturwissenschaften spannender und mitreißender sein werden, wenn sie sich über die Dogmen hinwegsetzen, die dem forschenden Geist Grenzen setzen und die Phantasie hinter Gittern halten."

(Rupert Sheldrake, 2015)

Über das Mensch-Umwelt-Interaktion-Modell: Fluss der Verwandlung

Hat der Titel *Der Mensch im Fluss der Verwandlung* Ihre Neugier geweckt? Anscheinend schon, da Sie das Cover bereits umgeblättert haben und nun diese Zeilen lesen. Gleich zu Beginn möchte ich klarstellen: Dieses Buch erzählt keine Geschichte über einen Fluss. Der Fluss ist eine Metapher für eine Reihe aufeinanderfolgender neurobiologischer und quantenphysikalischer Prozesse, die Menschen miteinander und mit ihrer Umwelt verbinden. Die Geschichte, die ich Ihnen hier erzähle, ist die Geschichte von meiner eigenen Forschungs- und Entdeckungsreise, die ich vor ein paar Jahrzehnten spontan begann und die mich nach mehreren Jahren zu diesem Mensch-Umwelt-Interaktion-Modell führte.

Meine Entdeckungsreise

Für mich begann diese Reise zunächst völlig unspektakulär und unvorhergesehen, irgendwann am Ende der 1990er-Jahre, als ich meine doppelte Facharztausbildung zur Neuropsychiaterin machte. Zur damaligen Zeit verliefen die Vorlesungen in den beiden Fachgebieten Neurologie und Psychiatrie im Parallelslalom. Dies erlebte ich, wie alle anderen, die sie absolvierten, als anstrengend. Später, während meiner Forschung zu dem hier präsentierten Mensch-Umwelt-Interaktion-Modell, erwies sich diese Ausbildung als sehr hilfreich. Meine Neuropsychiatrie-Fachausbildung ermöglichte es mir, einen soliden Wissenspool aus beiden Fachgebieten zu gewinnen, auf den ich zurückgreifen kann. Auch prägten die beiden gleichzeitig verlaufenden Fachausbildungen mein Denken. Sie führten dazu, dass ich lernte, in Komplementaritäten zu denken, nämlich psychische und somatische, also körperliche, Ausdrucksformen aus neurologischer und psychiatrischer Perspektive betrachten zu können. Das erweiterte meinen Horizont: Ich stellte mir viele „Wie"- und „Warum"-Fragen, die mich neugierig nach Antworten suchen ließen und ermutigten, mit Konzepten zu experimentieren.

Wenn es damals darum ging, Ursache-Wirkungs-Prinzipien bei bestimmten neurologischen und psychiatrischen Symptomen zu finden, war die Lage klar. Für Neurologen war es wesentlich leichter, den Ursprung von neurologischen Symptomen zu finden. Basierend auf dem Wissen der Neuroanatomie erlangten die Neurologen zu klaren Erkenntnissen, wie sich elektrische Impulse entlang der Nervenbahnen ausbreiten, eine mit der anderen Hirnregion verbinden und neuronale Schaltkreise bilden. Dieses Modell erleichtert den Neurologen, sich im menschlichen Gehirn zu orientieren. Bei einem neurologischen Ausfall können sie auf diese Weise schnell herausfinden, wo Läsionen zu suchen sind, die für das beobachtete Symptom verantwortlich sein könnten. Die in der Zwischenzeit immer leistungsfähigeren Untersuchungsverfahren wie (Magnetresonanztomografie oder MRT), Positronen-Emissions-Tomografie (oder PET) machen es möglich, den Ort der Läsion und den Mechanismus, der hinter dem Symptom steht, genauer zu lokalisieren.

Im Gegensatz dazu waren die Ursache-Wirkungs-Prinzipien bei psychischen Ausdrucksformen nicht gänzlich transparent. Als es in den 1990er-Jahren, am Beginn meiner Entdeckungs- und Forschungsreise, darum ging, die biologischen Grundlagen für psychische Ausdrucksformen zu erkunden, konnten keine erkennbaren organischen Veränderungen im Gehirn von Erkrankten nachgewiesen werden. Die Forscher fanden zwar zum Beispiel Asymmetrien in Hirnstrukturen oder unterschiedliche Werte bei bestimmten biologischen Markern, doch wiesen diese nur manche der Erkrankten auf. Aus wissenschaftlicher Sichtweise sind sie daher nicht ausreichend als neurobiologische Grundlagen von psychischen Symptomen oder Erkrankungen anzusehen.

Trotz vieler entdeckter einzelner Zusammenhänge scheint ein ganzheitliches Bild über psychische Ausdrucksformen verloren zu gehen. Um in unserer Metapher des Flusses zu bleiben: Durch den Fokus auf einzelne Tropfen wird die Manifestation eines Gesamtstromes an Geschehnissen nicht erkannt. Trotz vieler Fortschritte, die im Bereich der Psychiatrie gemacht wurden, hat sich bis heute kaum grundsätzlich das Bild über die Ursachen von psychischen Ausdrucksformen verändert. Es bleibt lückenhaft.

Ohne Nachweise auf organische Grundlagen psychischer Erkrankungen sprach man in der Medizin lange von rein „psychisch bedingten" Symptomen und Erkrankungen. Man weiß, dass die individuellen genetischen Grundlagen an der Manifestation dieser Erkrankungen wie auch die Interaktion zwischen dem Menschen und seiner Umwelt beteiligt sind. Forscher sprechen immer häufiger von Epigenetik – die als das Bindeglied zwischen Umwelteinflüssen und Genen gilt –, ohne bisher den genauen Mechanismus am Übergang zwischen Mensch und Umwelt aufgespürt zu haben.

Wenn es jedoch um die neurobiologischen Hintergründe der Entstehung unterschiedlicher Persönlichkeitsmerkmale geht, ist die Situation in Bezug auf ihre organischen Grundlagen noch schwerer. Zum Beispiel konnten in den Hirnstrukturen von Personen, die als Optimisten oder als Pessimisten bezeichnet werden, keine Unterschiede gefunden werden, die erklären würden, warum ein Optimist ein bis zur Hälfte mit Bier gefülltes Glas mit Freude betrachtend („Schön, ich habe noch die Hälfte vor mir") und ein Pessimist darauf eher enttäuscht reagiert („Wie kommt es, dass nur noch die Hälfte da ist?").

An Versuchen, diese Interaktionen zwischen Menschen und ihrer Umwelt auf jeweiligen biologischen, psychologischen und sozialen Ebenen zu erklären, mangelt es nicht. Jede Disziplin versucht aus ihrem Erkenntnispool eine Erklärung hervorzubringen. Doch im Laufe der Zeit wurde den Forschern immer deutlicher, dass *eine* wissenschaftliche Disziplin allein keine ausreichende Kenntnisressourcen zur Verfügung hat, um eine übergreifende Gesamttheorie zur Interaktion zwischen dem Menschen und seiner Umwelt zu liefern. Die Wissenschaftler einigten sich darauf, den Ruhm, dies zu erklären, miteinander zu teilen.

Das war der Punkt, an dem die wissenschaftliche Community begann, von einem bio-psycho-sozialen Modell der psychischen Erkrankungen und Ausdrucksformen zu sprechen. Dieses Modell prägt das Denken der Neurowissenschaftler noch immer. Wichtig ist, festzuhalten, dass es sich dabei nicht um ein ganzheitliches Modell handelte, das die Realität abbildet, sondern um Theorieansätze, die aus biologischen, psychologischen und sozialen Perspektiven zusammengefügt sind.

Diese unterschiedlichen Modelle koexistieren wie Paralleluniversen. Im Unterschied zur Koexistenz von Paralleluniversen in der Kosmologie, die angeblich nichts voneinander wissen, kennen sich die biologischen, psychologischen und soziologischen Universen untereinander und sind sich ihren Überlappungen „bewusst". Wo die Schnittstellen bei diesen Überlappungen liegen und auch wie die Übergänge zwischen Biologie, Psychologie und Soziologie ablaufen, konnte bislang nicht erklärt werden. Ein gemeinsamer Nenner fehlt.

Die Suche nach dem gemeinsamen Nenner

Meine Suche nach so ein einem möglichen Nenner nahm ihren Anfang während einer eher langweiligen Vorlesung aus dem Fachgebiet der Psychiatrie. An diesem Tag trug der Psychatrieprofessor, ein eingefleischter Psychoanalytiker, zu Anpassungsstörungen (ein Symptomspektrum aus Angst, Verzweiflung, Hoffnungslosigkeit, Isolation, Traurigkeit, Verspannungen der Halswirbelsäulenmuskulatur) vor. Grundsätzlich handelte es sich dabei um eine pessimistische Lebenseinstellung verbunden mit Desinteresse und Freudlosigkeit. Bei diesen psychischen Erkrankungen ist eine Interaktion zwischen biologischen, psychologischen und sozialen Faktoren deutlich sichtbar.

Der Professor listete die Symptome auf: psychische Auffälligkeiten wie Angst, Depressivität, Ärger, Verbitterung, Verzweiflung, Aggressivität, aber auch körperliche Symptome wie beispielsweise Muskelverspannungen. Seiner Ansicht nach waren diese körperlichen Symptome rein psychisch bedingt. In die von ihm vorgenommene Auflistung der Symptome schmuggelte sich ein weiteres Symptom, und zwar lebhafte Muskeldehnungsreflexe (Hyperreflexie). Das sind Reflexe, die bei einer Muskelanspannung entstehen, die durch eine Längendehnung eines Muskels bei einer raschen Bewegung ausgelöst werden. Ein Beispiel hierfür ist der Reflex des Kniegelenkstreckers (Kniesehnenreflex). Er kann mittels eines Schlags mit dem Reflexhammer unter die Kniescheibe erreicht werden und bewirkt eine unwillkürliche Streckung des angewinkelten Beins. Das Vorhandensein dieses Reflexes würde bedeuten, dass das Spektrum an Symptomen einer Anpassungsstörung eine gleichzeitige Koexistenz von rein psychisch bedingten Symptomen mit rein neurologischen Symptomen darstellt.

Dass der Vortragende diese Reflexe erwähnte, ließ mich aufhorchen. Irgendwo in meinem Gehirn schrillte die Alarmglocke. Es stellte sich mir plötzlich die Frage: Was hat ein organisch bedingtes Symptom in einer rein psychisch bedingten Erkrankung, der Anpassungsstörung, verloren? Mir wurde klar:

In diesem Erklärungsmodell zur Entstehung von psychischen Erkrankungen stimmte etwas nicht. Wie konnte eine psychische Erkrankung – halb Fisch (psychisch) – halb Fleisch (neurologisch) sein?

Das konnte ich nicht nachvollziehen. Die damals überzeugte Neurologin in mir wusste, dass auch die bei psychischen Zuständen feststellbaren neurologischen Symptome, wie Muskelanspannungen und lebhafte Reflexe, eine organische Ursache verbergen mussten. Aus der Neurologie war mir bekannt, dass diese Reflexe auf eine organische Ursache verwiesen, die im Gehirn auf dem Niveau der sogenannten oberen motorischen Neuronen, die das Gehirn mit dem Rückenmark verbinden, zu suchen wären.

Diese Koexistenz von rein psychischen und neurologischen Symptomen konnte kein Zufall sein. Sie war ein Phänomen, das auch bei vielen anderen psychischen Erkrankungen zu finden war, bei denen Anspannung ein Teil des Symptomspektrums ist (Urban, 2012). Angespannte Muskeln und lebhafte Reflexe trifft man auch bei einem heutzutage weitverbreiteten psychischen Zustand, nämlich dem Stress. Ich griff damals zu meinem Notizbuch und notierte mir 2 mathematische Beziehungen:

Anpassungsstörung = lebhafte Reflexe
Läsion des oberen Motoneurons = lebhafte Reflexe

Legende: Das Symbol „=" in der ersten Gleichung bezeichnet den Zusammenhang, eine verborgene Verbindung zwischen einem rein psychischen und einem rein neurologischen Zustand zu vermitteln.

Die Nutzung einer solchen „mathematischen" Darstellungsform von beobachteten Koinzidenzen zwischen auf den ersten Blick unterschiedlichen Phänomenen bringt die Gefahr mit sich, von manchen Wissenschaftlern als sehr vereinfacht und unseriös eingestuft zu werden. Das muss nicht immer der Fall sein, wie der Historiker Thomas Goldstein in seinem Buch *Down of Modern Science* schrieb:

> *„Mathematische Beziehungen zeigen oft eine immer wieder*
> *überraschende elementare Einfachheit, so als implizierten*
> *sie, dass der unendlichen Vielfalt an beobachtbaren*
> *Einzelheiten, die sich unseren Sinnen darbietet,*
> *bestimmt relativ wenige fundamentale Gesetze oder*
> *Varianten davon zugrunde liegen.“*
>
> (zitiert nach Calvin, 1997, 541)

Die Erfahrung während meiner Forschungsarbeit zeigte, dass eine solche Form der Darstellung die Funktion einer Notiz auf der Pinnwand meiner Aufmerksamkeit bot, die mich immer wieder daran erinnerte, auf der Suche nach verborgenen Verbindungen „am Ball" zu bleiben. Sie erwies sich als richtungweisend beim Versuch, ein Prinzip aufzuspüren, und zwar den gemeinsamen Nenner, der hinter den Übergängen eines neurobiologischen Prozesses zum anderen liegt; oder metaphorisch: von einem zum anderen Abschnitt des Flusses der Verwandlung. Ich mutmaßte, dass hinter diese Koinzidenz ein verborgener Zusammenhang bestand, und zwar auf folgende Weise:

Anpassungsstörung = Läsion des Motorneurons

Achtung, bei der Interpretation der Gleichung ist Vorsicht geboten. Sie impliziert keinesfalls, dass eine Anpassungsstörung die Folge einer Läsion des oberen motorischen Neurons ist. Sie weist lediglich darauf hin, dass es eine Verbindung, einen gemeinsamen Nenner, zwischen einem rein psychischen und einem rein neurologischen Zustand geben müsste, der auf den Ebenen neurobiologischer Prozessen zu suchen wäre. Was konnte dieser? Diese Frage trat danach jedoch etwas an die Peripherie meines Aufmerksamkeitsfeldes und verschwand irgendwann komplett aus meinem Interessenhorizont. Andere Prioritäten erwiesen sich als relevanter in meinem Leben. Aber wie es sich im Nachhinein herausstellte, waren diese Gleichungen wie Samen, die sehr langsam, aber unaufhörlich irgendwo in mir keimten, meine Neugier mir keine Ruhe ließen nach dieser Verbindung zu suchen. Die 3 Gleichungen zogen immer wieder meine Aufmerksamkeit auf sich. Die Frage, welche neuronalen Wege verantwortlich für Muskelverspannungen und lebhafte Reflexe bei psychischen Störungen sein könnten, ließ mir keine Ruhe.

Irgendwann kam ein Impuls, wieder nach meinen alten Neurologie- und Neuroanatomie-Büchern zu greifen, um genauer zu erkunden, welche neuronalen Wege für Muskelverspannungen und lebhafte Reflexe auch bei psychischen Störungen verantwortlich sein könnten. Doch dort fand ich kein Indiz, das einen gemeinsamen Nenner zwischen den neurologischen und psychischen Symptomen bei einer Anpassungsstörung andeuten könnte. Auch in den damaligen Lehrbüchern der Neurologie und Neuroanatomie fand ich keine Aufklärung dieser Fragen.

Nach diesem verborgenen Nenner suchend, wurde ich gezwungen, die Komfortzone meiner beiden Fachgebiete Neurologie und Psychiatrie zu verlassen und mich in andere Fachgebiete wie die Physiologie und Psychologie zu begeben. In der Physiologie stieß ich auf die Thermodynamik (auch Wärmelehre genannt). Als ein Teilgebiet der Physik beschäftigt sich die Thermodynamik mit der Umwandlung und Veränderung von Energie innerhalb eines oder mehrerer Systeme, deren Gesetze auch im menschlichen Körper gültig sind. Den 0. und den 2. Hauptsatz der Thermodynamik nach Rudolf Clausius (siehe Kapitel „Mensch-Umwelt-Interaktion: Die Rolle der Thermodynamik") zu berücksichtigen, zeigte sich als hilfreich, um a) die Interaktion zwischen dem Menschen als einer Einheit und seiner Umwelt besser zu verstehen, b) wichtige Geschehnisse auf der motorischen, physiologischen und der psychologischen Ebene des Menschen nach einem Kontakt mit der Umwelt zu erklären.

Um die Schnittstellen verstehen zu können, wo Interaktion zwischen dem Menschen und seiner Umwelt stattfindet, fehlten es noch an Erklärungsansätzen. Da der Mensch ein Teil eines großen Ganzen, des Universums, ist, war es für mich naheliegend, eine Erklärung für dieses in der Quantenphysik zu suchen. Und genau hier wurde ich fündig.

Eines Tages versuchte ich all die Gleichungen in Form eines Diagramms darzustellen. Das Ergebnis war keinesfalls aufmunternd. Es wirkte sehr komplex und verworren. Damit konnte ich kaum etwas anfangen. Trotzdem fixierte ich es auf einer Pinnwand und ließ es sozusagen reifen. In der Zwischenzeit navigierte ich durch die in unterschiedlichen Fachgebieten geltenden Modelle, um Spuren zu finden, die mir klare Hinweise über das Verbindungsglied zwischen einer psychischen Erkrankung und neurologischen Symptom liefern könnten.

Einmal stieß ich auf folgendes Zitat des amerikanischen Physikers Hans Christian von Baeyer:

„Wenn Sie etwas nicht verstehen, zerlegen Sie es. Reduzieren Sie es auf seine Bestandteile. Da sie einfacher sind als Ganze, haben Sie eine viel bessere Chance, sie zu verstehen; und wenn Ihnen das gelungen ist, bauen Sie das Ganze wieder zusammen.“
(Baeyer, 2004, zitiert nach Bryson, 2011)

„Das ist leichter gesagt als getan, Herr von Baeyer!", dachte ich. In meiner Forschungsarbeit mangelte es nicht an Einzelheiten. Das Problem war, dass die immer mehr wurden. Als Summe erinnerten sie mich an einen Farbenblindheit-Test, der aus vielen Punkten in unterschiedlichen Größen und Farben besteht, aus denen eine versteckte Zahl zu erkennen ist, wenn Sie nicht farbenblind sind. Ich konnte nichts erkennen.

Die Suche nach schlüssigen Verbindungen zwischen Einzelheiten, die auf wissenschaftlichen Fundamenten fußten, wurde zu meiner ständigen Begleiterin, ich kann sagen zu meiner Lebensgefährtin: mich bisweilen herausfordernd, mich bisweilen immer wieder zur Verzweiflung bringend. Vor allem wenn ich mich in einer Sackgasse meiner Forschung befand, wenn ich den Überblick über das Ganze verlor. Es war eine sehr frustrierende Angelegenheit, die immer wieder wiederholte. Trotzdem gab ich nicht auf. An Ausdauer fehlte es mir nicht. Allerdings, je mehr ich mich in den folgenden Jahren in unterschiedliche Gebieten einlas, desto mehr potenzielle Zusammenhänge zwischen Einzelheiten aus diesen Gebieten erschlossen sich mir. Diese notierte ich als weitere Gleichungen, bevor sie dann wieder neben Anforderungen meines Alltags untertauchten.

Wie Sie auf dieser Entdeckungsreise erfahren werden, ging das Ergebnis meiner Recherche weit über meine ursprüngliche Absicht hinaus. Wie bereits angedeutet, wollte ich ursprünglich nur klären, was sich hinter dem Gleichheitszeichen in den erwähnten Gleichungen verbergen könnte, was also Anpassungsstörungen und angenommene Läsionen des oberen motorischen Neurons verbinden könnte. Der verborgene gemeinsame Nenner wurde deutlicher. Und nicht nur das: Im Verlauf der Entdeckungsreise zeichneten sich allmählich Umrisse von etwas viel Komplexerem ab, was am Ende in einem Modell über die Mensch-Umwelt-Interaktion resultierte, das ich *Fluss der Verwandlung* taufte.

Die Entwicklung des Modells über die Mensch-Umwelt-Interaktion

An dieser Stelle möchte ich betonen, dass meine Arbeit an diesem Modell nicht möglich wäre ohne die Werke äußerst kompetenter Vorgänger. Dafür bin ich ihnen sehr dankbar. Ich habe mich bei der Entwicklung dieses Modells auf jene Aspekte konzentriert, die ich für notwendig erachtete, um es auf ein wissenschaftlich festes Fundament zu stellen. Erkenntnisse aus unterschiedlichen Wissenschaftsdisziplinen wurden entlehnt, die wie Puzzleteile in ein kompakteres Modell hineingefügt wurden.

In die Entscheidung, welche der mir zur Verfügung stehenden Theorien ich auswählen möchte, sind auch meine Vorlieben sowie meine beruflichen Überzeugungen und Erfahrungen aus meinem privaten und beruflichen Alltag geflossen. Daher wurden einige bekannte Theorien nicht hinreichend berücksichtigt. Das soll jedoch nicht als Geringschätzung dieser Theorien angesehen werden.

Meine hier präsentierten Annahmen basieren auf Erkenntnissen von Nobelpreisträgern wie den Physikern Max Planck, Richard Feynman, Frank Wilczek, Robert Brout, François Englert, Peter Higgs, den Physiologen Andrew Huxley und Alan Hodgkin wie auch dem Psychologen Daniel Kahneman. Und nicht nur das. Das Modell steht im Einklang mit *uralten* und als *überholt* betrachteten Thesen in Bezug auf Information oder Unsterblichkeit der Seele von Platon, Descartes, Augustinus und Thomas von Aquin. Wenn Sie der Meinung sind, dass Sie wissen, was *Information* ist, warten Sie ab. Die ist nicht das, was Sie meinen. Wenn Sie zu den Entschlossenen gehören, die die Existenz einer Seele misstrauisch betrachten, warten Sie ab.

Glauben Sie, dass Sie immer fähig sind, *bewusst für oder gegen etwas zu entscheiden*? Dass wir Menschen mit einem *freien Willen* gesegnet sind? Warten Sie ab. Die Argumente, die für die Existenz einer Seele (Kapitel *Informationen gestalten*) oder gegen einen freien Wille (Kapitel *Automatische Bewertung*) sprechen, kommen noch. Unterschätzen Sie nicht die Bedeutung von Ereignissen bzw. Stimuli, mit denen Sie in Kontakt kommen (Kapitel: *Ereignisse und Stimuli*).

Kenntnisse aus der Paläontologie und Evolution des Menschen halfen mir zu verstehen, welche a) Veränderungsprozesse auf neurobiologischer Ebene vom Homo sapiens in der Zukunft zu erwarten sind und b) welche Auswirkungen diese auf sein Handeln und Verhalten haben könnten.

In diesem Buch habe ich versucht, die Erkenntnisse zu vereinfachen, um die quantenmechanischen und neurobiologischen Prozesse für ein breites Publikum verständlicher zu machen. Manche der Leser werden die Darstellung menschlicher neurobiologischer

Verläufe als zu vereinfacht wahrnehmen. Ich wollte ihre Aufmerksamkeit auf wesentlichen Aspekte aus der Neurobiologie fokussieren. Deswegen ist mein Fokus in diesem Modell auf den *Sympathikus* gerichtet. Dies bedeutet nicht, die Rolle seines Partners, des Parasympathikus, zu negieren. Aus gleichem Grund werde ich mich somit auf 4 von mehr als 50 nachgewiesenen Neurotransmittern fokussieren: *GABA (Gamma-Aminobuttersäure)* als haupthemmenden Botenstoff und *Serotonin, Noradrenalin und Dopamin* als anregende Botenstoffe. Das heißt nicht, dass ich die Komplexität der Verknüpfungen und Wechselwirkungen zwischen allen Botenstoffen nicht anerkenne. Wie bei einem guten Film, der mehrere Nebendarsteller und Hunderte von Statisten zeigt, drehen sich die Geschichten jedoch selbst meist um eine Handvoll Hauptfiguren. Auch in diesem Modell wird die Haltung vertreten, dass es bei bestimmten neurobiologischen Zuständen ein paar Hauptdarsteller, also Neurotransmitter, gibt, die die Geschichte „vorantreiben". Der Grund für solche Vereinfachungen war – gemäß meiner Absicht –, das Modell so transparent wie möglich zu machen.

Damit wollte ich vermeiden, dass vor lauter Kenntnissen, vergleichbar mit Wassertropfen, der gesamte Verlauf des Flusses der Verwandlung nicht mehr zu sehen wäre und somit die Wechselwirkung zwischen Mensch und Umwelt nicht in ihrer Deutlichkeit zu erkennen wäre.

Kurze Zusammenfassungen, jeweils mit der Überschrift: *Zur Erinnerung* versehen, können jenen Lesern helfen, die schwierigere Abschnitte des Buches auslassen, trotzdem kontinuierlich im „Fluss der Verwandlung" zu bleiben. Ich halte mich eng an entscheidende wissenschaftliche Konzepte, während ich Einzelheiten aus unterschiedlichen Disziplinen mit Metaphern, Analogien, Abbildungen, Tabellen und Geschichten aus dem Alltag sowie der psychiatrischen Praxis ergänze. Die Namen von Personen wurden selbstverständlich verändert.

Das Buch ist für Studierende, Liebhaber populärwissenschaftlicher Bücher, Leute vom Fach und auch für jene Leser bestimmt, die nur wenig oder kaum Kenntnisse der Psychologie, Psychopharmakologie oder Quantenphysik besitzen. Ihr Interesse an größeren Zusammenhängen des Menschen und seiner Umwelt sollte so wach sein, dass sie neugierig und bereit sind, sich mit komplexen Konzepten auseinanderzusetzen.

Das vorliegende Buch widme ich dem Menschen, dem Homo sapiens, unabhängig von seiner Hautfarbe, seiner Genderidentität, seiner sexuellen Orientierung oder seinem Glauben. Aus diesem Grund verzichte ich – aus Respekt – absichtlich auf das Gendern.

Mit dem Lesen des ersten Kapitels brechen Sie zu einer Entdeckungsreise auf einem Fluss auf: Stromschnellen geballter Information, aber auch ruhige Gewässer der Reflexion erwarten Sie auf dieser Reise. Sie werden in Tiefen physiologischer, physikalischer und biochemischer, psychologischer und sozialer Quellen dieses Flusses blicken, bis er sein Delta und seine Mündung erreicht. Dabei werden Sie Gedanken erblicken, die möglicherweise von Ihren vertrauten Gewissheiten abweichen werden. Sie werden Zeugen eines Paradigmenwechsels sein, der Ihre Horizonte ins Unbegreifliche erweitern könnte.

Die Erweiterung von menschlichen Horizonten durch das Einbeziehen von – auf den ersten Blick – Unbegreiflichem formulierte der englische Philosoph Sir Francis Bacon (1561–1626) Mitte des 16. Jahrhunderts – damals über die Unbegreiflichkeit des Weltraums reflektierend – folgendermaßen:

> *„Wir dürfen das Weltall nicht einengen, um es den Grenzen unseres Vorstellungsvermögens anzupassen, wie der Mensch es bisher zu tun pflegte. Wir müssen vielmehr unser Wissen ausdehnen, so dass es das Bild des Weltalls zu fassen vermag."*
> (Vaas, 2023)

Das betrifft im Ganzen die Vorstellung über unsere Interaktion mit der (Um-)Welt. Wir dürfen diese nicht einengen, um sie den Grenzen unseres Vorstellungsvermögens anzupassen, wie wir es noch immer zu tun pflegen. Wir müssen vielmehr unser

Wissen ausdehnen, sodass es das Bild unserer Interaktion mit der Umwelt zu fassen vermag.

In der Hoffnung, dass dieses Buch zu Ihrer Wissenserweiterung über die Wechselwirkungen zwischen Ihnen und Ihrer Umwelt beitragen kann, Ihre Sichtweise verändert und eine neue Bewertung der Geschehnisse mit sich bringt und Ihnen durch Tipps helfen kann, die Fließgeschwindigkeit Ihres *Flusses der Verwandlungen* gezielt steuern zu können, wünsche ich Ihnen viel Vergnügen bei dieser Reise vom Ursprung bis zu seiner Mündung. Vergessen Sie nicht: Es ist der *Fluss der Verwandlung,* in dem Sie sich genau in diesem Moment befinden.

Aleksandra Dimova
Graz, März 2024

KAPITEL 1

MENSCH-UMWELT-INTERAKTION

Aufbruch einer Entdeckungsreise

„Wer das Entschwundene wieder ins Leben zurückführt,
erfährt ein Glück, als würde er es schaffen."
Deutscher Althistoriker Barthold Niebuhr (1776–1831)
(aus W. Calvin: Der Strom, der bergauf fließt, 18)

Will man einen Fluss erkunden, so ist es am spannendsten, einfach an jener Stelle des Ufers, an der man sich befindet, ins Wasser zu steigen, kurz innezuhalten und dann zur Entdeckungsreise aufzubrechen. Mit dem Weiterlesen dieses Buches erklären Sie sich bereit, das sichere Zuhause Ihrer Weltvorstellung zu verlassen und auf eine mitreißende Expedition zu gehen. Diese Reise trete ich mit Ihnen jetzt wieder an.

Neben dem ersten Impuls, meine Forschungsreise anzutreten, den ich während besagter Psychiatrievorlesung bekam, waren 3 Ereignisse ausschlaggebend, die Lisa – es wird immer wieder die Rede von ihr sein – einer guten Bekannten von mir, widerfuhren.

Das ungeschickte Eintauchen ins eiskalte Wasser

An einem warmen, sonnigen Tag fuhr Lisa mit ihrem Freund zum Weißensee. Der Plan war es, tauchen zu gehen. Sehr entspannt freute sie sich auf ein für sie neues Erlebnis. Es sollte ihr erster Tauchgang im Süßwasser werden. Sie wusste, dass das Wasser eher kalt war, und zog sich ihren dicken Tauchanzug rasch an. Dann ging es auch schon los. In ihrer

Aufregung sprang sie von der Plattform buchstäblich ins kalte Wasser – ohne Vorbereitung. Sofort traf sie ein Schock. Augenblicklich verkrampften sich alle ihre Muskeln. Im gleichen Moment spürte sie, wie ihr das Einatmen schwerfiel. Ihr Brustkorb schien wie in einem engen Panzer eingeschlossen. Sie kämpfte gegen den massiven Widerstand dieses Panzers, um Luft zu holen. Jeder erneute Versuch, einzuatmen, war zunehmend erschwert und zehrte an ihren Kräften. Sie realisierte, dass sie nicht frei atmen konnte. Sie befand sich in Atemnot. Gleichzeitig mit dieser Erkenntnis überkam sie Angst. Ihre ganze Aufmerksamkeit war nur auf ihre Atmung fokussiert, auf nichts anderes. Im Brustkorb spürte sie, wie ihr Herz pochte. Unruhig zappelte sie im Wasser. Nur dank der Hilfe ihres Freundes schaffte sie es, wieder auf die Plattform zu kommen und sich mit letzter Kraft hinzusetzen. Trotz strahlenden Sonnenscheins wurde ihr ganzer Körper durch starkes Zittern durchgeschüttelt, ihre Zähne klapperten, sie bekam eine Gänsehaut. Ihr Körper rollte sich automatisch zusammen. Sie umfasste ihre Knie mit den Armen. Die Sonnenstrahlen wärmten ihren Körper langsam wieder auf. Ihre Muskeln begannen sich allmählich zu entspannen. Ihre Körperhaltung öffnete sich zunehmend, ihr Brustkorb auch – sie konnte leichter und tiefer ein- und ausatmen. Das Zittern klang langsam ab sowie auch ihre Angst. So ein erleichterndes Gefühl! Der Kälteschock, dem sie sich ausgesetzt hatte, war vorbei. Sie war wieder imstande, rational zu denken. Sofort erkannte sie ihren Fehler: unüberlegt und voreilig hatte sie ihren Körper – und damit sich selbst – einem Kälteschock ausgeliefert, ohne ihn vorher langsam auf die Kälte des Wassers vorbereitet zu haben. Sie realisierte, wie unfair das ihrem Körper gegenüber war. Sie ließ ihren Körper noch einige Zeit von der wohltuenden Wärme der Sonnenstrahlen auftanken, bis es ihr in ihrem Tauchanzug heiß wurde und sie zu schwitzen begann. Als das Ganze vorbei war, erzählte Lisas Freund, dass aus ihren weit aufgerissenen Augen ihre Angst klar abzulesen war.

Nach so einem furchterregenden Ereignis würden wahrscheinlich viele Menschen keinen zweiten Tauchgang wagen – nicht aber Lisa. Dieses Mal bereitete sie ihren Körper auf den Kontakt mit dem kalten Wasser vor, indem sie vor dem zweiten Tauchgang ihre Beine zuerst für einige Minuten ins kalte Wasser hielt. In sich hinein lächelnd, erinnerte sie sich, wie ihr dies ihre Eltern beigebracht hatten, als sie klein war. Danach tauchte sie langsam ein. Dieses Mal klappte das Eintauchen perfekt. Entspannt konnte sie die Unterwasserwelt im Weißensee bewundern: die versunkenen Baumstämme, die bewegungslosen-Hechte, die dann elegant, geschmeidig, mit langsamen Bewegungen von ihr wegschwammen. Ein faszinierendes Ereignis.

Als sie im Nachhinein ihren ersten Tauchversuch Revue passieren ließ, realisierte sie, dass in der Situation des erlebten Kälteschocks kein Platz für lösungsorientiertes Denken übrig war. In diesem Moment, in dem sie um überlebenswichtige Luft rang, war ihre ganze Aufmerksamkeit dem Versuch gewidmet, ihre Lungen wieder mit Luft zu füllen, um frei ein- und ausatmen zu können. Auf der Plattform sitzend, wurde ihr klar, dass sie in dieser Situation, als sie von ihrer Angst überwältigt wurde, ohne fremde Hilfe kaum imstande gewesen wäre, allein aus dem Wasser herauszukommen und sich aus eigener Kraft zu retten. Wenn sie allein gewesen wäre, hätte das Ganze tragisch enden können, obwohl sie nur 1,5 Meter von der Plattform entfernt war.

Der Zusammenprall auf der Autobahn

Es geschah an dem Tag, als Lisa an einem wunderschönen Sommertag entspannt auf der Autobahn zur Arbeit fuhr. Sie kannte diesen Weg so gut, dass sie ihn sozusagen fast mit verbundenen Augen fahren konnte. Plötzlich erschrak sie, als sie sah, wie ein riesiger Stein von einem vor ihr fahrenden Lkw auf ihre

Fahrspur herunterstürzte. Ihr wurde augenblicklich klar, dass ein Zusammenprall mit dem Stein unvermeidbar sein würde. Im Nachhinein erinnerte sie sich, wie ihr Gehirn in diesem kurzen Moment vor dem Zusammenstoß mit unglaublicher Geschwindigkeit alle Ereignisse rund um sie herum bewertete. Die schnell fahrenden Autos auf den angrenzenden Fahrspuren versperrten ihr jede Ausweichmöglichkeit. Sie schätzte, dass ein Ausweichmanöver zu einer unvermeidlichen Kollision mit anderen vorbeirasenden Autos führen würde, was nicht nur sie, sondern auch andere Menschen in Lebensgefahr bringen könnte. Die Entscheidung war also getroffen: Sie musste auf ihrer Fahrspur bleiben. Eine Kollision mit dem Stein war nicht zu vermeiden. Die einzige Frage war: Wie groß würden die Folgen sein? Ihre Hände hielten das Lenkrad fest und sie spürte, wie sich alle ihre Muskeln anspannten. Dann passierte es. Mit voller Wucht prallte ihr Auto gegen den Stein, rollte aber weiterhin auf der Autobahn. Im Inneren des Autos war ein stark unangenehmer Geruch wahrzunehmen. Die Fahrerkabine füllte sich mit dichtem Rauch. Lisas Gehirn registrierte eine neue, nicht weniger gefährliche Bedrohung: Ihr Auto könnte zu brennen beginnen. Die lebensbedrohliche Situation war somit noch nicht vorbei. Lisa fürchtete um ihr Leben. Trotzdem schaffte sie es, ihr Auto langsam an den Fahrbahnrand zu lenken, es zum Stillstand zu bringen und es rasch zu verlassen. Erst als sie im Freien war, nahm sie wahr, dass sie zitterte und eine Gänsehaut bekam. Sie fühlte sich wie an einem eiskalten Wintertag, obwohl das alles an einem warmen Sommertag passierte.

Zitternd, aber in Sicherheit am Rande der Autobahn zu stehen, ohne irgendeinen Kratzer abbekommen zu haben, war für sie eine ganz neue Situation, in der sie sich wiederfand. Lisa bewertete diese Situation nun neu: Sie war in Sicherheit, die Gefahr war vorüber. Sie spürte, wie sich ihre Muskeln langsam entspannten. Mit einem tiefen Atemzug sog sie Luft in ihre Lungen. Sie lächelte innerlich. Erleichtert dachte Lisa: „Das war eine ‚Adrenalin pur‘-Situation, die ich nicht

*gebraucht hätte." Sie wusste, dass sie sehr viel Glück gehabt
hatte, aber auch, dass sie es gut gemeistert hatte. Das Ganze dauerte nicht länger als ein paar Minuten, die ihr aber wie
eine Ewigkeit erschienen.*

Die schlechte Nachricht

*An einem Sommersonntag genoss Lisa in ihrem Garten voll-
kommen entspannt und sorglos die warmen Sonnenstrahlen.
Sie befand sich in einem Zustand, der in der Physiologie als
Behaglichkeit bezeichnet wird. Dann klingelte ihr Handy. Sie
hob ab. Es war ein guter Freund von ihr, der ihr aufgeregt mit-
teilte, dass bei seiner Frau, die Lisa auch gut kannte, Krebs im
fortgeschrittenen Stadium diagnostiziert worden war. Diese
Nachricht traf Lisa wie ein Blitzschlag. Innerhalb kürzester
Zeit verkrampfte sich ihr ganzer Körper, sie war sprachlos.
Sie befand sich im Schockzustand. Wie hatte das passieren
können? Wie konnte diese Krankheit eine fröhliche, körper-
lich aktive Frau treffen, die noch dazu gesundheitsbewusst
lebte? Lisa fand keine Worte, um den Freund zu trösten. Das
Einzige, was sie in diesem Moment sagen konnte, war, seiner
Frau zu wünschen, dass alles gut ausgehen möge. Dann legte
Lisa auf. Sie merkte, wie ihr ganzer Körper zu zittern begann.
Sie konnte beobachten, wie sich ihre Körperhaare aufrichte-
ten, wie sie eine Gänsehaut bis hin zum Kopf bekam. Alle ihre
Muskeln waren angespannt, ihre Atmung war erschwert. Ihr
Brustkorb fühlte sich auch dieses Mal wie in einem Panzer ein-
geschlossen an. Es fiel ihr schwer einzuatmen. An diesem aus-
gesprochen warmen Tag wurde ihr kalt, eiskalt.*

Es ist spannend zu beobachten, dass Lisas Körper sowohl beim
Kontakt mit Kälte im Weißensee als auch bei der Bewertung des
Ereignisses auf der Autobahn mit identischen körperlichen und

psychischen Reaktionen antwortete. Die beobachteten körperlichen Veränderungen (Muskelanspannung, Zittern, Atemnot, Gänsehaut) gehören dabei zu jenen physiologischen Schutzmechanismen, die einen Körper vor Wärmeverlust und Unterkühlung beschützen sollen, und werden somit als Kälteabwehrmechanismen bezeichnet. Die Angst, die sie dabei erlebte, gehört aber nicht dazu. Wenn auch die Aktivierung der Kälteabwehrmechanismen beim Sprung ins kalte Wasser leicht nachvollziehbar ist, wie ist dann die Ankurbelung genau dieser Schutzmaßnahmen bei den beiden anderen Ereignissen zu verstehen, die als – direkt oder indirekt – lebensbedrohlich bewertet wurden? Es darf dabei ein wesentliches Detail nicht vergessen werden: Sowohl die Kollision auf der Autobahn als auch die übermittelte schlechte Nachricht über die gefährliche Erkrankung ihrer Bekannten spielten sich an einem warmen Sommertag ab. An den beobachteten körperlichen und psychischen Veränderungen, die sich im Zusammenhang mit den erlebten Ereignissen manifestierten, kann man nicht zweifeln. Sie sind klare Fakten aus dem menschlichen Alltag, die nicht nur durch Laboruntersuchungen messbar, sondern auch mit bloßem Auge für jeden Einzelnen sichtbar bzw. überprüfbar sind. Diese Veränderungen liefern feste Beweise: die Bewertung von Ereignissen, die als (lebens-)bedrohlich eingestuft werden, müssen auf irgendeine Art und Weise eine Gemeinsamkeit mit einem realen Wärmeverlust haben (wie zum Beispiel beim Sprung ins kalte Wasser), auch wenn bei den beiden letzten Beispielen aufgrund der Außenwärme kein realer Wärmeverlust drohte. Die Fragestellung ist also: Welches ist der gemeinsame Nenner von Ereignissen unterschiedlicher Natur, der dazu führt, dass der Körper mit dem gleichen Spektrum an psychophysiologischen Veränderungen reagiert?

Die gute Nachricht: Aufnahmeprüfung geschafft!

Florian wartete auf das Endergebnis seiner Aufnahmeprüfung. Er wusste, dass er ein paar Fragen nicht beantwortet hatte, da es ihm an Zeit fehlte. Bei der Prüfung hatte er einfach seine Zeit falsch eingeschätzt. Dies ließ ihm keine Ruhe, innerlich bereitete er sich und seine Eltern darauf vor, dass er die Prüfung nicht geschafft haben würde. Mit dieser Erwartungshaltung loggte er sich auf der Internetseite der Universität ein, als die Ergebnisse bekannt gegeben wurden. Er merkte, wie sehr er angespannt und zittrig war. Auf der Suche nach seinem Namen scrollte er die Liste mit den Namen jener Kandidaten, die bestanden hatten, nach unten. Kurz vor dem Ende der Liste, als er bereits die Hoffnung aufgegeben hatte, fand er seinen Namen. Er traute seinen Augen nicht. Er hatte die Prüfung bestanden. Er dachte sich: „Wow, das ist echt eine gute Nachricht, ich habe überhaupt nicht damit gerechnet!" Auf einmal war die ganze Anspannung seines Körpers weg. Seine Muskeln entspannten sich. Er schloss die Augen, atmete tief ein, füllte seine Lungen mit Luft. Eine unglaubliche Freude erfüllte ihn. Ein Lächeln breitete sich über sein ganzes Gesicht aus. Er wusste, dass es auch eine riesige Überraschung für seine Eltern sein würde. Er griff nach seinem Handy und wählte die Nummer seines Vaters.

Was geschah in Florian in dieser Situation? In Erwartung eines schlechten Ergebnisses waren alle seine Muskeln angespannt, er zitterte. Als er die gute Nachricht über die erfolgreiche Aufnahmeprüfung empfing, entspannten sich seine Muskeln, eine fließende Atmung war wieder möglich, seine Sorgen wichen seiner Freude. Er war überglücklich. Eine einzige, aber gute Nachricht veränderte Florians gesamte psychophysiologische Prozesse. Dies gleicht dem, was Lisa auf der Plattform des Sees empfand, als sie wieder in Sicherheit war und die Sonnenstrahlen ihren Körper aufwärmten.

Gesetze der Thermodynamik, die den metaphorischen Fluss lenken

Um verstehen zu können, was all diese Ereignisse verbindet, die unterschiedlicher nicht sein könnten und doch jedes Mal identische körperliche Veränderungen bei Lisa auslösten, schauen wir uns an, was genau im kalten Wasser des Weißensees mit und um Lisas Körper passierte. Mit ihrem Sprung ins kalte Wasser brachte Lisa ihren Körper mit einer Temperatur von circa 37 °C in Kontakt mit Wasser des Weißensees, der einen Temperaturwert von nur 9 °C aufwies.

Wenn die Wärme von einem Körper auf ein Medium in Bewegung (das Wasser) übergeht, beginnt sich zuerst die an der Haut liegende Wasserschicht zu erwärmen. Durch diese Erwärmung wurden die Wassermoleküle beweglicher und diese Wasserschicht flüssiger. Dank der von Lisas Körper zugelieferten Wärme glitt diese Wasserschicht aufwärts. Diesen Platz nahm eine neue, kühlere und dichtere Wasserschicht ein, die sich an Lisas Haut schmiegte. Als auch diese neue Wasserschicht aufgewärmt wurde, stieg diese ebenfalls aufwärts und machte wiederum Platz für eine neue, kühlere Schicht. Die Erwärmung machte die Wassermoleküle beweglicher und diese Wasserschicht flüssiger. Lisas abgegebene Wärme glitt mit dieser Wasserschicht aufwärts. Den Platz dieser erwärmten Wasserschicht nahm eine neue, kühlere und dichtere Wasserschicht ein, die sich an Lisas Haut schmiegte. Als auch diese neue Wasserschicht aufgewärmt wurde, stieg diese ebenfalls aufwärts und machte wiederum Platz für eine neue kühlere Schicht. Die Wärme floss aus Lisas peripheren Körperschichten rasant hinaus. Die Wärme wurde den tieferen und wärmeren Körperschichten entzogen, die Kälte begann in das Innere von Lisas Körper vorzudringen. Als die Kälte die Blutgefäße erreichte, verließ die Wärme Lisas Körper über den Blutweg (Konvektion) noch schneller, wodurch dieser noch rascher abkühlte.

Bild. 2
Wärmeausgleichsgesetz: Die Wärme fliesst spontan immer Richtung kälteren Körper

Der 2. Hauptsatz der Thermodynamik und Wärmeübertragung

Es war ein Szenario, das den Gesetzen der Thermodynamik unterlag. Das „wärmere" Objekt, in diesem Fall war es Lisas Körper, der nicht um „Erlaubnis" fragte, ob und wie viel er von „seiner" Wärme abgeben wolle. Nein. Getriggert durch den Temperaturunterschied wird ein Wärmetransfer (im Sinne des 0. Hauptsatz" der Thermodynamik *oder des Wärmeausgleichsgesetzes)* eingeleitet, der immer vom „wärmereicheren" zum „wärmeärmeren" Objekt verläuft.

Die Geschwindigkeit, mit der die Wärmeübertragung vom Lisas Körper in Richtung des kalten Wassers ablief, war proportional mit:

- *dem Temperaturunterschied.* Je größer ein Temperaturunterschied ist, desto schneller geschieht die Abkühlung. In Lisas Fall, bei 37 °C Körpertemperatur und 9 °C Wassertemperatur, bestand ein Unterschied von circa 28 °C.
- *der Größe der Kontaktfläche.* Je größer die Kontaktfläche zwischen dem festen Objekt und einem strömenden Fluid ist, desto schneller wird die Wärme vom wärmeren Objekt auf das kältere übergehen. Wenn also ein Körper im Wasser ist, bietet dieser Körper die maximale Kontaktfläche zum Wasser; der Temperaturabsturz gestaltet sich somit schlagartig.
- *der Wärmeleitfähigkeit des Kontaktmaterials.* Je größer die Wärmeleitfähigkeit eines Kontaktmaterials ist, desto rascher erfolgt die Wärmeabgabe.

Im Fall des Wassers ist diese Leitfähigkeit groß, und zwar 25-mal größer als bei Luft, damit waren alle Voraussetzungen für Lisas Temperatursturz vorhanden. So erreichte die Kälte rasch ihren „Körperkern", ihre Körpertemperatur wurde zum Absturz gebracht. Ihr Körper wurde in den Zustand eines Kälteschocks „katapultiert". Wäre es für Lisa nicht möglich gewesen, der kalten Umgebung des Wassers des Weißensees zu entkommen, wäre die Wärme ihres Körpers so lange in den Weißensee übergangen, bis Lisas Körper und das Wasser einen Zustand des thermischen Gleichgewichts (beschrieben im 0. Hauptsatz der Thermodynamik) erreicht hätten, was ihren Tod bedeutet hätte. Zynisch ausgedrückt, es wäre eine Umverteilung eines „Reichen" an Wärme (Lisas Körper) zugunsten eines „Bedürftigen" (Wasser des Weißensees). Das, was in der modernen Gesellschaft als Sozialutopie gilt, ist in der Natur hingegen eine Selbstverständlichkeit.

So kann das „kühlere" Objekt ohne irgendein Zutun seinerseits ruhig „abwarten", um mit Wärme aufgeladen zu werden, bis sich die Temperaturen der beiden Objekte *ausgeglichen* haben. Solchermaßen „gerecht" wird Wärme, d. h. thermische Energie, in der Natur verteilt. Das ist so und wird immer so bleiben, weil die Natur der Natur so ist. So betrachtet, verbindet dieses Gesetz thermodynamisch uns ALLE. Übertragen auf den menschlichen Körper heißt das, dass ein Teil seiner Wärme bei Kontakt mit einem kälteren Objekt immer spontan an dieses übergehen wird.

Wird der 2. Hauptsatz der Thermodynamik in Betracht gezogen, gewinnt ein Kontakt mit Kälte noch mehr an Bedeutung, weil *alle Prozesse, die spontan in eine Richtung ablaufen (wie die Wärme), irreversibel (nicht umkehrbar) sind.*

Da der menschliche Körper in den meisten Regionen der Welt eine viel höhere Temperatur (ca. 37 °C) als seine Umgebung hat, würde dies bedeuten, dass sich immer ein spontaner Wärmeübergang in Richtung seiner kälteren Umgebung ereignet. Diese Gesetze funktionieren seit der Entstehung des Universums und werden auch weiterhin bestimmen, wie Prozesse in der Natur und im Menschen als ein Teil von ihr ablaufen. Das ist eine sehr relevante Information für uns Menschen: Wir können die Gesetze der Natur, im gegebenen Fall einen automatischen Wärmeverlust, keinesfalls übergehen. Aus diesem Grund ist es clever,

a. den Prozess des Wärmeverlusts bzw. des Wärmeübergangs kennenzulernen,

b. die Situationen zu erkennen, bei denen unser Körper an Wärme verliert – und wie bei Lisa passiert dies nicht nur in einer kalten Umgebung, sondern auch bei negativen Bewertungen von Ereignissen, sowie

c. nach wirksamen Strategien zu suchen, die uns erfolgreich vor unnötigen Wärmeverlusten schützen.

Lisas Gluck im Unglück

Mithilfe ihres Freundes schaffte sie es, über eine Plattform aus dem Wasser zu steigen. Auf der Stiege rollte sich ihr Körper zusammen, er machte sich klein, was sein Oberfläche-zu-Volumen-Verhältnis maximal reduzierte, wodurch ein weiterer Wärmeverlust durch Wärmeabsonderung in die Umgebung minimiert wurde. Durch das automatisch eingeleitete Zusammenrollen wurde im Laufe von Millionen von Jahren feinster Evolutionsarbeit ein sehr ausgeklügelter Schutzmechanismus entwickelt, der dazu diente, ihren Körper vor einem weiteren Wärmeverlust zu schützen.

Dieses Mal wurde ihr Körper einer neuen Umgebung ausgesetzt, deren Temperatur höher war als jene von Lisas Körper. Die Fließrichtung beim Wärmetransfer kehrte sich um, jetzt war es nicht Lisas Körper, der die Wärme spendete. Die Wärme aus der Luft, die wärmer als Lisas unterkühlter Körper war, floss in Lisas unterkühlten Körper. Wärmetechnisch betrachtet war das für ihren Körper eine sehr günstige Situation, da er rasch Wärme aus seiner Umgebung geliefert bekam. Unter diesem Umstand kam es zu einem Rollenwechsel, nun war Lisas Körper der (Wärme-)Gewinner. Der Wert ihrer Körpertemperatur begann anzusteigen.

Zur Erinnerung:

Uns Menschen sollte ein für alle Mal klar werden, dass unser Körper auf keinen Fall die Gesetze der Natur umgehen kann.

Diese Gesetze funktionieren seit der Entstehung des Universums und werden auch weiterhin bestimmen, wie Prozesse in der Natur und im Menschen als ein Teil von ihr ablaufen.

KAPITEL 2

HOMÖOSTASE, DAS MUST-HAVE PRINZIP

Die Schwankungen der Körpertemperatur, die durch den Hin-
und-her-Wärmetransfer verursacht wurden, übten einen starken Einfluss auf Lisas Körper aus, genauer gesagt auf sein inneres Milieu.

Am wichtigsten ist aber zu verstehen, wie das innere Milieu
des Körpers aufrechterhalten wird. Selbstregelung des inneren
Milieus, Homöostase genannt. Mitte des 19. Jahrhunderts begründete Claude Bernard (1813–1878), ein französischer Arzt,
Pharmazeut und Experimentalphysiologe, die moderne experi-
mentelle Physiologie. In seiner wissenschaftlichen Arbeit nahm
er nichts für selbstverständlich. Wie er selbst später erklärte,
war sein Ziel, *die Verwendung wissenschaftlicher Methoden in der
Medizin zu etablieren.* Er erreichte sein Ziel und konnte viele tra-
ditionelle Lehrmeinungen widerlegen. Anders als die meisten
seiner Zeitgenossen bestand er darauf, *dass alle Lebewesen denselben Naturgesetzen wie die unbelebte Materie unterliegen.* Er warf
die Idee, dass es für die Lebewesen tatsächlich zwei Umgebun-
gen gibt: ein äußeres Milieu, in dem sich der Organismus befindet, und ein internes Umfeld, in dem sich die Komponenten
des lebenden Gewebes befinden. Er vertrat die Meinung, dass
die eigentliche Existenz des Seins geschieht nicht in der äußeren Umgebung, sondern innerhalb eines flüssigen Mediums
durch zirkulierende organische Flüssigkeit. die alle anatomi-
schen Elemente der Gewebe umgibt oder umhüllt. Es sind die
Lymph- oder Plasmaflüssigkeit, die flüssigen Bestandteile des
Blutes, die in die Gewebe eindringen und sämtliche interstiti-
ellen Flüssigkeiten bilden. (Gross, 1998).

Dieses flüssige Medium nannte er *„milieu intérieur"* *(das innere Milieu).* Aus einer historischen Perspektive ist von diesem

Ansatz geblieben, dass es ein *Bedürfnis eines Organismus nach einem konstanten Milieu* gibt. Es wird heißen, dass ein Organismus nach danach strebt, konstante Werte unterschiedlicher Parameter aufrechtzuerhalten. Alle vegetativen Funktionen im Körper sind dem *Zweck des Aufrechterhaltens vorbestimmter Werte (Sollwerte), unzähliger Parameter dieses Milieus (wie z. B. die Regelung des Blutdrucks und der Herzfrequenz, die Ionenregulation, d. h. der Elektrolythaushalt) und der Osmoregulation, der Regulation des pH-Werts der Zelle, der Glucosekonzentration usw.* untergeordnet Der wichtigste Parameter davon ist aber die Körpertemperatur. Jede einzelne Zelle, d. h. auch jede einzelne Rezeptorzelle, trägt zur *Aufrechterhaltung eines stabilen inneren Milieus* des gesamten Körpers bei und *profitiert gleichzeitig selbst davon.* 1860 beschrieb Claude Bernard als Erster die Bedeutung der Aufrechterhaltung von Stabilität interner Flüssigkeiten (milieu intérieur) für die Entwicklung von komplexen neuronalen Systemen (Gross, 1998). Laut ihm hängt das Überleben von Lebewesen davon ab, ob die Stabilität des inneren Milieus gewährleistet wird oder nicht (Gross, 1998). Nach dem Prinzip der *Aufrechterhaltung von Stabilität des inneren Milieus* wurde 1929 und 1932 vom US-amerikanischen Physiologen und Psychologen Walter Cannon sowie von einem der bedeutendsten Biologen des 20. Jahrhunderts, Karl Ludwig von Bertalanffy, der Begriff *Homöostase* geprägt (Flechtner, 1972). Die ist das grundlegende Funktionsprinzip (Homöostaseprinzip) aller lebenden Organismen, somit auch für den Menschen. Solange Homöostase gegeben ist, leben und funktionieren alle Zellen und der Körper als eine Einheit optimal. Wird die Funktionsfähigkeit eines oder mehrerer Funktionssysteme beeinträchtigt, werden auch alle Zellen des Körpers nach dem Prinzip eines Schmetterlingseffektes in Mitleidenschaft gezogen. Das Ausmaß von Schäden wird von der Intensität der Funktionsausfälle determiniert. Extreme Ausfälle können zum Tod des Individuums führen, mildere Beeinträchtigungen „nur" zu Erkrankungen.

Zum Begriff: Homöostase

Der Begriff Homöostase (altgriechisch όμοιοστάσις homoios-
tásis, deutsch „Gleichstand", auch Homoiostase, Homeostase,
Homöostasis, Homöodynamik) als ein interdisziplinäres Modell zur Erklärung des Verhaltens wird in zahlreichen Disziplinen, wie zum Beispiel in der Physik, Biologie, in den Wirt-
schaftswissenschaften, der Soziologie, der Psychologie oder
in der Rechtswissenschaft, angewendet. In der Physiologie bezeichnet dieser Begriff das *Aufrechterhalten des Gleichgewichts-
zustandes eines offenen, dynamischen Systems, also des Körpers
selbst,* was durch *einen intern regelnden Prozess (Regelung) zustande kommt.* Infolgedessen wird das *Bedürfnis eines Organismus nach einem stabilen inneren Milieu,* einem Sollzustand,
gesichert. Das Grundprinzip der Regelung (im Vergleich zur
Steuerung) basiert auf ständigen *Rückmeldungen,* ob der Sollwert eines Parameters von seinem Istwert abweicht. Damit ist
das System imstande, das angesteuerte Ziel zu erreichen. Der
Unterschied zwischen einer *Steuerung* und einer *Regelung* kann
an folgendem Beispiel am leichtesten veranschaulicht werden:
mit der Steuerung eines Schiffes auf einem Fluss. Ein Kapitän
steuert sein Schiff, indem er es in jene Himmelsrichtung lenkt,
in der das Ziel liegt. Das ist vergleichbar mit einer Fahrt auf ruhigen Gewässern in Richtung Zielhafen. Treten aber während
der Fahrt störende Hindernisse, Strömungen oder veränderte
Windrichtungen auf, die das Schiff von seiner Route abbrin-
gen könnten, muss der Kapitän wiederholt die tatsächliche Position (Istwert) seines Schiffes mit der gewünschten Richtung
(Sollwert) vergleichen, entsprechende Korrekturen vornehmen
und so den Kurs durchgehend fein korrigieren. Diese Ergän-
zung zur Steuerung durch die fortlaufende Rückmeldung, wo
sich das Schiff gerade befindet, nennt man *Regelung.* Das beste Beispiel, wie die Selbstregelung eines vorbestimmten Werts
(Sollwert) eines Parameters funktioniert, ist die Regelung der
Körpertemperatur: die Hauptsäule, auf die sich die Stabilität
des inneren Milieus, der Homöostase, stützt.

Regelung der Homöostase

Die Regelung der Homöostase findet in allen lebenden Systemen fortlaufend und meist unbemerkt statt. Beispiele für eine Selbstregelung sind zum Beispiel der Anstieg des Blutdrucks und der Herzfrequenz, wenn die Körperlage aus einer liegenden in eine stehende Position wechselt. Macht man eine drastische Diät durch den Verzicht auf *Kohlenhydrate, kann das den* Körper in eine Hypoglykämie (Unterzuckerung) versetzen, der er mit drastischen Selbstregelungsmechanismen entgegenwirken wird, um die Glucosekonzentration aufrechtzuerhalten und einen drohenden hypoglykämischen Schock zu verhindern.

Zum Begriff: Selbstregelung

Dieser Begriff selbst bezeichnet Prozesse, bei denen ein System *lernfähig* ist, *sich an veränderte Rahmenbedingungen anzupassen.* Durch Selbstregelung sind homöostatische Systeme wie der menschliche Körper imstande, bei *Störungen* (Abweichungen zwischen Soll- und Istwerten) ihr *(selbst gesetztes) Ziel (Sollwert)* durch negative Rückkoppelung (Feedback) *erreichen zu können* (Karoly, 2010). Diese Definition besagt, dass sich der menschliche Körper bei veränderten Rahmenbedingungen selbst und automatisch anpasst, ohne die „Erlaubnis" seines Inhabers, des Menschen „einzuholen".

Prinzipien einer Selbstregelung

Was sind die Voraussetzungen, die ein System erfüllen muss, um imstande zu sein, selbstregulierend zu handeln? Übertragen auf das menschliche Wesen werden der „Selbstregelung" sehr komplexe Fähigkeiten zugetraut, und zwar:

1. *sich selbstständig Ziele zu setzen,*
2. *den Unterschied zwischen 2 unterschiedlichen Werten, den sogenannten Soll- und Istwerten, feststellen zu können,*
3. *geeignete Aktionen zu planen, auszuwählen und auszuüben,* um den geänderten Wert (Istwert) wieder auf den gewünschten, funktionsförderlichen Sollwert zu bringen,
4. *für entsprechende „Belohnungen" zu sorgen,*
5. *das System mit der erforderlichen Energie (Wärme) auszustatten,* die es für ein ununterbrochenes Aufrechterhalten eines Sollwertes benötigt. (Karoly, 2010)

So betrachtet, erfordert Selbstregelung offensichtlich anspruchsvolle kognitive Funktionen, die nur einem Mensch mit einem höheren Intelligenzquotienten zuzutrauen wären. Wie kann ein Körper, der eine Ansammlung von Abermilliarden von Zellen ist, all diese Aufgaben in den Griff bekommen? Wer oder was setzt die Ziele, die 1014 oder 100 Billionen oder 100.000.000.000.000 einzelne Zellen, die ein Erwachsener zählt, veranlassen, sie zu verfolgen? Was ist imstande, den Unterschied zwischen Soll- und Istwert festzustellen und das Aktivitätsniveau von unzähligen physiologischen Prozessen so zu orchestrieren, um den Sollwert der Körpertemperatur oder jedes anderen Parameters wieder zu erreichen, um die Homöostase aufrechtzuerhalten?

Zur Erinnerung:

Das Bedürfnis eines jeden Organismus ist die Aufrechterhaltung eines stabilen inneren Milieus.

Jede einzelne Zelle des lebenden Organismus trägt zur Aufrechterhaltung eines stabilen inneren Milieus (Homöostase) bei und profitiert gleichzeitig selbst davon.

> *Das Aufrechterhalten des Gleichgewichtszustandes eines offenen, dynamischen Systems, wie der Körper selbst eines ist, kommt zustande durch einen internen regelnden Prozess (Selbstregelung).*

Wichtigste Prinzipien der Homöostase

Die 2 wichtigsten Prinzipien, die ein stabiles inneres Milieu (d. h. die Homöostase), aufrechterhalten, sind:
1. *die negative Rückkoppelung (Gegenkoppelung) und*
2. *die Vorgabe eines Sollwertes und Kontrollsysteme, welche die Verantwortung für sein Aufrechterhalten tragen.*

1. Negative Rückkoppelung

Die meisten Kontrollsysteme des Körpers, die einen Sollwert aufrechterhalten, funktionieren nach einem Prinzip, das als *negative Rückkoppelung* bekannt ist. Ein Beispiel dafür ist das Wiedererreichen des Sollwertes der Körpertemperatur nach einem Abfall (Unterkühlung; Hypothermie) oder deren Anstieg (Hyperthermie). Bei einer Hypothermie bzw. Hyperthermie versuchen alle Kontrollsysteme diesem Abfall bzw. Anstieg entgegenzuwirken. Bei einer Hypothermie wird die Wärmeproduktion angekurbelt und die Wärmeabgabe minimiert bzw. bei einer Hyperthermie verlaufen die Kontrollsysteme umgekehrt. Zusammengefasst heißt das, dass bei einer *negativen Rückkoppelung* jede Abweichung vom Sollwert eines Parameters *das Aktivitätsniveau biochemischer und physiologischer Prozesse des Körpers (Kontrollsysteme) so abändert*, dass sie der initiierten Abweichung entsprechend entgegenwirken (Hall, 2016).

2. Sollwert und seine Kontrollsysteme

Sollwert eines Parameters des inneren Milieus (die sind viele) bezeichnet einen angestrebten, idealen, optimalen Wert, von dem der tatsächliche Istwert so wenig wie möglich abweichen soll.

Kontrollsysteme, d. h. die physiologischen Prozesse, welche die Verantwortung für das Aufrechterhalten des Sollwertes tragen, unterscheiden sich in ihrer Wirksamkeit, einen Sollwert konstant zu halten. In der Physiologie wird ihre Wirksamkeit oder der sogenannte „Feedback-Gewinn" („gain of the negative feedback") nach folgender Formel berechnet:

$$\text{Gewinn} = \text{Korrektur/Fehler}$$

Je höher dieser „Feedback-Gewinn"-Wert ist, umso stärker ist das bestimmte Kontrollsystem und umso effizienter ist das System in der Aufrechterhaltung des Sollwertes „seines" Parameters. Nehmen wir als Beispiel das Kontrollsystem, das den Sollwert der *Körpertemperatur* aufrechterhält. Es hat einen „Feedback-Gewinn"-Wert von –33, was sehr hoch ist im Vergleich zum „Feedback-Gewinn"-Wert des *Blutdruckkontrollsystems,* der nur +2 ist (unter „Anmerkungen" finden Sie, wie Physiologen den Wert des „Feedback-Gewinns" berechnen, warum ein Wert von –33 „höher" ist als ein Wert von +2 und warum er als ein Qualitätsmerkmal eine höhere Sicherheitsstufe für einen Sollwert anbietet). Im konkreten Fall sagt der „Feedback-Gewinn"-Wert des Kontrollsystems der *Körpertemperatur* aus, dass dieses Kontrollsystem stärker und effizienter darin ist, „seinen" Sollwert aufrechtzuerhalten, als das Kontrollsystem des Blutdrucks. So ein hohes Sicherheitsniveau zu gewährleisten, den Sollwert der Körpertemperatur „am Leben zu erhalten", erfordert

a) sehr wache Kontrollsysteme, die keiner Hierarchie untergeordnet sind, und

b) ausreichende (körperliche bzw. materielle) Ressourcen, die nach dem Prinzip „*Koste es, was es wolle*" (aus-)genutzt werden können.

Vorgabe eines Sollwertes
Ein anderer Faktor, der neben der negativen Rückkoppelung die Grundlage für die Homöostase schafft, ist ein Wert, ein *Sollwert* eines Parameters des inneren Milieus, nach dessen Aufrechterhaltung

die Kontrollsysteme des Körpers wie ein „set point" streben. Der Körper ist das Mittel zum Zweck, der mit all seinen Ressourcen dem Wiedererreichen dieser Werte zur Verfügung steht.

Viele technische Geräte funktionieren nach dem Prinzip der Aufrechterhaltung eines solchen Sollwertes. Genau gleich funktioniert der Thermostat in unseren Bügeleisen, dem Boiler oder der auf der Wand in unseren Wohnungen platzierte Regler, der immer versucht, die von uns gewünschte Raumtemperatur zu gewährleisten. Bei diesen Geräten ist der Sollwert ein präziser Wert, der nach den Vorstellungen eines Konstrukteurs möglichst ohne Schwankungen erhalten bleiben muss. Dieser Wert dient unseren Bedürfnissen, Vorstellungen und Zielen als Verbraucher. Dieser Wert dient unseren Bedürfnissen, Vorstellungen, Wünschen und Prioritäten als Verbraucher. Dieser Wert wird unverändert bleiben, solange sich diese nicht ändern. Würde der Thermostat zum Beispiel zu hoch eingestellt und so auch die Raumtemperatur dadurch zu hoch, kann die Entscheidung getroffen werden, diesen Zustand bzw. den Wert der Raumtemperatur zu ändern. Mit einem einfachen Dreh am Knopf des Thermostats wird der Sollwert der Raumtemperatur auf einen niedrigeren Wert verändert, dem die Kontrollsysteme werden folgen müssen. Die Wärmeproduktion wird gedrosselt, die Raumtemperatur wird absinken. Der neue Wert wird ab diesem Moment als neuer Sollwert gelten und die Intensität von Prozessen, die im Hintergrund ablaufen, bestimmen. Mit dem Drehen vom Knopf am Thermostat an der Wand oder am Bügeleisen bzw. am Boiler haben wir eine *„Sollwert-Veränderung"* vorgenommen. So „einfach" funktionieren technische Geräte. Ein solches theoretisches Konzept (Maschinenparadigma) setzt voraus, dass der Mensch mit einer „Maschine" vergleichbar ist und dass sein Verhalten sowie die Entstehung von Krankheiten vollständig durch chemische und physikalische Vorgänge zu erklären sind.

Auch wenn viele Wissenschaftler das nicht gerne hören wollen, da es ihrer Meinung nach eine derart „unwürdige" Simplifizierung von physiologischen Vorgängen ist: eine mechanische Vorstellung über die Regelung von Sollwerten als Funktionsprinzip ist in vielen Fällen auch auf den Menschen übertragbar.

Der deutsche Arzt Thure von Uexküll (1908–2004), Begründer der psychosomatischen Medizin, betrachtete das Maschinenparadigma differenzierter, als er schrieb, dass das Maschinenparadigma sich „... *in bestimmten Grenzen so gut bewährt wie kaum ein anderes. Ja, man kann sagen, dass ihm [dem Menschen] fast sämtliche Erfolge der modernen, naturwissenschaftlich ausgerichteten Medizin zu verdanken sind.*" Gleichzeitig warnte er, dass das Maschinenparadigma wohl auch der Grund dafür war, „*dass man sehr bald vergaß, wie problematisch der Begriff des Apparats als Modell für Lebenserscheinungen ist und wie einseitig er angewendet wird, solange man sich nur für seine stofflich-energetische Seite interessiert*" (Köhle et al., 1980).

Um die Gefahr einer einseitigen reduktionistischen Betrachtungsweise des Menschen als Maschine zu vermeiden und die Manifestation von psychologischen Ausdrucksformen, wie Lisas Angst oder Florians Freude, und letztendlich das Entstehen von psychischen Erkrankungen zu erklären, müssen die Prinzipien der Homöostase, das Fließen von chemischen und physikalischen Verläufen berücksichtigt werden. Diese sind allerdings nur ein Abschnitt eines langen Flusses aufeinanderfolgender Prozesse – eines Flusses, der in und durch uns fließt und den wir erst beginnen zu entdecken.

Zur Erinnerung:

Die 2 wichtigsten Prinzipien, die ein stabiles inneres Milieu (d. h. die Homöostase) aufrechterhalten, sind
    a) die negative Rückkoppelung (Gegenkoppelung) und
    b) die Vorgabe eines Sollwertes.

Der Sollwert eines Parameters der Homöostase ist wie ein „set point", nach dessen Aufrechterhaltung die Kontrollsysteme des Körpers in Form von physiologischen Vorgängen streben.

Die Prinzipien einer Selbstregelung sind:
    1) selbstständig Ziele zu setzen,
    2) den Unterschied zwischen 2 unterschiedlichen Werten, den sogenannten Soll- und Istwerten, feststellen zu können,
    3) geeignete Aktionen zu planen, auszuwählen und auszuüben, um einen geänderten Wert (Istwert) wieder auf den gewünschten, funktionsförderlichen Sollwert zu bringen,
    4) für entsprechende „Belohnungen" zu sorgen und
    5) das System mit erforderlicher Energie (Wärme) auszustatten, die es für ein ununterbrochenes Aufrechterhalten eines Sollwertes benötigt.

Der Körper ist das Mittel zum Zweck, der mit all seinen Ressourcen dem Wiedererreichen von Sollwerten zur Verfügung steht.

KAPITEL 3

DIE ALLES BESTIMMENDE KÖRPERTEMPERATUR

Es ist nicht genau bekannt, wie, aber vor etwa *541 Millionen Jahren* bei einer mittleren Bodentemperatur von circa 8 °C über dem heutigen Niveau, während des Kambriums, wurden im geologisch winzigen Zeitraum von 5 bis 10 Millionen Jahren die grundlegenden Körperbaupläne fast aller heutigen mehrzelligen Tierstämme festgelegt, die seitdem die Erde bevölkern. Während dieser warmen Zeiten wurden die Weichen der Wirbelsäule gestellt, die das Rückenmark schützt und ein Merkmal des Menschen darstellt. Im Gegensatz zum Kambrium, fast 400 Millionen Jahre danach, ist das Klima der Kreide (die am längsten dauernde Periode der Erdgeschichte) etwas kühler und feuchter, insgesamt jedoch ausgeglichen und mild. In dieser Periode war genug Zeit für das Testen, Feilen an und Festlegen von neu entwickelten physiologischen Mechanismen, die dazu beitragen sollten, die Körpertemperatur eines Organismus auf einen vorbestimmten Wert zu regeln und so eine konstante Körperwärme aufrechtzuerhalten: die thermoregulatorischen Mechanismen. Anhand von Fossilienfunden wird davon ausgegangen, dass sich diese Fähigkeit, aktiv eine gleichbleibende Temperatur aufrechtzuerhalten, zu diesen Zeiten, 135 Millionen Jahre vor unserer Zeit, entwickelte (Lesch und Zaun, 2017). Das waren auch jene Zeiten, in denen sich die Tiere, die diese Fähigkeit besaßen (gleichwarme, homoiotherme Tiere), von denen, die sie nicht besaßen (wechselwarme, poikilotherme Tiere) abspalteten.

Das State-of-the-Art Modell der Temperaturregelung (Modell 1.0)

Blicken wir zurück auf die beobachteten körperlichen Veränderungen nach Lisas Sprung ins kalte Wasser, nach ihrem Aufprall im Rahmen des Autounfalls oder nach dem Empfang schlechter Nachrichten, so fällt nicht nur auf, dass diese Veränderungen bei allen, grundsätzlich unterschiedlichen Ereignissen gleich abliefen, sondern dass des Weiteren alle Phänomene (angespannte Muskeln, Zittern, Atemnot, Gänsehaut usw.) zu den thermoregulatorischen Kälteabwehrmechanismen gehören. Nach dem *aktuell geltenden Modell* besteht die physikalische Grundlage der Regelung der Körpertemperatur aus:

1. *Thermorezeptoren*, welche die Funktion von Messelementen haben,
2. *Integrationszentrum für Thermoregulation im Hypothalamus (area hypothalamica posterior)*, auch als thermoregulatorisches Zentrum genannt, einem Bund von Nervenzellen, der interessanteweise keine nennenswerte Thermosensibilität besitzt und dessen Funktion mit der eines Thermostats mit einem vorgegebenen Sollwert vergleichbar ist (Brück, 1987),
3. *Nervenbahnen*, welche die Strukturen des neuronalen Netzwerkes wie Stromleitungen verbinden,

4. *Zielorganen* (Effektoren), die durch ihre Funktion zur Wärmeproduktion oder Wärmeabgabe beitragen.

1. Thermorezeptoren – das Thermometer des Körpers

Die Thermorezeptoren sind Strukturen, die dem thermoregulatorischen Zentrum die genaue Temperatursituation und Veränderung von Temperaturwerten im Körperkern und an seiner Oberfläche (Körperschale) vermitteln (Schmidt, 1999). Von ihrer Struktur her sind die Thermorezeptoren *freie Nervenendungen,* welche die Funktion eines herkömmlichen Thermometers haben. Eingebettet in Haut, Schleimhäute und das Körperinnere, messen die Thermorezeptoren *augenblicklich* und ununterbrochen die aktuellen Temperaturwerte ihrer Umgebung.

Kälterezeptoren versus Wärmerezeptoren

Basierend darauf, wie empfindlich die Thermorezeptoren auf die Senkung oder Steigerung der Temperaturwerte reagieren, wird zwischen *Kälte- und Wärmerezeptoren* unterschieden.
1. Kälterezeptoren sind jene, die viel empfindlicher als die Wärmerezeptoren auf kleine Temperaturänderungen reagieren – und zwar schon in einer sehr kleinen Temperaturdifferenz von einem Zehntel °C.
2. Unsere Hautoberfläche besitzt *fast 10-mal mehr* Kälterezeptoren (etwa *250.000)* als Wärmerezeptoren (etwa 30.000).
3. Das Verhältnis zwischen Wärme- und Kälterezeptoren ist hingegen im Hypothalamus – als wichtigste Gehirnregion zur Aufrechterhaltung des inneren Milieus – umgekehrt. Hier sind die Wärmerezeptoren *überrepräsentiert.*

Exkurs in die Evolution

Dass sich im Laufe der Evolutionsgeschichte solch ein Unterschied in der Verteilung von Kälte- und Wärmerezeptoren an der Körperoberfläche und im Körperinneren durchsetzen konnte, ist kein Zufall. Es muss einen Sinn bzw. Bedarf hinter dieser Verteilung geben, sonst könnte der Mensch als solcher nicht existieren. Die Überpräsenz von Kälterezeptoren an der Körperschale weist darauf hin, wie wichtig es war und noch immer ist, den Körper vor Wärmeverlust und Unterkühlung zu schützen. Deren Unterbesetzung im Körperinneren mit der gleichzeitigen Dominanz der Wärmerezeptoren bringt uns automatisch zu dem Gedanken, dass eine Überhitzung des Hypothalamus eher vermieden werden sollte. Offensichtlich waren damals, als sich diese Notwendigkeiten für eine solche Differenzierung abzeichneten, genügend dafür erforderliche materielle Ressourcen im Gehirn vorhanden, damit sich Thermorezeptoren in der aktuellen Dichte entwickeln konnten, um das Überleben des Menschen bis heute zu sichern.

Struktur von Thermorezeptoren. In ihrer Struktur sind die Thermorezeptoren *Kanäle in der Zellmembran, die zwischen offenen und geschlossenen Zuständen hin- und herschalten. Ihr Stimulus,* der das Hin- und Herschalten orchestriert, ist der *aktuelle Temperaturwert der unmittelbaren Umgebung von Thermorezeptoren.* Mit jeder Änderung des Temperaturwertes verändert sich die *Struktur dieser Kanäle* (sog. Konformationsänderung) und sie werden in unterschiedlichem Ausmaß geöffnet oder geschlossen. Das ermöglicht eine *schnelle Veränderung des elektrischen Stroms (Transportrate)* von positiv geladenen Natrium(Na^+)- und Kalzium(Ca^+)-Ionen ins Zellinnere. Dementsprechend kann die *elektrische Ladung* der Zellmembran schneller positiver werden, das Membranpotenzial kann rascher den Wert des Aktionspotenzials erreichen und ein Entladen von elektrischen Impulsen auslösen. Diese Kaskade an Ereignissen resultiert aus der

51

veränderten Häufigkeit, mit der die elektrischen Impulse entladen werden. Die einzige Voraussetzung („conditio sine qua non") dafür, ist
a) eine Veränderung des Wertes der Außentemperatur oder
b) der Temperatur im Körperinneren.
Nichts anderes.

Dieses Faktum sollten wir uns merken, da es uns helfen wird, den Verlauf des Flusses der Verwandlung besser zu verstehen. Ein Charakteristikum von Ionenkanälen ist, dass diese eine *sehr hohe Transportrate von circa 10^7–10^8 Ionen pro Sekunde* aufweisen. Deswegen ist diese Art von Rezeptoren immer dort zu finden, wo a) in kurzer Zeit relativ große Ströme an Ionen fließen sollen (Fakler & Jonas, 2011) und b) schnelle Veränderungen im Membranpotenzial und in der Steuerung von elektrischen Impulsen gefragt sind, was auf die Wichtigkeit eines raschen Handelns bei der Regelung der Körpertemperatur hindeutet.

Erreicht das Membranpotenzial den Wert vom Aktionspotenzial, werden in der Zelle des Thermorezeptors unterschiedliche *Muster* mit unterschiedlichen *Frequenzen* und *Stärken an elektrischen Impulsen* erzeugt. Weitergeleitet entlang der Nervenbahnnen (Braun et al., 2000) in den Strukturen des Hypothalamus (thermoregulatorisches Zentrum), erreichen die Impulse jene Organe, die an der Wärmeabgabe und Wärmeproduktion beteiligt sind. Demzufolge werden die Aktivitätsniveaus der an Wärmeabgabe und Wärmeproduktion beteiligten Organe modifiziert.

2. Ein Zentrum, das die Körpertemperatur konstant hält: Gibt es das wirklich?

Erreicht das Membranpotenzial das Aktionspotenzial, werden in der Zelle des Thermorezeptors unterschiedliche *Muster an elektrischen Impulsen* mit unterschiedlichen *Frequenzen* und *Stärken* erzeugt. Weitergeleitet entlang der Nervenbahnen (Braun et al., 2000), erreichen die elektrischen Impulse das thermoregulatorische Zentrum, das im hinteren Teil des Hypothalamus (präoptisches Areal), einem der ältesten und gleichzeitig wichtigsten Hirngebiete der Wirbeltiere und des Homo sapiens („weiser Mensch"), angesiedelt sein sollte.

Exkurs in der Neuroanatomie

Die Nervenfasern, die den Hypothalamus bilden, ordnen sich oft ohne klare Grenzen in ineinander übergehende Kerngruppen (Rohen, 2001), die mittels komplexer Verschaltungen innerhalb des Hypothalamus miteinander verbunden sind. Das hat zur Folge, dass sich die Zuordnung einzelner Funktionen des Hypothalamus zu bestimmten Kerngebieten als äußerst schwierig erweist (Garzorz-Stark, 2018). Dies trifft auch auf die „Lokalisierung" des thermoregulatorischen Zentrums zu. Deswegen verwende ich hier den Konjunktiv, wenn es darum geht, dieses Zentrum genauer zu bestimmen.

Die Lage des Hypothalamus an der Wand einer Hirnkammer (des 3. Hirnventrikels) ermöglicht es dem Zentrum, über die dort „platzierten", *besonders temperaturempfindlichen* inneren Thermorezeptoren einen unmittelbaren „Kontakt" zu den Temperaturwerten einerseits des Blutes und andererseits der Hirnflüssigkeit (Liquor) herzustellen.

Die Funktion des thermoregulatorischen Zentrums

Funktion des *Integrationszentrum für Thermoregulation im Hypothalamus (area hypothalamica posterior)*, des thermoregulatorischen Zentrums (TRZ), ist es, den sogenannten *Sollwert der Körpertemperatur möglichst genau aufrechtzuerhalten*. Eine Analogie zur Regelung der Körpertemperatur mit einem vorgegebenen Sollwert liefert der schon erwähnte herkömmliche Thermostat, den wir aus dem Alltag kennen. Dieses Zentrum nimmt die Rolle einer Schaltzentrale ein, welche die Körpertemperatur reguliert. Der Input für das Zentrum wären die aktuellen Temperaturwerte im Körperinneren und an der Oberfläche. Der Output wäre das dem Korrekturbedarf entsprechend veränderte Aktivitätsniveau der Organe, welche die Wärmeproduktion und Wärmeabgabe innehaben.

Im Rahmen des gegenwärtigen Verständnisses über die Regelung der Körpertemperatur wird behauptet, dass das thermoregulatorische Zentrum die von den Thermorezeptoren eingehende Information (bestimmte Frequenz an elektrischen Impulsen) über Temperaturwerte an der Körperschale und im Körperkern selbst „verrechnet". Es generiert die *Korrektursignale*, die dann vom Zentrum ausgehend das Aktivitätsniveau der Regelsysteme justieren sollten, das für die Wärmeproduktion und Wärmeabgabe zuständig ist. Sein angestrebtes Ziel ist eine genaue Erhaltung eines *vorgegebenen Sollwertes* der Körpertemperatur (Schmidt, 1999).

Sollwert, ein MUST-HAVE-Wert der Körpertemperatur

Der Begriff „Sollwert" der Körpertemperatur bezieht sich auf jenen Wert, den wir als *normale* bzw. *optimale* Temperatur kennen, der sich um 37 °C bewegt. Das ist der Wert, den der menschliche Körper bei kleinsten Abweichungen (Istwert) wieder zu erreichen tendiert. Er ist ein MUST-HAVE-Wert des Körpers.

Im Unterschied zu dem fixen Sollwert eines Thermostats ist der weitverbreitete Begriff „Sollwert" allerdings problematisch, wenn es sich um den Sollwert der Körperkerntemperatur handelt. Der Grund dafür ist, dass dieser Wert von circa 37 °C, den die meisten von uns kennen, weder räumlich noch zeitlich ein fixer Wert ist. Bekanntlich schwanken die Werte der Körpertemperatur innerhalb von 24 Stunden in einem sehr engen Rahmen zwischen 0,2 und 1,2 °C mit einem frühmorgendlichen Minimum und einem Maximum am Nachmittag. Das heißt, dass sich die Werte der Körpertemperatur zyklisch nach einem Muster alle 24 Stunden wiederholen. Bei Frauen ist dieses Muster um einiges komplexer, da dieses 24-Stunden-Muster in einem monatlichen Muster inkludiert ist.

Wie bereits erläutert, postuliert das gegenwärtige Modell über die Regelung der Körpertemperatur, dass das thermoregulatorische

Zentrum derart konstruiert ist, homöostatisch zu wirken. Das heißt, dass es seine Aufgabe ist, einen bestimmten (Soll-)Wert oder, genauer gesagt, ein *Muster an Sollwerten* konstant zu halten. Deshalb gehört der Mensch zu der Gruppe von gleichwarmen (homoiothermen) Lebewesen.

Der starre Sollwert-Muster der Körpertemperatur

Bei homoiothermen Lebewesen, zu denen auch der Mensch gehört, wird die Körpertemperatur infolge hoher Wärmebildung und zusätzlicher Regelungsmechanismen auf einem (Soll-)Wert konstant gehalten, der erheblich über der Umgebungstemperatur liegt. Das Besondere an den Sollwert-Mustern der Körpertemperatur ist, dass diese bei allen Menschen auf der Erde ziemlich gleich bleiben, unabhängig davon, in welchen Regionen der Erde ein Mensch wohnhaft ist. Egal, ob es sich um Inuit aus der nördlichsten *natürlichen* Siedlung der Welt (Siorapaluk in Nord-Grönland) handelt, wo die Außentemperatur auf bis zu −50 °C sinken kann, oder um Menschen in Äquatorregionen, wo die Temperaturen die Marke von +50 °C erreichen können; sie alle weisen gleiche Wertemuster der Körpertemperatur auf. Es ist beeindruckend zu sehen, wie die thermoregulatorischen Mechanismen des Menschen trotz eines so großen Unterschiedes von fast 100 °C an Außentemperatur imstande sind, dieses Muster an Sollwerten aufrechtzuerhalten, was die Rolle der Außentemperatur für die Bestimmung des Sollwert-Musters des Menschen relativiert.

Auf den ersten Blick wirkt es wie ein Segen für *gleichwarme* Tiere, zu denen auch wir Menschen gehören, von den Veränderungen der Umwelttemperaturen unabhängig zu sein. Mit der Etablierung eines fixen, optimalen Temperaturwerts können diese Gruppe von Lebewesen die Launen der Klimaveränderungen über sich ergehen lassen. Dahingehend sind wechselwarme gezwungen, während der kalten Jahreszeiten unbedingt schlafen gehen zu müssen, sozusagen das halbe Leben zu verschlafen.

Im Gegensatz zu jenen kann der Homo sapiens durch die Stabilität seines (Soll-)Wertes das ganze Jahr über aktiv sein. Das klingt zwar verlockend, bedeutet aber nicht unbedingt einen Vorteil in Bezug auf das Überleben, da der rege Stoffwechsel des Menschen ihn dazu zwingt, bemüht nach Nahrungsmitteln zu suchen, um seine Energiedepots ausreichend gefüllt zu halten. Ohne diese gefüllten Energiedepots wäre es nicht möglich, den Körper als Verbrennungsmotor am Laufen zu halten und die Körpertemperatur aufrechtzuerhalten.

Exkurs in die Evolution

Die Meinung der Paläontologen ist, dass dieses Muster an Werten der Körpertemperatur in den letzten 500.000 Jahren unverändert blieb. Was passierte mit dem Klima, mit den Außentemperaturen während dieser Zeit? Verlässliche Daten aus Eisbohrkernen und Tiefseesedimenten zeigen, dass während der letzten 500.000 Jahre das Klima eine markante Charakteristik, einen regelmäßigen Wechsel zwischen Warm- und Kaltzeiten, aufweist. Kaltzeiten dauerten etwa 100.000 Jahre, und Warmzeiten, die wesentlich kürzer waren, zwischen 7000 und 17.000 Jahren. Der Temperaturunterschied zwischen den Kalt- und Warmzeiten beträgt je nach Autoren zwischen 10 °C und 13 °C (Dietrich, 2015).

Während dieser Zeit von einer halben Million Jahre lebte der Mensch circa neun Zehntel (9/10, d. h. 450.000 Jahre davon) in Kaltzeiten. Und diese Zeitdauer reichte trotzdem nicht aus, um das Sollwert-Muster auf niedrigere Werte anzupassen (Sollwert-Verstellung). Was wäre der Vorteil für den Menschen, wenn dies passieren würde? Im Fall einer Anpassung vom Sollwert an niedrigere Umgebungstemperaturen wäre der Gradient vom Temperaturunterschied zwischen Außentemperatur und

Körpertemperatur kleiner. Der Mensch wäre somit schon mit geringeren Mengen an Wärme(quellen) zurechtgekommen. Somit wäre auch der damit verbundene Aufwand, den niedrigeren Sollwert wieder zu erreichen, geringer. Dies wäre eine optimale Anpassung, sozusagen eine Optimierung des Menschen an seine meist kalte Umwelt. Aber aus irgendeinem Grund trat dieser Fall während der Evolution nicht ein. Der Sollwert blieb unbeugsam, stur. Wer weiß, die Zeit für eine solche Umstellung könnte zu kurz gewesen sein.

Immerhin, die Folge war, dass während wiederholter langer Kaltzeiten die menschlichen thermoregulatorischen Mechanismen unter Druck gesetzt werden mussten, um das Sollwert-Muster der Temperatur des Körpers, die höher war als jene der Umwelt, aufrechtzuerhalten. Der Preis dafür musste schon damals wie heute vom Körper durch eine anhaltende Anspannung der Muskeln (erhöhte Wärmeproduktion) und einen aktivierten Sympathikus (Minimierung des Wärmeverlusts) bezahlt werden.

Obwohl der Mensch vor 500.000 Jahren bereits das Feuer als Wärmequelle nutzte und energiereiche Nahrungsmittel auf seiner Speiseliste standen, wurde der Mensch von damals klimatisch bedingt „gezwungen", nach noch mehr Wärmequellen zu suchen. Er wurde zum Suchenden. Wenn der Mensch nicht durch seine intellektuellen Kapazitäten ein Verhaltensspektrum (Kleidung, Heizung, Behausung, energiereiche Ernährung) geschaffen hätte, welches letztendlich zur positiven Wärmebilanz und Aufrechterhaltung von Sollwert-Mustern der Körpertemperatur beiträgt, hätte er keine Chance gehabt, die langen Kaltzeiten zu überleben. Aber der unbeugsame MUST-HAVE-Wert der Körpertemperatur ist jener, der *heute wie damals die Geschwindigkeit bzw. die Intensität von menschlichen psychophysiologischen Prozessen und somit sein Verhalten bestimmt.*

Als stammesgeschichtliches Erbe eines wahrscheinlich ehemals tropischen Primaten bleibt Faktum, dass der menschliche Körper noch immer nicht an die kalten Temperaturen angepasst bzw. adaptiert werden konnte und dass der Mensch in thermischer Hinsicht noch immer als tropisches Tier gilt, das für Anthropologen als noch immer nicht akklimatisierter Urmensch gilt (Grupe et al., 2012). Somit werden dem thermoregulatorischen Zentrum sehr komplexe Funktionen, wie die *Integration* und *Verarbeitung* von Informationen über die Körpertemperatur, zugeordnet. Funktionen, wie die eben erwähnte, verlangen nach sehr hohen Fähigkeiten, die nur dem Gehirn als Ganzes zugemutet werden können. Die Frage, die sich hier ergibt, ist, wie dieses nur aus einem Bündel an zahlreichen Neuronengruppen bestehende Zentrum solche komplexen und gleichzeitig (über-)lebenswichtigen Aufgaben erledigen kann. Bevor wir uns auf die Suche nach einer meiner Meinung nach schlüssigeren Antwort auf diese Frage begeben, noch ein paar Worte zu den wichtigsten (weil am schnellsten reagierenden) Nervenbahnen, die an der Wärmeproduktion und Wärmeabgabe beteiligt sind.

Zur Erinnerung:

Trotz mehrerer Hunderttausenden von Jahren Lebens in Kaltzeiten blieb das Sollwert-Muster der Körpertemperatur unverändert. Es erweist sich somit als veränderungsresistent.

Mit jeder Änderung der Umgebungstemperatur findet eine aufwendige und kostenintensive Anpassung des Aktivitätsniveaus der wärmeproduzierenden und wärmeabgaberegulierenden Mechanismen statt.

Nichts ist umsonst:
Kostenintensive Anpassung und Akklimatisierung

Die Aktivierung der Kälteabwehrmechanismen von Lisas Körper im Wasser des Weißensees war ein rascher Versuch, die Abweichung ihrer Körpertemperatur (Istwert < Sollwert) wieder in Richtung Sollwert zu korrigieren. Ein solcher Versuch ihres Körpers ist als *Anpassung* an abgeänderter Temperatur (Istwert ≠ Sollwert) bekannt. Muss ein Körper dauerhaft den Wärmeverlust bzw. Wärmegewinn korrigieren, spricht man von *Akklimatisierung*.

Anpassung vs. Akklimatisierung

Hinsichtlich der Starrheit des Sollwert-Musters der Körpertemperatur schauen wir uns genauer an, was es bedeutet, sich an niedrigere bzw. höhere Umgebungstemperaturen anzupassen bzw. zu akklimatisieren, und wie erfolgreich Letzteres sein kann. Hier wird der Blick auf die Anpassung bzw. Akklimatisierung an niedrigere Umgebungstemperaturen gerichtet, weil, wie wir später sehen können, sich im Inneren des Menschen der modernen Gesellschaft ein Klimawandel abspielt, über den wir uns wahrscheinlich genauso viel Gedanken machen sollten wie beim Klimawandel in der Natur.

Semantisch betrachtet, gibt es keinen Unterschied zwischen den Begriffen „Anpassung" und „Akklimatisierung". Laut Duden (1974) bedeutet der Begriff *Anpassung*: „das [Sich]einfügen, Angleichen", sein Synonym ist *„Akklimatisierung"*. Der Begriff *„Adaptation"* kommt vom lateinischen *„adaptare"*, was so viel wie „sich an etwas anpassen" bedeutet. So können die Begriffe *Anpassung, Adaptation* und *Akklimatisierung* im Alltag im gleichen Kontext verwendet werden.

In der Physiologie werden *Anpassung und Akklimatisierung* differenzierter betrachtet. In beiden Fällen stellt sich die Frage, was es im Menschen ist, was an Veränderungen zu niedrigeren Außentemperaturen adaptierbar ist.

Adaptation an Kälte oder wie Lisas Körper begann, sich nach erlebtem Kälteschock anzupassen

Als Lisa ins kalte Wasser hineinsprang, veränderte sich abrupt die Umgebungstemperatur, was ihre Körpertemperatur zum Absturz brachte. Getriggert vom Sollwert der Körpertemperatur wurde veranlasst, dass die Kälteabwehrmechanismen aktiver als davor zu arbeiten begannen. Sie wurden leistungsfähiger, was mit einem höheren Energieumsatz verbunden war.

Es erfolgte eine Gefäßkontraktion in der Haut. Dadurch wurde die Wärmeleitung von inneren zu äußeren Körperschichten niedriger, es bildete sich Gänsehaut, was wie eine Wärmedämmung funktionierte. Die beiden Mechanismen setzten die Wärmeabgabe der Körperoberfläche herab. Die Muskeln spannten sich an. Dabei ist der Grad der Anspannung der Muskeln desto stärker und rascher, je größer die Abweichung der Körpertemperatur (Istwert) vom Sollwert ist. Die verstärkte Muskelkontraktion erzeugte mehr Wärme, die nicht dem aktuellen Wärmebedarf entsprach, um den Sollwert zu erreichen.

Die Wärmebilanz begann anzusteigen und so auch der Wert der Körpertemperatur. Da die freigesetzte Wärmemenge mehr als genug war, um den Sollwert zu erreichen, stieg die Körpertemperatur über diesen Wert weiter an. Lisa wurde warm, sogar sehr warm. Sie begann zu schwitzen, sie musste sich von ihrem Tauchanzug befreien.

So verläuft eine Anpassung an eine niedrige Umgebungstemperatur, in der offensichtlich mehr Wärme (Energie) investiert wird, die dem optimalen Wärmebedarf nicht entspricht. Ein verschwenderischer Umgang mit Energiereserven des Körpers, der sich offensichtlich aus Sicherheitsgründen vor den

Folgen eines (lebens-)gefährlichen Absturzes der Körpertemperatur im Laufe der Evolution entwickelte.

Akklimatisierung (Gewöhnung) an Kälte, die längerfristige Anpassung

Während einer Anpassung ist der Körper nur kurzfristig imstande, den Sollwert seiner Temperatur mittels thermoregulatorischer Prozesse konstant zu halten. Auf Dauer ist ein Versuch, den Sollwert weiter aufrechtzuerhalten, mit einer ernsthaften Senkung seiner Energiereserven und einer Hypothermie verbunden. Diese Art der Anpassung, die sich bei anhaltend niedrigen oder hohen Umgebungstemperaturen entwickelt, nennt man Akklimatisierung.

Akklimatisierung an niedrigere Umgebungstemperaturen zeigt ...
1. einen *langsamen Verlauf*. Das heißt, dass die physiologischen Prozesse des menschlichen Körpers Wochen, Monate und sogar Jahre benötigen, um ein Aktivitätsniveau zu erreichen, das durch eine gesteigerte Leistung mit höherem Energieumsatz verbunden ist. Trotz des während der Akklimatisierung gesteigerten Energieaufwands wird im Körper eine niedrigere Temperatur als sein Sollwert herrschen. Der Körper, der versucht, sich an niedrigere Umgebungstemperaturen zu akklimatisieren, wird sich im Zustand einer Unterkühlung (Hypothermie) befinden.
2. *eine geringe Effizienz*. Bei Völkern, wie zum Beispiel arktischen Indianern oder Eskimos, die an Kälte akklimatisiert sind, ist der Energieumsatz 25–50 Prozent höher im Vergleich zu jenen Völkern, die in wärmeren Regionen leben (Schmidt, 1999). Ein hoher Energieumsatz bedeutet, dass *der Körper auf höheren „Touren" arbeitet und seine physiologischen Prozesse beschleunigt sind*. Bei Menschen, die als an niedrige Umgebungstemperaturen akklimatisiert

gelten, werden Nährstoffe effizienter verwendet, ihre Energiereserven sinken rascher, *der Bedarf nach energiereicher Ernährung steigt*, ihre Speisen sind kalorienreicher. Es ist kein Zufall, dass zum Beispiel die Inuit meistens Robbenfleisch oder Fisch möglichst frisch essen, oftmals noch blutig. Diese hochkalorische Ernährung stellt ihrem Körper mehr Energie für die Wärmeproduktion zur Verfügung.

3. *eine Absenkung des Temperaturwertes (Zitterschwelle), ab dem das Kältezittern einsetzt* (Grupe et al., 2012). Eine Absenkung oder Verlagerung der Zitterschwelle zu tieferen, kälteren Temperaturen lässt sich bereits nach mehrmaliger 30- bis 60-minütiger Kältebelastung innerhalb weniger Tage hervorrufen. Dies besagt, dass der Körper seinen Kälteabwehrmechanismus, das Zittern, bei an Kälte akklimatisierten Menschen bei niedrigeren Körpertemperaturwerten weit stärker aktivieren würde als bei nicht akklimatisierten Menschen, obwohl im Körperinneren der an Kälte akklimatisierten Menschen schon eine mäßig niedrigere Körpertemperatur (Hypothermie) herrscht (Schmidt, 1999). Dadurch wird sich ein an Kälte akklimatisierter Mensch länger in Hypothermie befinden als ein nicht akklimatisierter.

4. *eine wenig effiziente Vasomotorik.* Vasomotorik bezeichnet die durch Kontraktion und Relaxation bedingte Volumenänderung der Blutgefäße der peripheren Gefäße. Im Vergleich zu einer Anpassung nach einem Kälteschock, wenn die peripheren Gefäße rasch verengt werden, um den Wärmeverlust maximal zu reduzieren, sind bei Menschen, die in kalten Regionen wohnhaft und an Kälte akklimatisiert sind, die *peripheren Gefäße erweitert*. Diese Erweiterung resultiert in einer Verbesserung der Hautdurchblutung, was ihre Finger und Zehen vor Erfrierungen bewahrt. Das führt dazu, dass die Hauttemperatur der Hände und Füße bei arktischen Völkern, die bei bis zu −50 °C leben, der jener Menschen gleicht, die in klimatisch wärmeren Regionen wohnhaft sind. Wenn dies auch

gut für die Haut sein mag, so ist wärmetechnisch betrachtet diese Erweiterung *kein effizienter Kälteabwehrmechanismus* für den Wärmehaushalt des Körpers, da die Wärme aus den Körpern dieser Menschen ungebremst in die Umgebung übergeht. Der trotz anhaltend niedriger Umgebungstemperaturen unbeugsame Sollwert der Körpertemperatur wird nach mehr Wärmeproduktion drängen, die leider den großen Wärmeverlust kaum kompensieren kann. Bei den arktischen Völkern, wie zum Beispiel bei den Inuit, bleibt die Wärmebilanz ungünstig, ihr Körper ist leicht unterkühlt, er befindet sich in einer Hypothermie. Die Inuit sind also nur deshalb in der Lage, sich in gemäßigten und arktischen Gegenden aufzuhalten, weil sie das Wissen und Geschick erwarben, sich durch spezielle Kleidung, ihre sehr energiereiche Ernährung oder ihre spezielle Art der Behausung zu schützen (Tinbergen, 2019).

5. *dass das subjektive Kälteempfinden nachlässt.* Im Vergleich zu an Kälte nicht akklimatisierten Menschen, die rascher die Kälte der Umgebung als solche erleben, werden akklimatisierte Menschen erst bei niedrigeren Temperaturen wahrnehmen, dass sie sich in einer kälteren, wärmeraubenden Umgebung befinden und einem anhaltenden Wärmeverlust ausgesetzt sind. Das *„Dis-comfort-Gefühl"* (Gefühl, *sich nicht wohlzufühlen)*, das durch a) verstärkte Muskelanspannung und b) Aktivierung von Zielorganen des Sympathikus zu spüren ist, ist der einzige Antrieb für eine Verhaltensveränderung im Sinne des Verlassens der unkomfortablen kalten Umgebung. Bei einer Kälteakklimatisierung wird diese Schutzmaßnahme gegen den Wärmeverlust dementsprechend verspätet angepasst. Im akklimatisierten Körper wird länger ein kaltes Klima herrschen.

Neurophysiologisch betrachtet ist die Anpassung des Körpers an eine bestimmte kalte Umgebungstemperatur letztendlich eine Anpassung (Veränderung) seiner hemmenden GABAergischen

Neurotransmission im Gehirn nach abgeänderter Körpertemperatur. Anpassung als thermoregulatorischer Schutzmechanismus wird rasch eingesetzt, was mit einem massiven Energieverbrauch verbunden ist, der die körpereigenen Energiereserven rapide entleert. Demzufolge ist der Mensch auf Energie spendende Ressourcen angewiesen, welche es zu suchen, zu finden, zu organisieren und zu produzieren gilt. Dies erhöht den Energieaufwand, der noch höher wird, wenn die Kälte anhält, wenn es um Akklimatisierung geht. Dies bewirkt, dass der Preis für das Wohlbefinden des Menschen in einer andauernden kalten Umwelt, d. h. für Akklimatisierung, hoch ist und doch wenig effizient. Je kälter die Außentemperaturen sind, desto „teurer" wird es aus Sicht des Energie- bzw. Ressourcenverbrauchs. Nur dank erfinderischer Fähigkeiten, Entwicklung eines breiten Verhaltensspektrums und einer Auswahl an energiereichen Nahrungsmitteln konnte der Mensch in jenen Gegenden sesshaft werden, wo die Temperatur niedriger ist als die seines Körpers. Der Mensch bleibt noch immer ein tropisches Tier, das sich der Starrheit des Sollwertes seiner Körpertemperatur beugen muss.

Anpassung und Akklimatisierung als Phänomene trifft man nicht nur in Bezug auf veränderte Umgebungstemperaturen an. Diese finden automatisch auch bei Veränderungen in seiner Umwelt bzw. bei Ereignissen statt, mit denen der Mensch in Kontakt kommt. Die Fähigkeit, sich an eine neue Umwelt anzupassen, heißt, nach einer Übergangszeit das vorherige Leistungsniveau bzw. die vorherige Lebensqualität wieder zu erreichen. Gelingt dies, wird es als Erfolg gepriesen. In Gesellschaften, die sich rasant entwickeln, wird von ihren Mitgliedern ständig verlangt, sich permanent an Veränderungen anzupassen bzw. sich zu akklimatisieren. Nicht bewusst ist den meisten, dass der Versuch, sich an eine neue Umgebung zu akklimatisieren, mit einem erhöhten Energieverbrauch (erhöhte Wärmeproduktion und herabgesetzte Wärmeabgabe) verbunden ist, so wie es auch bei der Akklimatisierung an eine kalte Umgebung zu beobachten ist. Dass genau das der Fall ist, wird im nächsten Kapitel gezeigt.

Zur Erinnerung:

Das Sollwert-Muster der Körpertemperatur ist bei Anpassung und Akklimatisierung das Einzige, was nicht adaptierbar bzw. nicht anpassungsfähig ist. Anpassungsfähig ist nur das Aktivitätsniveau der thermoregulatorischen Mechanismen.

Der Mensch gilt noch immer als tropisches Tier.

Anpassung des menschlichen Körpers an niedrige Außentemperaturen bedeutet, dass er durch einen höheren Energieumsatz, also höhere Wärmeproduktion und rasche Minimierung der Wärmeabgabe, versucht, den Sollwert der Körpertemperatur wieder zu erreichen, was ihm dann nur kurzfristig gelingt.

Akklimatisierung an niedrige Temperaturen hat einen langsamen Verlauf, ist trotz eines höheren Energieumsatzes gegen Wärmeverlust wenig effizient und ist immer mit einem für den Körper höheren Energieaufwand verbunden.

Deswegen muss der an Kälte akklimatisierte Mensch für a) mehr Energiezufuhr (beheizte Häuser, energiereiche Ernährung) und b) eine Minimierung seines körperlichen Wärmeverlusts sorgen.

Vom Hypothalamus (TRZ) bis zu den Zielorganen der Temperaturregelung

Im Weiteren lehrt uns die Neuroanatomie, dass das thermoregulatorische Zentrum strukturell aus 2 Subzentren bestehen sollte:

1. einem Subzentrum, dessen Neuronen wärmesensitiv sind und deswegen auf *Wärmeverlust* (heat-loss center) reagieren, und aus
2. einem Subzentrum, dessen Neuronen kälteempfindlich sind und somit die *Wärmeproduktion* ankurbeln können

(heat-promoting center) (Jha, Islam und Mallick, 2001; Boulant, 2000; Nikolov und Yakimova, 2008).

Das bedeutet, dass sich die in diesen Subzentren erzeugten elektrischen Impulse entlang *unabhängiger* und *getrennter* Nervenbahnen bis zu a) wärmeproduzierenden Muskeln und b) Wärmeverlust regulierenden Zielorganen des Sympathikus (periphere Gefäße, Hautporen und Talgmuskeln) ausbreiten.

Forscher sind sich einig, dass die Nervenbahnen, welche die Wärmeproduktion und Wärmeabgabe regeln, über *unabhängige, nicht miteinander verknüpfte (d. h. getrennte) neuronale Wege* verlaufen (Nagashima et al., 2000). Das ist ein Faktum, das wir bei unserer Entdeckungsreise berücksichtigen müssen, wenn wir den Vorgang der Körpertemperaturregelung zu erklären versuchen. Welche Nervenbahnen genau an diesem Vorgang beteiligt sind, ist noch immer nicht gänzlich geklärt. Immerhin geht man davon aus, dass die Erforschung der Verbindungen zwischen Peripherie (Thermorezeptoren) und dem thermoregulatorischen Zentrum im Hypothalamus (afferente Nervenbahnen) sowie zwischen dem Zentrum und den wärmeproduzierenden und Wärmeabgabe regulierenden Organen durch die vielen Umschaltungen *sehr komplex* ist.

Sichergestellt ist, dass
a) der *Sympathikus* und
b) die *motorischen Nervenbahnen*
jene Nervenbahnen sind, die am raschesten agieren, wenn sich der Temperaturwert abändert.

a) Sympathikus

Der Sympathikus ist neben dem Parasympathikus einer von 2 autonom handelnden Bereichen des vegetativen Nervensystems, die ununterbrochen aktiv sind. Die beiden wirken auf ihre Zielorgane als Gegenspieler, also antagonistisch. In diesem Wechselspiel ihrer Aktivitäten wird die Tätigkeit dieser Organe äußerst *fein und unwillkürlich* reguliert (Tabelle 1).

Eine Ausnahme bilden die kleinsten Gefäßen (Kapillaren), deren Querschnitt *NUR* vom Sympathikus gesteuert werden dürfen, d. h., die Regulierung der Durchblutung wird *ausschließlich dem Sympathikus* überlassen. Da es auch die Hautdurchblutung betrifft, über die der größte Teil der Körperwärme abgegeben wird, ist *das* sympathische Nervensystem der *einzige Mechanismus,* der die wichtige Aufgabe *Modifizierung der Wärmeabgabe nach aktuellen Wärmebedarf* zugeteilt bekommen hat – sofern man einmal von anderen „externen" Möglichkeiten der Wärmeabgabe absieht, wie zum Beispiel Fächeln kühlender Luft, das Ablegen von Kleidung, kaltes Duschen oder die Einnahme kühlender Getränke usw.

Tabelle 1: Sympathikus: Zielorgane, Funktion und Output

Sympathikus	
in Wärmeabgabe beteiligte Zielorgane	Blutgefäße der Haut, Talgmuskeln, Hautporen
Funktion	moduliert die Wärmeabgabe durch Körperoberfläche
Output	Verengung der Blutgefäße der Haut Aufrichten der Haare Porenverkleinerung

b) motorische Nervenbahnen

Die motorischen Nervenbahnen innervieren die wärmeproduzierenden Skelettmuskeln (hier durch den Tractus corticospinalis vertreten), die je nach Bedarf imstande sind, ihren Anspannungsgrad sehr rasch zu regeln (Tabelle 2).

Tabelle 2: motorische Nervenbahnen: Funktion und Output
und Muskeln als ihre Zielorgane

motorische Nervenbahnen	
in Wärmebildung beteiligte Zielorgane	Muskeln
Funktion	moduliert ultraschnell die Spannungskraft der Muskeln
Output	rasche, dem Bedarf entsprechende Freisetzung von Wärme

In Bezug auf die Existenz der neuroanatomischen Verbindungen zwischen dem Hypothalamus bzw. dem thermoregulatorischen Zentrum (Hypothalamus/TRZ) und diesen beiden neuronalen Wegen konnten bis jetzt nur eine (oder mehrere) *direkte neuroanatomische* Verbindung(en) nachgewiesen werden. Dies würde bedeuten, dass die als thermoregulatorisches Zentrum angenommene Struktur jedenfalls *eine direkte Kontrolle über die Wärmeabgabe ausüben kann* (Bild 3.).

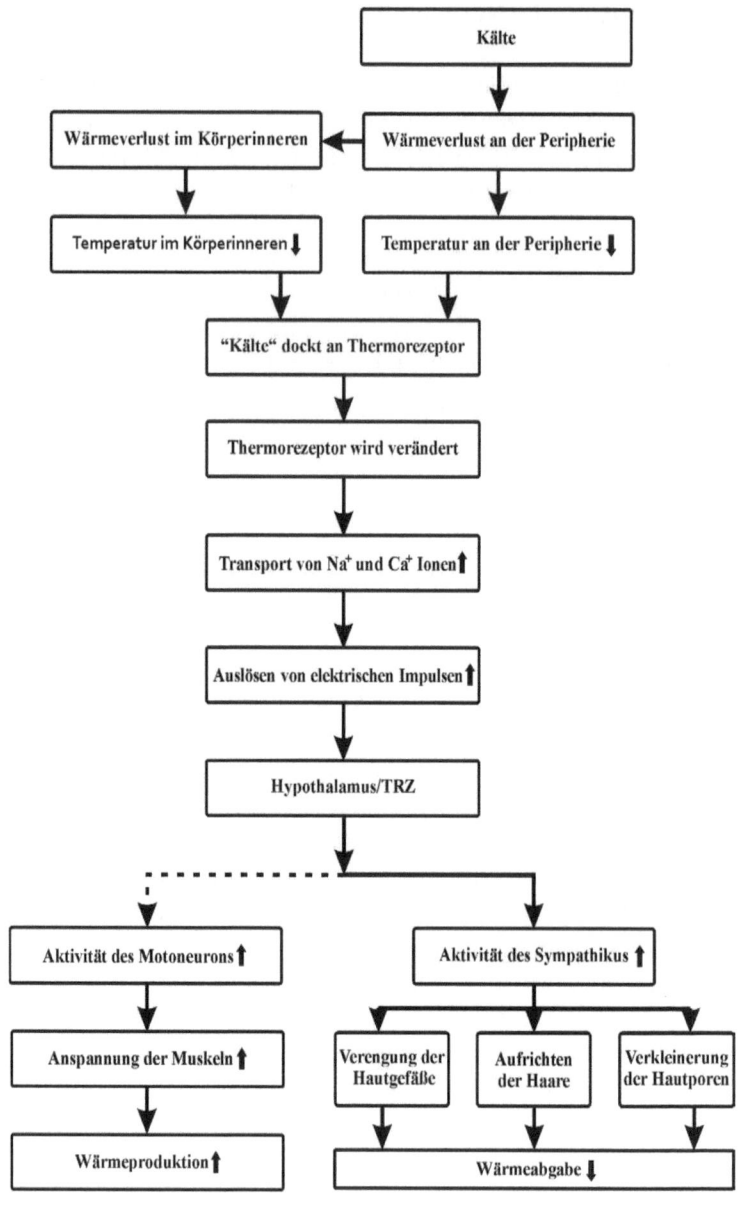

Bild 3
Regulierung der Körpertemperatur (aktuelles Model 1.0)

Im Gegensatz zu diesen direkten Verbindungen konnte bisher noch immer keine direkte Verbindung zwischen Hypothalamus/TRZ und den wärmeproduzierenden Muskeln nachgewiesen werden. Das motorische System des Gehirns, das die beiden verbinden sollte, setzt sich aus Nervenbahnen zusammen (Pyramidenbahn sowie den extrapyramidalen Bahnen). Seine Ursprungszellen liegen in der Hirnrinde (primär motorischer Kortex), die überraschenderweise, statt am Hypothalamus und angenommenen thermoregulatorischen Zentrum anzudocken, einfach an ihnen „vorbeiziehen". Erst nach einer Umschaltung am Rückenmark gelangen die Impulse zu den jeweiligen Muskeln, um hier zuerst ihre Anspannung zu modulieren und eventuell Bewegungen zu initiieren.

Zur Erinnerung:

Jede Veränderung der Körpertemperatur wird über unabhängige, nicht miteinander verknüpfte, d. h. getrennte, neuronale Wege – Tractus corticospinalis und Sympathikus – die Intensität der an Wärmeabgabe und Wärmeproduktion beteiligten Organe beeinflussen.

Ereigniskette der Regelung der Körpertemperatur nach aktuell geltendem Modell 1.0 (am Beispiel von absinkenden Temperaturwerten)

- *Der absinkende Temperaturwert wird der Stimulus für den Thermorezeptor.*
- *Die Struktur des Thermorezeptors (Ionenkanal) wird dementsprechend verändert.*
- *Die Transportrate der Ionen durch Zellmembran steigt.*
- *Ein dem Temperaturwert entsprechendes Muster an elektrischen Impulsen wird erzeugt.*
- *Das ist die Information an das thermoregulatorische Zentrum über den neuen Temperaturwert.*

- *Aufgrund dieser Information über den neuen Temperaturwert werden elektrische Impulse ausgehend vom Hypothalamus/TRZ entlang getrennter neuronaler Wege indirekt zum Tractus corticospinalis (regelt die Wärmeproduktion durch Muskeln) und direkt zum Sympathikus (regelt die Wärmeabgabe) entsandt.*
- *Die an Wärmeabgabe und Wärmeproduktion beteiligten Organe (periphere Gefäße, Talgmuskeln, Skelettmuskeln u. v. m.) werden in ihrer Aktivität dem aktuellen Wärmebedarf angepasst.*
- *Der Sollwert der Körpertemperatur wird wiederhergestellt.*

4. Zielorgane (Effektoren), die durch ihre Funktion zur Wärmeproduktion oder Wärmeabgabe beitragen

Sehr vereinfacht dargestellt ergibt sich der Wert der Körpertemperatur aus der Differenz zwischen der Leistungsfähigkeit a) wärmeabgebender und b) wärmebildender Prozesse.

Wärmebildung – Wärmeabgabe =
aktueller Wert der Körpertemperatur

Angekommen in den wärmeregulierenden Zielorganen, verändern die elektrischen Impulse das Aktivitätsniveau dieser Organen, wodurch die a) Wärmeproduktion und b) Wärmeabgabe dem aktuellen Korrekturbedarf der Körpertemperatur entsprechend angepasst werden.

Wärmeabgabe regulierende Zielorgane des Sympathikus

Die im Körper entstehende Wärme muss zum Erhalt einer stabilen Temperatur genutzt werden. Zu viel Wärme ist dabei auch ungünstig für den Verlauf physiologischer Vorgänge im Körper, wie auch zu wenig. Deswegen ist es bei einem Überfluss an Wärme sehr wichtig, dass Mechanismen zur Verfügung gestellt werden, welche die überschüssige Wärme an die Umwelt abgeben können. Damit kann der Körper effektiv vor einer drohenden Überhitzung geschützt werden.

Im Fall eines Wärmeverlustes (Kälteschocks) und eines darauffolgenden Abfalls der Körpertemperatur wurde der menschliche Körper während der Evolution dank des Sympathikus mit 3 Kälteabwehrorganen ausgerüstet:

1) die Verengung der Blutgefäße der Haut,
2) das Aufrichten der Haare (Piloerektion), d. h. die sogenannte Gänsehaut, und
3) die Verkleinerung der Breite der Hautporen.

1) Verengung der Blutgefäße der Haut, ein Schutz mit Kollateralschäden

Die Haut ist neben der Lunge das Organ mit der zweitgrößten Fläche (1,5 bis 2 m²). *Ihre Durchblutung dient überwiegend der Thermoregulation.* Über sie reguliert der Körper seinen Wärmehaushalt. Bei Verengung von kleinsten Blutgefäßen (Kapillaren) an der Peripherie des Körpers – Akren (Finger, Hand, Ohren, Nase), Rumpf mit Extremitäten, Kopf und Stirn (Brück, 1987) – wird die durch („freie") Konvektion abgegebene Wärme reduziert, der Wärmetransport zur Umgebung wird dementsprechend verringert. Die Haut kühlt ab. So kühlte Lisas Haut im Wasser des Weißensees. So entstand ihr *Kältegefühl.*

Wird der Körper Kälte ausgesetzt, werden nicht nur die peripheren Gefäße der Haut verengt und die Wärmeabgabe reduziert, es werden *gleichzeitig alle kleinen Gefäße in allen Organen verengt* und somit ihre Blutversorgung reduziert, sodass auch ihre Versorgung mit Sauerstoff schlechter wird. Davon bleibt auch das *Herz, eines der erstrangigen,* d. h. für das Überleben wichtigen Organe, *nicht verschont.*

Zudem führen die verkleinerten Querschnitte der Blutgefäße an der Peripherie und im gesamten Körper zu einem erhöhten Widerstand für das fließende Blut. Das Herz muss dann gegen einen größeren Widerstand „anpumpen", was zu einem Anstieg des Blutdrucks führt. Unter gesteigerter Sympathikusaktivität arbeitet das Herz somit schneller und stärker, was als Herzrasen erlebt wird. Die Herzmuskelzellen kontrahieren schneller, was als Extrasystolen (Aussetzer) wahrgenommen wird. Allerdings sind diese Auswirkungen der gesteigerten Sympathikusaktivität auf das Herz einer der Gründe, Menschen mit Herzproblemen abzuraten, bei eisigen Außentemperaturen außer Haus zu gehen.

2) Das Aufrichten der Haare (Piloerektion oder Gänsehaut)
ist einem winzig kleinen Muskel (Haarbalgmuskeln) zu verdanken, der sich unter gesteigertem Sympathikus anspannt, die Haare aufrecht hält und ein Luftpolster bildet, was wie eine Wärmedämmung zur Reduktion des Wärmeverlusts beiträgt. Aufgrund der geringeren Haardichte des menschlichen Körpers schätzt man, dass dieser Mechanismus eher einen kümmerlichen Effekt auf die Reduktion einer Wärmeabgabe hat. Und doch ist dieser Kälteabwehrmechanismus noch vorhanden, mit oder ohne Behaarung. Offensichtlich nutzt der Körper bei einem (lebens-)bedrohlichen Wärmeverlust offensichtlich alle ihm zur Verfügung stehende Ressourcen.

3) Mit dem Zusammenziehen der Poren (Porenverkleinerung)
verkleinert sich die Hautoberfläche. Damit wird die Kontaktfläche zwischen dem Körper und seiner Umgebung reduziert, die Wärmeabgabe des Körpers wird herabgesetzt. Wird der Wert der Körpertemperatur ihren Sollwert übersteigen, entspannen sich die Wände von peripheren Gefäßen, die Haut und die

Körperoberfläche werden besser durchblutet, mehr von über-
flüssiger Wärme kann abgegeben werden. Das Faktum, dass
während der Evolution dem Sympathikus die exklusive Aufgabe „anvertraut" wurde, den Körper vor einem drohenden Wärmeverlust zu schützen und die Wärmeabgabe zu minimieren,
ist richtungweisend bei der Suche nach dem gemeinsamen Nenner, der gleichzeitig für die Wärmeproduktion und die Wärmeabgabe zuständig ist: Dieser sollte, neuroanatomisch betrachtet, auf der Ebene von wesentlich feineren neuroanatomischen
Strukturen gesucht werden, wie es die Rezeptoren von Neurotransmitter sind. Aber bevor wir uns mit diesem Thema auseinandersetzen, bleiben wir noch eine Weile bei der Regelung des
wichtigsten Parameters des inneren Milieus, der Körpertemperatur. Und hier spielen die (Skelett-)Muskeln eine besondere Rolle.

Wärmebildung regulierende Zielorgane des Motorneurons

Wärme wird im Körper auf mehrere Wege gebildet, wie zum
Beispiel
   a) bei *chemischen Reaktionen, insbesondere bei der Verbrennung
      von Nahrungsmitteln* (thermogene Wirkung der Nahrung)
      oder durch die
   b) *Tätigkeit einzelner Organe.* Jedes einzelne Organ erzeugt
      Wärme durch die in ihm ständig laufenden biochemischen
      Prozesse. Auch Muskeln, vor allem Skelettmuskeln, zäh-
      len mit ihrer Anspannungskraft hier besonders dazu, da
      diese bei einer maximalen Anspannung die Wärmepro-
      duktion erheblich steigern und einen Anteil von bis zu
      90 Prozent der Wärmebildung ausmachen.

Skelettmuskeln, unsere ultraraschen Wärmelieferanten

Skelettmuskeln bilden den größten Gewebeanteil des menschlichen Körpers. Sie sind sein größtes Organ (Gewebe) und ihr Anteil ist von Geschlecht und Lebensalter abhängig. Zu Beginn des Lebens machen Skelettmuskeln ein Viertel der Körpermasse aus. Bei einem erwachsenen jungen Mann erreicht der Muskelanteil ein Maximum von bis zu 40 Prozent Körpermasse, bis er dann mit zunehmendem Alter wieder an Muskelmasse verliert (auf rund 30 Prozent).

Funktion von Muskeln. Denkt man an die Funktion von Muskeln, assoziiert man das automatisch mit Bewegung sowie Körperhaltung. Die Anspannung der Rückenmuskulatur macht es möglich, dass der Körper aufrecht gehalten wird. Der Anspannung dieser Muskeln verdankt der Mensch den aufrechten Gang. Die Muskeln sind es, welche die Gelenke zusammenhalten oder bewegen. Dank der Muskeln kann der Mensch schreiben, sprechen, sich fortbewegen, musizieren, essen, atmen, streicheln, aber auch zerstörerisch und sehr verletzend sein.

Art der Muskelanspannung: Die Muskeln können sich auf 2 Arten anspannen: durch *isometrische* und *isotonische Anspannung.*

Bei der *isometrischen Anspannung verkrampft sich der Muskel, seine Muskellänge bleibt unverändert.* Die Muskelsehnen sind es, die gedehnt werden. In diesem Zustand ist eine Bewegung kaum möglich. In der Physiologie wird Bewegung gerne mit Arbeit oder Leistung gleichgesetzt. Da bei isometrischer Muskelanspannung keine Arbeit verrichtet werden kann, wird diese in der Physiologie als *unökonomisch* bewertet – was für eine abwertende, „kapitalistische" Denkweise dem Tun unseres Körpers gegenüber! Wird bei einer Verkrampfung der Muskeln keine Leistung erbracht, wird dies als *verschwenderisch* betrachtet.

Im Gegensatz zur isometrischen Anspannung bleibt bei der *isotonischen* Anspannung die Spannung des Muskels gleich. Der Unterschied ist, dass *eine Bewegung ausgeführt wird.*

Energieumsatz der Skelettmuskeln. Als größtes Organ des Körpers beträgt der Energieumsatz der Skelettmuskeln etwa *ein Viertel* des gesamten Energieumsatzes unseres Körpers – wenn er sich in Ruhe befindet. Werden die Muskeln aktiv bewegt, steigt der Energieumsatz erheblich. Bei isotonischer Kontraktion, die aufgrund erledigter Arbeit (Bewegung) als *ökonomische* Art der Muskelanspannung betrachtet wird, werden die Muskeln selbst dafür nur etwa 45 Prozent der freigesetzten Energie verwenden. *Der Rest der Energie wird als Wärme ausgestrahlt.* Allerdings ist Bewegung nicht das Einzige, was Muskeln leisten. Ihre wichtigste Funktion liegt in etwas ganz anderem. Bedauerlicherweise wird dieser „Wärmerest" an Energie oftmals als „Abfallprodukt" bezeichnet. Es wird dabei vergessen, dass genau diese, auf den ersten Blick *„unbenutzte"* Energie jene ist, welche die Körpertemperatur aufrechterhält.

Im Ruhezustand sind überwiegend die inneren Organe mit ihrem hohen Energieumsatz an der Wärmebildung beteiligt. Das sind Leber, Nieren, Herz und Gehirn. In einer Notfallsituation sind sie jedoch viel zu langsam, um den Körper vor einem lebensbedrohlichen Wärmeverlust zu bewahren. Bei einem schnellen Wärmeverlust sind es die Muskeln, die am raschesten imstande sind, Wärme zu erzeugen und freizusetzen, um den Körper vor einem Abfall der Körpertemperatur zu schützen. Der Rest dieser freigesetzten Energie, die nach dem Ausgleich eines Wärmeverlusts „übrig" bleibt, wird nach den Gesetzen der Thermodynamik in Form von Wärme einfach an die Umgebung abgestrahlt.

Die Anspannung der Skelettmuskeln wird über das motorische Nervensystem – *sein Ursprung liegt in der Großhirnrinde* – ausgelöst und gesteuert unterhalten. Dieser Fähigkeit der Skelettmuskeln, sich innerhalb von Millisekunden anzuspannen und eine große Menge an Wärme freizusetzen, verdankte Lisa, dass sie sich nach ihrem ungeschickten Eintauchen in den Weißensee rasch erholen konnte. Nur dank der raschen isometrische Anspannung ihrer Muskeln konnte der wichtigste

Parameter ihres inneren Milieus, der Sollwert *der Körpertempera-tur,* schnell wieder erreicht und somit aufrechterhalten werden.

Mit *Zittern* versuchte *ihr Körper durch regelmäßige, rhythmi-sche Muskelkontraktionen* ein Maximum an Wärme freizusetzen, was darauf hinweist, dass die durch isometrische Anspannung aller Muskeln gewonnene Wärme doch nicht ausreichend war, um den durch den Sprung ins kalte Wasser ausgelösten Wärme-verlust auszugleichen. Der Grad der Muskelanspannung verhält sich direkt proportional zum Wärmeverlust. Je größer der ist, desto stärker spannen sich die Muskeln an, die mehr Wärme freisetzen. Die Körpertemperatur steigt an. Alle biochemischen Prozesse werden zunehmend angeregt, der Körper beginnt aus-zubrennen. Bei einem niedrigen Temperaturunterschied zwi-schen dem Körper und seiner Umgebung sind die Muskeln ent-spannter, die setzen weniger Wärme frei. Der Körper kühlt ab. Es wird im wahrsten Sinne des Wortes ein Zustand des Chillens erreicht (auf Deutsch: *chillen = abkühlen).* Je angespannter die Muskeln sind, desto mehr Wärme wird „freigesetzt".

Atem(be)raubende Kälte

In der Kälte des Weißensees schien Lisas Brustkorb *„wie in einem engen Panzer eingeschlossen".* Sie kämpfte gegen einen massiven Widerstand, um Luft zu holen. Jeder erneute Versuch, *einzuat-men,* war erfolglos und zehrte an ihren Kräften. Sie realisierte, dass sie *nicht frei atmen konnte.* Klar, sie befand sich in *Atemnot.*

Welche Mechanismen waren somit die Auslöser für Lisas Angst?Um dies verstehen zu können, ist noch einmal ein tiefer Atemzug gefragt, um in die Tiefen, diesmal der Anatomie und Physiologie, einzutauchen.

Exkurs in die Anatomie

Der Brustkorb oder Thorax (altgriechisch θώραξ, Brustpanzer) ist der obere Abschnitt des Rumpfes. Die Wand des Brustkorbs wird vorne durch

    a) Knochen, wie das Brustbein (Sternum) und 12 paarig angelegte Rippen, und hinten durch die Brustwirbelsäule sowie durch

    b) Muskeln gebildet.

Der gesamte vordere Rippenbereich des Brustkorbs wird durch den kräftigen, fächerförmigen, vorderen oder großen Brustmuskel („Musculus pectoralis major") bedeckt (Bild 4). Dieser ist nicht direkt an der Atmung beteiligt und folgt unter normalen Umständen passiv der Dehnung des Brustkorbs, kann ihn aber deutlich einschränken.

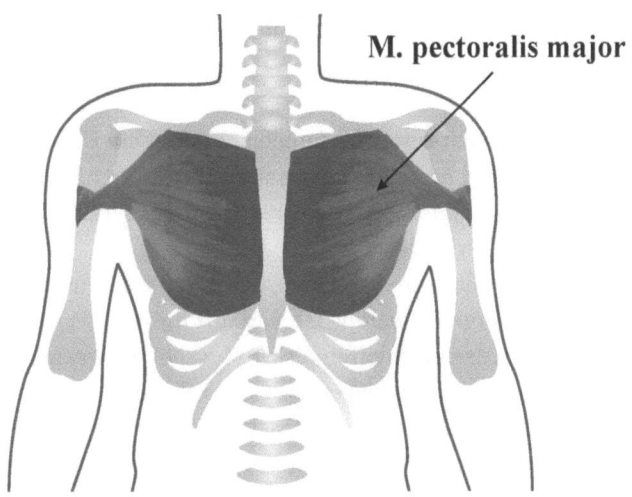

Bild.4
Lage von großem Brustmuskel (M.pectoralis major)

An den Rippen sind *innere Zwischenrippenmuskeln* (Mm. intercostales interni) sehr geschickt angesetzt. Durch ihre Anspannung werden die Rippen nach oben und nach vorne gehoben. Dadurch wird der Brustraum vergrößert, es entsteht mehr Platz für frische, eingeatmete Luft.

Die Thoraxwand bildet eine *Brusthöhle,* die selbst durch eine Scheidewand (Mediastinum) in 2 Höhlen geteilt ist, in der unsere Lungenflügel liegen. Die Lunge mit ihren etwa 300 Millionen Lungenbläschen (Alveolen) bildet eine (respiratorische) Oberfläche von circa 100–140 Quadratmetern. Damit ist die Lunge das größte Tor zu unserem Körperinneren, das nicht nur zum Gasaustausch, sondern auch zum Wärmeaustausch dient.

Das *Brustfell (Pleura)* verbindet die Thoraxwand und die Lunge. Somit folgt das Brustfell der Dehnung des Brustkorbs, die durch eine Kontraktion der *Zwischenrippenmuskeln* entsteht, und „nimmt" die Lunge „mit"; auch die Alveolen dehnen sich aus.

Exkurs in die Physiologie

Durch die Erweiterung der Lungen entsteht ein Unterdruck, in die Lunge wird Atemluft eingesaugt. Das Zwerchfell zieht sich nach unten zusammen, sodass sich der Brustraum (das Thoraxvolumen) erweitert.

Im Gegensatz zum Einatmen, das durch die Kontraktion von Muskeln energieaufwendig ist, verläuft die *Ausatmung* zumeist *passiv* durch das Erschlaffen dieser Muskeln. Aufgrund der elastischen Fasern im Lungengewebe zieht sich die Lunge zusammen, das Thoraxvolumen verringert sich. Gleichzeitig entspannt sich das Zwerchfell, was zu einer weiteren Verkleinerung des Thoraxvolumens und zur Entstehung eines (exspiratorischen) Überdrucks führt. Die Luft strömt durch die Bronchien in die Luftröhre und dann nach außen; energiesparend und dennoch effizient.

Die „Befehle", sich zu kontrahieren, bekommen die Zwischenrippenmuskeln in Form von elektrischen Entladungen, die aus dem Atemzentrum im verlängerten Mark (Medulla oblongata) geschickt werden. Die Frequenz dieser Entladungen wird vom Atemzentrum gesteuert und wird in erster Linie von der Konzentration des Kohlendioxids (Partialdruck) im Blut beeinflusst. Steigt seine Konzentration über einen Normwert (40 mmHg), werden die Atemfrequenz und damit das Atemminutenvolumen erhöht.

Wahrscheinlich erinnern Sie sich an Lisas Sprung ins kalte Wasser des Weißensees. Damals passierte genau das Gleiche. Alle Muskeln an ihrer Körperoberfläche, die als Erste in Kontakt mit der Kälte des Wassers kamen, mitsamt dem großen Brustmuskel, verkrampften sich. Die stark verkrampften Brustmuskeln schränkten das Brustbein in seiner Beweglichkeit erheblich ein, wodurch die Ausdehnungsversuche der Thoraxwand gehemmt wurden. Lisas Lungen konnten sich somit kaum ausdehnen. Das verkleinerte ihr Thoraxvolumen. Die Luftmenge (Atemvolumen), die pro Atemzug eingeatmet bzw. ausgeatmet werden konnte, wurde geringer, wodurch zu wenig frische Luft in die Lungen geholt werden konnte. Bei unzureichender Belüftung ihrer Lungen begann sich ein Zustand zu entwickeln, der in der Pulmologie als *restriktive Funktions-, bzw. Ventilationsstörung* bekannt ist (Schmidt, 2013), der zum Beispiel einer Lungenentzündung (Pneumonie) oder Rippenfraktur gleicht. Das hat die Atemnot ausgelöst. Die Auswirkung war, dass in ihrem Blut a) die *Kohlendioxidkonzentration (CO_2) steigt* und b) der *Sauerstoffgehalt (O_2) sinkt.* Das im Blut kumulierte CO_2 ist dabei der stärkste Atemantrieb für das Atemzentrum, um Kontraktionsimpulse an die Zwischenrippenmuskeln zu schicken, damit sich der Thorax erweitern und mehr Luft einatmen kann. Dies wäre die optimale Vorgangsweise. Durch die Kumulation von CO_2, das selbst ein säuerliches Gas ist, senkt *sich auch der pH-Wert im Blut,* das säuerlich wird. Der Säure-Basen-Haushalt des Körpers wird aus dem Gleichgewicht geraten. Da im aktuellen Fall die Ursachen für die Säuerung des Blutes eine Folge der gestörten Atmung ist, nennt man diese *respiratorische Azidos*e (Bild 5).

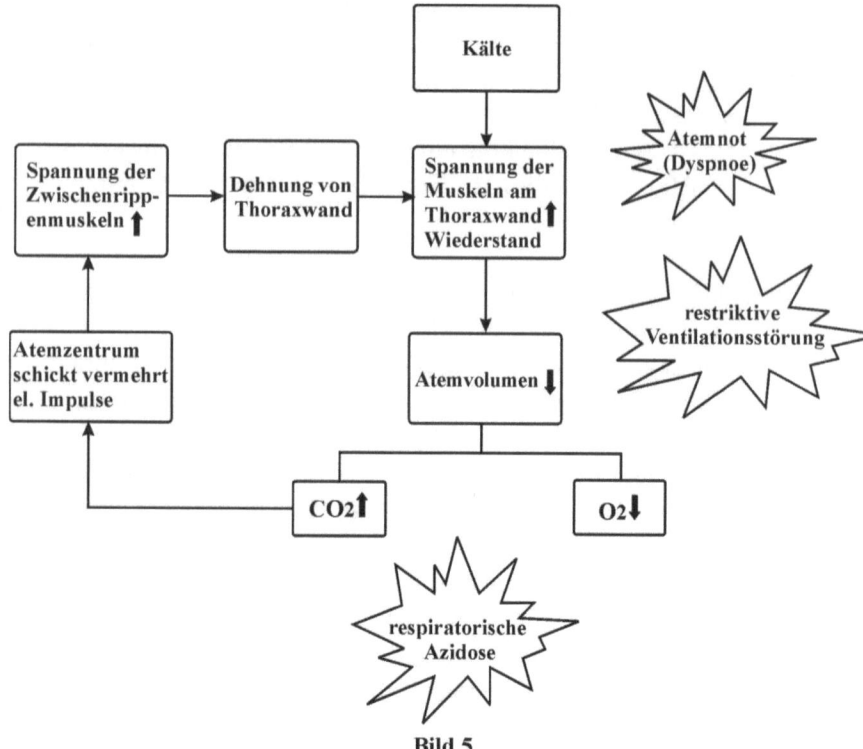

Bild 5
Abrupter Wärmeverlust und seine Auswirkungen auf Atmung

Das war noch immer nicht alles. Durch den Kontakt mit dem kalten Wasser spannten sich auch die Bauchmuskeln an, die wie eine Presse auf das Zwerchfell und dann auf die Lungen wirkten. Die in den Lungen vorhandene Luftmenge wurde dabei zum Teil nach außen gepresst, sodass kaum Luft in den Lungen blieb. Auch auf diesem Weg wurde *die Sauerstoffzufuhr somit zusätzlich stark reduziert.* Der Körper begann unter Sauerstoffmangel zu leiden. Fazit: Je größer die Lebensgefahr durch einen Wärmeverlust ist, desto schlechter wird die Versorgung des Körpers mit lebenswichtigem Sauerstoff!

Exkurs in die Evolution

Ist während der Stammesgeschichte des Homo sapiens etwas „schiefgelaufen", dass bei einem Wärmeverlust sein Überleben mittels der aktuellen Kälteabwehrmechanismen zusätzlich gefährdet ist? Ist das menschliche Überleben nicht die höchste Priorität der Evolution? War das Leben in Kaltzeiten über mehrere Hunderttausend, sogar Millionen Jahre hinweg nicht Anlass genug, um etwas Effizienteres gegen den Wärmeverlust im menschlichen Körper „einzubauen"? Offensichtlich ist die Evolution nicht dafür verantwortlich, um den Homo sapiens zu schützen. Sie gibt ihm vielmehr eine Chance, an der Geschichte der Erde teilzunehmen. Wie er diese Chance nutzt, ist seine Sache. Die ersten paar Millionen Jahre hat er überstanden.

Muskeln und ihre Energiequellen

Im Laufe der Evolution wurden 4 Hauptquellen, die im weiteren Text als Quelle 1, 2, 3 und 4 bezeichnet werden, für die Bereitstellung von Energie für Muskelkontraktionen geschaffen, die nach Bedarf im Dienste der Sicherstellung der Wärmelieferung aus Skelettmuskeln stehen (Hall, 2016, 48).

Quelle 1: Zerfall von Adenosintriphosphat (ATP)

Um sich anspannen zu können, benötigen die Muskeln einen besonderen „Energydrink", der nicht Coca-Cola oder Red Bull heißt, sondern einen zungenbrecherischen Namen trägt, und zwar Adenosintriphosphat (ATP). ATP ist der universale Energielieferant des Körpers und des Gehirns. Für die Muskeln ist ATP der alleinige *„Energydrink"*. Nichts anderes kommt als Energieträger infrage, um sich anzuspannen, unabhängig davon, ob es um eine bloße Verkrampfung oder doch um eine Bewegung geht. ATP ist chemisch ein Molekül, das aus 3 miteinander verbundenen Phosphatgruppen gebaut ist. Die Bindungen zu den 2 von 3 Phosphatgruppen sind hochenergetisch.

Wie bereits erläutert, ist die Kraft, mit der sich Muskeln anspannen, direkt proportional zum Temperaturunterschied zwischen Körper- und Umgebungstemperatur. Je größer der Temperaturunterschied ist, umso kräftiger spannen sich die Muskeln an, was automatisch mit einem raschen Wärmeverlust einhergeht.

In Situationen, in denen der Temperaturunterschied sehr groß ist und es zu einem sehr raschen Wärmeverlust kommt, kann es zu einer *überschießenden Anspannung der Muskeln* kommen, was heißen würde, dass viel mehr an Wärme freigesetzt wird als erforderlich, um den Wärmeverlust auszugleichen. Die Folge ist ein *Anstieg der Körpertemperatur*. Dies wird als Zustand einer Hyperthermie bezeichnet. Es schadet dabei nicht, wenn bei einem starken Wärmeverlust etwas mehr Wärme als notwendig „geliefert" wird. Durch den Energiekick, den der Körper mit einer raschen und starken Muskelanspannung gewinnt, kann der Wärmeverlust auf dem schnellsten Wege ausgeglichen werden. Dieser Vorgang sicherte in der menschlichen Entwicklungsgeschichte verlässlich die Überlebenschancen in einer kalten Umgebung, aber nicht für lange Zeit.

Leider reicht die in den Muskelzellen vorhandene Menge an ATP nur für ein paar Anspannungen in der Gesamtdauer von *1–2 Sekunden* (Hall, 2016, 48). Um seine Energiereserven in Form von ATP wieder erneuern zu können, muss der Muskel sich zunächst wieder entspannen.

Quelle 2: Zerfall von Kreatinphosphat (CPK)

Wenn die freigesetzte Energie aus ATP nicht ausreichend ist, um den Sollwert der Körpertemperatur wieder zu erreichen, wird dem Muskel durch andauernde Befehle im Sinne elektrischer Impulse *nicht erlaubt,* sich zu entspannen, „ein bisschen Luft zu schnappen" und seine eigenen ATP-Reserven wieder aufzustocken. In einer solchen Situation bleibt der Muskel weiter angespannt. Um an die notwendige Energie zur Synthese

von zusätzlichen Mengen körpereigener ATP-„Energydrinks"
zu kommen, wird eine andere Energiequelle in der Muskelzelle
genützt, und zwar Kreatinphosphat (CPK), das ebenfalls eine
hochenergetische Phosphatgruppe wie bei ATP trägt. Auch daraus kann, wie im Fall von ATP, im Zuge des Abspaltens einer
Phosphatgruppe aus einem Molekül sehr rasch Energie gewonnen werden. Ein Teil davon wird zum Wiederaufbau von neuem
ATP investiert. Damit kann eine Muskelanspannung von maximal *5–8 Sekunden* gehalten werden (Hall, 2016).

Quelle 3: anaerobe Glykolyse mit Kollateralschaden
Muss die erhöhte Spannungskraft weiter aufrechterhalten bleiben, um Wärme liefern zu können (bei verbrauchten Reserven
von ATP und CPK), wird die Tür zum dritten Energiedepot einer
Muskelzelle geöffnet, in dem Glykogen gelagert ist: der Glyko-
genspeicher. Der Weg zur ATP-Gewinnung aus Glykogen über
Glucose (Kohlenhydrat) erfolgt in vielen Einzelschritten, bis
für das Übertragen von Energie geeignete ATP-Moleküle gebildet werden.

Um neue ATP-Moleküle zu bilden, ist dieser biochemische
Weg noch komplexer im Vergleich zum Abbau von ATP und CPK,
was bedeutet, dass bei diesem Weg mehr an Energie investiert
werden muss im Vergleich zu Quelle A und B. In den biochemischen Prozessen, die an *anaerober Glykolyse* beteiligt sind, entsteht ein Endprodukt: Milchsäure, die zu Kollateralschäden
führt. Die erzeugte Milchsäure staut sich im Muskel an, was zu
Müdigkeitsgefühlen und Muskelschmerzen führt. Gleichzeitig
sind diese beiden Symptome ein Hinweis darauf, dass den anhaltend angespannten Muskeln keine Möglichkeit gegeben wurde, sich zu entspannen. Durch die in angespannten Muskelzellen angestaute Milchsäure sinkt ihr pH-Wert (ein Maß für den
sauren oder basischen Charakter einer wässrigen Lösung). Der
Körper des angespannten Menschen beginnt „sauer" zu werden.
Die auf diesem biochemischen Weg freigesetzte Energie für die
ATP-Synthese aus in Glykogen gebundenen Glucose-Reserven
reicht für *eine maximale Muskelkontraktion von 1 Minute.*

Quelle 4: oxidativer Stoffwechsel

Wird der Muskel länger als eine Minute stark angespannt, muss ihm sehr viel Energie für den Wiederaufbau von ATP zur Verfügung stehen. Alle zur Verfügung stehenden Energiedepots in der Muskelzelle (Eiweiß, Glucose und freie Fettsäuren) werden in weiterer Folge abgebaut. Diese Energie wird durch eine Kette von noch komplexeren biochemischen Reaktionen (Citratzyklus) freigesetzt, ohne dass sich dabei Schmerz auslösende Milchsäure in den Muskeln aufstaut. So können die Muskeln weiter angespannt bleiben, ohne dass der Mensch dabei durch ihre Anspannung *Schmerzen* ertragen muss.

Mit der Verfügbarkeit von insgesamt 4 Energiequellen (1, 2, 3 und 4), die eine kontinuierliche Energiezufuhr zur ATP-Synthese gewährleisten, zeigt sich, wie während der Evolution abgesicherte Lösungen entwickelt wurden, obwohl der Gewinn von ATP-Molekülen aufgrund immer komplexer werdender biochemischer Prozesse von einer Energiequelle zur anderen (siehe Plan A, B, C und D) immer aufwendiger wurde. Durch Nahrungsaufnahme werden alle diese Energiereserven ununterbrochen „aufgefrischt".

Würde man Lisa fragen, wie lang sie im Wasser war, würde sie sagen: „Eine Ewigkeit." Natürlich war sie nicht so lang im Wasser; maximal 1 Minute, wenn überhaupt. Währen dieser Zeit hatten ihre Muskeln ihre eigenen Energydrinks – ATP und CPK – definitiv verbraucht.

Die gute Nachricht

Der Spannungsgrad der Skelettmuskeln kann willentlich in Richtung Zu- oder Abnahme (An- und Entspannung) gesteuert werden. Dies sollte immer abwechselnd erfolgen, um durch Entspannungszeiten den Muskeln die Möglichkeit zu geben, ihre Energiedepots aufs Neue aufzuladen.

TIPP 1:

Immer wieder Entspannungsübungen machen

Das wird Ihren Muskeln Zeit geben, um Ihre Energiedepots aufs Neue aufzuladen. An dieser Stelle können Sie eine kleine Lesepause machen. Legen Sie das Buch zur Seite und suchen Sie sich im Internet ein autogenes Training, das nicht länger als 15–20 Minuten dauern sollte. Folgen Sie den Hinweisen und lassen Sie sich von sich selbst überraschen. Ein Versuch lohnt sich allemal.

Was passiert, wenn diese Übung durchgeführt wird?

So mancher, der bislang keine Erfahrung mit autogenem Training gemacht hat, wird feststellen können, wie schwer es einem fallen kann, Entspannungsübungen bis zum Ende durchzuführen. Dies liegt daran, dass ihre Muskeln so angespannt sind, dass sie länger als 15–20 Minuten benötigen, um sich zu entspannen.

Diejenigen Leser, die sich nach Ende der Übung vollkommen entspannen konnten, sogar auch eingeschlafen sind, dürfen dies als Hinweis sehen, dass sie es selbst zuwege bringen, sich in kurzer Zeit willentlich zu entspannen, was sie als eigene Ressource werten dürfen.

TIPP 2:

Entspannung für die großen Brustmuskeln

Schnelltest: Zu Beginn nehmen Sie sich Zeit, um Ihre Atmung wahrzunehmen. Erspüren Sie, wie Sie atmen. Wenn sie Erleichterung verschafft, wird dies als angenehm empfunden. Ungünstig ist die Atmung, wenn sie Beschwernis verursacht, als unangenehm empfunden wird und in die Enge führt. Ist das der Fall, ist es an der Zeit, einfache (Yoga-)Atemübungen zu praktizieren.

Hier folgt ein Beispiel von Thich Nhat Hanh, einem der größten buddhistischen Lehrer und Zenmeister unserer Zeit. Diese einfache Übung können Sie beim Gehen, Stehen oder in jeder Situation machen. Sie können bei jedem Einatmen 3 Schritte tun und bei jedem Ausatmen auch. Bei Einatmen denken Sie: „Ich atme ein", beim Ausatmen denken Sie: „Ich atme aus". Durch das Benennen, ob Sie ein- oder ausatmen, kommen Sie in Kontakt mit Ihrem Atemprozess, nehmen Sie ihn bewusst wahr.

Zur Erinnerung:

Die Skelettmuskeln sind das größte Organ des menschlichen Körpers.

Bei einem abrupten Wärmeverlust bzw. einem lebensgefährlichen Abfall der Körpertemperatur kann man sich am sichersten auf die Skelettmuskeln verlassen. Diese sind am schnellsten imstande, Wärme zu erzeugen und freizusetzen.

Als wichtigster und raschester Wärmelieferant sind die Skelettmuskeln anzusehen, die mithilfe mehrerer Energiequellen ihre Anspannung gewährleisten. Mit zunehmender Dauer und Intensität der Muskelanspannung werden diese Energiequellen schrittweise in Anspruch genommen.

Unter der Voraussetzung, dass keine organischen Ursachen vorliegen, sind Muskelschmerzen immer ein Hinweis für eine anhaltend starke Muskelanspannung.

Bei jeder Entspannung bekommen die Muskeln die Möglichkeit, ihre ATP- und CPK-Reserven aufzustocke

Das erweiterte Modell (Modell 2.0)

Wenn die aktuell geltende Annahme über die neuronalen Wege der Regelung der Körpertemperatur nicht ganz überzeugend wirkt – was vorher infrage gestellt wurde –, wie funktioniert sie dann? Im folgenden Text präsentiere ich eine Erweiterung des aktuellen Modells der Regelung der Körpertemperatur. Es bestreitet keinesfalls die Existenz aller oben erwähnten Strukturen, die an der Temperaturregulierung beteiligt sind. Es zeigt, wie es möglich ist, dass tatsächlich anatomisch getrennte neuronale Wege – Motorneuron und Sympathikus – gleichzeitig in der Regelung der Körpertemperatur eingeschaltet werden können.

Die Annahme, die diesem Modell zugrunde liegt, ist, dass die Regelung der Körpertemperatur einer anderen Instanz und nicht einer neuroanatomischen Struktur, dem thermoregulatorischen Zentrum, anvertraut wurde. Einer übergeordneten Instanz, die dazu imstande ist, gleichzeitig das Aktivitätsniveau von anatomisch getrennten, unabhängigen neuronalen Bahnen (Sympathikus und motorische Nervenbahnen) zu triggern und die Wärmeproduktion und Wärmeabgabe *rasch* dem aktuellen Korrekturbedarf anzupassen. Kommt es zu einem lebensbedrohlichen Wärmeverlust, kann nur eine *rasche „Aktion"* in Richtung
a) einer Freisetzung von Wärme und
b) gleichzeitiger Minimierung der Wärmeabgabe

lebensrettend sein. Nur so können die Überlebenschancen der von Wärmeverlust betroffenen Person steigen. Nur in dieser Kombination konnte damals bei Lisa rasch eine positive Wärmebilanz (Wärmeproduktion > Wärmeabgabe) erreicht und ihre Körpertemperatur zum Steigen gebracht werden. Wie können dann eine rasche Zunahme der Muskelkontraktion und eine darauffolgende Wärmeproduktion eingeleitet werden, wenn das thermoregulatorische Zentrum keinen direkten Kontakt zur dafür zuständigen Nervenbahn hat? Es muss doch noch eine andere Struktur, eine andere Instanz existieren, die imstande ist, 2 getrennte neuronale Bahnen (Sympathikus und das Motoneuron) gleichzeitig anzuregen.

GABAergischen Neurotransmission, ihre Rolle bei der Temperaturregelung

Den Tipp, wo eine solche Struktur zu „finden" ist, geben Studien, die darauf hinweisen, dass das Aktivitätsniveau der Kälteabwehrmechanismen des Sympathikus und des motorischen Systems über dieselbe Instanz fein geregelt bzw. moduliert wird. Es handelt sich dabei um *GABA_A ergische Neurotransmission*, die über einen Subtyp von GABA-Rezeptoren (*GABA_A- Rezeptoren)* verläuft (Jha, Islam und Mallick, 2001; Boulant, 2000; Nikolov und Yakimova, 2008). Dies verweist darauf, dass die Regelung der Körpertemperatur nicht vom thermoregulatorischen Zentrum ausgeht, sondern von den temperaturempfindlichen Ionenkanälen der $GABA_A$-Rezeptoren gesteuert wird (Bild 6).

Nach diesem langen Physiologieunterricht – übrigens danke ich Ihnen für ihre Geduld – könnten sich manche Leser die Frage stellen: Was trägt diese genaue Unterscheidung, ob die Körpertemperatur ausgehend von einem Bündel an Nervenzellen (thermoregulatorisches Zentrum) oder von einer anderen Instanz reguliert wird, zu meiner Lebensqualität bei? Die Antwort ist: vieles. Dieses Erkenntnis verschafft uns vor allem die Klarheit, dass die GABAergische Neurotransmission (insbesondere jene, die sich auf Ebene von $GABA_A$-Rezeptoren abspielt) DIE übergeordnete Instanz ist, die *imstande ist, die getrennten neuronalen Wege der Wärmeproduktion und Wärmeabgabe gleichzeitig zu modulieren,* den Wert unserer Temperatur auf ihren „Musthave"-Sollwert aufrechtzuhalten. Nicht nur das: die $GABA_A$ergische Neurotransmission bestimmt die Fließgeschwindigkeit unserer biochemischen und physiologischen Verläufe.

Die durch die Kälte des Wassers gebremste hemmende $GABA_A$-ergische Neurotransmission lag allen Symptomen zugrunde, die Lisa im Weißensee erlebte: ihre Atemnot, ihr Zittern und Herzrasen, ihre Gänsehaut, die das Output der veränderten Aktivität vom Sympathikus und dem motorischen System waren. Das einzige Ziel war, die Wärmeabgabe von Lisas Körper zu reduzieren und die Wärmeproduktion anzukurbeln, um eine positive Wärmebilanz und das Wiedererreichen eines erwünschten Wertes der Körpertemperatur, des schon erwähnten Sollwertes, zu ermöglichen.

Abschied von einem Mythos

So kommen wir zum Schluss, dass die *aktuelle, weitverbreitete* Annahme, dass *„das thermoregulatorische Zentrum jenes sein sollte, das alle Vorgänge steuert, die das Wiedererreichen des Sollwertes der Körpertemperatur ermöglichen"*, ihre Gültigkeit verliert. Deswegen ist es an der Zeit, definitiv Abschied zu nehmen von dem Mythos: Die Regelung der Körpertemperatur geht vom thermoregulatorischen Zentrum aus.

Die valide Annahme, die sich ergibt, ist:
Die GABAergische (hemmende) Neurotransmission, die über $GABA_A$-Rezeptoren verläuft, ist jene, die imstande ist, das Aktivitätsniveau von anatomisch getrennten Nervenbahnen (motorischen Nervenbahnen und Sympathikus) gleichzeitig in Gang zu setzen, eine ultrarasche Veränderung in die Wärmeproduktion und Wärmeabgabe einzuleiten. Dadurch ist die GABAAergische Neurotransmission die gesuchte übergeordnete Instanz, die den Wert der Körpertemperatur aufrechterhält.

Integrieren wir die oben erörterten Fakten in das aktuell geltende Modell der Regelung der Körpertemperatur, das ich als

Modell 1.0 bezeichne, bekommen wir eine neue grafische Darstellung (Bild 6) darüber, wie die Körpertemperatur eigentlich geregelt wird.

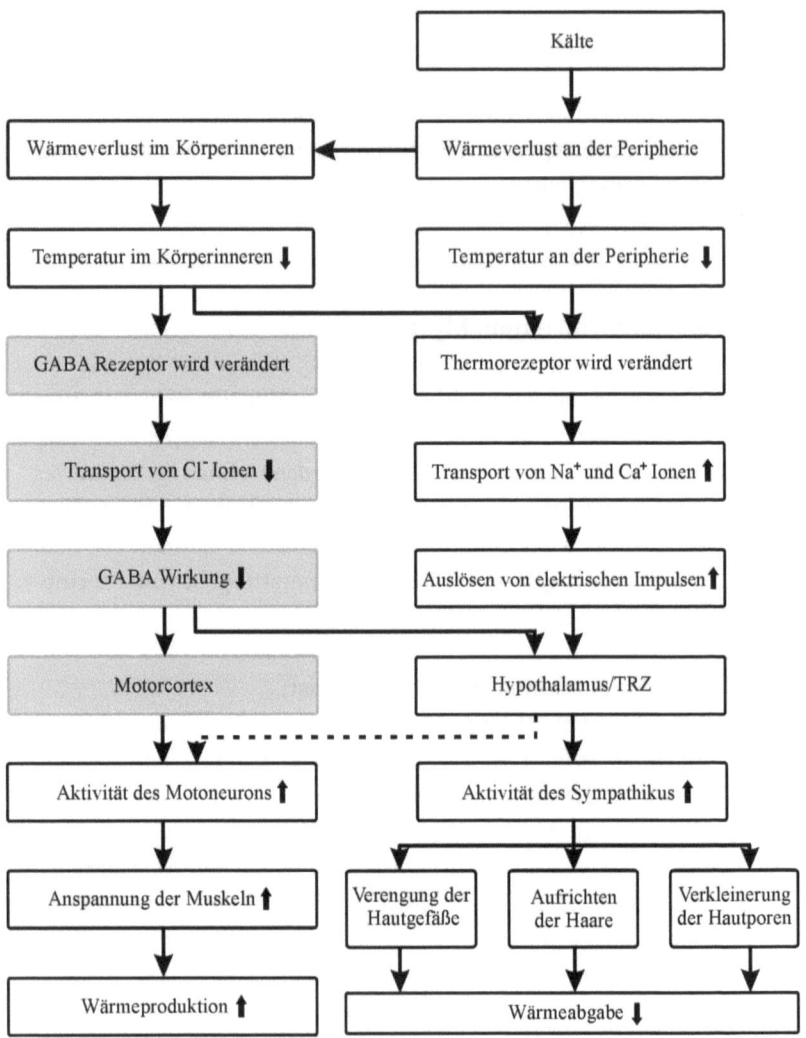

Bild 6
Regulierung der Körpertemperatur (erweites Model 2.0)

Anm.: „GABA" bezieht sich auf die GABAergische Neurotransmission, die „durchgängige" Linie stellt die direkte Verbindung zwischen GABA-Neuronen im Cortex und Muskeln dar. Die „gestrichelte" Linie ist hier gezeichnet, um den Unterschied zum aktuell geltenden Modell (Modell 1.0) anschaulicher zu machen.

GABAergische Neurotransmission

Da die $GABA_A$ergische Neurotransmission dieselbe Instanz ist, welche auch unser psychisches Wohlbefinden und unsere Interaktion mit der Umwelt bestimmt, wird offensichtlich, wie die Entdeckung ihrer Rolle in Bezug auf die Regelung der Körpertemperatur relevant ist. Deshalb lohnt es sich, diese etwas näher unter die Lupe zu nehmen.

Allgemein betrachtet ist Neurotransmission (von griech. neuron = Nerv, lat. transmittere = überbringen) ein fundamentaler, sehr komplexer und noch immer nicht gänzlich aufgeklärter Prozess der Übertragung bzw. Hemmung von elektrischen Impulsen von einer auf die gegenüberliegende Nervenzelle. Die wichtigsten „Teilnehmer" einer Neurotransmission sind a) Neurotransmitter, b) Synapsen und c) Rezeptoren. Abhängig davon, ob ein Neurotransmitter die Übertragung eines elektrischen Impulses erleichtert oder hemmt, werden die Neurotransmitter in 2 große Gruppen unterteilt:

a) *anregende* („exzitatorische"): die bedeutendsten davon sind Serotonin (5-HT), Noradrenalin (NA) und Dopamin (DA) und

b) *hemmende* („inhibitorische") mit GABA als wichtigstem Neurotransmitter.

Das, was für das Verstehen der Abläufe in unserem Fluss der Verwandlung relevant ist, ist die GABAergische Neurotransmission.

GABA oder γ-**Aminobuttersäure** hat während der Evolution die Hauptrolle zugeteilt bekommen, wenn es um die Hemmung der unterschiedlichen Neurotransmission geht. Von circa 50 bis dato bekannten Neurotransmittern, die in unterschiedlichen Hirnregionen unterschiedlich präsent sind, ist GABA *in den Großhirnhemisphären fast der einzig* vertretene Neurotransmitter. Im Hypothalamus, wo sich auch das thermoregulatorische Zentrum befinden sollte, ist *jeder zweite* ein GABA-Rezeptor, was die Wichtigkeit der hemmenden GABA-Neurotransmission in diesen Hirnstrukturen unterstreicht. Einmal synthetisiert, wird GABA in Form von Bläschen (Vesikeln) verpackt und in der Nähe einer Nervenendung gelagert. Von hier wird sie in die Synapse freigesetzt.

GABA$_A$-Rezeptoren. Von ihrer Struktur her gehören die GABAA-Rezeptoren, wie die Thermorezeptoren, zu den schnellen ionotropen Rezeptoren. Einmal freigesetzt in die Synapse, knüpft GABA gleichzeitig an alle Subtypen von GABA-Rezeptoren an, die auf der Membran des gegenüberliegenden Neurons zur Verfügung stehen: an ionotrope GABA$_A$- und GABA$_B$- (sog. G-Protein-gekoppelte) Rezeptoren (Hirano et al., 2002). Die Stelle am GABA$_A$-Rezeptor, an der GABA anknüpft und danach seine Wirkung entfaltet, ist die sogenannte Erkennungsstelle. Das Interessante und später noch Relevante ist, dass der GABA$_A$-Rezeptor nicht nur Erkennungsstellen für GABA-Moleküle enthält, sondern auch Stellen, an denen Benzodiazepine (BDZ), die bekanntesten und am meisten missbrauchten Beruhigungsmittel, Barbiturate oder auch Moleküle von Ethanol (Alkohol) andocken können. Ihr Andocken am GABA$_A$-Rezeptor ruft nicht nur die gleiche, sondern eine *noch intensiver hemmende Wirkung als GABA selbst hervor.*

GABA-GABA$_A$-Rezeptor-Komplex: Dockt GABA an einem GABA$_A$-Rezeptor an, bildet sich ein GABA-GABA$_A$-Rezeptor-Komplex. Durch Entstehen dieses Komplexes öffnet sich der kanalartige GABA$_A$-Rezeptor und anstatt von positiven Ca+-Ionen, wie es bei Thermorezeptoren der Fall ist, strömen bei den geöffneten Kanälen des GABA-Rezeptors negativ geladene Cl-Ionen ins Zellinnere hinein. Dieser Unterschied in der Ladung der Ionen ist wichtig, da dieser dazu beiträgt, dass die Spannung zwischen der Innen- und Außenseite der Membran ultraschnell noch negativer wird (sog. Hyperpolarisation, siehe Anmerkung). Das hebt die Schwelle für das Auslösen einer Erregung der Nervenzelle an, bremst das Weiterleiten eines elektrischen Impulses und „zähmt" das Aktivitätsniveau der anregenden Neurotransmitter im Gehirn. Die Geschwindigkeit, mit der sich die Cl-Ionen durch die Zellmembran bewegen, ist, wie weiter oben erwähnt, sehr hoch. Die *Transportrate von Ionen, welche die* GABA$_A$*-Rezeptoren aufweisen, sind die größten von allen Rezeptoren, was sie zu den schnellsten Membrantransportmitteln macht, die in der Natur bekannt sind, und ihre besondere Funktion neben anderen Neurotransmittern hervorhebt. Wie die Senkung der Körpertemperatur das Aktivitätsniveau der GABA$_A$ergischen* Neurotransmission herunterschraubt, ist noch immer unklar. Eine Möglichkeit ist, dass die gesamte Struktur von GABA-Rezeptoren temperaturempfindlich ist und die Transportrate der in die Zelle hineinströmenden Ionen dementsprechend beeinflusst. Eine andere Möglichkeit wäre, dass bei niedrigerer Körpertemperatur die Geschwindigkeit der Ionen und gleichzeitig ihre Zahl pro Zeiteinheit durch den Rezeptorkanal verlangsamt werden. Letzteres ist als physikalisches Phänomen schon bekannt. Unabhängig davon, was diese Veränderungen auf Ebene des GABA-Rezeptors verursacht, es bleibt letztendlich das Faktum, dass die Senkung der Temperatur die GABA-hemmende Wirkung herabsetzt (Bild 6).

GABAergischer Neurotransmission, die über GABA$_B$-Rezeptoren abgewickelt wird. Im Unterschied zum GABA$_A$-Rezeptor ist der *GABA$_B$-Rezeptor ein in seiner Struktur viel komplexerer Rezeptor.* Die Komplexität seiner Struktur verlangt circa 15 Minuten Zeit, bis dessen Kanäle sich öffnen, eine Hyperpolarisation erreicht wird und ein elektrischer Impuls weitergeleitet werden kann. Das heißt im Bedarfsfall einer raschen überlebenswichtigen Regulierung der Wärmeproduktion und Wärmeabgabe, wie es der Fall bei $GABA_A$ergischer Neurotransmission ist, ist die $GABA_B$ergische Neurotransmission dafür nicht geeignet. Ist es haarspalterisch, auf die genaue Unterscheidung zu bestehen, ob die Körpertemperatur ausgehend von einem Bündel an Nervenzellen (thermoregulatorisches Zentrum) oder von einer anderen höheren Instanz reguliert wird? Die Antwort ist *nein*. *Vor allem, weil diese klare Unterscheidung uns der Schnittstelle zwischen Lisas körperlichen und psychischen Veränderungen näherbringt. Bevor wir das Schiff entlang des Flusses in Richtung dieser Schnittstelle weiter ansteuern, bleiben wir noch eine Weile beim Thema Thermoregulation, um noch weitere Fakten kennenzulernen.*

Zur Erinnerung:

GABA ist der einzige hemmende Neurotransmitter in der Großhirnrinde des Menschen.

Fast 50 Prozent aller GABA-Rezeptoren im Hypothalamus sind $GABA_A$-Rezeptoren, das schnellste von allen Membrantransportmitteln, die im Gehirn bekannt sind.

$GABA_A$-Rezeptoren sind nicht nur im Besitz von Andockstellen für GABA. Sie besitzen weitere Bindestellen für Benzodiazepine, Barbiturate und Ethanol (Alkohol) an $GABA_A$-Rezeptoren ruft eine intensiver hemmende Wirkung als GABA selbst hervor.

$GABA_A$ergische Neurone stellen die Hauptquelle für die Hemmung (Inhibition) der Übertragung von elektrischen Impulsen im Gehirn dar.

Die GABAergische (hemmende) Neurotransmission, die über $GABA_A$-Rezeptoren verläuft, ist jene, die alle für die ultrarasche Wärmeproduktion und Wärmeabgabe zuständigen neurobiologischen Vorgänge steuert. Dadurch ist nicht das thermoregulatorische Zentrum, sondern die GABAAergische Neurotransmission jene übergeordnete Instanz, die den Wert der Körpertemperatur aufrechterhält.

KAPITEL 4

DIE UNTERSCHIEDLICHE DYNAMIK
DER PHYSIOLOGISCHEN PROZESSE

Die Fließgeschwindigkeiten des Flusses variert

Die Geschwindigkeit, mit der sich das Wasser eines Fließgewässers durch sein Bett bewegt, ist von topografischen Gegebenheiten abhängig.

Die Komfortzone – unsere ruhigen Gewässer

Der Zustand des Entspanntseins, sich in ruhigen Gewässern des Flusses treiben lassen, wird in der Physiologie als *Behaglichkeit bzw. Komfortzone* bezeichnet.

Zum Begriff: Behaglichkeit bzw. Komfortzone

Im Gegensatz zu seinem Synonym *Komfortzone* ist der Begriff Behaglichkeit ein im Alltag wenig genutzter Begriff. Ersterer ist immer wieder zu hören, insbesondere wenn man hervorheben will, dass man sich neuen Herausforderungen stellt, die *ein Verlassen seiner Komfortzone verlangen*. Was heißt es eigentlich, sich in seiner Komfortzone zu befinden?

Behaglichkeit oder die Komfortzone ist *ein Zustand, der durch körperliches und psychisches Wohlbefinden gekennzeichnet ist, in dem ein Gefühl der Sicherheit vorherrscht. Es ist ein schmerz- und sorgloser Zustand einer anhaltenden angenehmen Empfindung und Zufriedenheit mit dem Gegenwärtigen* („Behaglichkeit", 2021). Diese Definition beschreibt „haargenau", wie sich Lisa körperlich und psychisch vor jenen 3 Ereignissen fühlte.

Die 3 Dimensionen unserer Komfortzone (Behaglichkeit)

Die physiologische und motorische Dimension, sich entspannt zu fühlen

Der Physiologie des Wärmehaushaltes und der Regelung der Körpertemperatur zufolge befinden wir uns nur dann in *thermischer Behaglichkeit* oder in der *thermischen Komfortzone*, wenn uns weder (zu) kalt noch (zu) warm ist und wir uns dabei behaglich *fühlen*. Während des Zustandes der Behaglichkeit liegt *keine thermoregulatorische Beanspruchung* vor, sodass *kein Kältezittern auftritt und die Schweißproduktion nicht aktiviert ist* (Tabelle 3) (Schmidt, 1999). Auch wenn wir behaupten, dass wir uns in unserer (thermischen) Komfortzone befinden, ist dies weit davon entfernt, was die Physiologie darunter versteht, wobei dieses subjektive Gefühl genau das ist, was zählt. Aus diesem Grund ist es richtig, beide Begriffe, *Komfortzone* und *Behaglichkeit,* zu verwenden, da wir uns nur dann darum bemühen können, das zu tun, was für die Erreichung dieses Zustandes notwendig ist. Alles andere ist eine reine Selbsttäuschung, die uns in die Irre führt. Deshalb sind hier ganz besonders Ihre Aufmerksamkeit und Ihre Geduld gefragt, sich mit den Erkenntnissen aus der Psychopharmakologie zu beschäftigen.

Aus physiologischer Sicht erfordert das Erreichen der (thermischen) Komfortzone die Berücksichtigung vieler Gegebenheiten, wie zum Beispiel die Umgebungstemperatur, die Windgeschwindigkeit, die Temperatur umgebender fester Gegenstände, die subkutane Fettschicht, die Bekleidung oder die körperliche Ruhe.

Betrachten wir das Beispiel, was bei unterschiedlicher Bekleidung erforderlich ist, um in einer echten Komfortzone oder Behaglichkeit zu bleiben. Die Person, die mit einem langärmligen Hemd sowie einer langen Baumwollhose (Bild 7a) bekleidet zu sehen ist, fühlt sich bei einer Raumtemperatur von 25 °C *wohl,* sie empfindet dies als *angenehm*, als *komfortabel. Bei einem minimalen Energieumsatz* muss sie weder schwitzen noch zittern, ihre Wärmeproduktion und Wärmeabgabe sind im Gleichgewicht (Wärmebilanz = 0) und ihre Körpertemperatur liegt beim optimalen Sollwert.

Wärmeproduktion – Wärmeabgabe = 0 = Sollwert

Im konkreten Fall sind die Bekleidung und die körperliche Ruhe nur ein paar von *topografischen Gegebenheiten*, welche die Geschwindigkeit der physiologischen Prozesse des abgebildeten Mannes in ein gesundes Gleichgewicht bringen und seinen Fluss der Verwandlung ruhiger verlaufen lassen.

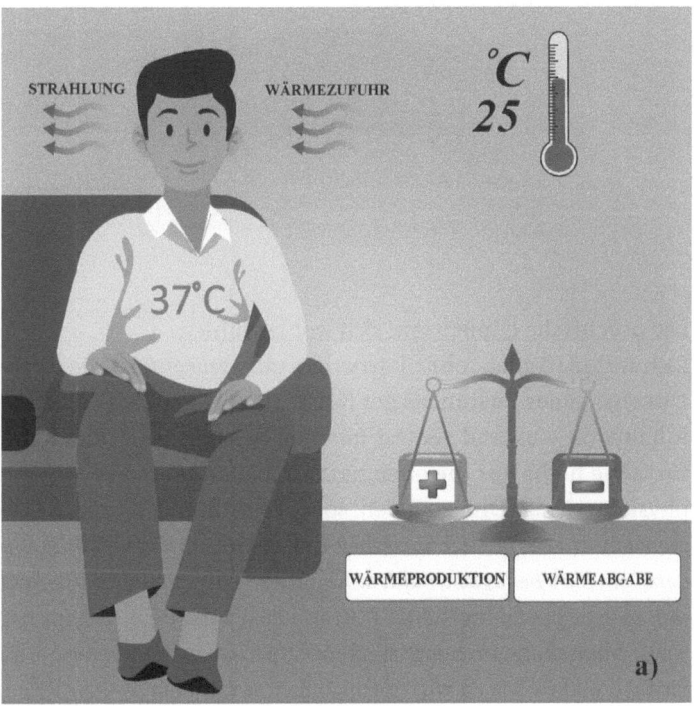

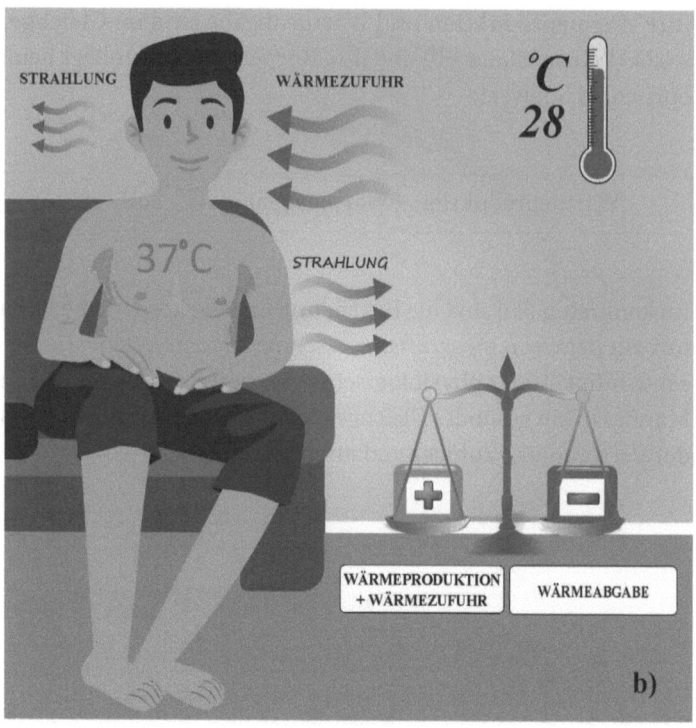

STRAHLUNG

WÄRMEZUFUHR

°C
28

37°C

STRAHLUNG

WÄRMEPRODUKTION
+ WÄRMEZUFUHR

WÄRMEABGABE

b)

Bild 7 (a und b)
Abhängigkeit der Komfortzone von Raumtemperatur und Bekleidung: (a) ohne
und mit (b) zusätzlicher Wärmezufuhr (ein Beispiel)

<u>Die psychische Dimension, sich wohlzufühlen</u>
Sich wohlzufühlen, ohne körperlich tätig zu sein, ist die dritte
Dimension des Zustandes der Komfortzone. Per Definition beinhaltet der Zustand der thermischen Behaglichkeit oder Komfortzone nicht nur die oben beschriebenen motorischen und
physiologischen Dimensionen, sondern auch eine *psychische Dimension: ein Gefühl der Sicherheit und des psychischen Wohlbefindens, ein Sich-behaglich-Fühlen.* Alle diese Dimensionen machen
den psychophysiologischen Zustand aus, nach dem sich immer
mehr Menschen von heute sehnen: *körperlich zu entspannen,* d. h.,
einfach mal nichts zu tun und sich dabei trotzdem *wohlzufühlen.*

Nur bei Anwesenheit von allen 3 Dimensionen kann jeder von uns sagen: *Ich befinde mich im meiner Komfortzone.*

Tabelle 3: 3 Dimensionen der thermischen Komfortzone (Behaglichkeit)

Dimension	Komfortzone
Motorische	entspannte Muskeln, körperliche Ruhe
Physiologische	entspannter Sympathikus
Psychische	sorgenlos, sich wohlfühlen

Was die Neurotransmittern machen, während wir in einer echten Komfortzone chillen

Was spiegelt die Komfortzone als psychophysiologischer Zustand (Tabelle 3) auf Neurotransmitterebene wider? Vom Aufrechterhalten des Sollwertes der Körpertemperatur wissen wir, dass das Aktivitätsniveau von *Motoneuronen* und *Sympathikus*, welche die Wärmeproduktion und Wärmeabgabe regulieren, auf die hemmende Wirkung der GABA angewiesen sind.

Als haupthemmender Neurotransmitter *hemmt GABA die Wirkung der 3 wichtigsten anregenden Neurotransmitter direkt in ihren Entstehungsorten, und zwar das Serotonin (5-HT)* im N. Raphe dorsalis (Celada et al., 2001; Celada et al., 2002; Varga et al., 2001), das Noradrenalin (NA) im Locus coeruleus und das Dopamin (DA) im nigrostriatalen Komplex. Durch GABA werden diese direkt im Ort ihrer Initiierung daran gehindert, ihre Wirkung voll entfalten zu können, und zwar noch bevor sie die Möglichkeit dazu erhalten haben.

Wenn der besagte Zustand der Komfortzone (Behaglichkeit) aus einem *bestimmten Verhältnis zwischen hemmender GABA und anregendem 5-HT, NA, DA & Co* und somit *aus einer bestimmten Neurotransmitterkonstellation hervorgeht* und sich währenddessen die *Aktivitätsniveaus der GABA und der anregenden Neurotransmitter in einem Gleichgewicht befinden*, würde das bedeuten, dass der hypothetische Wert dieses Verhältnisses „1" ist. Wenn es darum geht, die genauen „numerischen" Werte aller „Teilhaber" in der thermischen Komfortzone, die aus dem Verhältniswert „1" resultiert, herauszufinden, erscheint dies aufgrund a) *unzureichender* technologischer Entwicklung und b) *äußerst komplexer und unzählig möglicher Kombinationen an Interaktionen zwischen allen bekannten Neurotransmittern beinahe unmöglich.* Das ändert aber nichts an der Tatsache, dass ein solcher Verhältniswert bzw. Sollwert existiert, der die gleichzeitige Manifestation seiner physiologischen und psychologischen Dimension auf Neurotransmitterebene wiedergibt und dem der Mensch den tollen Zustand der Behaglichkeit bzw. Komfortzone verdankt. Das Ergebnis des Zusammenspiels von alldem ist der *Sollwert der Neurotransmitterkonstellation,* bei dem sich die physiologische und psychologische Dimension der thermischen Komfortzone manifestiert, was hypothetisch folgendermaßen dargestellt werden kann:

$$GABA/[5\text{-}HT, NA, DA \& Co] = 1$$

Legende: Das Symbol „=" steht für das hypothetische Gleichgewicht zwischen den Aktivitätsniveaus der hemmenden und anregenden Neurotransmittern, während ein Mensch sich wohlfühlt bzw. chillt.

Die Komfortzone ist der gleiche Zustand, der, meist bei Jugendlichen, unter *Chillen* bekannt ist. Die Herkunft dieses Wortes kommt aus dem englischen *„to chill out",* was so viel wie „abkühlen" heißt. Einen besseren Begriff hätte die Jugend nicht auswählen können, weil er genau die thermoregulatorische Auswirkung von „entspannten", „ausgeruhten" und „relaxten" Muskeln aufzeigt, bei der die physiologischen Prozesse ruhiger verlaufen, wenig Wärme produziert und der Körper zum Abkühlen gebracht wird. Das ist der Zustand, nach dem nicht nur Jugendliche heutzutage immer wieder verlangen: Zeiten zum *Nichtstun, Ausruhen* und *Sich-gut-Fühlen*, was gleichzeitig keine leichte Aufgabe ist. Deswegen sollte uns der Ruf nach der Coronapandemie, meistens seitens jüngerer Menschen, nach einer Work-Life-Balance nicht wundern. Es ist offensichtlich, dass mit der Pandemie GABA und anregende Neurotransmitter aus dem Gleichgewicht gebracht wurden. Die Mechanismen, die dazu führen, dass schlecht bewertete Ereignisse den Körper zum Wärmeverlust bringen, darüber wird etwas später die Rede sein.

Die gute Nachricht

Jedem von uns stehen Handlungsmöglichkeiten zur Verfügung, um in den Zustand der thermischen Komfortzone zu gelangen: entsprechendes Raumklima, Bekleidung, Behausung, Musik und Nahrungsmittel sind nur einige wenige davon.

Zur Erinnerung:

Die thermische Komfortzone oder Behaglichkeit bezeichnet ein Phänomen, welches nur unter besonderen Gegebenheiten (körperliche Ruhe, passende Kleidung, Luftfeuchtigkeit, Windgeschwindigkeit und Umgebungstemperatur) zu erreichen ist. In diesem Zustand wird weder geschwitzt noch gezittert.

Als Phänomen hat die thermische Komfortzone 3 Dimensionen:
– die physiologische und motorische: wenn a) keine thermoregulatorische Beanspruchung vorliegt, b) wenn das Endergebnis zwischen Wärmeproduktion und Wärmeabgabe gleich 0 ist und c) der Energieumsatz auf Minimum läuft und – die psychische:

wenn der Mensch ein Gefühl der Sorglosigkeit empfindet und sich rundum wohlfühlt.

Die thermische Komfortzone wird nur unter der Voraussetzung eines Gleichgewichts zwischen hemmenden und anregenden Neurotransmittern (GABA/[5-HT, NA, DA & Co] = 1) erreicht.

Sie hat einen Sollwert, der aus dem Aktivitätsniveau von hemmenden und anregenden Neurotransmittern resultiert und deren Verhältnis hypothetisch gleich „1" ist.

Disstress – unsere Stromschnellen

Eine Stromschnelle ist der Laufabschnitt eines Flusses, an dem das Wasser durch veränderte topografische Gegebenheiten, wie erhöhtes Gefälle, Untiefe oder Verengung des Flussbettes, aus seinem ruhigen Verlauf ausreißt und schnell fließt.

Versucht die Person aus unserem Beispiel (Bild 7a), die Gegebenheiten zu verändern, unter denen sie die Komfortzone genossen hat (z. B. das Hemd wird aus- und eine kürzere Hose angezogen), wird sie bald merken, dass ihr aktuell noch angenehmes Gefühl von einem Gefühl des Unwohlseins verdrängt wird (Bild 7b). Diese Umwandlung des Gemütszustandes ist darin begründet, dass durch das Ausziehen des Hemdes die schützende Schicht der Bekleidung nicht mehr da ist, was einen höheren Wärmeverlust durch Wärmestrahlung aus dem Körper in die Umgebung veranlasst.

Somit überwiegt die Menge an abgegebener Wärme die Wärmemenge, welche die Muskeln produzieren (Wärmeproduktion < Wärmeabgabe). Die Wärmebilanz ist nicht mehr „0". Ihr Wert wurde in den negativen Bereich verschoben und resultiert in einem darauffolgenden Absinken der Körpertemperatur (Istwert < Sollwert). Wie schon bekannt, in solch einem Fall versucht der

Körper kompensatorisch mittels gesteigerter Muskelanspannung und einer Verengung von Hautgefäßen und Co. den Wärmeverlustausgleich zu bewirken. Der Energieumsatz, der entsteht, ist hoch. Trotzdem, dank beiden Mechanismen bewegt sich die Wärmebilanz in Richtung positiverer Werte, der Körper beginnt somit, sich aufzuwärmen. Man stelle sich einmal vor, wie perfekt die Evolution dem Menschen diese thermoregulatorische Möglichkeit eingebaut hat! Das ist die eine Seite der Medaille. Die andere ist die Nebenwirkung, die daraus resultiert: Die Haut wird weniger durchblutet, die Körperoberfläche kühlt ab. Es entsteht ein *Kältegefühl*. Angespanntheit der Muskeln und Kältegefühl werden als *unangenehm*, als *Dis-Komfort* erlebt. Will man, dass diese unangenehmen, thermoregulatorisch-bedingten Veränderungen abklingen, *ohne körperlich tätig werden zu müssen*, ist die einzige Chance, dem Körper mehr Wärme von außen zuzufügen, wenn zum Beispiel die Raumtemperatur steigt. Aus diesem Grund kann die Person vom Bild 7b erst bei einer Raumtemperatur von 28 °C ihre Komfortzone wieder erreichen.

[Wärmeproduktion + Wärmezufuhr – Wärmeabgabe] =
0 = Sollwert der Körpertemperatur

Die Endsumme der neuen Wärmebilanz, die dieses Mal aus a) der Wärmeproduktion des Körpers, b) der Wärmezufuhr durch gestiegene Raumtemperatur und c) Wärmeabgabe resultierte, erreicht wieder den Wert 0. Der Sollwert der Körpertemperatur wird wieder erreicht. Durch die Wärmezufuhr von außen unterstützt, können sich die Kälteabwehrmechanismen des Körpers dementsprechend entspannen und die als unangenehm erlebten körperlichen Veränderungen (angespannte Muskeln, Kältegefühl) verlieren an Intensität. Der Mensch begibt sich allmählich wieder in den Zustand thermischer Behaglichkeit, die Komfortzone, in dem er a) *nichts tut* und b) *sich trotzdem wohlfühlt* (Bild 7a).

Das musste einer der Gründe sein, dass die Wärme spendende Sauna bereits in der Steinzeit bekannt wurde. Die frühesten archäologischen Funde stammen aus Asien und lassen erkennen, dass bereits unsere Vorfahren die wohltuende Wärme heißer Steine zu schätzen wussten. Auch wir wissen, wir herrlich es ist, *nichts zu tun und sich trotzdem wohlzufühlen*.

Neurotransmitterkonstellation in Zeiten von Stromschnellen

Die Forschung zeigt, dass alles, was die GABA-hemmende Kraft beeinträchtigt, wie zum Beispiel das Absinken oder der Anstieg der Körpertemperatur, den Impuls für *eine gleichzeitige Veränderung des Aktivitätsniveaus aller durch GABA kontrollierten anregenden Neurotransmitter direkt in ihrem Entstehungsort* gibt. Der Wert des GABA/[5-HT, NA, DA & Co]-Verhältnisses wird abgeändert, er weicht vom Sollwert der Komfortzone ab *(Istwert ≠ Sollwert)*. Je weiter der neue Wert dieses Verhältnisses sich von 1 entfernt, desto intensiver werden Aktivitätsniveaus von physiologischen und motorischen Prozessen, ihre Outputs (Veränderungen bzw. Symptome) werden deutlicher.

Betrachten wir jetzt, was sich auf den feinsten Strukturen in Lisas Gehirn ereignete, als sie ins kalte Wasser des Weißensees sprang. Als Folge des kältebedingten Herabsetzens der GABA-hemmenden Wirkung wurde das Verhältnis zwischen ihrem Aktivitätsniveau und das von den anregenden Neurotransmittern [5-HT, NA, DA & Co.] zugunsten von Letzteren verändert (Istwert < 1).

GABA < [5-HT, NA, DA & Co] = < 1

Das Zeichen „<" steht für „schwächer als" und „niedriger als".

Je der Istwert vom Sollwert abweicht, desto sind die Symptomen einer Hypothermie ausgeprägter. Dabei wird hier unter Hypothermie nicht das verstanden, was als solche in der Physiologie definiert wird (nämlich ein Absinken der Körpertemperatur in den Bereich von 35 °C bis 32 °C), sondern hier ist mit Hypothermie *jegliche Abweichung vom Sollwert der Körpertemperatur* gemeint. Je mehr und je rascher sich der Wert der Körpertemperatur vom Sollwert entfernt, desto mehr weicht der Istwert des GABA/[5-HT, NA, DA & Co]-Verhältnisses von seinem Sollwert ab und desto stärker werden Wärme produzierende und Wärmeabgabe regulierende physiologische Prozesse in ihrer Aktivität angekurbelt. Die körperlichen Veränderungen, wie zum Beispiel die Anspannung der Muskeln, Atemnot usw., die daraus resultieren, werden intensiver und als umso unangenehmer und beängstigender erlebt. Es ist ein neurobiologischer Zustand, den man Stress nennt.

KAPITEL 5

DER ZUSTAND, DEN MAN STRESS NENNT

In 1926 prägte Hans Hugo Bruno Selye, ein Arzt, Biochemiker und Hormonforscher ungarischer Abstammung, den Begriff Stress (von lat. *„stringere"*, was „anspannen" bedeutet). Für Selye (1953), der als der Vater der Stressforschung gilt, war Stress ein Dauerzustand, der durch a) die Umwelt, b) psychologische und c) soziale Faktoren beeinflusst und von der betroffenen Person als einmalig (einzigartig) wahrgenommen wird.

Er definierte Stress als *alles, was vom Körper verlangt wird, um sich anzupassen, was sich immer durch* ein *gleiches Spektrum an physiologischen Veränderungen* zeigt. Stress ist *nichts Außergewöhnliches, er* ist *eine unspezifische, eine ganz normale Antwort des Körpers, die unabhängig von Art und Intensität eines Stimulus (Stressor) eintritt.* Werden die Stimuli länger den Kontakt mit den Sinnesorganen aufrechterhalten, manifestieren sich *allgemeine Reaktionsmuster,* die Selye *„allgemeines Anpassungssyndrom"* („general adaption syndrome") nannte (Selye, 1974). Seine Definition von Stress ist eine äußerst zutreffende Begriffsbestimmung, die leider – wie es immer wieder in der Geschichte der Wissenschaft vorkommt – im Laufe der Zeit eine andere Bedeutung bekam.

Nach der neuen Definition ist Stress *ein Ausnahmezustand* oder, anders ausgedrückt, ein *unüblicher Zustand,* der als solcher nicht dem menschlichen Alltag angehören sollte. Diese Definition trifft auf Lisas Sprung ins kalte Wasser zu. Der Kälteschock, in den sie ihren Körper versetzte, war ein Ausnahmezustand.

Und doch, die Realität zeigt uns, dass Stress für moderne Menschen längst kein Ausnahmezustand mehr ist. Die Zahl von gestressten Menschen steigt zusehends. Sich im Stress zu befinden, ist heutzutage für den Menschen zu etwas Selbstverständlichem bzw. zur Normalität geworden. Es ist fast zur Redewendung des Menschen des 20. und 21. Jahrhunderts geworden.

Nicht nur für Erwachsene, die immer wieder zu sagen pflegen: *„Ich bin gestresst!"* bzw. *„Es ist stressig!"*. Auch Grundschulkinder teilen ihrer Umgebung mit: „Du stresst!", meistens an ihre Eltern gerichtet. Gestresst zu sein, ist leider kein *Ausnahmezustand* mehr, dies trifft auch auf Jugendliche und sogar auf Kinder zu. Das ist genug Grund, den Stress unter die Lupe zu nehmen, um eine genaue Vorstellung darüber zu bekommen, was sich in unserem Körper ereignet, wenn wir gestresst sind.

Exkurs in die Physiologie vom Stress

Mit seinem *allgemeinen Anpassungssyndrom* (AAS) hat Selye den Stress in 3 Stadien aufgeteilt:

Stadium 1: Akute Reaktion nach einem Kontakt mit dem Stimulus

Zu Beginn der Entwicklung von Stress steht der *Kontakt* eines Individuums mit einem Stimulus (Stressor), auf den der Körper mit Stadium 1: *Alarmreaktion* antwortet. In dieser Phase steigt das Aktivitätsniveau von 2 für die Erhaltung des Lebens wichtigsten neuronalen Systemen an, und zwar

a) des *Sympathikus* und

b) der *Hypothalamus-Hypophysen-Achse* (HPA-Achse).

a) Sympathikus

Mit dem *Sympathikus* haben wir im Kapitel „Körpertemperatur" bereits kurz Bekanntschaft gemacht, und zwar, als seine Rolle als Kälteabwehrmechanismus bei einem Wärmeverlust erörtert wurde. Schauen wir nun genauer, was sich bei gesteigerter Aktivität des Sympathikus während einer Stresssituation im Körper abspielt.

Dabei ist für uns wichtig zu merken, dass immer wenn die Sympathikusaktivität steigt, auch die Aktivität in allen Ausgängen zu seinen Zielorganen steigt: *einheitlich und gleichzeitig. Achtung! Das heißt, dass nicht nur die Zielorgane, welche die Wärmeabgabe regeln, sondern ALLE seine Zielorgane gleichzeitig tatkräftiger zu arbeiten beginnen.*

Die kleinsten Arteriolen werden gedrosselt

Die kleinsten Arterien sind die eigentlichen Widerstandsgefäße des Blutstroms, die bestimmen, wie viel Blut nicht nur durch die Haut, sondern auch zu den anderen Organen und Geweben fließen wird. Man braucht nicht viel an gesundem Menschenverstand, um zu verstehen, dass mit Beginn von Stress die Blutversorgung ALLER betroffenen Organen zu leiden anfängt. Ihre Versorgung mit Sauerstoff *verschlechtert sich.* Dabei werden auch die *erstrangigen Organe wie Gehirn und Herz nicht verschont.*

Trotzdem fällt es einigen Wissenschaftlern schwer zu akzeptieren, dass die Steigerung der Sympathikusaktivität und der Eintritt des Zustandes, den man Stress nennt, keine hilfreiche Lösung für den gestressten Menschen sein könnte.

Manchmal wird behauptet, dass *bis zu einem gewissen Grad der Drosselung* der Blutgefäße (Vasokonstriktion) *die Versorgung der Organe mit Blut und Sauerstoff in keinem Fall beeinträchtigt würde.* Diese Annahme wird durch eine Gleichung aus der Hydrodynamik (Bernoulli-Gleichung) bekräftigt. Diese besagt, dass trotz durch Verengung der kleinen Blutgefäße (Vasokonstriktion) die gleiche Menge an Blut pro Zeiteinheit strömt ("Kontinuitätsbedingung"). Trotz Stress und angekurbelter Sympathikusaktivität sowie verengter Blutgefäße wird somit die Versorgung der lebenswichtigsten Organe wie Gehirn oder Herz nicht beeinträchtigt.

Das Problem an dieser Annahme liegt daran, dass die erwähnte Bernoulli-Gleichung nur für die sogenannten *idealen* Flüssigkeiten gilt, bei denen im Rahmen der Strömung *keine Reibung* zwischen Flüssigkeit und Gefäßwänden entsteht. Bei dieser Behauptung kann man unbesorgt denken: *Mein Körper ist im Stress-Modus, trotzdem läuft die Versorgung meiner Organe optimal.* Hier gibt es ein „Aber": Blut ist aber keine ideale, sondern eine *reale* Flüssigkeit, die Erythrozyte, hochmolekulare Proteine etc. enthält. Die *Reibung, die zwischen den Blutteilchen und den Gefäßwänden entsteht, beeinflusst die Stromstärke des Blutes. Sogar sehr stark.* Je nach Grad der Verengung der Kleingefäße, die unter reger gewordener Sympathikusaktivität entsteht, wird die Durchblutung in allen seinen Zielorganen reduziert. Bereits geringfügige Änderungen des ursprünglichen Wertes vom Gefäßradius resultieren mit einer Einschränkung der Stromstärke (l/min). Zum Beispiel resultiert eine Verringerung des Gefäßradius um nur 10 Prozent des ursprünglichen Wertes mit einer Einschränkung der Stromstärke um 0,01 Prozent des Ausgangswertes (Hagen-Poiseuille-Gesetz). Unter solchen Umständen versuchen die betroffenen Organe (Herz, Gehirn etc.) bereits in Ruhe auf ihre Reserven zurückzugreifen. Kurz gesagt, steigt die Sympathikus-Aktivität nur gering, wird die Versorgung mit Sauerstoff für alle Zielorgane beeinträchtigt. Natürlich minimiert das die Kompensationsmöglichkeiten während einer Belastung.

Erwartungsgemäß wird dies mit dem Herabsetzen der Leistungsfähigkeit dieser Organe einhergehen. Bei einem erhöhten Bedarf kann sich das in Form von Schmerzen im Brustbereich, wenn es um das Herz geht, oder in Form einer transitorischen ischämischen Attacke im Gehirn äußern. Wird die Drosselung der Gefäße massiv sein, könnte sich das durch einen Herz- oder Gehirninfarkt oder durch einen spontanen Schwangerschaftsabbruch bemerkbar machen. Währenddessen wird „egoistischen Genen" ein Strich durch die Rechnung gemacht. Unter hohem Stress wird manchmal nichts mit dem Weitergeben von Genen/der DNA an die nächste Generation.

Das Herz muss bei schlechterer Blutversorgung mehr Leistung erbringen

Unter gesteigerter Sympathikusaktivität wird das Herz erregbarer, es reagiert empfindlicher auf elektrische Stimuli. Es beginnt nicht nur *schneller zu schlagen* (positiv chronotrope Wirkung), es schlägt gleichzeitig auch *kräftiger* (die Kontraktionskraft wird gefördert). In Summe wird das pochende Herz oder *Herzrasen* als sehr unangenehm wahrgenommen, was auch Lisa erleben musste.

Im Kontext der bereits erwähnten Annahme, dass sich der Stress zumindest zu Beginn auf alle seine Zielorgane positiv auswirkt, werden diese Änderungen in der Funktionalität des Herzens auch „positiv" bewertet, gemäß der Annahme, dass diese die Sauerstoffversorgung des Gehirns, der Lunge, der Leber und der Muskeln verbessern sollte. Und wieder ein „Aber": Man darf aber nicht zu schnell bei einer solchen Interpretation dieser Veränderungen sein.

Durch die generelle Verengung der Blutgefäße wird eine verschlechterte Durchblutung auch das Herz betreffen. Es entsteht eine äußerst ungünstige Situation; einerseits erhält das Herz dadurch eine geringere Zufuhr von lebensnotwendigen Substanzen, andererseits wird es durch den Sympathikus, wie von einem Sklavenpeitscher, zu höheren Leistungen angetrieben. Eine Kombination, die auf Dauer das kardiovaskuläre Risiko erhöht. Groß angelegte Studien, bei denen in einem großen Zeitraum (1987–2013) stressassoziierte Störungen, wie posttraumatische Belastungsstörungen, akute Stressreaktionen und Anpassungsstörungen diagnostiziert und Daten von 140.000 Patienten erfasst wurden, bestätigten das. Im Vergleich mit ihren 170.000 Geschwistern ohne stressassoziierte Diagnosen zeigte sich, dass die Patienten mit stressassoziierten Störungen ein um 64 Prozent höheres Risiko haben, an einer kardiovaskulären Erkrankung wie ischämische Herzerkrankungen, zerebrovaskuläre Erkrankungen, Bluthochdruck und Herzschwäche (Herzinsuffizienz) zu erkranken (Song et al., 2019).

Nicht zu vergessen: Pumpt das Herz schneller und kräftiger, wird das Blut gegen den Widerstand der verengten Gefäße gedrückt, was das *Risiko für Blutungen* – insbesondere bei älteren Menschen – zum Beispiel im Gehirn *erhöht*.

Der Blick wird in die Ferne gerichtet

Steigt die Sympathikusaktivität, werden die Pupillen weiter geöffnet, es fällt mehr Licht ins Auge. So weit, so gut. Allerdings wird die Augenlinse gleichzeitig weniger gekrümmt, sie wird flacher, da der Ziliarmuskel (M. ciliaris), der dies regelt, leicht erschlafft. Die Brechkraft (Akkommodation) der Augenlinse wird geringer, der Blick wird auf entfernte Gegenstände fokussiert. Die von der betroffenen Person entfernten Objekte werden klarer im Gegensatz zu den unmittelbar nahe gelegenen Gegenständen, die verschwommener gesehen werden.

Das gibt Anlass zum Nachdenken. Mit gesteigertem Stress wird das menschliche Auge weitsichtiger. Statt sich auf eine immer näher kommende gefährliche Situation fokussieren zu können (Bild 8a), blicken die Augen in Ferne. Wie auf dem Bild 8b dargestellt, wird ein hereinlaufender Bär zunehmend verschwommener gesehen. Im Gegensatz dazu werden entfernte Objekte, die in einer gefährlichen Situation wenig bis kaum relevant sind, wie zum Beispiel ein Baum oder ein Vogel, klarer gesehen. Insofern handelt es sich hierbei nicht nur um eine sinnlose, sondern auch um eine lebensgefährliche Anpassung, welche die betroffene Person hindert, eine gefährliche Situation präziser wahrzunehmen, eine Lage situationsentsprechend bewerten zu können. Angesichts dessen verlieren entgegenwirkende Handlungen einer Person in solchen Situationen an ihrer optimalen Wirksamkeit. So übersah Lisa die Stiege, die in Armlänge hinter ihr lag.

Bild 8 (a und b)
Erkennen von Gefahren unter a) optimaler und b) höherer Sympathikusaktivität

Der Stoffwechsel wird gefördert

Als Reaktion auf veränderte Bedingungen wie Stress oder Kälte regt der aktiver gewordene Sympathikus den Abbau von Energie-Speicherformen wie Fett und Glykogen an – es findet die sogenannte adaptive Thermogenese statt. In sehr komplexen, mehrstufigen und zeit- und energieaufwendigen Prozessen *(Glykogenolyse und Lipolyse)* werden *Fett und Glykogen in ihren Bestandteilen* (Glucosemoleküle und Fettsäuren) *abgebaut und im Blut* freigesetzt, um für einen Energiezuschuss bereitzustehen. Der *Energieumsatz steigt,* was viel Energieverbrauch zur Folge hat. Was hier wichtig zu merken ist, dass ein vermehrter Abbau von Glykogen gemäß dem Prinzip der Aufrechterhaltung der Homöostase (negative Rückkoppelung) NUR dann vom Körper veranlasst wird, wenn es davor *zur Störung der Homöostase durch einen realen Energieverlust* bzw. zur Senkung des Blutglucosespiegels gekommen wäre. Achtung: Aus Sicht des Energie- bzw. Wärmehaushaltes kommt Stress der Kälte gleich.

Insulinsekretion wird gehemmt

Unter sympathischer Stimulation wird während einer Stresssituation die *Insulinsekretion* aus Alphazellen der Bauchspeicheldrüse *gehemmt*. Insulin *ermöglicht bzw. erleichtert* die *Aufnahme von Blutzucker in Zellen*. Bei einem Mangel von Insulin ist die optimale Aufnahme von Glucose in den Zellen beeinträchtigt. Die während einer Stresssituation an Energie bedürftigen Zellen können nur hilflos „zuschauen", wie ihre Energiequelle, der Blutzucker, an ihnen „vorbeischwimmt". Wenig verbraucht, bleibt Glucose im Blut.

Die Nebennierenrinde schüttet mehr Noradrenalin und Adrenalin ins Blut aus

Mit seiner Wirkung auf die Nebennierenrinde und der darauffolgenden direkten Ausschüttung von Noradrenalin und Adrenalin im Blut bewirkt der Sympathikus nur eins: *die kurzweilige Wirkung des eigenen Adrenalins um das 10- bis 15-Fache zu verstärken* und seine gesamte Wirkung – Erhöhung des Blutzuckerspiegels und schnelle Energiebereitstellung – auf 2–4 Minuten zu verlängern. Der Zufluss an Energie, so die aktuell geltende Annahme, sollte einer Person, die eine Situation als gefährlich bewertet, das Hervorbringen von Höchstleistungen gewährleisten, durch Kampf oder Flucht („fight-or-flight response") die Überlebenschancen einer Person in gefährlichen Situationen zu erhöhen.

Folgendes dürfen wir nicht vergessen: Rechnen wir zu der notwendigen Zeit von 2 bis 4 Minuten, die erforderlich sind, bis Adrenalin im Blut freigesetzt wird, noch 2 bis 4 Minuten dazu, die vergehen müssen bis zur Messbarkeit seiner Wirkung, so kommen wir von der Ausschüttung im Blut und dem Eintritt der Wirkung auf eine Gesamtzeit von 4 bis 8 Minuten. Kann diese Geschwindigkeit, mit der die Wirkung von Adrenalin einsetzt, als lebensrettend betrachtet werden? Meiner Meinung nach eher nicht.

Last, but not least: Diese, durch Adrenalin bewirkte Zunahme von Glucose im Blut initiiert eine Steigerung über den optimalen Wert (Hyperglykämie) (Lüllmann, Mohr und Wehling, 2002).

Energie, die in lebensgefährlichen Situationen durch Adrenalin bereitgestellt wird, soll den Urmenschen geholfen haben, zu überleben, trotz aller möglichen Gefahren, denen sie in den letzten paar Millionen Jahren ausgeliefert waren. Angeblich dank dieser freigesetzten Energie hat die Gattung Homo es geschafft, sich als Herrscher dieses Planeten zu preisen. Diese Annahme, die in den 1920er-Jahren seitens des uns bekannten W. Cannon postuliert wurde – er prägte auch den Begriff: Kampf- oder-Flucht-Reaktion („fight-or-flight response") –, wird noch immer von Stressforschern und in Physiologie-Lehrbüchern immer wieder wie ein Mantra wiederholt. Ihre Aussagekraft lässt kaum Zweifel zu. So entspricht dies auch dem State of the Art im 21. Jahrhundert über Adrenalin, Kampf-Flucht-Reaktion und von Stress!

Dies würde bedeuten, dass die durch Zuschuss an Adrenalin gesteigerten Blutzuckerwerte auch dafür verantwortlich waren, Lisa auf der Autobahn Energie zu verleihen, sodass ihre

Überlebenschancen anstiegen. Aber Lisa entschied sich weder für Kampf noch für Flucht. Sie blieb fokussiert, trotz ihrer Bewertung, dass ihre Situation, immer (lebens-)gefährlicher wurde. Lisa nahm die Situation buchstäblich selbst in die Hand. Sie war es, die das Auto lenkte und unfallfrei auf den Randstreifen parkte. Was sie rettete, war ein ganz anderer Zustand, über den etwas später die Rede sein wird.

b) Hypothalamus-Hypophyse-Nebennierenrinden-Achse (HPA-Achse)

Hypothalamus-Hypophyse-Nebennierenrinden Achse (HPA-Achse) oder, einfacher ausgedrückt, die Stressachse, ist eine Kaskade an Prozessen, welche die Freisetzung aller unserer Hormone reguliert. In einer gefährlichen Situation werden neben dem Sympathikus auch alle Hypothalamus-Hypophyse-Achsen – es sind mehrere – angeregt. Wenn es um Stress geht, ist die Aufmerksamkeit der Forscher eher auf die HPA-Achse oder die Stressachse fokussiert, bei der es sich um eine komplexe Abfolge von direkten Einflüssen zwischen Hypothalamus, Hypophyse und Nebennierenrinde handelt. Deren Output ist eine vermehrte Ausschüttung des Stresshormons Kortisol.

Auswirkung von Kortisol ...

Werden wir mit einer Gefahr konfrontiert, so wird, vom Hypothalamus ausgehend, eine Kaskade an Veränderungen in Gang gesetzt, die sich über die Hypophyse bis hin zur Nebennierenrinde erstrecken. Nicht schnell, erst nach 10–20 Minuten wird der Kortisolspiegel zum Anstieg (Hyperkortisolemie) gebracht. Bis Kortisol seine Wirkung zum Ausdruck bringt, vergehen noch zusätzliche Minuten. Das bedeutet, dass die gefährdete

Person ziemlich lange auf die von Kortisol zur Verfügung gestellte Energiequelle (Glucose) warten muss, um von ihr Gebrauch zu machen.

... auf den Stoffwechsel

Die Physiologie lehrt uns, dass die Wirkung von Kortisol auf den Stoffwechsel nur ein Ziel hat: *die Blutzuckerkonzentration bei ihrem optimalen Sollwert zu halten.* Das macht Kortisol im Zusammenwirken mit Sympathikus. Dennoch ist nicht zu vergessen, dass die Glucose unter dem aktiver gewordenen Sympathikus und der Hemmung von Insulin nicht mehr optimal genützt werden kann. Die Konsequenz ist ein Anstieg des Blutzuckerspiegels über seinen optimalen Wert, was die Entwicklung einer *Hyperglykämie (Prädiabetes)* begünstigt.

Bleibt die Konzentration von Kortisol im Blut erhöht, droht die Gefahr, dass die Zellen der Bauchspeicheldrüse im Laufe der Zeit Zeichen von *Erschöpfung* zeigen. Diese *können immer weniger Insulin produzieren,* sodass die Zellen die Glucose kaum als Energiequelle nützen können. Die Gefahr einer *Entwicklung von Diabetes mellitus Typ 2* steigt. Wenn es um Diabetes mellitus Typ 2 geht, zeigen die Statistiken einen besorgniserregenden Trend: Die Zahl der von dieser Erkrankung betroffenen Personen steigt zunehmend. Das Besorgniserregende daran ist, dass immer mehr Jugendliche von dieser Erkrankung betroffen sind. Die Rolle, die Stress dabei spielt, wird immer wieder diskutiert.

Hält die Konzentration von Kortisol länger auf einem hohen Niveau an, wird nicht nur der Aufbau von Körpergewebe gehemmt, es werden überdies a) körpereigene Eiweißspeicher abgebaut und b) die Knochenbildung wird negativ beeinflusst (Knochenabbau). Ein höherer Kortisolspiegel beschleunigt also tatsächlich den Abbau des Körpers.

Angesichts der hemmenden Wirkung von Kortisol auf die Eiweißsynthese der lymphatischen Organe wird die *Tätigkeit des*

Immunsystems (unser Abwehrsystem) zunehmend unterdrückt. Es wird dem Körper immer schwererfallen, seine Feinde (Viren, Bakterien) zu erkennen. Die Entzündungsreaktion, die eine schützende Funktion des Körpers gegen Krankheitserreger ist, wird verzögert. Dies gibt diesen Feinden Zeit, sich rasant zu vermehren, sich im Körper der gestressten Person in Ruhe breitzumachen, mit Krankheitsauffälligkeit als Folgeerscheinung.

Die durch die gestiegene Konzentration von Kortisol verursachte Hyperglykämie (Prädiabetes) erhöht das Risiko für die Entwicklung des *Metabolischen Syndroms,* das ein Komplex aus 4 Symptomen ist, der auch als tödliches Quartett bezeichnet wird. Zu diesen Symptomen gehören: 1. Übergewicht, 2. Bluthochdruck mit erhöhter Neigung zu Schlaganfällen bzw. zum Herzinfarkt, 3. erhöhte Blutfettwerte (Hypertriglyceridämie und Hypercholesterinämie) und 4. eine gestörte Zuckerverwertung im Körper mit Neigung zur Entwicklung von Diabetes mellitus Typ 2. Kurzum: ein Symptomkomplex, den man besser nicht riskieren sollte und der die Lebenserwartung sowie die Lebensqualität deutlich verringern kann.

Stadium 2: Wenn der Kontakt mit dem Stimulus kurz anhält
Ist der Kontakt mit einem Stimulus nur von kurzer Dauer, wie es bei Lisa im kalten Wasser, auf der Autobahn und beim Empfangen einer schlechten Nachricht der Fall war, wird der Körper versuchen, die in der Zwischenzeit gestiegene Konzentration von *helfenden* und *lebensrettenden* Stresshormonen – Adrenalin und Kortisol – abzubauen. In diesem *Widerstandsstadium* wird versucht, durch eine *Beruhigung der Sympathikusaktivität einen Normalzustand* wiederherzustellen.

Stadium 3: Wenn der Kontakt mit dem Stimulus sehr lang anhält
Falls der Kontakt länger anhält, kommt es zur Erschöpfung der Zielorgane des Sympathikus und der HPA-Achse sowie zum Ausbruch der bereits erwähnten Krankheiten. Immer mehr Organe werden Dysfunktionen zeigen, die folglich einer medizinischen

Behandlung bedürfen, um einigermaßen im Normbereich ihrer Leistungsfähigkeit zu bleiben. Das ist nach Selye das letzte der 3 Stadien des allgemeinen Anpassungssyndroms: das *Erschöpfungsstadium*.

Der State of the Art zum Thema Stress – ein Paradoxon

Das State of the Art, Stress sei eine lebensrettende Strategie des Menschen, birgt ein Paradoxon. Auf der Autobahn befand sich Lisa nicht länger als ein paar Minuten in Gefahr, von dem Moment an, als sie von dem herabfallenden Steinbrocken auf ihrer Fahrspur überrascht wurde, bis zu dem Moment, als sie ihr Auto geistesgegenwärtig auf den Randstreifen lenkte und es dort zum Stehen brachte. So lang, wie Kortisol Zeit braucht, um den Körper für Kampf oder Flucht vorzubereiten, hielt der Stress bei Lisa gar nicht an. Trotzdem meisterte sie die lebensgefährliche Situation bravourös, ohne sich oder andere in Lebensgefahr gebracht zu haben.

Gestresste Menschen und gesundes Essen

An dieser Stelle unserer Entdeckungsreise möchte ich einen kurzen Abstecher zu dem Thema „Gesunde Ernährung und Stress" machen. Gesunde Ernährung („eat smarter") heißt das Mode-Trendwort in der Küche. Darunter wird nicht nur verstanden, den Körper mit allen notwendigen Nährstoffen zu versorgen. Diese sollen noch dazu bio-zertifiziert sein. In diesem Sinne werden allerlei Listen, Tabellen, Tipps und Ideen bereitgestellt. Gesundes Essen wird (neben Bewegung) als Alpha und Omega eines gesunden Lebens gepriesen. Dabei ist eine Tendenz nicht zu übersehen: Immer mehr Menschen beschäftigen sich zwanghaft mit vermeintlich gesundem Essen. Ernährung wird zu einer Religion, der immer mehr Menschen beitreten. Nimmt die mentale Beschäftigung mit gesundem Essen ein Ausmaß an, das den Alltag einer Person beeinträchtigt, spricht man von einer krankhaften psychiatrischen Störung, von einer sogenannten Orthorexie, die nicht mit einem angemessenen Bewusstsein für gesunde Ernährung zu verwechseln ist. Bei diesem Trend wird das Wichtigste ausgeblendet: *Gesunde Ernährung ist nur einer von vielen Faktoren, die ein langes, gesundes Leben gewährleisten.* Deshalb ist eine gesunde Ernährung nur Part of the Game: *gesundes Leben.* Wie weiter oben bereits aufgezeigt wurde, verringert sich jedoch der Wert unserer Nahrungsmittel – zum Beispiel auch der von bestem Rohzucker oder Biofleisch – durch unseren durch Stress beeinträchtigten Stoffwechsel. Das Risiko, an Prädiabetes, Hypertriglyceridämie oder Hypercholesterinämie zu erkranken, bleibt also – trotz hochwertiger Nahrungsmittel – weiterhin bestehen. Im Gegensatz dazu optimiert ein genussvolles, stressfreies Essen, bei dem die physiologischen Prozesse langsamer verlaufen, die Qualität des Essens, auch wenn dieses nicht zu 100 Prozent bio ist.

Zur Erinnerung:

Sobald eine herausfordernde Situation eintritt, werden die physiologischen Prozesse beschleunigt. Diese werden zu Stromschnellen im Verlauf des Flusses der Verwandlung.

Bei gesteigerter Aktivität des Sympathikus und der HPA-Achse
- *leidet die Blutversorgung ALLER betroffenen Organe,*
- *wird die optimale Aufnahme von Glucose in die Zellen beeinträchtigt,*
- *steigt das kardiovaskuläre Risiko,*
- *wird der abbauende (katabole) Stoffwechsel gefördert und Energie freigesetzt,*
- *steigt der Energieumsatz; dies auf Kosten eines höheren Energieverbrauchs.*

Auf Dauer wird der Ausbruch von Hyperglykämie, Hypercholesterinämie und Hypertriglyceridämie, von Diabetes mellitus Typ 2, von Übergewicht sowie die Neigung zu Schlaganfällen, Herzinfarkten u. a. m. begünstigt.

In einer gefährlichen Situation, die kürzer als 10 Minuten andauert, ist kein Verlass auf die Hilfe von Kortisol, da dieses eine längere Anlaufzeit braucht, um den betroffenen Menschen mit einer zusätzlichen Menge an Energie auszustatten.

Vom Eustress zum Disstress und zurück

Der Stress beginnt schon im Mutterleib, hervorgerufen durch normale Geräusche, die im Körper und in der Umgebung der werdenden Mutter zu hören sind (siehe: Empfangsstellen von Stimuli: die Sinnesorgane). Selye war der Auffassung: *„Nur der Tod hat keinen Stress."* Na, vielen Dank auch, Mr. Selye, für diese wundervolle Aussicht! Stress soll also unser lebenslanger Begleiter sein?! Hat uns die Evolution etwa so übel mitgespielt, als sie uns mit einem Begleiter ausgestattet hat, der uns im wahrsten Sinne des Wortes an die Substanz geht? Der den Menschen mit einem Ablaufdatum versieht?

Nach fast 4 Jahrzehnten Arbeit und unter Einfluss von klinischen und sozialen Forschungsarbeiten (Levi, 1971) erkannte Selye, dass sich diverse Stimuli bzw. Ereignisse, mit denen wir uns im nächsten Kapitel auseinandersetzen werden, unterschiedlich auf unseren Körper auswirken. Er stellte fest, dass bestimmte Stimuli manchmal *gesundheitsfördernd* und manchmal *gesundheitsgefährdend* wirken. Um die Auswirkungen von Stimuli auf den Körper zu differenzieren, entschied sich Selye in den 70er-Jahren, die Begriffe „dis-stress" und „eu-stress" einzuführen (Selye, 1974). Dabei meinte er, dass Eustress (aus dem Griechischen „eu"; deutsch: „gut") ein psychophysiologischer Zustand ist, der die körperliche und psychische Gesundheit begünstigt, im Gegensatz zum Disstress, welcher der Gesundheit einer Person Schaden zufügt. Mittlerweile vertritt er die Meinung, dass Stress nicht zwangsläufig etwas Negatives sein muss, wie immer noch gemeinhin angenommen wird.

Auf den ersten Blick suggeriert die Verwendung der Begriffe Eustress und Disstress, dass es sich hierbei um 2 *vollkommen unterschiedliche psychophysiologischen Zustände* handeln würde. Das ist allerdings nicht richtig. In Wahrheit liegt der *einzige Unterschied zwischen Eu- und Disstress in der Geschwindigkeit*, mit der die lebenserhaltenden biopsychologischen Prozesse ablaufen. Im Vergleich zur Komfortzone nimmt bei denen die Geschwindigkeit von neurobiologischen Prozessen zu (Tabelle 4).

Tabelle 4: Komfortzone, Eustress und Disstress: Unterschiede in 3 Dimensionen der Befindlichkeit

Dimension	Komfortzone	Eustress	Disstress
motorisch	entspannte Muskeln, körperliche Ruhe, kein Zittern	leicht angespannte Muskeln	stark angespannte Muskeln immer wieder Zittern
physiologisch	entspannter Sympathikus, kein Schwitzen	leichte Aktivierung des Sympathikus	hohe Aktivierung des Sympathikus
psychisch	sich wohlfühlen	sich wohlfühlen	sich unwohl fühlen

Der Unterschied zwischen Eu- und Disstress kann wahrscheinlich am besten am Beispiel eines mit Strom betriebenen E-Bikes verdeutlicht werden. Ein E-Bike benötigt einen Akku, der die Energie für den unterstützenden Motor liefert, der wiederum den Radfahrer beim Radeln unterstützt. Wie jeder E-Bike-Besitzer weiß, hat jeder Akku eine Kapazität, die bestimmt, wie weit ein Radfahrer mit einem vollgeladenen Akku bei einem bestimmten Leistungsniveau kommen kann. Fährt man im Eco-Modus, ist die Stromabnahme des Akkus geringer und der Radfahrer kann weitere Strecken fahren. Im Alltag fahren sie energiesparend. Mit jedem Umschalten auf den Turbo-Modus steigt die Stromabnahme aus dem Akku, der sich rascher entlädt. Somit wird die fahrbare Strecke verkürzt.

Der Eco-Modus entspricht dem Eustress, der Turbo-Modus dem Disstress. Ein Leben im Eco-Modus verspricht längere bzw. angenehmere Fahrten. Ein Leben im Turbo-Modus birgt die Gefahr, den körperlichen Akku, die Energiedepots, permanent auf ein Minimum zu halten. Dies kann dazu führen, dass diese bei Eintreten von ungeplanten und unvorhersehbaren Gegebenheiten rasch komplett entladen werden können, wodurch der Mensch gezwungen wird, langsamer zu „fahren", zu entschleunigen oder eventuell sogar anzuhalten (in Krankenstand zu gehen). Zwischen dem Eco-Modus und dem Turbo-Modus eines E-Bikes gibt es mehrere Zwischengänge, die einen sanften Übergang zwischen beiden Extremen ermöglichen. Das Umschalten funktioniert in beide Richtungen. Ähnlich verläuft der Übergang von Eustress zu Disstress (und umgekehrt) und zurück beim Menschen. Das Umschalten funktioniert in beide Richtungen.

Neurotransmitterekonstellation(en)
beim Eu- und Disstress

Ob sich Lisa nun im kalten Wasser des Weißensees befand oder ob sie auf der Autobahn versuchte, die Kollision mit dem herabfallenden Stein auf der Fahrbahn zu vermeiden, oder ob sie die schlechte Nachricht empfing – ihre physiologischen Prozesse verliefen jedes Mal gleich, sie wurden beschleunigt, liefen wie Stromschnellen. – Florian passierte das Gleiche, als er seinen Namen auf der Liste der Studierenden suchte, welche die Prüfung bestanden hatten, und ihn schließlich ganz am Ende der Liste erblickte. Die beschleunigten physiologischen Verläufe in jeder dieser Situationen entsprachen jeweils dem Zustand, den Selye Disstress nannte. Als Lisa in Sicherheit auf der Stiege war oder als sie mit ihrem Wagen am Fahrbahnrand zum Stehen kam, schalteten ihre physiologischen Prozesse zurück vom Turbo- in den Eco-Modus. Der Disstress ging allmählich zu Eustress über.

Unter der Annahme, dass

a) während wir uns in der Komfortzone befinden, die Körpertemperatur ihren Sollwert hat und das GABA/[5-HT, NA, DA&Co]-Verhältnis = 1 ist, und

b) bei niedriger Körpertemperatur (Istwert < Sollwert) das GABA/[5-HT, NA, DA&Co]-Verhältnis < 1 ist, würde dies heißen, dass der Wert dieses Verhältnisses, bei der sich Eustress manifestiert, mit jenem Wert korrespondiert, der eher näher beim Wert der Behaglichkeit bzw. der Komfortzone (Sollwert) liegt.

Im Unterschied zur Komfortzone (Behaglichkeit) wird die Neurotransmitterkonstellation beim Eustress die biopsychologischen Prozesse etwas beschleunigen. Der Preis, den der Körper zahlt, ist ein leicht gestiegener Energieumsatz, der aber noch immer verhältnismäßig ressourcenschonend für den Körper ist, da er seine Energiedepots schonend in Anspruch nimmt.

Herrscht eiserne Kälte oder ist die Situation, in der sich eine Person befindet, äußerst (lebens-)gefährlich, bezogen auf sich selbst oder auf jemand anderen, wird die hemmende Wirkung der GABA noch stärker herabgesetzt. Somit weicht der Wert des GABA/[5-HT, NA, DA & Co]-Verhältnisses noch mehr vom Sollwert des psychischen Wohlbefindens, der Komfortzone und vom Eustress, ab. Gleich wie die Stromschnellen, die sich unter bestimmten Gegebenheiten bilden, nimmt die Geschwindigkeit der biopsychologischen Prozesse unter solchen Umständen zu. Der höhere Wärmebedarf beansprucht intensiver die gesamten Energieressourcen von dem Menschen, der sich im Disstress befindet, und erhöht seinen Energieumsatz. Genau diese hochgetriebene Beanspruchung macht den Disstress zum *„schlechten"* Stress.

Analog zum Sollwert vom GABA/[5-HT, NA, DA & Co]-Verhältnisses, der den optimalen Zustand des Wohlbefindens, der Behaglichkeit bzw. die Komfortzone abbildet, gelingt es uns nicht, dem GABA/[5-HT, NA, DA & Co]-Verhältnis von Eu- und Disstress einem numerischen Wert zuzuordnen. Eine Einordnung auf einer Werteskala, wie zum Beispiel bei Werten der Körpertemperatur, ist aufgrund von derzeit fehlenden analogen Werte nicht erdenklich. Aus diesem Grund kann man bei einer Werteskala des psychischen Befindens nur auf deskriptive Wertausprägungen, wie Behaglichkeit bzw. Komfortzone, Eu- und Disstress, zurückgreifen.

Nehmen wir an, dass der Zustand der Behaglichkeit bzw. die Komfortzone dem Sollwert des GABA/[5-HT, NA, DA & Co]-Verhältnisses bzw. dem Wert 1 gleicht, so sollte eine leichte Abweichung von diesem Wert (< 1) dem Zustand von *Eustress* entsprechen. Allerdings kommt Eustress nicht nur dann vor, wenn der Wert des GABA/[5-HT, NA, DA & Co]-Verhältnisses etwas niedriger als 1 ist. Ein Mensch wird sich auch im Eustress befinden, wenn GABA statt einer schwächeren eine leicht stärker hemmende Wirkung ausübt, d. h., wenn der Wert des GABA/[5-HT, NA, DA & Co]-Verhältnisses höher als 1 (> 1) ist und die physiologischen Vorgänge folglich zum Verlangsamen bringt.

**Istwert des psychischen Befindens,
der dem Eustress entspricht**

GABA/[5-HT, NA, DA & Co.] < oder >1

Anm.: Hypothetischer Istwert des GABA/[5-HT, NA, DA & Co.]-Verhältnisses während Eustress. Das Zeichen „<" steht für „niedriger als", das Zeichen „>" steht für „höher als".

Falls die Werte des GABA/[5-HT, NA, DA & Co]-Verhältnisses durch eine viel stärker oder viel schwächer hemmende GABA-Wirkung weiter vom Sollwert abweichen (>> 1 oder << 1), so gelangt der Körper in Disstress.

**Istwert des psychischen Befindens,
der Disstress entspricht**

GABA/[5-HT, NA, DA & Co.] << 1 oder >> 1

Anm.: Hypothetischer Istwert des GABA/5-HT, NA, DA & Co-Verhältnisses während Disstress. Das Zeichen „<<" steht für „deutlich schwächer als", das Zeichen „>>" steht für „deutlich stärker als".

Da die GABA/[5-HT, NA, DA & Co]-Neurotransmitterkonstellationen, im Zusammenhang mit bestimmten Werten der Körpertemperatur stehen, sind Eustress und Disstress wiederum *mit dem Zustand einer leichten und schweren Hypo- bzw. Hyperthermie vergleichbar.* Achtung: Denken Sie bei den Termini „Hypothermie" und „Hyperthermie" nicht an eine Körpertemperatur von 35 °C und niedriger bzw. 38 °C und höher. Eine leichte Hypo- bzw. Hyperthermie, die während Eustress herrscht, ist für den Menschen kaum bis überhaupt nicht wahrnehmbar, obwohl die thermoregulierenden Mechanismen (Sympathikusaktivität und Anspannungskraft der Muskel) sich entsprechend dem Wärmebedarf veränderten. Sinkt die Körpertemperatur weiter, werden die Zielorgane von Sympathikus und HPA-Achse intensiver beansprucht, was auf *Dauer* den Disstress gesundheitsschädigend macht.

Bei jeder Werteskala (wie es auch bei der Werteskala der Körpertemperatur der Fall ist) sind die Werte geordnet. Im Falle des Ist- bzw. Sollwerts des GABA/[5-HT, NA, DA & Co]-Verhältnisses stellt sich die Frage, wie diese auf einer Werteskala einzuordnen sind, wenn (zurzeit) keine analogen Werte erdenklich sind. Aus diesem Grund muss man, im Fall einer Werteskala des psychischen Befindens, noch immer auf deskriptive Wertausprägungen (Tabelle 5) zurückgreifen, wie *Behaglichkeit bzw. die Komfortzone, Eu- und Disstress.*

Eine Anekdote aus Griechenland besagt, dass *man in ruhigen Gewässern nicht zu einem guten Kapitän wird.* Denn nur ein erfahrener Kapitän weiß sein Schiff rechtzeitig aus Stromschnellen sicher in ruhigere Gewässer zu fahren, um dort für eine Zeit zu verweilen und seine (Energie-)Depots aufzufüllen. Nur gestärkt und mit gesammelten Kräften kann es dem Kapitän gelingen, all die Stromschnellen, die ihn auf seinem Weg erwarten, zu besiegen und an seinem Zielhafen anzukommen.

Auf der Suche nach Substanzen und Mitteln, um in ruhigen Häfen des Chillens anzukommen, versucht der nach Behaglichkeit strebende Mensch, seine hemmenden und anregenden Neurotransmitter ins Gleichgewicht zu bringen. Die Wege zu diesem Ziel können sehr unterschiedlich sein: Manche davon, wie zum Beispiel ein Saunabesuch, sind gesundheitsfördernd, andere (Substanzen wie Beruhigungsmitteln, Cannabidiol) bringen die Gesundheit wohl eher in Gefahr. Tatsache bleibt: Nur durch den Tod wird diese Suche beendet sein.

Stress ist ein Teil des Lebens, ein normaler Zustand, denn er ist selbstverständlich und muss keinem mehr erklärt werden – weder einem Erwachsenen noch einem Jugendlichen noch einem Kind. Trotzdem droht der Disstress immer mehr zum schlechten Lebensgefährten des Menschen und damit der Menschheit zu werden. Um eine gute, lebenslange Beziehung mit ihm pflegen zu können, sind wir alle gefordert, seine guten und schlechten

Hypothermie		Sollwert der KT	Hyperthermie	
GABA/[5-HT, NA, DA & Co] < 1		GABA/[5-HT, NA, DA & Co] = 1	GABA/[5-HT, NA, DA & Co] > 1	
Körpertemperatur				
Disstress	**Eustress**	**Sollwert des Wohlbefindens**	**Eustress**	**Disstress**
GABA/[5-HT, NA, DA & Co]		GABA/[5-HT, NA, DA & Co]	GABA/[5-HT, NA, DA & Co]	
<< 1	< 1	= 1	> 1	>> 1

Tabelle 5: Zusammenhang zwischen Körpertemperatur (KT) und Neurotransmitterkonstellation während des Wohlbefindens, bei Eustress und Disstress

Facetten kennenzulernen. Dies können wir nur durch einen Einblick in die Tiefen des Flusses unserer biopsychologischen Vorgänge erreichen. Das war genau meine Motivation, die Veränderungen biochemischer und physiologischer Prozesse, die sich während einer Stresssituation in unserem Körper vollziehen, derart penibel – für manchen Leser wahrscheinlich „viel zu genau" oder „mit viel zu viel Psychologie" – in ihrem gesamten Ausmaß darzustellen. Meine Überzeugung ist, dass wir nur so eine Chance haben, wie ein guter Kapitän unser Schiff, unseren Körper, sicher und erfolgreich durch stürmische Zeiten entlang der Stromschnellen zu steuern, um es dann wieder in ruhigere Gewässer (Eustress) zu führen, wo wir Energie aufladen können.

Selye hatte recht. Stress ist unser Lebensgefährte. Wir können uns nicht von ihm loslösen. Das heißt jedoch nicht, dass es die Evolution nicht gut mit uns gemeint hat, als sie für uns einen manchmal launischen, unangenehmen Partner ausgewählt hat. Sie kennt keine Moral. Sie handelt immer aus aktuellen Gegebenheiten heraus. Durch einen fixen Sollwert der Körpertemperatur ist der menschliche Körper – sowie der Körper aller Lebewesen – gezwungen, auf jegliche Veränderungen in seiner Umgebung zu reagieren, sich thermoregulatorisch daran anzupassen. Die Gesetze der Thermodynamik verlangen es schlechtweg von ihm.

Die gute Nachricht

Durch ausreichende Zeiten im Eustress (Chillen) können wir dazu beitragen, unseren Körper für die stürmischen, die Disstress-Zeiten fitter, resilienter zu machen.

TIPP:
Entschleunigungskur für den Stress
Wichtig: Langsamkeit üben. Die Zeit, in der Sie sich in der Langsamkeit üben, wird belohnt. Sie werden weniger von Ihren eigenen Energieressourcen verbrauchen. Denkt man einen Schritt weiter, dann erkennt man, naturschonend ist es auch. Sie werden weniger von den Ressourcen der Natur konsumieren müssen, um Ihre eigenen entleerten Energiedepots neuerlich aufzufüllen.

1. *Schreiben Sie zu Beginn Ihrer Entschleunigungskur ein paar Erinnerungsnotizen, auf denen nur ein Wort steht: LANGSAM. Bringen Sie diese „Sticky Notes" an leicht ersichtlichen Plätzen, zum Beispiel an Ihrem Schreibtisch oder am Bildschirm, an. Einer davon gehört in Ihre Geldbörse. Immer wenn Sie diese öffnen, werden Sie daran erinnert: Mach es langsamer.*

2. *Es geht leichter, wenn Sie dies in sehr kleinen Schritten tun. Betrachten Sie dieses Experiment spielerisch.*

3. *Versuchen Sie sich selbst zu bremsen, wenn Sie sich dabei ertappen, dass Sie beim Ausführen von Tätigkeiten schnell vorgehen, egal in welchem Bereich Ihres Lebens. Erledigen Sie zum Beispiel den Haushalt in einem langsameren Tempo, als Sie es gewohnt sind. Wenn Sie bemerken, dass Sie schnell essen, gehen oder sprechen, dann versuchen Sie, dies langsamer zu tun.*

4. *Vermeiden Sie Multitasking.*

5. *Schaffen Sie sich immer wieder Zeitinseln, um im Zustand der echten Komfortzone zu verweilen.*

Es ist kein Misserfolg, wenn Sie sich bei diesem Experiment ertappen, dass Sie wieder zu Ihrem alten Tempo zurückgekehrt sind. Allein diese Wahrnehmung wird Sie dazu bringen, die Tätigkeit, die Sie gerade machen, langsamer zu erledigen.

Die gute Nachricht

Mit jedem Versuch, sich zu entspannen, haben Sie Ihre eigenen Ressourcen und damit letztendlich auch die Ressourcen der Erde geschont.

Zur Erinnerung:

Der einzige Unterschied zwischen Eu- und Disstress liegt in der unterschiedlichen Geschwindigkeit, mit der die neurophysiologischen Prozesse verlaufen.

Während des Eustresses fließen Ihre gesamten neurophysiologischen Prozesse ruhiger, sie sind die ruhigen Abschnitte ihres Flusses der Verwandlung.

Während des Disstresses werden die neurophysiologischen Prozesse zu Stromschnellen dieses Flusses, die den Körper erschüttern und ihn auf Dauer in (Lebens-)Gefahr bringen.

KAPITEL 6

DER ZUSTAND, DEN MAN ANGST NENNT

An Lisas missglücktem Tauchgang im Weißensee zeigte sich, dass das gesamte Spektrum an motorischen, physiologischen und psychologischen Veränderungen, die sich in ihrem Körper abspielten, eine Kälteabwehrreaktion ihres Körpers auf den entstandenen Wärmeverlust und den darauffolgenden Absturz ihrer Körpertemperatur (Istwert < Sollwert) war. All dies geschah nur, um den vor mindestens 500.000 Jahren (für uns aus noch nicht gänzlich bekannten Gründen) festgelegten Sollwert der Körpertemperatur wieder zu erreichen bzw. aufrechtzuerhalten.

All dies ist der temperaturbedingten Abänderung der Struktur von $GABA_A$-Rezeptoren zu verdanken. Wie sich zeigt, sind die Kälte abwehrenden Mechanismen noch nicht ausgereift, unsere Anpassung an Kälte ist noch immer nicht perfektioniert, was mit einigen Wärmeverlusten verbunden ist. Aber nach dem Prinzip „koste es, was es wolle" muss bei jeder Abweichung der Körpertemperatur (Ist ≠ Soll) wieder zumindest der *Must-have-*Sollwert der Körpertemperatur erreicht werden.

Wie aber passt die erlebte Angst, die Lisa bei ihrem Kälteschock so intensiv erlebte, in dieses bis dato „rein thermoregulatorische" Bild? Könnte die GABAergische Neurotransmission DIE Instanz sein, die nicht nur der motorischen und physiologischen, sondern auch der psychischen Dimension des Wohlbefindens übergeordnet ist? Viele Fragen, die auf Antworten warten.

Über Angst reden

Der Erste, der sich mit den biologischen Grundlagen der Gefühle beschäftigte, *war Charles Darwin (1809–1882)*, der Begründer der Evolutionstheorie. Im Verlauf seiner Überlegungen über die Evolution und aufgrund eigener Erfahrungen begriff er, dass die Angst sowie auch andere Gefühle *transkulturell sehr übereinstimmend sind* (Kandel, 2018). Wird ein Ereignis als *lebensbedrohlich bewertet*, erleben alle Menschen Angst, unabhängig davon, ob sie Ureinwohner des Amazonas, indigene arktische Volksgruppen, Europäer, Asiaten oder Afrikaner sind. Angst wird als ein Bestandteil des normalen emotionalen Spektrums eines Menschen betrachtet. Sie ist kein Spezifikum der Gattung Homo, sondern kommt auch im Reich der Tiere vor, was infolgedessen auch auf dem Niveau einer biologisch systemischen Einordnung eine Übereinstimmung vermuten lässt.

Um Angst zu erleben, muss man nicht, wie Lisa im Weißensee und beim Autounfall, mit *real existierenden und als (lebens-)gefährlich bewerteten Ereignissen konfrontiert werden*. Einige Menschen, gleich wie Darwin, erleben das gleiche Spektrum an intensiven psychischen und körperlichen Phänomenen, die einem Angstzustand entsprechen, auch in Situationen, die für die meisten kaum nachvollziehbar sind. Zum Beispiel haben manche Menschen Angst vor Schlangen, auch wenn keine Schlangen in ihrer unmittelbaren Nähe sind. Andere entwickeln Angst vor ein paar Millimeter großen Spinnen, sogar vor Spinnennetzen oder davor, durch einen Tunnel fahren zu müssen. Gehen diese Ängste mit einem so starken Erleben einher, dass Bereiche des Alltags nicht mehr bewältigt werden können, weisen sie einen Krankheitswert auf. Sie gehören zum Symptomspektrum psychischer Erkrankungen, und zwar den *Phobien*.

Die Manifestation von Angst kann so weit gehen, dass diese *unerwartet in ganz belanglosen Situationen und ohne ersichtlichen Auslöser* erlebt wird. Ist das der Fall, so wird die Angst zum Leitsymptom einer anderen psychischen Erkrankung, nämlich der sogenannten „*generalisierten Angststörung*". Der dänische Philosoph *Søren Kierkegaard* (1813–1855), der, wie Darwin, die Macht der Angst selbst erlebte, beschrieb in seinem Buch „Der Begriff Angst" (1844) sehr detailliert, was es bedeutet, wenn der Alltag von Angst geprägt ist.

> *„Kein Großinquisitor hat so entsetzliche Foltern in Bereitschaft wie die Angst; kein Spion weiß so geschickt den Verdächtigen gerade in dem Augenblick anzugehen, in dem er am schwächsten ist, oder weiß die Schlinge, in der er gefangen werden soll, so bestrickend zu legen, wie die Angst es weiß; und kein scharfsinniger Richter versteht den Angeklagten so zu examinieren, ja, zu examinieren, wie die Angst, die ihn niemals loslässt, nicht bei der Zerstreuung, nicht im Lärm, nicht bei der Arbeit, nicht am Tage, nicht in der Nacht."*
>
> (Schönherr-Mann et al., 2019)

Noch mehr unter Angst leiden Personen, deren dominierendes Persönlichkeitsmerkmal eine *gewohnheitsmäßige Neigung zur Betonung potenzieller Gefahren oder Risiken alltäglicher Situationen* ist, d. h., die *Angst wird häufiger und intensiver als bei anderen Menschen empfunden*. Diese Personen werden umgangssprachlich als *ängstlich* oder in der Alltagssprache – weniger stigmatisierend ausgedrückt – als *sensibel* oder *vorsichtig* bezeichnet. Dieses Merkmal zeigt sich bereits im Kindesalter. Die Kinder, die sich später zu sensiblen bzw. ängstlichen Erwachsenen entwickeln werden, sind abwartend bei Kontakten: Sie beobachten sehr genau ihre Umgebung, um potenzielle Bedrohungen möglichst frühzeitig zu erkennen, mit einem einzigen Ziel: *um das Entstehen von unangenehmen körperlichen Veränderungen wie* starke Muskelanspannung, innere Unruhe, Zittern oder Schwitzen rechtzeitig vermeiden zu können. Personen mit einer ängstlichen bzw. vorsichtigen Persönlichkeit entwickeln dabei oft ein *vermeidendes Verhalten: sie vermeiden Angst auslösende Situationen, was ihren Alltagsradius mehr oder minder reduziert.*

Michi und Sonja, die zweieiigen Zwillinge
Sie waren kaum ein Jahr alt und der Unterschied in ihrem sozialen Verhalten war schon ersichtlich. Als die Familie Besuch bekam, stand Sonja ganz vorne, streckte ihre Hand aus und begrüßte mit einem breiten Lächeln auf ihrem hübschen Gesicht die Besucher. Ihr Brüderchen Michael versteckte sich hinter Mama oder Papa, die ihn schützend umarmten. Michi war derjenige, der die Empfangssituation nur beobachtete. Als jemand versuchte, ihn zur Begrüßung sanft zu berühren, versteckte er seine Hand hinter seinem Rücken. Manchmal begann er zu weinen. Die Botschaft war klar: Berühre mich nicht, es macht mir Angst. Während Besuchen von ihm Unbekannten blieb Michi meistens sitzend und weiter beobachtend auf dem Schoß eines Elternteils.

Die beiden Kinder entdeckten ihre neue Umwelt auf ganz unterschiedlichen Wegen. Sonja war immer diejenige, die sich als Erste traute, neue Situationen und Spiele auszuprobieren. Sie war immer die Erste, die eine Rutsche und eine Schaukel ausprobierte oder auf einem Trampolin hüpfte. Sie war diejenige, die sich zuerst traute, ohne Schwimmflügel zu schwimmen. Im Gengensatz zu ihr stellte sich Michi in für ihn neuen Spielsituationen auf die Seite und sagte: „Zuerst Sonja", und wartete dann ab, bis sie als Erste das Neue ausprobierte. Sonja als eigene Testperson in sozialen Interaktionen zu haben, war für Michi ein großes Geschenk. So bekam er die Chance, sich durch den Mut seiner Schwester schneller mit neuen Situationen vertraut zu machen. In den ersten Jahren, wenn Michi vor etwas Neuem stand und Sonja nicht in Stimmung war, dies als Erste zu machen, dann waren alle Versuche, ihn dazu zu motivieren, das Neue allein auszuprobieren, reine Zeitverschwendung. Er wehrte sich mit den Worten: „Ich mag nicht".

In (lebens-)gefährliche Situationen geratene und an Phobien, einer generalisierten Angststörung oder einer ängstlichen Persönlichkeit leidende Menschen verbindet eine Grundangst, die sich dann in verschiedensten Krankheitsbildern manifestieren kann.

Zum Begriff: Angst

Sprachwissenschaftlich betrachtet bezieht sich der Begriff Angst, der sich vom Indogermanischen *anghu* („beengend") über Althochdeutsch *angust* entwickelte, auf erlebte körperliche Reaktionen, die mit dem Erleben von Angst einhergehen. Das Wort wird von dem lateinischen Hauptwort „angustiae" („Enge, Enge der Brust") und *angor* („Würgen", Balzereit, 2010) bzw. „Atemnot" abgeleitet, was die Angst als Emotion mit körperlichen Erscheinungen, wie zum Beispiel Druck im Brustbereich, Herzrasen, Atemnot usw., gleichstellt.

Beschreibung von Angst

Wird von jemandem verlangt, den Begriff Angst ausführlich zu beschreiben, scheint dieser auf den ersten Blick durch seine Alltagsnähe intuitiv leicht verständlich zu sein und somit auch leicht zu beschreiben. Das täuscht. Versuchen Sie einmal hier und jetzt, die Angst ausführlich zu beschreiben. Die meisten von Ihnen werden feststellen, wie schwer es ihnen fällt, die Angst als erlebtes Phänomen zu beschreiben. In meiner psychiatrischen Praxis arbeite ich hauptsächlich mit Menschen, deren Alltag durch Angst gekennzeichnet ist. Immer, wenn ich Betroffene frage, woher sie wissen, dass das, was sie als Angst bezeichnen, wirklich Angst ist, sind fast alle von dieser Frage überrascht und verunsichert. Die Erfahrung zeigt häufig, dass man mit dem Auflisten von körperlichen Begleiterscheinungen, wie zum Beispiel Druck im Brustbereich, Herzrasen, Atemnot usw., ein bisschen nachhelfen muss.

Angst wurde von dem amerikanischen Psychologen und Psychotherapeuten *Albert Ellis* folgendermaßen beschrieben: Es ist „ein mit Beengung, Erregung, Verzweiflung verknüpftes Lebensgefühl, dessen besonderes Kennzeichen die *Aufhebung der willensmäßigen und verstandesmäßigen ‚Steuerung der*

Persönlichkeit' (Häcker & Stapf, 1998, S. 40), die sich reflexartig und unwillkürlich rasch offenbart." Sie sei „ein affektiver Zustand des Organismus, der durch erhöhte Aktivität des autonomen Nervensystems, aber auch durch die Selbstwahrnehmung von Erregung, ein Gefühl des *Angespannt-Seins*, ein *Erlebnis des Bedroht-Werdens* und verstärkte Besorgnis gekennzeichnet ist" und explizit als „unangenehm" beschrieben wird (Krohne, 1996; Spielberger, 1972).

So gesehen wird der Zustand den man Angst nennt – gleich wie die thermische Komfortzone oder Behaglichkeit – durch 3 Dimensionen: psychologische (affektive bzw. emotionale), motorische und physiologische definiert. Der Unterschied zwischen den beiden liegt in der Intensität der physiologischen und psychologischen Veränderungen. Wie bereits ausführlich beschrieben, ist der Sympathikus in der Komfortzone in seiner Aktivität entspannt, die physiologischen Prozesse laufen auf Sparflamme, die Muskeln sind vollkommen entspannt, es herrscht ein angenehmes, sorgloses Gefühl (siehe: Sich in ruhigen Gewässern des Flusses treiben lassen. Die herrliche Komfortzone). Die Angst (psychologische Dimension) oder das *Erlebnis des Bedrohtwerdens* wird begleitet von einer *erhöhten Aktivität des autonomen Nervensystems (physiologische Dimension) und stark angespannten Muskeln (motorische Dimension)*. Der Zustand, den wir Angst nennen, inkludiert also Disstress (Tabelle 6).

Tabelle 6: Die 3 Dimensionen der Befindlichkeit bei
Disstress und Angst

Dimension	Disstress	Angst
motorisch	stark angespannte Muskeln	körperliche Anspannung
physiologisch	hohe Aktivierung des Sympathikus	aktivierter Sympathikus
psychisch	sich unwohl fühlen	sich unwohl/bedroht fühlen

Wie die Neurotransmitter ticken, wenn wir Angst haben

Aber gehen wir wieder zu der Frage zurück, wie die Angst, die
Lisa bei ihrem Kälteschock so intensiv erlebte, in das anpassungsorientierte „thermoregulatorische" Bild passt. Könnte
auch ihre Angst etwas mit Veränderungen der Körpertemperatur und der GABAergischen Neurotransmission zu tun haben?

Seit der Zeit von Hippokrates (um 460 v. Chr. bis etwa 370 v.
Chr.), der als Gründer der Medizinwissenschaften gilt, floss
viel wissenschaftliche Arbeit in die Bemühung, die neurobiologischen Mechanismen zu verstehen, welche der Manifestation von Angst zugrunde liegen.

Die ersten Überlegungen über die neurobiologische Basis der
Angst gab es um 1927 von Walter B. Cannon (1871–1945), der
gemeinsam mit dem amerikanischen Physiologen Philip Bard zu
dem Schluss kam, dass nach einem als *lebensgefährlich wahrgenommenen bzw. bewerteten Ereignis die zu beobachtenden körperlichen (motorischen und physiologischen) und emotionalen (psychischen)
Reaktionen (Angst) gleichzeitig als unabhängige Folgen entstehen.*
Cannons Meinung nach tritt die in diesen Situationen erlebte
Angst *automatisch* auf, was ihn dazu brachte, die Angst als eine

ungelernte emotionale Antwort zu betrachten (Watson, 1970). Die Betonung auf *Gleichzeitigkeit der Änderungen in körperlichen und psychologischen Verläufen* war für Cannon sehr wichtig. Er kämpfte bitterlich gegen den US-amerikanischen Psychologen und Begründer der Psychologie in den USA, William James, der vor ihm in seinem Buch mit dem Titel „What is an emotion?" („Was ist ein Gefühl?") die Ansicht vertrat, dass bewusstes Gefühlserleben (Anm.: d. h. auch Angst) *erst nach* der physiologischen Reaktion des Körpers eintritt. Nach ihm gäbe es also *keine Angst ohne den Körper* (Kandel 2018). Durch seine Vehemenz gelang es Cannon, die Wissenschaftler von damals zu überzeugen, dass seine Annahme über den *gleichzeitigen Verlauf physiologischer und psychischer Veränderungen* bei einer Gefahr Anspruch auf Richtigkeit habe. Mit seiner Annahme über die Gleichzeitigkeit des Auftretens des gesamten Spektrums an Veränderungen zeigte Cannon nichts ahnend, dass über all diesen Prozessen eine übergeordnete Instanz existieren musste, die wie ein Admiral seine Flotte aus unzähligen Neurotransmittern anführt und die Kontrolle über die Intensität von motorischen, physiologischen und psychologischen Änderungen ausübt. Sein Aufsatz über das gleichzeitige Auftreten von physiologischen und psychischen Reaktionen bei Gefahr – die motorischen Reaktionen wurden seinerseits nicht berücksichtigt – weckt bei uns die Erinnerung, dass auch bei einem Kälteschock von einer Synchronizität zwischen motorischen und physiologischen Reaktionen die Rede war, die sich, der Annahme nach, über *getrennte neuronale Wege* ereignen.

Wenn die Veränderungen in temperaturregulierenden motorischen und physiologischen Prozessen *gleichzeitig* in Gang gesetzt werden und dabei auch *gleichzeitig oder zeitnah* die psychischen Prozesse *erfolgen,* dann scheint es, dass das gesamte Spektrum an Veränderungen beim Kälteschock, den Lisa im Weißensee erlebte, vonseiten der GABA als gemeinsame übergeordnete Instanz ausgelöst wurde. Hier wäre die GABA-Funktion mit einer zentralen Sperre vergleichbar, die durch ihr Heben und Senken das Wasserniveau mehrerer Flüsse gleichzeitig reguliert.

Mit der Frage nach der Mitwirkung von bestimmten Neurotransmittern bei Angst beschäftigen sich zahllose Studien. Den Verantwortlichen für die erlebte Angst bei einem abrupten Wärmeverlust im Rahmen einer herabgesetzten GABA$_A$-hemmenden Wirkung und einer gesteigerten Ausschüttung von anregenden Neurotransmittern wie Serotonin, Noradrenalin, Dopamin & Co. zu suchen, ist richtungsweisend. Der Forschungsfokus der meisten Studien liegt auf der GABAergischen und der serotonergischen Neurotransmission.

GABAergische Neurotransmission während der Angst

Geht es um die Frage, welches Neurotransmittersystem für die Angst verantwortlich ist, kommen zahlreiche Studien zu dem Ergebnis, dass die GABA$_A$ergische Neurotransmission – die uns schon aus der Wärmeproduktion und Wärmeabgabe bekannt ist – auch bei Angst *eine entscheidende Rolle spielt* (Zhang et al., 2017; Bergado-Acosta et al., 2008) und *die Expression, d. h. die Ausprägungen von Angst, steuert* (Millhouse, 1986; Sah et al., 2003; LeDoux, 2007; Ehrlich et al., 2009; Fendt & Fanselow, 1999). Anders ausgedrückt: Das Aktivitätsniveau von GABA bestimmt, mit welcher Intensität sich die Angst manifestieren wird.

Diese Annahme wird auch bestätigt von Fakten aus der Psychopharmakologie (die Wissenschaft über Psychopharmaka), wonach *Benzodiazepine* (siehe GABA$_A$-Rezeptoren), welche die GABA$_A$ergische Neurotransmission in ihrer hemmenden Wirkung verstärken, *die besten, effizientesten und schnellsten angstlösenden (anxiolytischen) Substanzen sind.*

---

schwächere GABA → intensiver erlebte Angst

Damit wird immer klarer, dass die GABAergische Neurotransmission, die über GABA$_A$-Rezeptoren läuft, nicht nur die motorische und physiologische, sondern auch Lisas psychische Reaktion (Angst) in der kalten Umgebung modulierte. Das untermauert *die Relevanz des Herabsetzens von hemmender GABAergischen Neurotransmission in der Genese von Angst.* Ihr wird die Wichtigkeit eines Admirals zuerkannt, der die Steuerung seiner Flotten innehat.

Serotonergische (5-HT) Neurotransmission während der Angst

Auf der Suche nach dem biologischen Substrat, das für die Offenbarung von Angst verantwortlich ist, konzentriert sich das Interesse der Grundlagenforscher vermehrt auf einen der anregenden Neurotransmitter, und zwar auf *Serotonin* (5-Hydroxytryptamin oder 5-HT) und seine Neurotransmission.

Serotonin ist sogar im einfachsten Vertreter der Lebenswesen auf der Erde (Fadenwurm C. elegans) (Chase und Koelle, 2007) und in nahezu allen Arten im Tierreich anzutreffen. Bereits einzellige Organismen wie Amöben können Serotonin produzieren (McGowan et al., 1983). So wird vermutet, dass Serotonin einer der stammesgeschichtlich (phylogenetisch) ältesten Neurotransmitter ist, der vor über 700 Millionen Jahren (Peroutka und Howell, 1994) während einer heftigen Eiszeit entstand, als nahezu die gesamte Erd- und Meeresfläche mit einer Eisschicht und Gletschern überzogen waren.

Seine Ursprungskerne sind im Hirnstamm eingebettete Raphe-Kerne, aus denen die Neuronen in fast das gesamte Gehirn projiziert werden. Ähnlich wie GABA beeinflusst auch Serotonin andere Transmittersysteme wie Noradrenalin, Dopamin, GABA (Barnes und Sharp, 1999) und spielt eine große Rolle, und zwar nicht nur in der *Entwicklung des menschlichen Gehirns. Es beeinflusst auch* die *Zellteilung und das Zellwachstum (Zellproliferation),* die *Wanderung der Zellen und ihre Differenzierung.* Neben der motorischen Aktivität des Menschen, *seinem Denkvermögen und emotionalen Zuständen wie Ängstlichkeit oder allgemein die Stimmungslage beeinflusst das Serotoninsystem* noch zahlreiche für das Überleben wichtige Bereiche unseres täglichen Lebens (Lesch und Mössner, 1998). Im optimalen Ausmaß vorhanden, wird seine Präsenz einem Gefühl des Glücklichseins zugeschrieben. Es wird zu unserem „Glückshormon" hochstilisiert. Zu Recht?

Viele Forschungsstudien konnten trotz der Unterschiede in ihren Methodendesigns die Mitwirkung von Serotonin auch bei der *Entstehung von Angst* bestätigen, indem es im Grunde genommen unser Glücksgefühl verschwinden lässt. Bei einigen Studien verabreichten die Forscher den Testpersonen Substanzen, welche die *Serotonin-Rezeptoren blockierten*, was Serotonin beim Andocken an seine Rezeptoren hinderte und folglich die serotonergische Neurotransmission herabsetzte. Dabei konnten die Forscher beobachten, dass bei *Testpersonen, die in* Kontakt mit traumatischen Ereignissen kamen, die üblicherweise Angst hätten auslösen sollen, *das Eintreten von angstartigen Veränderungen verhindert werden konnte* (Christianson et al., 2010).

In anderen Experimenten wurde das Gegenteil versucht: Statt die serotonergischen Rezeptoren zu blockieren und die weitere Ausbreitung der elektrischen Impulse zu bremsen, wurden Substanzen verabreicht, welche die serotonergische Neurotransmission *verstärkten*. Dies führte dazu, dass die Testpersonen bei Abwesenheit jeglicher negativen Ereignisse schockartig reagierten, obwohl keinerlei Gefahr bestand.

stärkeres Serotonin → intensiver erlebte Angst

Mit anderen Worten ausgedrückt, kamen all diese Studien zu dem gleichen Ergebnis: Angst muss eine Folgeerscheinung einer *überaktiv gewordenen serotonergischen Neurotransmission* sein.

Exkurs in die Psychopharmakologie:
Serotoninsyndrom als Beweis

Die Annahme, dass die Intensität von erlebter Angst linear proportional zur Hyperaktivität der serotonergischen Neurotransmission (5-HT) steigt, wird durch Erfahrungen aus der Psychopharmakologie, genauer gesagt aus der Antidepressiva-Behandlung und das Eintreten des sogenannten *Serotoninsyndroms*, bekräftigt. Viele Patienten, die unter Angst leiden, fragen sich, was eine Behandlung mit Antidepressiva mit ihrer Angst zu tun hat. Die Antwort ist, dass die Angst ab einer gewissen Intensität am besten mit einer bestimmten Gruppe von Antidepressiva behandelt wird, und zwar mit derjenigen, die ihre Wirkung hauptsächlich über das 5-HT-System – auch bekannt als Serotonin-Wiederaufnahme-Hemmer – erzielt. Angesichts des starken Suchtpotenzials der Benzodiazepine wird von einer Behandlung der Angstsymptomatik durch diese Gruppe von Medikamenten abgeraten.

Bei einer Behandlung mit einer *Kombination aus 2 oder mehreren Antidepressiva*, die das Aktivitätsniveau von Serotonin beeinflussen, ist Vorsicht geboten, da aus einer solchen Kombination selten, aber doch ein schädlicher Anstieg von Serotonin im synaptischen Spalt resultieren könnte. Unter solchen Umständen können durch die Antidepressiva mehr Serotonin-Rezeptoren besetzt und die serotonergische Wirkung intensiviert werden, was die Entwicklung des sogenannten *Serotoninsyndroms* begünstigen könnte. Je nach Verlauf äußert sich dieses Syndrom sehr unterschiedlich von leichten und mittelschweren bis hin zu schweren und lebensbedrohlichen Symptomen. Zu den möglichen Beschwerden gehören:

a) Autonome Symptome als Folge einer *gesteigerten Sympathikusaktivität:* Schwitzen oder schneller Puls, hoher Blutdruck, Pupillenerweiterung, Durchfall, Darmgeräusche, Übelkeit, Erbrechen oder Erhöhung der Körpertemperatur

b) Neuromuskuläre Symptome: Schüttelfrost, übermäßige Reflexerregbarkeit, unwillkürliche Muskelzuckungen und -kontraktionen, Zittern, motorische Unruhe oder starke Krämpfe, welche die Folge der *Übererregbarkeit in den motorischen Nervenbahnen (Tractus corticospinalis)* sind, sowie auch

c) psychische Symptome wie Angst, Verwirrung, Erregung, Halluzinationen, innere Unruhe und Nervosität

Falls die Symptome eines Serotoninsyndroms eintreten, gibt es 3 Wege der Behandlung:

1) Der *erste* Weg ist, den Auslöser für eine solche Entwicklung zu beseitigen, d. h. die *Antidepressiva zu reduzieren bzw. abzusetzen,* um den Anstieg von Serotonin im synaptischen Spalt zu bremsen.

2) Den gleichen Effekt, d. h. das Herabsetzen der serotonergischen Aktivität, erzielt man, wenn die Serotonin-Rezeptoren durch Substanzen, die sogenannten Serotoninagonisten, blockiert werden. Dadurch kann Serotonin nicht an seinem Rezeptor andocken und das Aktivitätsniveau der Neurotransmission wird abgemildert.

3) Die *dritte* empfohlene Behandlungsstrategie bei einem Serotoninsyndrom ist die Einnahme von Benzodiazepinen, was die GABA-hemmende Wirkung verstärkt und darauf folgend das Serotonin in seiner Aktivität hemmt.

Wichtig ist dabei, dass alle 3 Behandlungswege zum gleichen Ziel bzw. Endergebnis führen: GABA wird in ihrer Wirkung bestärkt bzw. die serotonergische Neurotransmission wird abgebremst: Der Istwert des Verhältnisses: GABA/5-HT < 1, der dem Angstzustand entspricht, wird in Richtung des Sollwerts „1" hochkorrigiert. In der Folge beginnen die Symptome des Serotoninsyndroms innerhalb von 24 Stunden abzuklingen. All das bringt uns zu der Annahme, dass die Manifestation und Intensität von Angst nicht nur vom Aktivitätsniveau der GABAergischen Neurotransmission, sondern höchstwahrscheinlich auch von *einem nicht optimalen (Ist-)Wert des GABA/5-HT-Verhältnisses innerhalb neuronaler Kreise, die für Angst zuständig sind,* abhängig ist (Maier et al., 1995a; Holmes und Chen, 2015).

Noradrenalergische (NA) Neurotransmission während der Angst

Es wäre gut, wenn es so einfach wäre, die GABA und das serotnonergische System auszugleichen. Die Erfahrungen aus der Psychiatrie zeigen, dass eine solche Behandlungsstrategie nicht immer zum gewünschten Ziel – Nachlassen von Angstsymptomen – führt. Es gibt unzählige Studien, die darauf hindeuten, dass nicht nur eine Disbalance zwischen GABA und Serotonin die Angst triggert, sondern dass auch noch ein anderer anregender Neurotransmitter – Noradrenalin (NA) – daran beteiligt sein könnte (Birnbaum et al., 1999; Ramos et al, 2005; McGaugh, 2004; Mason und Fibiger, 1979; McCormick und Thompson, 1982).

In Experimenten wurde das Hirnareal, in dem NA produziert wird (Locus coeruleus), pharmakologisch vollständig blockiert bzw. durch Verletzung inaktiv gemacht und damit die Noradrenalin-Aktivität beendet. Unter dieser Bedingung blieb die erwartete Angst bei den Testpersonen trotz Kontaktes mit einem traumatischen Erlebnis aus, was indiziert, dass eine geringere noradrenalergische Neurotransmission mildernd auf die Intensität von Angst wirken könnte oder dass eine starke NA-Neurotransmission mit starker Angst einhergeht.

stärkeres Noradrenalin → intensiver erlebte Angst

Werden diese Studienergebnisse über eine Mitberüchsichtigung der NA-Neurotransmission an Angst in Betracht gezogen, ergibt sich eine erweiterte Neurotransmitterkonstellation. Diese lautet: GABA ist schwächer als Serotonin und Noradrenalin. In eine Formel gegossen:

Neurotransmitterkonstellation von Angst
GABA < [5-HT, NA]

Dies bringt uns zu der Beweisführung, dass bei einem Kälteschock die Intensität des gesamten Spektrums an motorischen, physiologischen und psychischen Veränderungen eine Abfolge der erworbenen Herabsetzung der GABA Wirkung ist. Dies führt dazu, dass die Balance zwischen GABA und [5-HT, NA] aus dem Fügen rät und darauffolgend das GABA/[5-HT, NA]-Verhältnis abändert.

In Abgrenzung zur Angst, die als ein Zustand von vorübergehender Dauer angesehen wird, wird die *Ängstlichkeit* – oder reden wir lieber von einer Schüchternheit oder übertriebenen Vorsicht – in der modernen Persönlichkeitspsychologie als eine *permanente Persönlichkeitseigenschaft* der betroffenen Person gesehen. Dies würde bedeuten, dass die *GABA < [5-HT, NA]*-Disbalance, welche die Erscheinung von Angst beantwortet, bei diesen Personen angeboren und anhaltend sein sollte. Das macht den Unterschied zur Angst, die aus der Konfrontation mit einer gefährlichen Situation resultiert. Bei dieser ist die GABA/[5-HT,NA] Disbalance temporärer Natur.

Fügen wir die Erkenntnis über GABA < [5-HT, NA]-Disbalance als neurobiologische Grundlage von Angst im Modell der Regelung der Körpertemperatur (Bild 4) hinzu, bekommen wir ein genaueres Bild (Bild 9) über Geschehnisse, die immer nach einem abrupten Wärmeverlust in uns stattfinden. Der Fluss der Verwandlung (Bild 1) beginnt sich zu offenbaren.

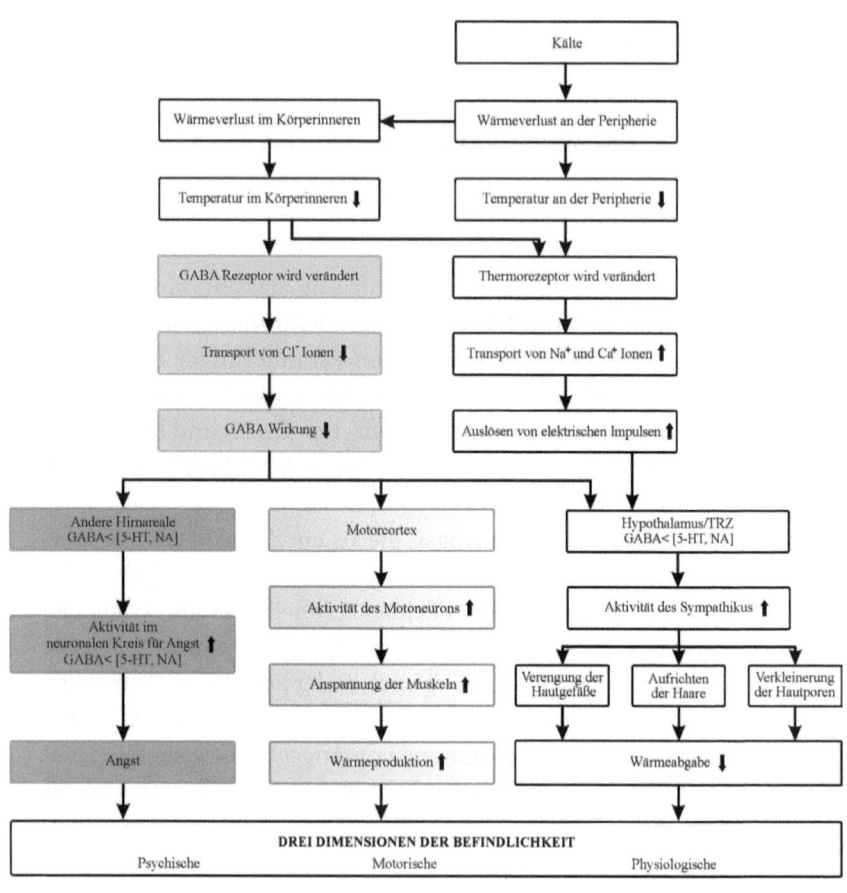

Bild 9
Drei Dimensionen der Befindlichkeit nach abruptem Wärmeverlust

Entstehungsort der Angst

Wenn es darum geht, den Entstehungsort der Angst näher zu lokalisieren, bekommen wir rasch eine Antwort. Lange Zeit wurde vermutet, dass Emotionen inklusive Angst fast ausschließlich im „primitiven", „reptilen" Teil des Gehirns, d. h. im limbischen System („the emotional brain"), generiert werden. Dieses Hirnareal gehört evolutionsgeschichtlich betrachtet zu den ältesten Hirnregionen. Noch genauer wird eine bestimmte Struktur im limbischen System, die Amygdala (vom griech. *Amygdale* = Mandel, Mandelkern), als Entstehungsort von Angst angesehen.

Die Amygdala ist eine Hirnstruktur, die aus mehreren kleineren Nervenkernen zusammengesetzt ist und quer durch die Arten (Spezies) als entscheidend für den *Erwerb, die Speicherung und Ausprägung der bedingten Angst* angesehen wird (LeDoux, 2000). Über die Amygdala wandern alle Sinnesinformationen, die mit Emotionen zu tun haben. Die Amygdala zieht dann andere Hirnareale hinzu (Kandel, 2018, S. 240). Die Amygdala wird als diejenige Hirnstruktur betrachtet, die für die *emotionale Einfärbung von Informationen* zuständig ist: Sie führt *die Bewertung des Gefährdungspotenzials* eines Ereignisses auf die körperlichen Begleiterscheinungen von Angst aus (Costafreda et al., 2008; Maier, 2015). Alles beginnt sozusagen in der *Amygdala, somit ist sie als Koordinationsstelle von Angst und sämtlichen Emotionen anzusehen* (Kandel, 2018). Ihre veränderte Aktivität sollte die sein, welche die Angstreaktion bei Lisa ausgelöst hätte.

Es gibt eine interessante Geschichte um die Erkenntnis, dass die Amygdala der Geburtsort der Angst sein könnte bzw. sollte. Es ist dem Fall einer Frau zu verdanken, die keine Furcht kannte. Nach den Ursachen hierfür suchend, zeigten die Untersuchungen, dass ihre Amygdala durch eine Erkrankung zerstört wurde, nicht mehr funktionierte. Die Folge war, dass sie jegliche Angstgefühle, wie auch ihre Reaktionen auf klassische Angstsituationen, verlor. Alle anderen Gefühle wie Freude, Wut oder Trauer waren gleich geblieben. Wenn ohne Amygdala die Angst ausbleibt, folgte die einfache Schlussfolgerung: Der Mandelkern muss der Sitz der Angst sein. Das Bemerkenswerte an diesem Fall war, dass jene Frau, die aufgrund ihrer funktionsunfähigen Amygdala ohne lebensrettende Angst lebte, alle Gefahren, die danach in ihrem Leben auftraten, unbeschadet überstand. Die Wissenschaftler wundern sich, wie diese Frau allen Gefahren erfolgreich entgangen war. Allerdings zeigten viele Forschungsarbeiten, dass während Angst erlebt wird, neben der Amygdala auch andere Hirnregionen, wie die mediale präfrontale Hirnrinde (mPFC) (Maier, 2015; Hartley und Phelps, 2010; Baratta et al., 2007), aber auch das Kleinhirn (Koutsikou et al., 2014), der Thalamus oder der Hippocampus eine gesteigerte Aktivität aufweisen.

Auf den ersten Blick könnte man sich fragen: Einerseits spricht man über die Amygdala als Entstehungsort der Angst, andererseits gibt es doch viele Regionen im Gehirn, die verdächtigt werden, dass auch sie bei der Entstehung der Angst beteiligt sind. Was gilt jetzt? Welches Hirnareal ist dafür zuständig, dass Angst zum Vorschein kommt? Die Antwort ist: kein einzelnes von ihnen allein. Alle oben erwähnten Forschungsergebnisse lassen erkennen, dass *nicht die Amygdala allein,* sondern alle Hirnareale zusammen an der Manifestation von Angst mitwirken. Jeder dieser Regionen werden unterschiedliche Sequenzen im Prozess der Entstehung und der Manifestation von Angst zugeschrieben. So wird zum Beispiel angenommen, dass der Hypothalamus die Angst ausführt, die Amygdala die Angst koordiniert und der präfrontale Cortex die Angst beurteilt, ob sie in der jeweiligen Situation angemessen ist usw. (Kandel, 2018). All diese Hirnareale bilden zusammen einen äußerst komplexen neuronalen Schaltkreis, in dem während der Angst eine bestimmte Neurotransmitterkonstellation herrscht (Froemke, 2015; Mongillo et al., 2018), die, wie schon oben erläutert, höchstwahrscheinlich folgende sein sollte: GABA/[5-HT, NA]<1. Aufgrund dieser Erkenntnisse spricht man in Fachkreisen nicht mehr von einem Entstehungsort der Angst, sondern vom neuronalen Schaltkreis, der für die Angst zuständig ist.

Die Angst, ein Nebenprodukt der Evolution

Geht es um die Funktion von Angst, sind sich Angstforscher unterschiedlicher theoretischer Ansätze erstaunlich einig. Ihrer Ansicht nach dient erlebte Angst dem Schutz des Menschen vor Gefahren, ist somit für ihn lebenserhaltend. In einer (lebens-)bedrohlichen Situation hat Angst die Funktion eines „Warnsignals" (Hogen, 2001) oder eines „Gefahrenschutzinstinkts" (Häcker und Stapf, 1998), der, im Sinne der cannonschen Notfallreaktion (Spielberger, 1980) durch eine Steigerung der Aktivität des Sympathikus mit der Ausschüttung von Nebennierenrindenhormonen erfolgt.

Die Angst sollte, so die State of the Art der wissenschaftlichen Meinung, den Organismus mobilisieren, um drohende Gefahr abzuwenden. Mit der Initiierung von motorischen (gestiegene Anspannung der Muskeln) und physiologischen (Aktivierung des Sympathikus) lebenserhaltenden Reaktionen wird eine allgemeine Aktivierungs- und Leistungssteigerung – für eine Kampf-oder-Flucht-Reaktion – bewirkt. Die rasche Aufmerksamkeitsfokussierung auf einen bedrohlichen Moment und die gesteigerte Handlungsmotivation sollten dabei dazu führen, die Ausführung weniger wichtige Aufgaben zu unterbrechen (Kazdin, 2000). Somit ist die *Angstreaktion (also die Reaktion auf eine bestehende Gefahr) anpassungsorientiert und hilft uns dabei, zu überleben* (Kandel, 2018). Damit wird der Angst als unserer Leibwächterin eine sehr verantwortungsvolle Rolle zugeschrieben. So viel Lob an die Angst – ist das tatsächlich gerechtfertigt?

Nach ihrer Erfahrung beim Tauchgang würde Lisa die Behauptung, die Angst sei unsere Leibwächterin, wohl eher als zynisch empfinden angesichts a) ihrer raschen Aufmerksamkeitsfokussierung auf die Bedrohung und b) ihrer gesteigerten Handlungsmotivation, der Gefahr, zu ertrinken, zu entkommen. In ihrer Angst und ihrer realen Hilflosigkeit bzw. ihrer fehlenden Handlungsmacht war sie kurz vor dem Ertrinken. Der Ansatz, dass die

Angst, die sie während des Kälteschocks erlebte, eine hilfreiche „Anpassungsreaktion" an die lebensgefährliche Kälte des Weißensees war und ihr als Hilfe zur Seite stand, klingt nicht überzeugend. Denken wir daran, dass die Angst von einer erhöhten Sympathikusaktivität (siehe: Sympathikus) begleitet wird. Bei Wärmeverlust zeigte sich ihre gesteigerte Aktivität durch die Verengung der peripheren Gefäße als lebenserhaltend, da sie den raschen Wärmeverlust abbremste. Das ist aber nicht alles.

Im Absatz über die Zielorgane des Sympathikus konnte gezeigt werden, dass bei einer gesteigerten Sympathikusaktivität die Pupillen weit geöffnet sind und die Augenlinse flacher wird, was ihre Brechkraft (Akkommodation) geringer macht. Das bewirkt wiederum, dass nahe und bedrohliche Gegenstände verschwommener und entfernte Objekte klarer gesehen werden, wodurch die Aufmerksamkeit automatisch auf diese Objekte gelenkt wird. Wie passen nun die weit geöffneten Pupillen zur Funktion von Angst als *„eine lebensrettende Aufmerksamkeitsfokussierung auf unmittelbare Bedrohungen"*? Durch die Fokussierung auf entfernte Objekte kann in einer lebensgefährlichen Situation all das übersehen werden, was für das Individuum in einer solchen Situation lebensrettend sein könnte, so wie Lisa die lebensrettende Nähe der Stiege übersah. Sie war lediglich eine Armlänge von der Stiege entfernt. Nur eine Drehung mit dem Kopf hätte ihr geholfen, die (lebens-)rettende Stiege wahrzunehmen und sie erreichen zu können. Ihre Aufmerksamkeit war aber nur auf ihre in Mitleidenschaft gezogene Atmung fokussiert. Die angespannten Muskeln, die sich während des Kälteschocks in den Diensten einer gesteigerten Wärmeproduktion befanden, machten ihre Gliedmaßen *steifer und weniger präzise in ihrer Bewegung*. Was wissen wir über Lisas *Handlungsfähigkeit?* Nur eins: Die war zum damaligen Zeitpunkt kaum vorhanden. Sie war eine Armlänge von der Stiege entfernt und doch konnte sie sie nicht sehen, sie nicht als mögliche lebensrettende Lösung wahrnehmen. Allein und ohne Hilfe ihres Freundes *hätte sie höchstwahrscheinlich nicht überlebt*.

Dies passierte nicht nur Lisa. Es sind unzählige Vorfälle bekannt, dass Menschen unter Angst in lebensgefährlichen

Situationen so handelten, dass sie die gefährliche Situationen durch ihre Handlungen noch aussichtsloser machten, mit fatalen Folgen. Das geschah mit vielen Menschen, die sich am 22.11.2010 auf der Hängebrücke über dem Fluss Bassac im Phnom Penh befanden.

An dem Tag „*kamen Tausende Menschen in das kambodschanische Phnom Penh, um am traditionellen Wasserfest das Ende der Regenzeit zu feiern. Die Menschenmassen versuchten, über die Hängebrücke über dem Fluss Bassac auf die Diamant-Insel zu gelangen, wo zum Abschluss dieses dreitägigen Festes eine Feier stattfand (Quelle: AP/ DAPD/Heng Sinith). Dann brach Panik aus. Augenzeugen zufolge begann es, als einige Menschen in der Menge ohnmächtig wurden. Die versammelten Menschen versuchten in ihrer Panik, über die Brücke zu fliehen. Dabei wurden viele totgetrampelt oder fielen ins Wasser. Völlig orientierungslos versuchten einige, sich gegen den Strom einen Fluchtweg durch die Massen zu bahnen. Mehr als 400 Menschen starben, mehr als 700 wurden verletzt.*" (Welt, 22.11.2010)

Bei ihrem allgemeinen nervösen Erregungsniveau sank ihre kognitive Leistungsfähigkeit. Ihre Handlungsfähigkeit war eingeschränkt, sie handelte orientierungslos. Das ist nichts Neues. Dass *zu viel Angst das Handeln blockieren kann*, darauf kamen schon im Jahre 1908 2 amerikanische Ethnologen, Robert Yerkes und John D. Dodson (Yerkes & Dodson, 1908). Und es stimmt. Das, was sich auf der Hängebrücke auf dem Fluss Bassac gezeigt hat wie generell in vielen Situationen, wo Massenpanik ausbrach, stellt die „lebensrettende" Rolle der Angst ernst infrage. Im Gegensatz zur Behauptung, dass Angst lebensrettend ist, bestätigen solche Vorfälle genau das Gegenteil, nämlich dass Angst gar „lebensbedrohlich" sein kann. Angenommen die Angst hat gar keine lebensrettende Funktion, welchen Sinn hat sie dann in einer Situation, die als lebensgefährlich bewertet wird? Hat sie überhaupt einen?

Was uns die Evolution über den Sinn der Angst lehrt

Geht es darum, die Sinnhaftigkeit von Angst zu erläutern, wird die Meinung vertreten, dass vor ein Millionen von Jahren, als sich die Menschen der Frühzeit und die großen Raubkatzen wie Säbelzahnkatzen oder der Mosbacher Löwe den gleichen Lebensraum teilen mussten, die Angst sinnvoll war, da sie den Menschen der Frühzeit zur lebensrettenden Flucht vor Gefahren veranlasste. Im Gegensatz dazu wissen wir, dass das Weglaufen bei der Konfrontation mit vielen Tieren, wie zum Beispiel mit dem Bär oder dem Wolf, kontraproduktiv ist, da es ihren Jagdinstinkt hervorrufen könnte. Da sie schneller als der Mensch zu rennen vermögen, könnte Letzterer bald zu ihrer Mahlzeit werden. Diese These über die Sinnhaftigkeit der Angst vor ein paar Millionen Jahren überzeugt jedoch nicht in unserem Leben hier und heute.

Allerdings musste die Angst auch zu jenen Zeiten als negativ betrachtet werden. In der weit zurückliegenden Vergangenheit der menschlichen Geschichte war es überlebenswichtig, *sich zu trauen*, einem Tier zu begegnen und es zu erlegen. Das sicherte Nahrung für die Sippe. Leer von der Jagd zurückzukehren oder sich nicht zu trauen, mit den Sippengenossen auf Jagd zu gehen, musste für einen Menschen, unabhängig von seiner Geschlechtsidentität, stark stigmatisierend gewesen sein. Ein solcher Misserfolg beim Jagen brachte das Überleben seiner Sippe in Gefahr. Keiner seiner Sittengenossen hätte ihn damals mit den Worten: „Bravo, du bist zwar mit leeren Händen nach Hause gekommen, aber du hast überlebt!" gelobt und ihm auf die Schulter geklopft. Damals war nicht das „*Sichfürchten*", sondern das „*Sichtrauen*" überlebenswichtig, und zwar im wahrsten Sinne des Wortes. Trotzdem überdauerte die Angst die Millionen Jahre dauernde Evolutionsgeschichte.

Sir Paul Nurse, der 2001 den Nobelpreis für Medizin erhielt, schrieb in seinem Buch *Was ist Leben?* Folgendes: „*Die Lebensformen [Anm.: samt ihren Emotionen], die die natürliche Selektion überleben, überdauern, weil sie funktionieren, aber nicht unbedingt,*

*weil sie ihre Aufgabe besonders effizient oder besonders einfach er-
füllen"* (Nurse, 2021).

Dass die Angst als Emotionsmuster erreicht, Millionen von
Jahren zu existieren bzw. zu funktionieren, ohne unbedingt besonderes effizient, sogar stark beeinträchtigend bzw. lebensgefährlich zu sein, begründete der Biopsychologe John P. J. Pinel so:

- *Der Mensch hat wenige Gründe, die evolutionäre Vorherr-
  schaft für sich zu beanspruchen.*
- *Evolution neigt nicht zur Perfektion – sie ist eine Bastlerin,
  keine Architektin. Sie nimmt das, was ihr gerade zur Verfügung steht, um eine Anpassung eines Organismus an seinen jeweiligen Umgebungskontext zu bewirken.* Obwohl die
  Ergebnisse dieser Basteleien Verbesserungen sind, sind
  es nie perfekte Designs.
- *Nicht alle existierenden Verhaltensweisen oder Strukturen
  sind adaptiv.* Evolution passiert öfter, indem die Veränderungen bzw. Verbesserungen zur Entstehung von mehreren Charakteristika führen, wovon nur eine als *adaptiv
  gepriesen werden kann. Der Rest sind zufällige, nicht adaptive, evolutionistische Nebenprodukte.* Andererseits können Verhaltensweisen oder organische Strukturen, die
  einmal adaptiv waren, im Laufe der Zeit sogar maladap-
  tiv, d. h. kontraproduktiv werden. Das könnte auch noch
  ein Grund sein, warum nur wenige Produkte der Evolution, *weniger als 1 Prozent aller bekannten Spezies (Arten),
  noch existieren.*
- Die Zeit, in der Hominiden begannen, sich zu entwickeln,
  *koinzidiert mit einem abrupten Klimawandel und einer Sen-
  kung der Umgebungstemperatur* (Pinel, 2011).

Dies gibt zu verstehen, warum die Angst und der Homo sapi-
ens die natürliche Selektion Millionen von Jahren überlebten.
Die Angst überdauerte nicht unbedingt, weil sie in ihrer Aufga-
be, den Menschen zu schützen, besonders effizient wäre. Nein.
Die seit Millionen Jahren andauernde Geschichte der Gattung
Homo, gepaart mit Fakten aus der Physiologie, führte zu der

Annahme, dass die seit Langem tradierten Erklärungsmuster der evolutionären „Sinnhaftigkeit" der Angst kein stichhaltiges Argument sind. Ernüchternd aber wahr: Die Angst ist doch nur ein *Überbleibsel der Evolution*, ein *nicht adaptives evolutionistisches Nebenprodukt*. Sie ist nur deshalb noch immer da, weil die Träger ihrer Neurotransmitterkonstellation, die Menschen, sich noch immer vermehren, funktionieren und schaffen, zu überleben.

Die Angst ist einfach nur ein *Part of the Game* der evolutionären Veränderungen. Sie ist nur ein Teil eines Spektrums aufeinanderfolgender Veränderungen: a) abrupter Wärmeverlust, b) Senkung der Körpertemperatur, c) Machtverschiebung zwischen der hemmenden GABA, den anregenden Neurotransmittern in unterschiedlichen neuronalen Schaltkreisen und d) gleichzeitig angeleiteter Anstieg im Aktivitätsniveau mehrerer neurophysiologischer Prozesse.

Die Glaubwürdigkeit vom State of the Art über die Funktion der Angst, dass diese *eine ganz normale, vorteilhafte, adaptive Reaktion sei*, bekommt Risse. Unabhängig davon, wie die Annahme im wissenschaftlichen Denken verwurzelt ist, die Angst sei ein fundamentales, angeborenes Emotionsmuster menschlicher Existenz (Krohne, 1996), die *uns beim Überleben hilft, indem sie uns bedrohliche Situationen vermeiden lässt*, ist es an der Zeit, von diesem Mythos Abschied zu nehmen. Aus reiner Vernunft *ergibt es keinen Sinn, die Angst in unserem Emotionsrepertoire zu haben*. Doch gespeichert in komplexen neuronalen Schaltkreisen in unserem Gehirn, d. h. in unseren Genen, ist die Angst nun mal da und kann nicht einfach „weggezaubert" werden.

Aus dieser Perspektive ist es Zeit für einen Paradigmenwechsel bezüglich der Angst. Wichtig ist, diese nicht schönzureden, sondern zu lernen, sie zu zähmen.

Die gute Nachricht

Heutzutage findet man unzählige Ratgeber, wie die Angst zu zähmen sei. Trotzdem rate ich Ihnen von einer Selbstbehandlung ab. In Anbetracht der Ernsthaftigkeit der negativen Auswirkungen der Angst empfehle ich eine fachliche, psychotherapeutische Behandlung, die eventuell durch eine medikamentöse ergänzt werden könnte, auch im Kindesalter. Selbstverständlich nur dann, wenn die Beschwerden eine optimale Alltagsbewältigung des betroffenen Kindes erheblich beeinträchtigen.

Zur Erinnerung:

Es gibt eine Angst, die nicht nur durch a) reale, sondern auch durch b) nicht real existierende gefährliche Situationen ausgelöst werden kann.

Angst
a) ... ist ein unangenehmes, angeborenes, d. h. ungelerntes, nicht konditioniertes Reaktionsmuster, was die Angst zu einer primären Emotion, zu einer fundamentalen Erlebensform menschlicher Existenz macht.

b) ... ist transkulturell auffallend übereinstimmend und bei fast allen Menschen anzutreffen.

c) ... wird in einer als gefährlich bewerteten Situation unser optimales Handeln immer negativ beeinflussen.

Neurobiologische Grundlage der Angst

a) Der für Angst verantwortliche neuronale Schaltkreis umfasst neben der Amygdala noch andere Hirnregionen.

---

b) Er ist unabhängig und verläuft getrennt von jenen Schaltkreisen, welche die körperlichen (motorischen und physiologischen) Reaktionen auf ein Ereignis verantworten.

c) GABA$_A$ergische Neurotransmission ist die übergeordnete Instanz, welche die Aktivität dieser Schaltkreise kontrolliert und die Intensität des gesamten Symptomspektrums der Angst, inklusive ihrer physiologischen und motorischen Komponenten, bestimmt.

d) Die Voraussetzung für das Erleben von Angst ist eine Disbalance zwischen GABA und anregenden Neurotransmittern: 5-HT und NA, die in diesen neuronalen Schaltkreisen vorherrscht.

e) Ihre Intensität steigt mit Zunahme der Dominanz von anregenden Neurotransmittern. Diese Dominanz von Serotonin und Noradrenalin kann auf 2 Wegen erfolgen: entweder durch eine schwache GABA-hemmende Wirkung oder durch eine verstärkte serotonergische und/oder noradrenalergische Neurotransmission.

Bei einem Kälteschock ist die Angst das Output dieser Disbalance, die transitorisch ist. Das heißt, dass bei einem erneuten Anstieg der Körpertemperatur in Richtung Sollwert des Wohlbefindens die Angst wieder nachlässt bzw. vollkommen abklingt.

Gleich wie bei Angst ist die Ängstlichkeit ein Ausdruck gleicher Disbalance zwischen GABA und anregenden Neurotransmittern: 5-HT und NA. Im Unterschied zur Angst ist bei Ängstlichkeit diese Disbalance angeboren.

Die Angst ist kein neurobiologischer Zustand, der uns bisher beim Überleben geholfen hat, und wird uns auch in Zukunft nicht helfen. Die Angst ist schlichtweg ein neurobiologisches Nebenprodukt der Basteleien der Evolution, das vor Millionen von Jahren festgelegt und durch Millionen von Generationen weitergegeben wurde und noch immer weitergegeben wird.

KAPITEL 7

GESTEIGERTE AUFMERKSAMKEIT

Die optimale Fließgeschwindigkeit

Wenn Angst keine rettende Rolle im Leben hat, was ist es dann, was dem Menschen in einer gefährlichen Situation zur Verfügung steht, um in solchen Situationen lebensrettende Auswege zu suchen und zu finden? Welche neurobiologischen Voraussetzungen waren erforderlich, die es Lisa ermöglichten, auf der Autobahn selbst nach lebensrettenden Lösungen zu suchen?

Im Jahr 2001 präsentierten die Forscher Vianna, Landeira-Fernandez und Brandão ein Experiment, bei dem sie bei Ratten ein Hirnareal (das periaquäduktale Grau, lat.: dorsal periaqueductal gray – dPAG) mit elektrischen Impulsen stimulierten. Als die Forscher zu Beginn der elektrischen Stimulation schwache elektrische Impulse verwendeten, zeigten die Tiere einen psychophysiologischen Zustand, der einer *gesteigerten Aufmerksamkeit* ähnelte. Sie wurden wacher und richteten den Fokus ihrer Aufmerksamkeit auf die externe Welt. Mit der Steigerung der Intensität der elektrischen Stimulation manifestierten die Ratten ein ängstliches Verhalten, die Tiere erstarrten und ergriffen die Flucht. Sie erlebten Angst (Vianna, Landeira-Fernandez und Brandão, 2001). Die zunehmend stärkeren elektrischen Impulse zeigten ein Kontinuum an Wachzuständen bei den Tieren auf, bei dem die gesteigerte Aufmerksamkeit in Unruhe und Angst überging.

Wie die Hirnaktivität, Wachszustand und GABA/5-HT, NA, DA & Co"-Verhältnis korrelieren

Abhängig von ihrem Wachzustand, d. h psychophysiologischen Zustand, in dem sich eine Testperson gerade befindet, zeigen die Messungen der Hirnaktivität (Elektroenzephalografie; EEG) unterschiedliche Frequenzmuster auf.

- Bei einem *traumlosen Tiefschlaf* ist unsere Hirnaktivität sehr langsam, die elektrischen Wellen/Impulse (*Delta*-Wellen oder „slow wave sleep") werden mit einer *Frequenz zwischen 0,1 bis < 4 Hz* (Einheit für Frequenz von elektrischen Impulsen pro Sekunde) registriert.

- Beginnen wir, *etwas wacher* zu werden, wie bei *leichten Schlafphasen oder Schläfrigkeit*, werden die elektrischen Impulse pro Zeiteinheit häufiger, d. h. zwischen *4 und < 8 Hz*, generiert (*Theta*-Wellen). Das Hirn beginnt aktiver zu werden.

- Im Zustand *leichter Entspannung* bzw. entspannter Wachheit, der mit dem *Zustand der thermischen Komfortzone (Behaglichkeit) kongruiert,* wenn unsere *Aufmerksamkeit bei geschlossenen Augen nach innen gerichtet* wird, steigt die Hirnaktivität weiter. Der Frequenzbereich der elektrischen Impulse liegt zwischen *8 und 13 Hz* (*Alpha*-Wellen).

- Bleiben wir *noch immer entspannt (sog. entspannte Aufmerksamkeit), wenn also unsere* Aufmerksamkeit von innen nach außen gerichtet wird und die *Aufnahmefähigkeit gut ist,* befindet sich unsere Hirnaktivität im Frequenzbereich zwischen *13 und 15 Hz* (*Beta*-Wellen). Wir treten in einen Zustand der gesteigerten Aktivität ein.

- *Sind wir hellwach, sind unsere Aufmerksamkeit und Konzentration normal bis erhöht und nach außen gerichtet.* Die Messungen zeigen eine Hirnaktivität im Frequenzbereich zwischen *15 und 21 Hz*. In diesem Frequenzbereich ist die *gesteigerte Aufmerksamkeit* durchführbar. Das ist genau der beschriebene Zustand von Yerkes und

Dodson, bei dem „ein *gesundes Maß an emotionaler Aktivierung*" besteht und es gelingt, „*die Leistung bis zu einem Spitzenwert*" zu steigern sowie währenddessen erfolgreich nach *lebensrettenden oder anderen (z. B. kreativen) Lösungen zu suchen.*

• In einem *hektischen, gestressten, aktivierten und ängstlichen Zustand* steigt die Frequenz der elektrischen Signale weiter (Frequenzbereich zwischen *21 und 38* Hz). Unsere *Gedanken werden sprunghaft, es fällt uns zunehmend schwerer, uns zu konzentrieren* (Zumsteg, Hungerbühler und Wieser, 2004). Es sind Symptome, die zeigen, dass wir in Disstress geraten sind.

Tabelle 7: Psychophysiologischer Zustand, Hirnaktivität und GABA/5-HT, NA, „DA & Co"-Verhältnis

Psychophysiologischer Zustand (Wachzustand)	Hirnaktivität im Hz	GABA/[5-HT, NA, DA & Co]-Verhältnis
thermische Komfortzone	8 und 13 Hz	GABA/[5-HT, NA, DA & Co] = 1
gesteigerte Aufmerksamkeit	13–21 Hz	GABA/[5-HT, NA, DA & Co] < 1
Disstress	21–38 Hz	GABA/[5-HT, NA, DA & Co] <<1

Fassen wir zusammen: Bei den 3 psychophysiologischen Zuständen, die für uns von Interesse sind, zeigt sich bezüglich des Aktivitätsniveaus der Gehirnzellen eine klare Korrelation:

Mit der Steigerung der Hirnaktivität steigt gerade (linear) proportional die psychophysiologische Aktivierung. Bringen wir die beiden noch dazu in Relation mit dem GABA/[5-HT, NA, DA & Co]-Verhältnis, das in den vorhergehenden Kapiteln detailliert beschrieben wurde (Tabelle 7), so zeigt sich

a) ein noch klares Bild über neurobiologische Geschehnisse, die im Hintergrund oben genannten psychophysiologischen Zuständen stattfinden und

b) *ein Kontinuum an Veränderungen in der Neurotransmitterkonstellation,* das einem Übergang aus der thermischen Komfortzone in Richtung einer gesteigerten Aufmerksamkeit bis hin zum Disstress entspricht. Irgendwo zwischen den beiden Polen thermische Komfortzone und Disstress, inmitten dieses Kontinuums von GABA/5-HT, NA, „DA & Co"-Werten, liegt der Wert der gesteigerten Aufmerksamkeit – als eine Zwischenstation. Der Weg zwischen der Komfortzone und Disstress ist wie eine zweispurige Straße, bei der man immer die Richtung wechseln kann.

Aus diesem Grund kann jeder von uns den Zustand der gesteigerten Aufmerksamkeit, unter dem ein gesundes Maß an emotionaler Aktivierung existiert, während dessen ein Mensch in der Lage ist, erfolgreich nach lebensrettenden Lösungen zu suchen, erreichen. Allerdings können nicht alle von uns bei Bedarf – bei der Konfrontation mit einer bedrohlichen Situation – genug lang in diesem Zustand verweilen, um von ihm Gebrauch zu machen. Der einzige Grund dafür ist, dass dieser Zustand bei manchen Menschen in solchen Situationen nur sehr kurz anhält.

Im Kapitel über Geschwindigkeit der Wärmeübertragung konnte gezeigt werden, dass die Geschwindigkeit, mit der die Körpertemperatur herabsinkt, gerade (linear) proportional von dem Temperaturunterschied zwischen dem wärmeren (im unserem Beispiel war es Lisas Körper) und dem kälteren Objekt (Temperatur des Seewassers) abhängig ist.

Hierbei darf nicht vergessen werden, dass das Herabsinken der Körpertemperatur ein dynamischer, kontinuierlicher Prozess ist, dessen Geschwindigkeit gerade (linear) proportional vom Temperaturunterschied zwischen wärmeren und kälteren Objekten abhängig ist. Ist der Unterschied groß, sinkt die Körpertemperatur auf dem schnellsten Wege ab. Der Körper wird in dem Augenblick vom Zustand der thermischen Komfortzone in einen Kälteschock versetzt, von Behaglichkeit via gesteigerte Aufmerksamkeit in Disstress katapultiert. Anschaulicher wird dieser Transitprozess, wenn wir ihn mit einem Menschen vergleichen, der im schnellsten Zug der Welt, dem Transrapid Shanghai, sitzt, der vom Messezentrum Shanghai New International Expo Centre zum Flughafen Pudong fährt. Er fährt mit einer Geschwindigkeit von 430 km/h. Bei einer solchen Geschwindigkeit ist keine Rede von Stopps auf Zwischenstationen. Der Fahrgast kann allerdings die Namen der Zwischenstationen für sehr kurze Zeit wahrnehmen, wenn überhaupt. Ihm bleibt keine Zeit, Details auf der Strecke wahrzunehmen, bevor er an sein Ziel kommt.

Unter der Annahme, dass
   a) die gesteigerte Aufmerksamkeit – wie die Komfortzone und Disstress – durch die Körpertemperatur bedingt ist und
   b) ihre Zeitdauer von der Geschwindigkeit des Absinkens der Temperatur abhängt,
ist leicht nachvollziehbar, warum Lisa bei ihrem Kälteschock nichts von ihrer lebensrettenden gesteigerten Aufmerksamkeit mitbekam, was auf der Autobahn jedoch sehr gut funktionierte. Das erklärt, warum manche Menschen in Situationen, in denen es um „Leben und Tod" geht, kaum Zeit bleibt, auf der Zwischenstation der gesteigerten Aufmerksamkeit innezuhalten, um das bedrohende Ereignis genauer wahrzunehmen und so weit einschätzen zu können, um wirksame, lösungsorientierte, lebensrettende Strategien ausfindig zu machen und danach zu handeln. Das erklärt, warum manche Menschen wie jene auf der Brücke in Phnom Penh durch die rasante Geschwindigkeit, mit der die Tragödie sich ereignete, von ihrer Angst überrumpelt wurden.

Glücklicherweise war dies bei Lisa nicht der Fall, als sie sich auf der Autobahn befand. Als sie den immer näher kommenden Stein auf ihrer Fahrspur bemerkte, spannten sich ihre Skelettmuskeln an, ihr Herz pochte. Sie wurde nicht von ihrer Angst überrumpelt, die sie handlungsunfähig gemacht hätte, was suboptimal gewesen wäre. Im Gegenteil, ihre Augen waren auf den Stein fokussiert, sie verlor ihn nicht aus den Augen. Auch ihre Aufmerksamkeit verstärkte sich. Sie war kognitiv imstande, sich Strategien zu überlegen, die wirksamen davon auszuwählen und danach zu handeln. So gelang es ihr, einen schweren Unfall zu verhindern.

Zu diesem Zeitpunkt befand sich Lisa in einem psychophysiologischen Zustand der gesteigerten Aufmerksamkeit. Es scheint, dass der Wärmeverlust in dieser Situation langsamer als im kalten Wasser erfolgte und dass ihr der Wert des GABA/5-HT, NA, „DA & Co."-Verhältnisses der gesteigerten Aufmerksamkeit genug Zeit ließ, um lösungsorientiert zu handeln, die Ruhe zu bewahren und so einen schlimmen Unfall zu verhindern. Dies war dieselbe Person, die im Weißensee so hilflos kurz vor dem Ertrinken gewesen war.

Wo lag der Unterschied zwischen beiden (lebens-)gefährlichen Situationen? Wie Sie wahrscheinlich merken, vergleiche ich hier 2 Situationen, die auf den ersten Blick nichts miteinander gemein haben: zum einen reale Kälte und zum anderen ein Ereignis, das als lebensbedrohlich, als negativ bewertet wurde. Das täuscht jedoch, da während beider Ereignisse die Kälteabwehrmechanismen aktiv geworden sind, was ein klares Indiz dafür ist, dass Lisas Körper jedes Mal an Wärme verlor! Die Antwort auf die Frage, wie dies an einem warmen Sommertag passieren konnte, folgt später, denn dafür sind vorher noch einige Kenntnisse nötig. Unsere Entdeckungsreise wird noch eine Weile dauern. Wir haben erst ungefähr den halben Weg hinter uns.

Die Effizienz der gesteigerten Aufmerksamkeit bei niedrigeren Temperaturen war offensichtlich auch dem Facebook-Firmenchef Marc Zuckerberg bekannt, als er verordnete, in seinem eigenen Büro und auch in Konferenzräumen der Facebook-Zentrale die Raumtemperatur auf nur 15 °C zu temperieren. Das ist eine Raumtemperatur, die um circa 7–10 °C unter der idealen Arbeitstemperatur von 22–25 °C liegt (DerStandard, 19.03.2013). Dadurch sank die Körpertemperatur seiner Mitarbeiter, was diese in einen Zustand gesteigerter Aufmerksamkeit brachte. Sie waren fokussierter, lösungsorientierter und kreativer. Genau das könnte das Ziel des Firmenchefs gewesen sein, nämlich, dass seine Mitarbeiter kreativer und effizienter arbeiteten und somit ihre Produktivität steigerten, und das bei dem gleichen Stundenlohn. Eine clevere, wenngleich wenig moralische Strategie; auf jeden Fall eine von Zuckerbergs vielen profitorientierten Strategien.

Das, was dem Homo durch seine lange Geschichte hindurch das Leben rettete, war nicht die Angst. Es war – und das wird es auch in der Zukunft sein – der Zustand der gesteigerten Aufmerksamkeit.

Zur Erinnerung:

Gesteigerte Aufmerksamkeit ist eine „Zwischenstation" auf dem Weg von der Behaglichkeit (Komfortzone) zur Angst.

Der Bereich der gesteigerten Aufmerksamkeit, der aus einem bestimmten GABA/[5-HT, NA, DA & Co.]-Verhältnis in wohldefinierten neuronalen Kreisen resultiert, ist mittels EEG messbar und befindet sich im Häufigkeits- bzw. Frequenzbereich von elektrischen Impulsen zwischen 15 und 21 Hz.

Hält diese lange genug an, gelingt es dem Menschen, aus dem eigenen Pool an Lösungsstrategien und Kenntnissen die wirksamste, lösungsorientierteste und letztlich rettende herauszufinden und so einer gefährlichen Situation zu entkommen.

KAPITEL 8

EREIGNISSE UND STIMULI

Die Landschaft um den Fluss

Die Suche nach dem gemeinsamen Nenner von motorischen, physiologischen und psychischen Veränderungen bei einem abrupten Wärmeverlust führte uns zur GABA$_A$ergischen Neurotransmission als jener übergeordneten Instanz, die temperaturbedingt in ihrer hemmenden Wirkung variiert. Wie kann man jedoch die gleichen neurobiologischen (motorischen, physiologischen und psychischen) Veränderungen in der Situation auf der Autobahn oder beim Empfang einer schlechten Nachricht erklären, bei denen kein Wärmeverlust ersichtlich war? Im Gegenteil, beides passierte an einem warmen, sonnigen Tag.

In beiden lebensgefährlichen Situationen fand ein Wärmeverlust statt, was diese beiden Ereignisse miteinander verbindet; suchen wir nach einer plausiblen Erklärung hierfür, erscheint es unvermeidlich, auf unserer Entdeckungsreise den Zusammenhang zwischen „Stimuli" und „Ereignissen" zu erforschen.

Dabei kommen wir nicht umhin, wieder im Bereich der Physiologie einen Stopp zu machen. Um nicht Ihre Geduld zu überstrapazieren, werde ich mich auf das Wesentliche beschränken.

Zum Begriff: Ereignis

Im ursprünglichen Sinne kommt der Begriff „Ereignis" aus dem Neuhochdeutschen „eräugen", etwas „vor die Augen stellen" oder etwas, das „sich zeigt" (Heidegger, 2003). Obwohl dies in vielen Verwendungen des Wortes ein wichtiger Aspekt ist, wird mit Recht auch dann von einem Ereignis gesprochen, wenn es über andere Sinne erfahren wird als nur visuell. Wird nach weiteren Definitionen dieses Begriffes gesucht, stößt man auf unterschiedliche Sichtweisen. Einmal ist ein Ereignis durch *Dynamik oder Veränderung gekennzeichnet* (Lombard, 1986), ein anderes Mal ist es ein *Übergang von einem Zustand in einen anderen* (Hofmann, 2008). In diesem Buch wird der Begriff „Ereignis" als ein „Zustand", als eine Situation verstanden, die zu einem bestimmten Zeitpunkt beobachtet bzw. bewertet wird, was seine dynamische Natur im Laufe der Zeit nicht ausschließt.

Bricht man ein Ereignis auf seine Bestandteile herunter, stößt man auf Stimuli. Die Physiologie lehrt uns, dass Stimuli quantitativ bestimmbare *physikalische oder chemische* Eigenschaften eines Ereignisses sind, wie zum Beispiel Temperatur, Geruch, Farbe, Form und Gewicht. Unabhängig davon, ob die Ereignisse aus a) dem eigenen Körper (innere Umgebung) oder b) der äußeren Umwelt eines lebenden Systems stammen, werden die Stimuli durch *einen veränderten Energiebetrag auf ein lebendes System einwirken.* Davon ausgehend würde dies heißen, dass ein Ereignis auf eine bestimmte Weise – die später erläutert wird – einen Einfluss auf das Energieniveau seines Empfängers ausübt. In der heutigen Zeit einer „Ereignisüberflutung" ist es wichtig, uns des Zusammenhangs zwischen Energieniveau und Ereignis-Empfang bewusst zu sein.

Die Voraussetzung für die Auswirkung von Ereignissen auf das Energieniveau des Empfängers, ist der *Kontakt,* der zwischen den einzelnen Bestandteilen der Ereignisse (Stimuli) und den hierfür geeigneten Sinnesorganen bzw. den entsprechenden Rezeptoren (der Andockstelle) stattfindet. Erst nach einem Kontakt wird das, was irgendwo außerhalb unseres Ereignishorizontes existiert, für uns zum „Ereignis" und somit zum Bestandteil unserer Umwelt werden. Insofern expandiert unsere Umwelt im Laufe unseres Lebens fortlaufend.

Zur Erinnerung:

Ereignisse bestehen aus Stimuli.

Nach dem Kontakt zwischen Stimuli bzw. Ereignissen und Sinnesorganen verändert sich der Energiebetrag des Ereignisempfängers.

KAPITEL 9

SINNESORGANE: ANDOCKSTELLEN FÜR STIMULI UND EREIGNISSE

Die Zuflussstellen

Es ist circa eine Woche her, als die Eizelle der Mutter vom Spermium des Vaters befruchtet wurde. Die befruchtete Eizelle ist noch nicht einmal einen Zentimeter groß und befindet sich noch am Weg entlang des Eileiters in Richtung Gebärmutter der Mutter, um es sich dort „bequem zu machen", sich einzunisten. Genau in dieser Zeit sind die ersten Ansätze der Ohren unter dem Mikroskop schon erkennbar. Somit ist das Ohr das erste funktionierende (Sinnes-)Organ des werdenden Menschen, noch bevor Herz und Gehirn mit ihren Aktivitäten beginnen. Offensichtlich stand die Entwicklung der Ohren hoch auf der Prioritätenliste der Evolution. Zwischen der 20. und 24. Woche löst ein Hörreiz beim Embryo bereits motorische Reaktionen aus. Das Hören und die körperlichen Reaktionen darauf sind somit schon sehr früh verbunden. Laute Geräusche erschrecken den Embryo; bei leisen Tönen wird er interessiert, ruhiger. Schlägt Mamas Herz ruhig und gleichmäßig, d. h. mit einer langsamen und gleichmäßigen Frequenz, fühlt er sich wohl und entspannt sich. Übrigens herrscht in Mamas Gebärmutter keinesfalls Stille, da sie ein guter Resonanzkörper ist, der die Klänge verstärkt. Die lautesten Klänge, die ans Ohr des Ungeborenen dringen, sind wohl die des mütterlichen Magens und Darms mit Spitzenwerten von 85 Dezibel, was auch der Lautstärke eines Streitgespräches entspricht. Rauschendes Blut in Mamas Arterien erzeugt 24 Stunden am Tag eine Lautstärke von 55 Dezibel. Dies gleicht dem Geräusch eines leisen Gesprächs, das er ununterbrochen mithört. (HÖREX Hör-Akustik eG, o. D.).

Der werdende Mensch ahnt noch gar nicht, was Ruhe wirklich heißt. Erst geboren, ist es ihm möglich, Ruhe zu entdecken. Oder auch nicht. Für manche wird *Unruhe ein normaler Zustand;* solche Menschen werden aus sehr unterschiedlichen (biologischen oder umweltbedingten) Gründen nie Ruhe bzw. Entspannung erfahren. Während der Unruhe sind die Muskeln angespannt, die physiologischen Prozesse verlaufen wie Stromschnellen, was auf Dauer ermüdend ist. Dieser Mensch wird sich in seinem Leben – bewusst oder unbewusst – nach Ruhe sehnen, was sich in der Suche nach Zeiten der Entspannung widerspiegelt bzw. darin, „offline" sein zu wollen, ohne Empfang von Stimuli.

Die 5 Sinnesorgane

Die Evolution hat den Menschen mit insgesamt 5 Sinnesorganen ausgestattet: sie hat ihn mit einer Haut, einer Zunge, einer Nase, mit Augen sowie Ohren „beschenkt". Diese sind zumindest offiziell anerkannte Sinnesorgane. Jedes davon ermöglicht dem Individuum ein rasches Erkennen und Einordnen von unterschiedlichen Stimuli (Reizen) bzw. Ereignissen. Wir sehen, hören, schmecken, empfinden Schmerz usw., nur weil jedes dieser Sinnesorgane mit hochspezifischen Kontaktstellen *(Rezeptoren)* ausgestattet ist. Diese Rezeptoren sind Strukturen, die in der Zellmembran einer Rezeptorzelle eingebaut sind und den Kontakt mit nur bestimmten Stimuli erlauben. Mechanorezeptoren sind zum Beispiel dafür zuständig, dass wir Schallwellen empfangen können, die dann als Geräusch, Klang oder Ton empfunden werden. Fügen Stimuli durch ihre Einwirkung im Sinne ihrer physischen oder chemischen Natur diesem Rezeptor oder seiner Umgebung Schaden zu, werden Nozizeptoren angeregt, die betroffene Person wird Schmerz empfinden. Photorezeptoren reagieren, wenn Licht (Photonen oder elektromagnetische Wellen) auf die Netzhaut (Retina) des Auges stößt. Chemorezeptoren ermöglichen uns das Schmecken und Riechen.

Mechanorezeptoren werden bei physischen Abweichungen (Deformitäten) an der Membran der Rezeptorzelle oder in ihrer unmittelbaren Umgebung angeregt. Für die Thermorezeptoren, die als Bestandteil des Kontrollsystems für die Aufrechterhaltung vom Sollwert der Körpertemperatur und für den Verlauf des „Flusses der Verwandlung" relevant sind, ist der Stimulus ein bestimmter Temperaturwert oder seine Änderung.

Was ist in Lisas Sinnesorganen vorgefallen, während sie sich in jenen 3 grundsätzlich sehr unterschiedlichen Situationen befand?

a) Auf der Autobahn kam das von den umgebenden Objekten reflektierte Licht (elektromagnetische Wellen) in Kontakt mit den Rezeptorzellen ihrer Netzhaut (Retina). Sie roch gleichzeitig etwas Unangenehmes, weil durch die Reibung des Steins mit der Bodenplatte freigesetzte *chemische Moleküle* an den Chemorezeptoren ihrer Nase andockten. Der Aufprall des Steins gegen das Auto brachte die Luftschichten in Schwingung. Es entstanden *Schallwellen*, die für deren Empfang spezialisierte Rezeptorzellen in ihren Ohren (Haarzellen) berührten. Alle diese Stimuli ergaben als Summe ein Ereignis: ein potenzieller Autounfall, den sie als lebensgefährlich bewertete.

b) Die telefonisch übermittelte Nachricht einer Krebsdiagnose erzeugte Schwingungen in Luftschichten, welche die Haarzellen in Lisas Innenohr in Bewegung brachten und die nach vielen neuronalen Verknüpfungen eine Nachricht ergaben: Auch das bewertete sie als ein lebensgefährliches Ereignis, diesmal eine ihr bekannte Person betreffend.

c) Bei ihrem ungeschickten Eintauchen ins kalte Wasser „erlebten" die Thermorezeptoren in Lisas Haut einen abrupten Temperaturabfall.

Auf alle 3 Ereignisse, die ihrem Wesen nach grundlegend unterschiedlich waren, antworteten der Körper und die Psyche mit den gleichen Symptomen: alle Muskeln waren angespannt, die Atmung war gedrosselt, das Herz pochte und der Körper zitterte.

Alle Ereignisse *bewertete* Lisa als eine Lebensgefahr. Eine lähmende Angst erfasste sie. Wie konnte es bei Stimuli unterschiedlicher Natur zu einer identischen Antwort kommen? Könnte es sein, dass alle unterschiedlichen Stimuli (elektromagnetische Wellen, Schallwellen, in der Luft frei schwebende Moleküle oder die Veränderung der Temperatur) doch in eine gleiche Sprache übersetzt wurden, die für den Körper verständlich war? Genau das war der Fall. Alle spezifischen Rezeptoren spielen nur die Rolle der „Empfangsdame" am Eingang zum Körper. Egal durch welche „Sprache" sich ein Stimulus ausdrückt, wird diese von „seinem" Rezeptor (der „Empfangsdame") in eine für den Körper verständliche Sprache „übersetzt": die kanalartige Struktur vom Rezeptor wird abgeändert, die Zahl der Ionen, die die Zellmembran durchqueren, wird verändert.

Was sich nach einem Kontakt mit einem Stimulus auf der Zellebene abspielt

Veränderung der Rezeptorkonfiguration: Generell gilt, dass immer wenn ein Stimulus mit einem Rezeptor interagiert, sich a) seine Konfiguration verändert und b) seine kanalartige Struktur offener wird. Somit können mehr positiv geladenes Natrium, Kalium und Calcium oder negativ geladene Chlor-Ionen pro Zeiteinheit durch die Membran ins Zellinnere (Transportrate) durchgelassen werden. Die Zahl dieser Ionen, die sich direkt proportional zur Intensität eines Stimulus verhält, ändert die Konzentration von positiven oder negativen Ionen auf beiden Seiten der Zellmembran und damit auch ihre elektrische Ladung (Membranpotenzial). Mit der Intensivierung von Stimuli steigt die Wahrscheinlichkeit, dass ein elektrischer Impuls entladen wird (Hall, 2016). Erreicht das Membranpotenzial einen Wert von −55 mV (das sog. Aktionspotenzial), wird ein elektrischer Impuls erzeugt.

Obwohl nach einem Kontakt mit einem Stimulus *immer eine Abänderung der Zahl der durchquerenden Ionen stattfindet,* bewerten die Physiologen die Auswirkung eines Stimulus auf eine Rezeptorzelle nach dem *Alles-oder-nichts-Prinzip*. War die vom Stimulus ausgelöste Veränderung des Membranpotenzials zu schwach, um einen elektrischen Impuls zu entladen, dann wird seine Auswirkung als „nichts" bewertet. Kommt es nach dem Kontakt zur Erzeugung eines elektrischen Impulses, wird dies als „alles" eingestuft. Das, was bei diesem Prinzip nicht berücksichtigt wird, ist das Faktum, dass bei jedem „Rendezvous" zwischen Stimulus und Rezeptor, die kanalartige Struktur des Rezeptors breiter wird als vor dem Kontakt. Jetzt können viel mehr *Ionen mit einer „Pumpe" (Natrium/Kalium-Pumpe), wie mit einem Transportwagen, die Membran der Rezeptorzelle durchqueren*. Wie es im normalen Leben üblich ist, dass Transport etwas kostet, so ist auch der Ionentransport über die Grenze der Rezeptorzelle nicht umsonst. Die Kosten für diesen Ionentransport gehen immer auf Kosten der „Dame", der Rezeptorzelle, die die „Rechnung" aus ihren eigenen Energiereserven zahlt. Das heißt, *jeder Stimulus ist ein Störfaktor für das innere Milieu (Homöostase) der betroffenen Rezeptorzelle*. Unabhängig davon, ob der Kontakt mit dem Stimulus das Membranpotenzial so weit veränderte, um einen ausreichenden elektrischen Impuls zu erzeugen, oder ob der Stimulus nur lokal auf dem Niveau der Rezeptorzelle bleibt, *es findet immer eine Störung der Homöostase, des Energiehaushaltes, statt.*

Diese Störung zieht den ganzen Körper des Stimulus-Empfängers in Mitleidenschaft, ähnlich einem Schmetterlingseffekt. Die Intensität dieser Auswirkungen auf den Körper kann unterschiedlich ausgeprägt sein. *Deswegen darf kein Kontakt zwischen einem Stimulus und einer Rezeptorzelle als „nichts" bagatellisiert werden.* Das ist auch der Grund, warum die Wirkung schwacher, unterschwelliger Stimuli auf den Körper *nie zu unterschätzen ist.*

Aufsummieren von Stimuli: Noch ein Grund, warum schwache Stimuli nie als unbedeutend gewertet werden sollten, ist die folgende Eigenschaft der Rezeptorzelle. Wenn „er", der Stimulus, sich in kürzeren zeitlichen Abfolgen bei „ihr", der Rezeptorzelle, meldet, werden sich die „Eindrücke" über ihn in Form hervorgerufener Veränderungen „ihres" Membranpotenzials äußern, *automatisch aufsummieren.* Dadurch steigt die Wahrscheinlichkeit, dass irgendwann solche kleinen schwachen elektrischen Veränderungen in Summe zu einem „*Alles*" werden. Ein so erzeugter elektrischer Impuls wird aus der Rezeptorzelle an die nächstliegende Nervenzelle übertragen und sich auf den Weg zu höheren Gehirnzentren machen, welche die einzelnen Stimuli als Ereignis bewerten werden. Die Auswirkungen, die ein Stimulus – wenn auch nur unterschwellig – ausübt, werden somit nicht mehr lokal bleiben. Eine Kaskade an Folgeereignissen ergibt sich: Die Auswirkungen auf den ganzen Körper und die Psyche des betroffenen *Stimulusempfängers* sind nicht mehr aufzuhalten. Die *Auswirkungen* sind körperliche und psychische Veränderungen, nicht nur bei Lisa und Florian, sondern bei jedem *Stimulusempfänger.*

Dauer der Einwirkung des Stimulus: Um die Rezeptorzelle zu erregen, reicht es nicht aus, dass der Stimulus nur stark genug ist. Wichtig ist, dass der ausgelöste Ionenstrom auch für eine *bestimmte Zeit* (Hall, 2016) fließen kann. Die gleiche Wirkung kann ebenso erzielt werden, wenn der Stimulus *schwach, aber lange genug* auf die Rezeptorzelle einwirkt. Auch in einem solchen Fall werden sich die Folgeerscheinungen ohne Ausnahme auf den ganzen Körper auswirken.

Zur Erinnerung:

Kontakte mit Stimuli beginnen bereits im Mutterleib.

Stimuli unterschiedlicher Natur binden sich an für sie hochspezifische, komplexe, kanalartige Strukturen (Rezeptoren).

Nach jedem Kontakt mit einem Stimulus verändert sich die Rezeptorkonfiguration. Es findet immer ein Ionentransport durch die Membran der Rezeptorzelle statt.

Die Zahl der Ionen, die pro Zeiteinheit in die Zelle transportiert werden, ist direkt proportional zur Stimulusintensität. Für den Transport muss der Körper des Stimulusempfängers einen Teil von seinen eigenen Energiereserven investieren, auch wenn diese nur die der Rezeptorzelle betreffen.

Auch der schwächste Stimulus verändert den gesamten Energiebetrag und die elektrische Ladung der Rezeptorzelle vom Stimulusempfänger. Andernfalls wäre er kein Stimulus.

Auch die schwächsten Stimuli können elektrische Impulse hervorrufen: a) durch ihr Aufsummieren, wenn sie in ausreichender Anzahl (Dichte an Stimuli) pro Zeiteinheit an die Rezeptorzellen andocken, oder b) wenn diese für eine bestimmte Zeit andauern.

Bei einem Membranpotenzial von −55 mV werden elektrische Impulse erzeugt, die an das nächstliegende Neuron weitergeleitet werden.

KAPITEL 10

DIE UNTERSCHÄTZTE EMPFINDLICHKEIT
DER SINNESORGANE

Vielen von uns ist nicht bekannt, wie empfindlich die Rezeptorzellen unserer Sinnesorgane sind.

Nehmen wir als Beispiel die Empfindlichkeit des menschlichen Auges. Es genügt ein einziges Lichtquant, d. h. die kleinst-
mögliche bekannte Energiemenge, um eine elektrisch messbare
Veränderung des Membranpotenzials einer Rezeptorzelle in der
Netzhaut auszulösen. Ein solches masseloses Lichtquant, hinterlässt somit bereits messbare Spuren und stört die Homöostase einer Rezeptorzelle.

Die Reizempfindlichkeit der Haarzellen im Ohr steht dem
Auge in nichts nach: Kaum vorstellbare Luftschwankungen mit
einer Wellenlänge von 25–120 pm (1 pm = 10^{-12} m oder 25 Billionstel Meter oder 0,000000000025 m) – was dem Durchmesser
eines einzigen winzig kleinen Wasserstoffatoms entspricht – reichen aus, um einen elektrischen Impuls zu erzeugen. Ein solcher wird dann entlang der Nervenbahnen zum Hörzentrum
ins Gehirn geleitet, um dort erkannt und bewertet zu werden
(Zenner, 1997). Die Empfindlichkeit der Haarzellen darf nicht
vergessen werden, wenn man die Auswirkung von leisen – ins
besondere andauernden Geräuschen auf das menschliche Wohlbefinden beurteilen versucht.

Exkurs in die Tierwelt

Eindrucksvoll ist, dass dem Menschen vieles aus seiner Umwelt
verborgen bleibt, was jedoch andere Lebewesen wahrnehmen
können. Nach einigen Millionen Jahren des Schmiedens und
Feilens am Projekt „Mensch" wurde bis jetzt nur erreicht, dass

er mit Rezeptorzellen ausgestattet ist, sodass er *Schallwellen* im Frequenzbereich von 16–20.000 Hertz wahrnehmen kann. Zum Vergleich: Fledermäuse hören Schallwellen im Ultraschallbereich zwischen 20.000 bis 100.000 Hertz.

Wenn es um den Geruchssinn geht, können wir Haien nicht „das Wasser reichen": deren Geruchssinn gilt als außerordentlich ausgeprägt: Sie sind in der Lage, Blut in milliardenfacher Verdünnung (1:10 Milliarden) im Wasser zu riechen. Das entspricht etwa einem Tropfen Blut in einem mittelgroßen Schwimmbad mit 10.000 Kubikmetern Wasser. Insofern können selbst „blinde Haie" der Nase nach zielsicher zu ihrer Nahrung finden. Der Mensch kann das nicht.

Das Auge von Greifvögeln, wie zum Beispiel beim Adler, ist imstande, durch ein 3- bis 4-mal größeres Auflösungsvermögen als jenes des Menschen kleine Beutetiere wie Mäuse aus über 3 Kilometern Höhe zu erkennen und sich einen „Snack" zu gönnen. Der Mensch kann auch dies nicht. Katzen und Klapperschlangen sehen im unsichtbaren Infrarotbereich. Der Mensch nicht. Vögel und Wale orientieren sich mittels des Magnetfeldes. Der Mensch braucht Karten, Kompasse und Navis. Trotzdem sind unsere Sinnesorgane hochgradig empfindlich. Das dürfen wir – aus Gründen, die im weiteren Text erläutert werden – nicht vergessen. Diese Überempfindlichkeit der Sinnesorgane schmälert die Kontrolle eines Menschen bei seiner Auswahl, mit welchen Stimuli er in Kontakt kommen will bzw. kann. Gleichzeitig ist das kein Grund zur Panik. Und doch, es bleibt das Faktum, dass der Mensch sich definitiv nicht als Herrscher des eigenen „Hauses" preisen darf. Dies ist ein Faktum, das sich in Zeiten ununterbrochener Stimulusüberflutung jeder von uns „vor Augen" führen sollte.

Die schützende Funktion der Stimulusfilterung wird überschätzt

Die Physiologie kennt noch ein Phänomen, und zwar jenes, das den Empfang von Stimuli bzw. von Ereignissen regelt: die *Stimulusfilterung (Reizfilterung)*. Es handelt sich um einen Schutzmechanismus, der es dem Menschen in Situationen, wo er durch eine höhere Dichte von Stimuli überflutet wird, ermöglichen soll, diese selektiv zu empfangen und *angemessen* zu reagieren. Mittels dieses Mechanismus werden die präsentierten Stimuli eingeschätzt, und zwar dahin gehend, welche davon a) *überlebenswichtig* oder b) *weniger wichtig sind*. Mit anderen Worten bedeutet dies: Wenn viele Stimuli pro Zeiteinheit in Kontakt mit unseren Sinnesorganen kommen, kommt es zur Bewertung ihrer Wichtigkeit. Auf die Stimuli, die als *überlebenswichtig* bewertet werden, reagiert das Individuum (bzw. sein Körper mittels Selbstregulierung) mit einer Aktivitätsveränderung von psychophysiologischen Antworten, die zu seinem Schutz dienen. Jene Stimuli, die als *weniger wichtig* eingeschätzt werden, werden in einer lebensbedrohlichen Situation vorübergehend unbeachtet gelassen. So betrachtet, soll die Stimulusfilterung wie ein Raster funktionieren, das die Körner unterschiedlicher Größen voneinander trennt. Was bleibt, sind die wichtigen Stimuli, die unsere Aufmerksamkeit und unsere Suche nach guten Bewältigungsstrategien lenken. Genau so lehren es uns die Lehrbücher der Physiologie.

Stimulusfilterung schränkt die Hörschwelle so weit ein, dass Geräusche, die durch das Rauschen des Blutes in den Ohren oder durch den Herzschlag entstehen, im Alltag als *akustische Stimuli* nicht wahrnehmbar sind. Der gleiche Mechanismus soll das menschliche Auge vor Infrarotstrahlung schützen. So betrachtet, ist die Filterung von Stimuli eine sehr ausgeklügelte Erfindung der Evolution, die im optimalen Fall wirklich lebensrettend bzw. gesundheitsschützend sein kann.

Die Fähigkeit der Katzen, im Infrarotbereich zu sehen, könnte für den Menschen – für den der Infrarotbereich des Lichtes unsichtbar ist – in jedem Fall sehr hilfreich sein, da er jederzeit

Information bekommen könnte, wie viel Wärme aus seinem eigenen oder dem Körper einer anderen Person ausgestrahlt wird. Dies würde anhaltend die aktuelle Intensität physiologischer Vorgänge aufzeigen und den momentanen Verbrauch an Energie (Energieumsatz) jederzeit sichtbar machen. Es wäre wie eine Anzeige im Auto, die den momentanen Treibstoff- bzw. Stromverbrauch signalisiert. Ein dauerhaftes Biofeedback, das dem Menschen zu Diensten wäre.

Ich bin mir nicht sicher, ob es überhaupt wünschenswert wäre, wenn die Evolution in der Perfektionierung des Projektes „Mensch" so weit vorangeschritten wäre und dem Menschen pausenlos solche Informationen gegeben hätte. Das hätte uns nämlich durchschaubar gemacht. Niemand könnte den „coolen Typ" spielen, wenn es für seiner Umgebung ersichtlich wäre, dass in seinem Körperinneren die physiologischen Prozesse wie Stromschnellen ablaufen.

Im Grunde genommen erweist sich die schützende Funktion von Sinnesorganen als gerade zu optimal. Im Laufe der Zeit kann sich bei manchen Menschen eine Hypersensibilität (HSP) der Stimulusfilterung entwickeln. In solchen Fällen nehmen die Betroffenen die Schallwellen, die z. B.von fahrenden Autos einer entfernten Autobahn stammen oder das Rauschen des Blutes in den Adern des eigenen Ohres wahr. Beides würde im Regelfall für die meisten Menschen kaum erkennbar sein. Eine solche Hypersensibilität kann auf Dauer sehr anstrengend bzw. beunruhigend sein. Das ist der Zustand, den man *Lärmempfindlichkeit* nennt, unter dem immer mehr Menschen der modernen Gesellschaft leiden.

An dieser Stelle eine kurze Erläuterung für all jene, die sich selbst als hochsensibel bezeichnen oder von anderen so bezeichnet werden: *Nicht alle Hochsensiblen sind besonders lärmempfindlich.* Zum Beispiel reagieren manche Hochsensiblen *überempfindlich (gefühlsbetont) auf die Emotionen* anderer Menschen. Das sind zum Beispiel diejenigen Menschen, die auf die negativen Folgen der Ausbeutung von Ressourcen unseres Planeten (z. B. das spektakuläre Schmelzen der Gletscher), die durch das menschliche Tun verursacht werden, emotional *sehr* stark, also nicht angemessen reagieren. Achtung, die Betonung liegt hier auf „sehr".

Neurobiologische Grundlage der Stimulusfilterung

Wie soeben erwähnt, ist die Funktion von Stimulusfilterung:
a) die Auswahl wichtiger Stimuli, denen Vorrang bzw. mehr
   Aufmerksamkeit geschenkt wird, d. h., *sich selbstständig*
   Ziele zu setzen,
b) *wichtige von weniger wichtigen Stimuli zu differenzieren und*
c) *für entsprechende „Belohnungen" (Lebensrettung) zu sorgen.*

Diese Funktionen erinnern uns an jene, bei denen das Aufrechterhalten der Homöostase mittels physiologischer Mechanismen selbst geregelt wird (siehe: „Regelung der Homöostase").

Erhält eine Pyramidenzelle gleichzeitig Impulse aus a) einem Sinnesorgan und b) übergeordneten Hirnarealen, antwortet diese mit einem stark erhöhten Erregungszustand. Das Team um Professor Matthew Larkum am Institut für Physiologie der Universität Bern konnte zeigen, dass Nervenzellen, die GABA ausschütten, *Informationen, d. h. Stimuli vollständig unterdrücken können.* So kommen wir wieder zu GABA oder, besser gesagt, zu den Nervenzellen, die diese ausschütten. Diese legen Veto gegenüber weniger wichtigen Stimuli ein. Daraufhin kann das Gehirn seine Aufmerksamkeit auf die wichtigeren Stimuli lenken. Dies sollte gleich funktionieren, so wie es im Zustand der gesteigerten Aufmerksamkeit geschieht, der – zur Erinnerung – einem bestimmten Wert des GABA/[5-HT, NA, DA & Co]-Verhältnisses zugeordnet ist. Dieser bestimmte Wert des GABA/[5-HT, NA, DA & Co]-Verhältnisses stellt die neurobiologische Basis einer optimal funktionierenden Stimulusfilterung dar. Das könnte der Bestandteil der (lebens-)rettenden gesteigerten Aufmerksamkeit sein. Dies half Lisa während ihrer Autobahnfahrt, sich zu konzentrieren, „fokussiert" zu bleiben und alles Nebensächliche liegen zu lassen. Nur so konnte sie eine lebensgefährliche Kollision mit dem Stein bestmöglich lösen. Verliert die GABAergische Neurotransmission aus irgendeinem Grund an Stärke, mit der sie die Aktivität von anregenden Neurotransmittern unterdrückt, so kommt es zur Dominanz letzterer. Unter diesen Umständen wird sich eine Hypersensibilität manifestieren. Deshalb sollten wir die Empfindlichkeit unserer Sinnesorgane respektieren und die schützende Funktion der Stimulusfilterung nicht zu überschätzen bzw. nicht überzustrapazieren.

Zur Erinnerung:

Unsere Sinnesorgane sind sehr empfindlich: Sie reagieren bereits bei Kontakt mit ausgesprochen schwachen Stimuli.

Eine Überempfindlichkeit schmälert die Kontrolle eines Menschen bei seiner Auswahl, mit welchen Stimuli er in Kontakt kommen wird. Deswegen kann sich der Mensch nicht immer und unbedingt als „sein eigener Herr" rühmen.

Eine optimale Filterung von Stimuli (Reizen) ergibt sich höchstwahrscheinlich aus dem gleichen Wert des GABA/[5-HT, NA, DA & Co]-Verhältnisses, der einer (lebens-)rettenden gesteigerten Aufmerksamkeit entspricht.

Wird im Laufe des Lebens die Stimulusfilterung für schwache Stimuli durchlässiger, kann dies für Betroffene von großem Nachteil sein, da dies einen dauerhaften Empfang, d. h. eine höhere Dichte an Stimuli nach sich ziehen wird.

Eine Abweichung vom GABA/[5-HT, NA, DA & Co]-Verhältnis im Sinne einer Dominanz von anregenden Neurotransmittern ist die neurobiologische Basis einer durchlässiger gewordenen Stimulusfilterung. In den meisten Fällen handelt es sich um eine erworbene Schwäche der hemmenden GABAergischen Neurotransmission.

KAPITEL 11

DIE DICHTE AN STIMULI UND AN EREIGNISSEN IM LAUFE DER MENSCHHEITSGESCHICHTE

Zuflüsse des Flusses der Verwandlung

Zufluss: allgemein einströmende Menge pro Zeiteinheit oder ein Gewässer, das in ein anderes mündet

Wenn es um den Einfluss von Stimuli auf den Verlauf unserer gesamten neurobiologischen Prozesse geht, sind nicht nur die Empfindlichkeit der Sinnesorgane und die Fähigkeit, Stimuli zu filtern, relevant, sondern auch die Dichte an Stimuli, die pro Zeiteinheit an Rezeptoren von Sinnesorganen andocken.

Wie bei jedem neuen Zufluss, der die Geschwindigkeit, mit der sich das Wasser eines Fließgewässers durch sein Bett bewegt, beschleunigt, so versetzen dicht aufeinander empfangene Stimuli die Rezeptorzellen in einen höheren Erregungszustand. So steigt die Wahrscheinlichkeit, dass der Verlauf neurobiologischer Prozesse immer mehr einem strömenden Fluss ähneln würde. Natürlich wird dies die Energieressourcen des Stimulusempfängers auf jeden Fall in Anspruch nehmen und damit seinen Energiehaushalt stören.

Um den Einfluss einer ständigen Verdichtung von Stimuli auf die evolutionären neuroanatomischen Veränderungen des menschlichen Gehirns verstehen zu können (Lesch & Zaun, 2017), blicken wir einige Millionen Jahre in der Geschichte des Menschen zurück. Lassen wir Revue passieren, wie die Dichte an Stimuli bzw. an Ereignissen sich entwickelte und was dies mit dem Gehirnwachstum der Gattung Homo zu tun hat.

Exkurs in die Evolution

Die ersten 7 Millionen Jahre: Vor circa 15 Millionen Jahren bewegte sich das Erdklima kontinuierlich auf kalte Verhältnisse zu. Circa 7–8 Millionen Jahren später, zum Ende des Miozäns, begann die Nordhemisphäre allmählich zu vereisen. Zu diesen Zeiten fielen die Temperaturen beträchtlich bis zur Bildung des arktischen Eisschildes, das den Beginn des Känozoischen Eiszeitalters markierte (Hansen et al., 2008). Geografisch weit davon entfernt, lebten zu diesen Zeiten in Afrika die letzten gemeinsamen Vorfahren der Menschen und Schimpansen. Auch wenn sich Anthropologen über den Ursprung des Menschen (Homo sapiens) noch immer nicht ganz einig sind, deuten die zur Verfügung stehenden archäologischen Funde darauf hin, dass irgendwo in der ostafrikanischen Savanne unser Geburtsort liegen muss. Das ist auch der Zeitpunkt der Weggabelung, von dem einige Wissenschaftler glauben, dass sich die Linie der menschlichen Vorfahren, der *Hominide*, von der Linie der Affen löste und beide völlig unterschiedliche Wege gingen (Philipp, 2014). Aus Hominiden – zu dieser Gruppe zählt die Gattung *Homo* und damit der Mensch – und seinen ausgestorbenen Vorfahren gingen die ersten Vormenschen hervor. Darüber sind sich die meisten Fachleute einig (Schlott, 25.08.2022).

Im Juni 2001 hatte das Team unter der Leitung von Michael Drunet von der französischen Universität Poitiers einen aufsehenerregenden Fund gemacht. Sie hatten im Tschad, Zentralafrika, fragmentierte Schädel, Kieferteile und diverse Zähne am Fundplatz Toros-Ménalla in der Djurab-Wüste freigelegt. Zu Ehren des Entdeckungsortes („Sahel", ein Gebiet Afrikas) wurden diese Fossilfunde eines unserer Vorfahren mit dem lateinischen Namen *Sahelanthropus tchadensis* getauft (Dorey, 2019). Dessen Alter wurde auf 6 bis 7 Millionen Jahre geschätzt!

Seine Gehirngröße ist ähnlich der eines Schimpansen. Die wird auf etwa 320–380 cm^3 geschätzt. Die Lage des Foramen magnum – Öffnung im Bereich der hinteren Schädelgrube (Fossa cranii posterior), durch die der unterste und hinterste Bereich des Gehirns (Medulla oblongata) tritt und damit mit dem Rückenmark in Verbindung steht – lässt vermuten, dass unsere Vorfahren bereits in damaligen Zeiten *zweibeinig gewesen seien!* Die Frage, ob der *„alte Mann aus dem Tschad"*, wie *Sahelanthropus tchadensis* auch genannt wird, auf 2 Beinen oder doch auf allen vieren lief, darüber streiten sich Forscher allerdings seit fast 20 Jahren. Für sie ist die Antwort auf diese Frage sehr wichtig, da es um nichts weniger als um die Suche nach dem ersten Vormenschen geht.

Nach circa 3 Millionen Jahren massiver natürlicher Klimavariabilität, vor 3,8 bis 2,9 Millionen Jahren unserer Zeit, betrat der Nachfolger des altes Mannes aus Tschad, *Australopithecus afarensis* („der südliche Affe"), die Bühne der Erde. Er ist eine der langlebigsten und bekanntesten frühen menschlichen Gattung aus der Familie *Menschenaffen* (Hominiden). Wie der *alte Mann aus dem Tschad* hatten auch die Mitglieder dieser Spezies (Art) sowohl Affen- als auch Menschenmerkmale. Sie hatten lange, starke Arme mit gekrümmten Fingern, die noch immer zum Klettern auf Bäumen geeignet waren. Der Unterschied zu dem alten Mann war beträchtlich. Sie standen zeitweise nicht nur auf 2 Beinen, sondern sie gingen regelmäßig aufrecht. Sie konnten das Potenzial ihres Geh- und Griffapparates immer intensiver nutzen. Sie lernten stehend ihre Umgebung zu überblicken und länger und schneller zu laufen.

Die Dichte an Stimuli (Ereignisse), mit denen sie immer mehr in Kontakt kamen, nahm zu. Ihr Ereignishorizont, der nicht mit dem Ereignishorizont mit jenem schwarzer Löcher zu verwechseln ist, erweiterte sich zunehmend. Nach 3 Millionen Jahren Evolutionsarbeit entsprach ihr Gehirn noch immer dem des heutigen Schimpansen, das im Schnitt 450 cm^3 groß war. Offensichtlich ist der erste Schritt des aufrechten Gangs nicht dem Hirnvolumen, sondern etwas anderem zu verdanken. Die Evolution des aufrechten Gangs war also der dramatischen evolutionären Expansion des Gehirnvolumens um bis zu 4 Millionen Jahre voraus. Anscheinend waren all diese Millionen Jahre andauernder Exposition gegenüber einer heranwachsenden Dichte an Stimuli kein genügend großer neurologischer Anreiz für eine Zunahme an Hirnmasse.

Nach einer Millionen Jahre langen Existenz verschwanden auch die Australopithecinen vor circa 2 Millionen Jahren von der Erdoberfläche. Es ist möglich, dass ihre „Langlebigkeit" der Kombination aus aufrechtem Gang und starken Armen mit gekrümmten Fingern zu verdanken ist, die ihnen – als sich das Klima und die Umgebung veränderten – half, sowohl in den Bäumen als auch auf dem Boden zu überleben (Australopithecus afarensis, 2022).

Im Zeitraum von 2,5 bis 1,9 Millionen Jahren, während des Pleistozäns, in dem die Eiszeiten gegenüber heute mit einer Temperaturdepression von mindestens 16 °C dominierten, lebte im Raum von Ostafrika *die älteste bisher beschriebene Art unserer Gattung Homo: der Homo rudolfensis.* Er unterscheidet sich vom Australopithecus in seinem längeren Gesicht und größeren Gehirn. Seit Erscheinen des *Sahelanthropus tchadensis* sind mittlerweile circa 4 bis 5 Millionen Jahre vergangen, doch das menschliche Gehirn legte nur circa 300–400 cm³ zu mit einem Volumen von circa 750 cm³ (Homo rudolfensis, 2022). Paläonotlogen vermuten, dass der *Homo rudolfensis,* wie andere frühe Homo-Spezies, mit einem kleineren Gehirnvolumen möglicherweise Steinwerkzeuge verwendete, um seine Nahrung zu verarbeiten. Das würde wiederum bedeuten, dass die *Zunahme an Gehirnvolumen dem Homo rudolfensis kaum neue Fähigkeiten und Fertigkeiten gebracht hatte.*

Vor knapp 2,1 bis 1,5 Millionen Jahren gab der *Homo habilis* mit kaum verändertem Gehirnvolumen (650–800 cm³) im Vergleich zu seinen Vorfahren, den Australopithecinen, sein Debüt. Bei fast gleichem Hirnvolumen wie beim *Homo rudolfensis (650–800 cm³)* (Lesch und Zaun, 2017) zeichnete sich der Homo habilis durch 2 neue Qualitäten aus: 1.) Er konnte *einfache Steinwerkzeuge anfertigen* und 2.) er gab *als Erster differenzierte Laute von sich.* Bei ihm waren die beiden für die Ausbildung von Sprache wichtigsten Gehirnzentren derart ausgeprägt, dass er sich auf einem urzeitlichen Niveau *artikulieren* konnte. Es begann sich eine andere Art der Übermittlung von Ereignissen zu etablieren: die Sprache. Eigentlich liegt es auf der Hand, jetzt zu denken, dass die Nutzung von Sprache in Kombination mit einer erwarteten Zunahme an Dichte von Stimuli dazu führte, dass das Gehirn mit weiteren neuroanatomischen Veränderungen (Neuroplastizität) reagierte. Offenbar war dies jedoch nicht der Fall. Sein Gehirn hatte nicht an Gewicht gewonnen, was aber weitere feine Veränderungen (Plastizität) in der Gehirnarchitektonik nicht ausschließt *(Homo habilis)* (Bernd, 2008).

Der *Homo erectus* bewohnte unseren Planeten vor circa 1,8 Millionen Jahren bis vor circa 40.000 Jahren. Er war ein Zeitgenosse des Homo habilis, mit dem er knapp eine halbe Million Jahre lang Seite an Seite lebte. Er soll der Einzige sein, der die Sprache weiterentwickelte. Somit konnte er (wenn auch nicht detailgetreu) jene Ereignisse, die ihm selbst widerfuhren, die er gesehen oder über die er gehört hatte, weitergeben. Er soll auch an Mobilität „Gefallen gefunden" und als Erster den Weg „out of Africa" gewagt haben. Er übte eine fabrikmäßige Produktion von Werkzeugen aus und vollzog kulturelle Handlungen. Er war auch der Erste, der nach Bedarf ein Feuer anzünden konnte. Diesem Urahn des Homo sapiens gelang es, die Überreste eines natürlichen Brandes zu erhalten und als Lagerfeuer zu nutzen, was wiederum neue Erfahrungen (Ereignisse) mit sich brachte. Mit der Entdeckung des Feuers war nicht nur das Fleisch zarter und schmackhafter geworden, auch der Rauch konnte genutzt werden, um anderen Menschen, die außer Ruf- oder Sichtweite waren, über die Existenz von Ereignissen anderer entfernter Menschengruppen zu berichten. So wurde der Rauch zu einem der ersten Träger von Mitteilungen. Diejenigen, welche die Schrift des Rauches „lesen" konnten, empfingen die Nachrichten über Ereignisse, die sich weit entfernt zutrugen und die zu einem Bestandteil ihrer Umwelt wurden. Ihr Umwelthorizont, ihr Universum dehnte sich somit immer mehr aus. Es endete nicht mehr mit ihrer Sicht- und Hörweite oder mit Distanzen, die sie zu Fuß zurücklegen konnten. In Zeiträumen von einigen Hunderten bis Millionen von Jahren verdichteten sich die Stimuli, mit denen die Sinnesorgane des *Homo erectus* langsam, aber fortwährend in Kontakt kamen. Sein Gehirn vergrößerte sich noch um circa 400 cm³, sein Volumen hatte beträchtliche 850–1225 cm³ (Bernd, 2008). Für diese 400 cm³ an „neuer" Hirnmasse hatte es dieses Mal nur circa 1 Million Jahre benötigt.

Es ist noch nicht so lange her, vor etwa 200.000 bis 150.000 Jahren, als in Afrika eine neue und die letzte Art des Homo aufgetaucht ist, welche die älteren archaischen Menschenformen ablöste. Es war der *Homo sapiens* (aus dem Lateinischen „homo" = Mensch und „sapiens" = weise). *Die Maße seines Körper- und Schädelbaus sowie die Gehirngröße sind bis heute dieselben geblieben.* Mit einem Volumen von *1230 cm³* im weltweiten Durchschnitt ist das menschliche Gehirn von damals ungefähr dreimal so groß wie jenes der großen Menschenaffen. Nach fast 7 Millionen Jahren Stammesgeschichte und nur 800 cm³ mehr an Gehirnvolumen erfolgte den Übergang vom Menschenaffen zum Homo sapiens. Die Zeit einer „schöpferischen" Expansion beginnt. Es entstehen filigrane Knochennadeln mit Ösen für dünne Fäden. Künstlich werden Unterschlüpfe gebaut, mit Pfeil und Bogen konnten Tiere erstmals aus größerer Entfernung erlegt werden, Widerhaken wurden an Harpunen befestigt, was die Fischfangquote in die Höhe schraubte. Der frühere Homo sapiens befand sich in der Mitte der Nahrungskette. In Zeiten, als große Raubtiere der Sippe lebensbedrohlich nahe kamen, wurde der Tag dieser Menschen ereignisreicher. Insgesamt könnte man sagen, an neuen Ereignissen fehlte es dem Homo sapiens von damals definitiv nicht.

Und trotzdem, aus heutiger Sicht darf die Zahl der Stimuli, die der Homo sapiens von damals mittels Ohren, Augen, Haut, Zunge oder Nase pro Zeiteinheit empfing, als eher überschaubar bezeichnet werden. Sein Tagesablauf wurde durchaus durch den Tag-Nacht-Rhythmus und den Wechsel der Jahreszeiten bestimmt. Er schlief ein, wenn der Körper müde war, und wachte mit dem Sonnenaufgang und dem ersten Vogelgezwitscher auf. Rhythmen in der Natur bestimmten seinen Alltag. Wenn die Annahmen der Paläontologen stimmen, dass zu diesen Zeiten die Frauen für die Aufgaben des Alltags zuständig waren, waren Dösen und „Vor-sich-hin-Sinnieren" das, was den Männern blieb, wenn sie nicht auf der Jagd waren. Die Menschen von damals hatten viel Zeit, die Veränderungen in der Natur zu beobachten. In der Nacht war der Himmel mit Abermillionen von Sternen ihr „Fernseher", mit nur einer einzigen Sendung. Ab und zu durchquerte eine Sternschnuppe das Firmament, manche Sternbilder veränderten im Laufe eines Jahres langsam ihre Position am Himmel.

Die Ereignisse am Himmel und auf der Erde verliefen in einem sehr, sehr, sehr langsamen Tempo. Wie in einem *Slow-Motion-Film*. Über eine übermäßige Dichte an Stimuli pro Zeiteinheit konnten sich unsere Vorväter sicher nicht beschweren. Von einem Burn-out, verursacht durch Arbeit und Dichte an empfangenen Ereignissen, waren sie weit entfernt. Einige Artgenossen des modernen Homo sapiens könnten meinen, dass der Alltag unserer Ahnen sehr langweilig gewesen sein muss, was für so manchen heute möglicherweise nicht auszuhalten wäre. All das, was seinen Urahnen seit 7 Millionen Jahren den Boden geebnet hatte, setzte diese Homo-Art binnen kürzester Zeit um. *Evolutionsbiologisch längst verspätet* konnte er seine Gedanken und Gefühle, das Gesehene, das Erlebte endlich in verständliche Worte kleiden. Die Ereignisse ließen sich nunmehr klarer spezifizieren, definieren, immer genauer beschreiben (O'Neil, o. J.).

Die letzten 8 Tausend Jahre: Die Dichte an Ereignissen, welcher der Mensch während seiner Entwicklungsgeschichte in den letzten 6 bis 7 Millionen Jahren begegnete, ist keinesfalls mit der Menge an Ereignissen vergleichbar, mit denen der Mensch seit der Entdeckung der Schrift etwa 6600 Jahre v. Chr. konfrontiert wurde (sog. Jiahu-Schrift; Xueqin et al., 2003). Zuerst wurden die Ereignisse auf Schildkrötenpanzern und Knochen niedergeschrieben, was sie für mehrere Individuen zugänglich machte. Insofern kann man sagen, damals war das Schreiben eine echte *Knochenarbeit*.

Mit der Entwicklung von Papyrus als Schriftträger, der gleichzeitig wesentlich leichter zu transportieren war, wurde zu Beginn des 3. Jahrtausends v. Chr. die Möglichkeit geschaffen, mehrere Kopien einer Nachricht anzufertigen (Alexopoulou & Karamanou, 2014). Somit konnten mehrere Menschengruppen auf unterschiedlichen Plätzen versammelt werden. Durch das Vorlesen einer Mitteilung konnten die erzeugten Schallwellen an entsprechenden Rezeptoren im Innenohr aller Versammelten gleichzeitig andocken. Die Menschen empfingen Nachrichten über Ereignisse, die für sie relevant und weniger relevant waren. Alle empfangenen Ereignisse wurden unwiderruflich ein Teil ihrer Umwelt.

Mit dem Entwurf seiner Druckerpresse revolutionierte Johannes Gutenberg im 15. Jahrhundert nicht nur den Buchdruck. Viel leichter, als es mit Papyrus möglich war, konnte man auf einmal nicht nur schnell und günstig, sondern auch massenhaft Nachrichten in Form von Büchern produzieren. So konnten die in Büchern beschriebenen Ereignisse in jede Himmelsrichtung auf der ganzen Welt verschickt und gleichzeitig von noch größeren Menschenmassen empfangen werden.

Danach ging es Schlag auf Schlag. Mit der Entwicklung der Telegrafie, des Telefons, des Radios und des Fernsehers stieg die Zahl der empfangenen optischen und akustischen Stimuli pro Zeiteinheit rasant an. Die erste Stunde des Rundfunks konnten nur wenige Hörer mitverfolgen. Das erste regelmäßige Fernsehprogramm, das in Deutschland am 22. März 1935 gesendet wurde, war auf 2 Abendstunden an 3 Wochentagen beschränkt. 6 Stunden Sendezeit in einer Woche und dies nur von einem einzigen Sender! „Laaaaangweilig", würden wohl viele Grundschulkinder des 21. Jahrhunderts meinen. Manche Kinder und Erwachsene konsumieren heute viel mehr an Ereignissen an nur einem einzigen Tag.

KAPITEL 12

DAS INTERNET ALS FLUT AN STIMULI

Die Quelle der größten Zuflussmenge

Das Internet wurde in 1960ger zur Vernetzung zuerst zur Vernetzung der Großrechner von Universitäten und Forschungseinrichtungen genutzt. 1989 wurde eine „Sprache" entwickelt mit der die im Internet verbundenen Computer Daten ausgetauscht werden konnten. So wurde World Wide Web („Weltweites Netz") „geboren", der nur ein paar Jahren später von allen Personen genützt werden könnte. Die Türen und Toren zu einem leichten Zugang zu Stimuli und Ereignissen wurden eröffnet. Für Groß und Klein. Noch nie in der Menschheitsgeschichte hatte der Homo sapiens so einen umfangreichen und niederschwelligen Zugang zu Ereignissen, von denen manche Tausende von Kilometern oder sogar Lichtjahre von ihm entfernt sind.

2023 ist TikTok zum wichtigsten sozialen Netzwerk geworden. Gemeinsam mit Twitter, Instagram, YouTube, Whatsapp und Facebook wird es Nutzern ermöglicht, sich im Internet zu vernetzen, Stimuli bzw. Ereignisse zu erstellen und untereinander weiterzugeben. Der Zugang zu Ereignissen gelingt fast in Echtzeit. Tausende Kilometer an Entfernung zu Ereignissen spielen keine Rolle mehr. Ihr Empfang steht dem Menschen Tag und Nacht, wo auch immer er sich befindet, zur Verfügung.

Um die Dichte an Stimuli, mit welcher der Homo sapiens in Kontakt kommt, ins rechte Licht zu rücken, werfen wir einen Blick auf einige der beeindruckendsten statistischen Daten über die Nutzung von sozialen Medien:

- Laut einer Schätzung aus dem Jahr 2022 gibt es rund 5,28 Milliarden (69 Prozent) Internetnutzer weltweit, die „daddeln", zocken, gamen (umgangssprachlich für „spielen").

- Ab August 2022 verbrachte der typische Benutzer täglich 147 Minuten in sozialen Medien. Das sind 2 Minuten mehr als ein Jahr zuvor (Ahlgren, 2024).
- 2022 haben soziale Medien 190 Millionen neue Benutzer gewonnen (https://www.websiterating.com/de/research/social-media-statistics-facts/).
- Im 3. Quartal 2022 verzeichnete man, dass TikTok-Nutzer 95 Minuten täglich auf TikTok (Platz 1) verbringen. Dies sind insgesamt 23,6 Stunden im Monat
- Weltweit gab es im Jahr 2019 mehr als 2,5 Milliarden aktive Gamer.
- Es wird geschätzt, dass im Jahr 2021 in einer Minute circa 197,6 Millionen Mails gesendet, 69 Millionen Nachrichten versendet.

Das regelmäßige Surfverhalten vieler Nutzer in den sozialen Medien lässt sich folgendermaßen beschreiben:
- Viele von uns beginnen ihren Tag meistens zuerst mit einem Blick auf den Bildschirm ihres Smartphones. Später, vor dem PC, wird die Aufmerksamkeit der Nutzer durch den Empfang von Ereignissen in Form von Mails oder Nachrichten in noch kürzeren Zeitabständen unterbrochen. Mit dem Handy in der Hand surft der Nutzer über Facebook, Instagram, TikTok auf der Welle von Ereignissen, die andere erlebt haben und mit dem Rest der Welt teilen möchten.
- Geht man von 8 Stunden Schlaf aus, entsperrt der moderne Mensch *alle 12 Minuten* sein Mobiltelefon. So wirft er beachtliche *80-mal am Tag* einen Blick auf sein Handy (Laboda, 2020).
- Die Zeit, die pro Tag in sozialen Medien verbracht wird, steigt von Jahr zu Jahr kontinuierlich.
- Im Jahr 2021 lag der Anteil der Internetnutzer in Deutschland bei 91 Prozent, in den Vereinigten Staaten bei 90 Prozent, in Kanada bei 94 Prozent, in Australien bei 89 Prozent, in Dänemark bei 98,1 Prozent.

- Eine 2021 durchgeführte Onlinestudie des Marktfor-schungsinstitut GWI mit rund 19.000 Kids im Alter von 8–15 Jahren zeigte, dass 2020 Social Media die fünftbe-liebteste außerschulische Freizeitbeschäftigung nach der Schule bei Kindern der Generation Alpha war. 2021 sind diese Angaben jeweils noch einen Rang höher geklettert. 38 Prozent der Kinder der GWI-Studie gaben an, dass sie die meiste Zeit nach der Schule und fast die Hälfte (43 Prozent) ihrer Freizeit an Wochenenden mit Social Me-dia verbringen (Novakid, 2022).
- Ein durchschnittlicher Nutzer verbringt *2 Stunden und 27 Minuten* täglich in den sozialen Medien (Ahlgren, 2024).
- Zum Beispiel spielen in Österreich regelmäßige Gamer im Durchschnitt *4 bis 5 Stunden* täglich oder bis zu 30 Stun-den pro Woche (!!!). Besorgniserregend ist, dass jene, *die am meisten zocken, die 10- bis 15-Jährigen* sind. Hier spie-len rund 90 Prozent mehrfach im Monat. Sie verbringen damit durchschnittlich bis zu *16,6 Stunden* in der Woche (Salzburger Nachrichten, 04.12.2019).

Dichte an Stimuli und Generation Alpha

Die Generation Alpha oder Gen Alpha – unter dem griechischen Buchstaben werden die Jahrgänge 2010 bis etwa 2025 zusam-mengefasst – ist die erste Generation, die komplett im 21. Jahr-hundert aufwächst. Das ist jene Generation, die demnach zu den „Digital Natives" gehört und die analoge Welt kaum mehr kennt, die eine analoge Kamera nicht zu bedienen weiß und sich eine Welt ohne soziale Medien, Google Maps oder Netflix nicht mehr vorstellen kann. Schon als Babys und Kleinkinder kommen sie mit Smartphone, Tablet und Spracherkennungs-software in Berührung. Man sagt zu Recht, dass viele intuitiv auf dem Bildschirm swipen können, bevor sie das Sprechen ler-nen (Novakid, 2022).

Lebensalter und Dichte an Stimuli

Unabhängig vom Gerät machen die meisten Kinder schon früh ihre ersten Schritte im Internet. Die Nutzung von sozialen Medien gehört in der heutigen Zeit völlig selbstverständlich zur Kinder- und Jugendkultur. Als Digital Natives wachsen sie mit ihnen auf. Soziale Medien sind ein wichtiger Bestandteil ihrer Kommunikation.

Beginnen wir mit den Jüngsten.

- 72 Prozent der Kinder zwischen *0–6 Jahren* bzw. 81 Prozent der 3- bis 6-Jährigen nutzen bereits digitale Medien; am häufigsten werden dabei Smartphones und Tablets verwendet. (Fessl, 25.04.2020)
- Fast *drei viertel* der befragten Eltern von 0- bis 6-Jährigen geben an, dass ihr Kind internetfähige Geräte zumindest gelegentlich nutzt – und das bereits ab einem Alter von durchschnittlich 12 Monaten (Jax, 06.02.2020).
- Mehr als jedes zweite Kind zwischen *6 und 7 Jahren* (54 Prozent) nutzt zumindest ab und zu ein Smartphone.
- 24 Prozent der Kinder nutzen sogar täglich digitale Medien (Österreichische Ärztezeitung, 2020).
- Rund 6 Prozent der *6- bis 7-jährigen* Kinder in *Deutschland besitzen bereits ein eigenes Smartphone. In der Altersgruppe der* 8- bis 9-Jährigen sind es 33 Prozent, bei den 10- bis 11-Jährigen 75 Prozent. Und ab 10 Jahren ist das Smartphone ein *Must-have*. Der Anteil der Smartphone-Besitzer unter den 12- bis 13-Jährigen beläuft sich auf 95 Prozent. Die intelligenten Mobiltelefone sind für viele in dieser Altersgruppe ein wichtiger Teil des alltäglichen Lebens geworden.
- Laut Umfragen nutzen etwa 70 Prozent aller Kinder zwischen dem *6. und dem 13. Lebensjahr* mindestens einmal wöchentlich den Computer, um zu spielen.
- Von den 6- bis 7-Jährigen nutzen bereits 40 Prozent zumindest gelegentlich das Internet. Ab 12 Jahren sind dann fast alle online. Mit Abstand am beliebtesten ist es

dabei, Videos anzuschauen. Die gesamte Bandbreite an Möglichkeiten im Netz nutzen bei den jüngeren Internetnutzern ab 6 Jahren 87 Prozent, bei den Jugendlichen ab 16 Jahren 93 Prozent.

- Eine repräsentative Studie, die im Auftrag des Digitalverbands Bitkom e. V. unter mehr als 900 Kindern und Jugendlichen zwischen 6 und 18 Jahren durchgeführt wurde, zeigte, dass 36 Prozent der 6- bis 9-Jährigen ein Tablet besitzen, ab 10 Jahren ist es mehr als die Hälfte. Auch der Smartphone-Besitz (gesamt: 71 Prozent) steigt mit dem Alter rasant: Während 21 Prozent der 6- bis 9-Jährigen ein eigenes Handy besitzen, sind es unter den 10- bis 12-Jährigen schon 86 Prozent und bei den 13- bis 15-Jährigen sogar 95 Prozent (Bitkom, 2019).
- In Deutschland zählen unter den 14- bis 49-jährigen Deutschen mittlerweile nahezu 100 Prozent zu den Internetnutzern.
- 85 Prozent der Kinder und Jugendlichen zwischen *12 und 17 Jahre*n in Deutschland nutzen nach eigenen Angaben jeden Tag der Woche soziale Medien.
- Nach einer Auswertung des statistischen Bundesamtes von 2022 nehmen *77 Prozent der Internetbevölkerung in der Altersgruppe von 16 bis 24 Jahren* inzwischen an sozialen Netzwerken für private Kommunikation teil. In der Altersgruppe zwischen 25 und 44 Jahren sind es nur noch 64 Prozent. Die Nutzung nimmt anschließend bei den 45- bis 64-Jährigen (37 Prozent) und in der Gruppe der Personen über 64 (16 Prozent) deutlich ab.

Die tragbaren Telefone werden dabei längst nicht mehr nur zum Telefonieren genutzt. Neben dem Telefonieren gehören zu den beliebtesten Funktionen das Hören von Musik, das Schauen von Videos, die Nutzung von Kurznachrichtendiensten wie Whatsapp oder Facebook Messenger und der allgemeine Zugang zum Internet (Tenzer, 2020). Um Videospiele zu spielen, müssen Kinder und Jugendliche nicht mehr zu Hause sein. Smartphones machen das Spielen von Videospielen, d. h. das Empfangen von Stimuli in jeder Situation bei jeder Gelegenheit möglich. Manche Kinder machen sogar keine Unterbrechung während der Essenszeiten. Sie werden von ihren Eltern mit mundgerechten Essensstücken gefüttert. Auch das Glas mit Wasser wird von den Eltern während des Surfens zum Mund des Kindes geführt. Kinder und Jugendliche werden zu Dauerempfängern von Ereignissen mit extrem hoher Dichte.

Als im Oktober 2023 der blutige Krieg in Nahen Osten begann, wurden Bilder von Zerstörung und Leid im Sekundentakt ausgestrahlt. Bei TikTok und X (Twitter) brauchte es oftmals nur 2 Klicks, bis man die volle Härte des Krieges zu Gesicht bekam. Der Zugang zu den grausamsten Ereignissen, die sich der Homo sapiens erdenken konnte, war kinderleicht. Auch für Kinder und Jugendliche.

Das im November 2022 in Kraft getretene Digital Services Act der EU-Kommission, das auf den besseren Schutz von Verbraucher(inne)n und ihren Grundrechten im Internet abzielt, hat rasch die Gefahr für die psychische Gesundheit erkannt. Kommissar Thierry Breton hatte Musk öffentlich in einem Brief über Twitter gemahnt: „Ich erwarte von Ihnen eine schnelle und vollständige Reaktion in den nächsten 24 Stunden", versuchte Breton es mit Druck. X-Besitzer Musk reagierte zwar vor Fristablauf, gab sich aber mehrfach ahnungslos hinsichtlich dessen, was Breton von ihm wollte. Tatsächlich löschte sein eigenes Sicherheitsteam etwa Tausende neu erstellte Hamas-Accounts und entfernte Videos extremer Gewalttaten. Für die EU-Kommission war das jedoch nicht genug. Sie nahm offiziell Ermittlungen gegen den Kurznachrichtendienst auf. Bis zum 31. Oktober 2023 sollten 2 Listen mit Fragen zu besagtem Thema von X beantwortet werden. Nach Bewertung der Antworten sollte die Kommission über die nächsten Schritte entscheiden, etwa die förmliche Einleitung eines Verfahrens. Falls es keine Handgabe gibt, um etwas gegen illegale Inhalte zu unternehmen, kann die Kommission Geldbußen verhängen. Die betreffenden sozialen Netzwerke abzuklemmen, bleibt notfalls als letztes Mittel für den Fall, dass die Plattformen nicht die erforderlichen wirksamen Maßnahmen ergreifen.

Bis die Entscheidung getroffen werden wird, wird es noch eine Weile dauern. In der Zwischenzeit wird der Zugang zu Tötung und Destruktion weiter möglich sein. In diesem Moment, wo ich diese Zeilen schreibe, ist offen, wie alles ausgehen wird. Die Entscheidung liegt im Grunde genommen bei einem einzigen Mensch, bei Elon Musk.

Ist auf Dauer eine solche Dichte an Stimuli noch gesund?

Während 3 Jahren Coronapandemie, Verzicht auf soziale Kontakte durch einen potenziell (lebensbedrohlich) belastenden Alltag, Homeschooling u. v. m war es dann nur noch der Konsum von sozialen Medien, der Kindern und Jugendlichen des 21. Jahrhunderts, den digital naives, übrig blieb. Viele Studien beschäftigen sich mit den potenziellen negativen Folgen einer (exzessiven) Internet- und Smartphone-Nutzung seitens der Kinder und Jugendlichen, die als besonders vulnerable (verletzliche) Risikogruppe im Mittelpunkt des Forschungsinteresses stehen. Im Zeitraum von 2019 bis 2021 wurde in Deutschland seitens des Institutes für Generationenforschung eine umfangreiche Studie zur Generation Alpha durchgeführt. Es wurden Daten über 22.000 Kinder (im Alter von 6 Monaten bis 10 Jahren) durch Befragungen von Eltern, Erziehern und Pädagogen gesammelt.

Die Ergebnisse sind alarmierend:
- Nur 7 Prozent der Kinder *sprachen im Kindergartenalter deutlich*.
- Bei 19 Prozent der Kinder wurden *motorische Auffälligkeiten* beobachtet.
- 30 Prozent zeigten *Probleme im Sozialverhalten*.
- 46 Prozent der 2- bis 3-Jährigen zeigten *Auffälligkeiten im Spielverhalten*, bei den 5-Jährigen waren es sogar 56 Prozent. (Kasperski, 18.10.2021).

- Die Kinder *tun sich in dieser „realen" Welt schwer*: Beim Schließen von Freundschaften waren es 67 Prozent, beim Lösen von Konflikten 73 Prozent. Im Schulalter waren es sogar 87 Prozent. Novakid (22.08.2022).
- jedes *vierte Kind* wesentlich *unglücklicher* ist, als es die Kinder vergangener Generation waren (Haas, 2021). *Emotionale Auffälligkeiten* sowie *aggressives Verhalten* und *verkürzte Aufmerksamkeitsspannen* kommen dazu.
- Immer weniger Kinder halten sich an Regeln (Haas, 2021). Sie sind schwer zu zügeln. Überdies zeigen sie sich wenig flexibel bzw. anpassungsfähig, d. h. wenig resilient. Dies wird von Lehrern sowie von Sozialarbeitern von Jugendämtern bestätigt.
- *Nomophobie* – die Angst, ohne das Smartphone zu sein – ist die neue Form einer psychischen Erkrankung, die dem Spektrum an Phobien (psychischen Erkrankungen) zugefügt wurde.

Die jungen Erwachsenen aus der Generation Alpha sind fordernder: Sie verlangen von Unternehmen, sich an ihren Bedürfnissen als Arbeitnehmer zu orientieren. Sie belehren ihre Eltern oder auch Unternehmen.

Bei den Ergebnissen zu dem direkten Zusammenhang zwischen Verhaltensauffälligkeiten und dem Konsum von Videospielen mit virtueller Gewalt und erhöhter Gewaltbereitschaft (Ego-Shooter) gehen die Studienergebnisse auseinander. Auch wenn der Konsum dieser Art von Videospielen als Ursache für die Zunahme von Verhaltensauffälligkeiten und extremer Gewalttaten von Jugendlichen immer deutlicher wird, fehlt es auch nicht an Gegenstimmen, die einen direkten Zusammenhang zwischen Medienkonsum und Gesundheit infrage stellen. Der Zusammenhang zwischen der Dichte an Ereignissen durch den Konsum von sozialen Medien und psychischen Auffälligkeiten wird umgekehrt: Für manche sind demnach die psychischen Auffälligkeiten die Ursache für den hohen Medienkonsum (King et al., 2018). Dies würde heißen, dass Kinder und Jugendliche, die bereits psychische

Auffälligkeiten zeigen, aktiv nach der Nutzung von sozialen Medien suchen. Nicht umgekehrt. Die Wahrheit könnte irgendwo dazwischen liegen. Faktum ist, dass Nutzer durch den Internetkonsum stundenlang dem Empfang einer enormen Dichte an Stimuli und Ereignissen exponiert sind.

Computerspielabhängigkeit („gaming disorder", GD) ist eine relativ „neue" kinder- und jugendpsychiatrische Erkrankung, die, mit regionalen Unterschieden, etwa 2 Prozent der Jugendlichen betrifft und oft auf der Grundlage bereits vorher bestehender psychosozialer Probleme zu schweren physischen und psychischen Beeinträchtigungen führen kann. Diese „neue" Erkrankung wurde zunächst versuchsweise im DSM-5 (Diagnostisches und statistisches Manual psychischer Störungen) und nun auch in der ICD-10 (ICD: Internationale statistische Klassifikation der Krankheiten und verwandter Gesundheitsprobleme) DIMDI (2019) definiert als persistierendes oder wiederholt auftretendes, exzessives Spielverhalten mit Kontrollverlust, dem Vorrang gegenüber anderen Aktivitäten gegeben wird und das trotz negativer Auswirkungen fortgesetzt wird. *Es gibt Bedenken hinsichtlich der Überpathologisierung einer bloß gestiegenen Zeitvertreibsaktivität* (Müller und Wölfling, 2017, Griffiths et al., 2017). Das kann teilweise auch stimmen: Dabei dürfen wir nicht vergessen, dass nach dem Handy zu greifen, um sich die Zeit zu vertreiben, ein automatisches, unwillentliches Handeln ist – auch als Drang bekannt, der sich aus einem erhöhten Aktivitätsniveau ergibt. Das Benennen einer unkontrollierten exzessiven Internetnutzung als Ursache für einen besorgniserregenden Anstieg an psychischen Erkrankungen bei Kindern und Jugendlichen hilft, die schweren Folgen des Internetkonsums nicht aus den Augen zu verlieren und nicht schönzureden, da es hier um sehr viel mehr geht: Es geht um die Resilienz von jungen Menschen, die aufgrund früherer Manifestationen psychischer und neurologischer Auffälligkeiten wesentlich beeinträchtigt wird.

KAPITEL 13

HOMO SAPIENS INTERNETENSIS.
EINE NEUE UNTERART DES HOMO SAPIENS

Die Ergebnisse, wie schwerwiegend die Folgen sind, insbesondere wenn sehr früh im Leben mit dem Konsum von sozialen Medien begonnen wird, sprechen für sich. Die Dimensionen des „Krankmachers Internet" in Form von realen Veränderungen in der Gehirnarchitektonik – anders *verlaufende neuronale Vernetzungen, eine geringere Dichte an Nervenbahnen der weißen Gehirnsubstanz* – weisen darauf hin, dass die Architektonik das Gehirn der Betroffenen bereits beeinträchtigt ist und erklärt die beobachteten psychischen und motorischen Auffälligkeiten als Symptome eines anhaltenden Disstresses. Der intensive Internetkonsum lässt dem sich in der Reifung befindenden Gehirn des *Homo sapiens* immer weniger ereignisarme, ruhige Zeiten, die eigentlich die Voraussetzung für seine optimale Entwicklung (Reifung) sind. Etwas, was sich bereits vor der Pandemie abzeichnete, zeigte sich nach der Covidpandemie deutlich, nämlich das Gefühl, dass etwas viel zu viel ist. Elterngenerationen fühlen sich vor den Kopf gestoßen. Sie erkennen, dass ihre Kinder, die Generation Alpha, immer weniger mit dem üblichen Alltag oder in der Schule zurechtkommen und unter Stress stehen.

Betrachten wir die Evolution der Gattung Homo als ein Kontinuum neurobiologischer Veränderungen, dann sind schlagwortartige Bezeichnungen wie Generation X (geboren 1966 bis 1980), Generation Y (geboren 1981 bis 1995), Generation Z (geboren ab 1995 bis 2009) und Generation Alpha (geboren ab 2010 bis heute) überflüssig. Die Veränderungen im Verhalten, die wir bei Kindern und Jugendlichen der Generation Alpha beobachten, weisen auf die mögliche Entstehung einer neuen Unterart bzw. einer neuen Population des Homo sapiens hin: und zwar des *Homo sapiens internetensis*. Dabei muss hier eine

Differenzierung vorgenommen werden: Unter dieser Bezeichnung sind diejenigen Individuen gemeint, welche die oben genannten Eigenschaften aufzeigen, nicht alle Internetnutzer!

Die Individuen aus dieser Unterart spüren selbst, dass sie weniger resilient geworden sind und dass die Bewältigung ihres Alltags sie an die Grenzen ihrer Belastbarkeit führt. Ihre Sehnsucht nach einer Umstellung ihres Lebensstils ist geweckt. Sie plädieren für mehr Work-Life-Balance. Sie wollen weniger als ihre Eltern arbeiten, da ein 8-Stunden-Arbeitstag, 5 Tage in der Woche, ihrer Meinung nach „viel zu viel" ist. Was dabei allerdings nicht vergessen sein darf, ist, dass unter „Life" mitnichten die Zeiten gemeint sind, in denen man in seiner Freizeit im Internet surft, durch unterschiedliche Portale scrollt, chattet und textet. Unter „Life" sind jene Zeiten gemeint, wo die Dichte an empfangenen Stimuli reduziert wird, was der einzige Weg ist, um die Stromschnellen unserer psychophysiologischen Prozesse zu beruhigen.

Ist diese Entwicklung zu stoppen?

Diese Entwicklung zu stoppen, ist nicht vorstellbar. Auch sie zu verlangsamen, wird nicht so leicht funktionieren, da es hierbei um eine Lebensumstellung geht, was keine einfache Angelegenheit ist. Es bedarf eines lösungsorientierten Denkens, was wiederum während des Zustandes gesteigerter Aufmerksamkeit realisierbar ist.

Betrachtet man die Verdichtung an Stimuli, die in den letzten 100 Jahren die menschlichen Sinnesorgane erreicht hat, fällt es leicht, eine Zukunftsprognose zu stellen: Durch die rasante technologische Entwicklung wird *bei immer mehr Menschen die Zahl der Stimuli weiter steil steigen.* Das wird auch von den Entwicklern internetbasierter Kommunikationskanäle mit Stolz bestätigt. Sie versprechen, dass die Übertragung von Daten noch schneller erfolgen wird. Mit anderen Worten würde das heißen, dass mit einer exponentiell steigenden Wahrscheinlichkeit noch mehr Stimuli pro Zeiteinheit an den Rezeptorzellen der Sinnesorgane (meistens Augen und Ohren) werden andocken können. Wenn es um die Dichte an Stimuli geht, kommen auf uns also noch schlimmere Zeiten zu! Für eine solche Annahme spricht zum Beispiel das Faktum, dass 2023 intensiv daran gearbeitet wurde, die Funkzellen der 5. Generation des Mobilfunks (5G) in den Städten engmaschiger auszubauen.

Die 5G-Technologie versprach unter anderem eine *Verzehnfachung der Download-Raten*, deutlich geringere Latenzzeiten und mehr Nutzer, die sich gleichzeitig an einer Funkstelle befinden können. Diese 5. Mobilfunkgeneration, die 2020 auf den Markt kam, wird das Internet, die Virtual Reality, das Smart Home oder das autonome Fahren sowie auch *datenintensive* Breitbandanwendungen vorantreiben. Unter Idealbedingungen soll die 5G-Geschwindigkeit zukünftig bis zu 10 GBit/s (1 Gigabit = 10^9 oder 1.000.000.000 Bit) oder 10 Milliarden Bits pro Sekunde betragen (Deutsche Telekom AG, o. D.). Sehr faszinierend. Der geplante Zuwachs an Datenübertragungsgeschwindigkeit von 2020 stellt eine Datenzuwachsrate auf das *Zwanzigfache bis 2025 dar, noch dazu gleichzeitig flächendeckend.* 2023 liefen die Forschungsarbeiten für 6G, also die 6. Generation der Drahtlosekommunikation, die natürlich auch wieder eine noch höhere Bandbreite, mit der ebenfalls mehr Daten übertragen werden können, mit sich bringt. Aber das ist noch nicht alles.

Am 30. Juli 2020 kündigte Onlinehändler Amazon an, im Rahmen des „Projektes Kuiper" (privates Satellitennetz) sehr schnelle Internetverbindungen bereitzustellen (Sawall, 2022). Laut Hersteller werden auch Regionen davon profitieren, die heute mit Internet unversorgt oder unterversorgt sind. Im Oktober 2023 war es so weit. Der erste von mehr als 3200 geplanten Satelliten wurde ins All gebracht. Elon Musks Starlink habe Konkurrenz bekommen.
    Privatiers haben sich das Recht genommen und eigene globale Kommunikationsnetze um die ganze Welt über uns geworfen.

Die Maschen dieser Netze werden immer enger. Somit bleiben immer weniger Plätze auf dem Erdball, an denen wir Menschen ungestört und ausschließlich mit unserer unmittelbaren Umgebung in Kontakt bleiben. Es bleiben immer weniger Entspannungsmöglichkeiten für unsere Sinnesorgane und unser Gehirn. Das Hauptargument von Gegnern einer solchen Verdichtung im Kommunikationsnetz ist die Strahlung beim Senden von Nachrichten über Handymasten. Dabei wird kaum an die Folgen des Empfangs von immer mehr Stimuli pro Zeiteinheit gedacht. Was als Qualitätsmerkmal von „Projekt Kuiper", „Starlink" oder „Metaversum" gepriesen wird, ist eine Falle für unsere Sinnesorgane und uns selbst.

Bei all der freien Verfügbarkeit von Wissen und Informationen lässt die Digitalisierung unseren Sinnesorganen und Gehirnen immer weniger Zeit, um sich zu entspannen und zur Ruhe zu kommen. Wenn wir noch immer hoffen, dass unsere Gehirne über ungeahnte Anpassungskapazitäten verfügen, die eine noch höhere Dichte an Stimuli aushalten können, liegen wir leider falsch. Die statistisch zu beobachtende Zunahme von psychischen Auffälligkeiten wie Depressionen, Angststörungen, aggressivem Verhalten, Essstörungen u. a. m. über alle Altersgruppen hinweg ist ein klarer Hinweis darauf, dass die Grenze der neurobiologischen Anpassungsressourcen unserer Gehirne weit überschritten wurde. Dass immer jüngere Altersgruppen davon betroffen sind, sollte uns große Sorge bereiten.

Der Vergleich der zunehmenden Dichte an Stimuli mit einer „Reizüberflutung" ist meiner Meinung nach nicht ganz korrekt. Eine übliche hydrologische Überflutung kommt und geht irgendwann wieder. Die zunehmende Dichte an Stimuli (Ereignissen) ist eher mit einem steigenden Meeresspiegel zu vergleichen. Die steigende Zahl von psychischen Auffälligkeiten von jungen Menschen spricht dafür, dass dieses Niveau zurzeit deutlich über dem Pegelstand liegt, und es steigt weiter und weiter.

Auch wenn ich hier versuche, die Folgen eines unkontrollierten Empfangs von Stimuli vorsichtig und wenig Angst machend zu formulieren, sind es Fakten, vor denen wir nicht die Augen verschließen dürfen. Allein den digitalen Plattformen und ihren Algorithmen die psychische und körperliche Gesundheit der jungen Vertreter des Homo sapiens zu überlassen, wäre fahrlässig, verantwortungslos.

Maßnahmen zum Schutz vor einem Hochwasser an Stimuli und Ereignissen

Das Ziel von Schutzmaßnahmen ist klar: eine Reduktion der Dichte an Stimuli pro Zeiteinheit. Nichts anderes. Die erste Frage, die wir uns stellen sollten, ist: „Wer soll, kann bzw. darf die Dichte an empfangenen Ereignissen (Nachrichten) in erster Linie bei Kindern und Jugendlichen regeln?" Die Kinder? Die Jugendlichen selbst? Ihre Eltern? Die Schule? Das Gesetz? Oder doch alle zusammen?

Ein generelles Handy- bzw. *Tabletverbot in Schulen* ist keinesfalls die Lösung. Die Eltern schildern selbst, dass sie sich schwertun, den eigenen Kinder Grenzen zu setzen. Wäre ein Handyverbot an Schulen also eine vorstellbare Hilfe in dem Versuch, Kinder vor einem übermäßigen Internetkonsum zu schützen? Bezüglich eines Handyverbots an Schulen gibt es bislang keine Regelung auf EU-Ebene.

Als Argumente gegen ein flächendeckendes Handyverbot in der Schule werden folgende Gründe genannt:
- *Es wäre ein Eingriff* in die freie Persönlichkeitsentfaltung und das Eigentumsrecht von Schülern.
- Ein Verbot bringt wenig: Es braucht die *Einsicht der Schüler*. Die Fachleute, die für eine Einsicht seitens der Schüler plädieren, dürfen nicht vergessen, dass bei Suchtverhalten (Nomophobie), das gerade bei immer mehr Kindern und Jugendlichen zu beobachten ist, Einsicht nicht zu erwarten ist. Fachleute, die mit jeder Art von Sucht arbeiten, wissen ganz genau, wie schwierig es für Betroffene

sein kann, dem Drang nach Suchtmitteln – im konkreten Fall sind es das Handy, das Tablet oder der PC – zu widerstehen.

- *Medienkompetenz sollte durch das Benutzen gelernt werden:* Dies stellt hier ein wichtiges Schlagwort dar. Ein solches Argument stimmt, was allerdings nicht bedeutet, dass Kinder in der Schule die GANZE Zeit über ihr Handy neben sich haben.
- *Wunsch nach einer modernen Schule, die in die Zukunft und nicht in die Vergangenheit blickt.* Die Gegner des Handyverbots an Schulen dürfen nicht vergessen, dass die ständige Verfügbarkeit eines Handys nichts mit einer modernen Schule zu tun hat.
- *Regeln bezüglich der Nutzung von Mobiltelefonen in der Schule sollten den Schulen selbst überlassen werden,* statt diese Verantwortung anderen zu überlassen.
- *Die Welt hat sich verändert: Schulen müssen sich dieser Herausforderung stellen und konstruktiv damit umgehen.* Grundsätzlich solle die Schule zeigen, wo man das Handy sinnvoll nutzen kann – und auch, wo es Gefahren gibt.

Das Hin und Her der Versuche, den Handygebrauch in der Schule zu regeln, zeigt, dass wir noch weit von einer generellen Regelung entfernt sind. Ein Allheilmittel von der Schule zu erwarten, wäre bei der aktuellen Datenlage über die Auswirkungen des Internetkonsums auf die Gesundheit von Jugendlichen unrealistisch. Ein übermäßiger Internetkonsum durch das Handy hat prinzipiell nichts mit der Schule zu tun. Die Schule wäre möglicherweise nur der einzige Ort, an dem das kontrolliert werden könnte. Politisch wären bundesweite Regelungen gefordert.

Während in den meisten EU-Ländern immer noch die Pros und Kontras eines Handyverbots in der Schule diskutiert werden, führte Frankreich bereits 2018 ein Handyverbot für Kinder bis 15 Jahre in Schulen ein. Schon seit 2010 gilt dort ein Gesetz, das die Handynutzung während des Unterrichts verbietet. In Italien wurde ein generelles Handyverbot an schulischen

Einrichtungen seit Dezember 2022 eingeführt. In 2023 debattierte Skandinavien über die Digitalisierungsstrategie an Schulen. Sehr clever. Offensichtlich verlor das Credo, dass die Schule der Zukunft ein digitales Fundament braucht, an Glaubwürdigkeit. Eine Stellungnahme des renommierten Karolinska-Instituts, das damit betraut wurde, die Digitalisierungsmaßnahmen zu evaluieren, zeigte ein desillusionierendes Bild: Die Technik vermag die erhofften positiven Effekte der Digitalisierung in den Schulen nicht zu leisten. Die Forschung zeigte, dass der Wissenserwerb durch den Computereinsatz in jungen Jahren beeinträchtigt worden sei und dass die Schülerinnen und Schüler durch die gesteigerte Bildschirmzeit einem erhöhten Risiko für psychische und physische Folgeerscheinungen ausgesetzt seien.

Anfang Juli 2023 stellte der Bildungsminister Robbert Dijkgraaf dem Parlament am Dienstag in Den Haag eine entsprechende Regelung für die Handynutzung in der Schulen vor. Das Handyverbot soll ab 2024 greifen. Diese Entscheidung basiert auf den wissenschaftlichen Untersuchungen, die zeigen, dass Mobiltelefone eine Störung darstellen und dass die Politik die Verantwortung dafür trägt, die Kinder zu schützen.

In ihrer Rede vor der Sommerpause ließ die dänische Bildungsministerin Lotta-Edholm bezüglich der Digitalisierung an den Schulen verlautbaren, dass verstärkt auf das Lernen mit gedruckten Büchern gesetzt werde, man solle darum einen Schritt zurücktreten. Man wolle wieder verstärkt auf analoge Lehrmittel setzen und die Bildschirmzeit der Kinder und Jugendlichen maßgeblich reduzieren. Bis Ende 2024 soll eine Kommission Tipps für eine gesunde Balance geben zwischen einem Leben im virtuellen Rahmen und dem persönlichen Leben vor Ort.

In der Schweiz ist dies auf lokaler Ebene schon seit Jahren geregelt, so zum Beispiel in der Stadt Zürich. Dort legt zum Beispiel die Hausordnung der Grundschulen fest, dass die Nutzung von Mobiltelefonen und anderen elektronischen Geräten für Schüler im Schulhaus und auf den Außenanlagen nur zu schulischen Zwecken erlaubt ist (Berg, 2018). In die österreichischen Schulen würde das seitens Schulpartnerschaft im Zusammenwirken von Lehrern, Schülern sowie Erziehungsberechtigten geregelt.

Die UNESCO erklärte in ihrem „2023 Global Education Monitor", dass es Beweise dafür gebe, dass die übermäßige Nutzung von Handys mit schlechteren schulischen Leistungen im Zusammenhang stehe und dass ein hohes Maß an Bildschirmzeit negative Auswirkungen auf die emotionale Stabilität von Kindern habe (Vogler, 26.07.2023). In diesem Bericht wurden politische Entscheidungsträger und -trägerinnen vor einer unreflektierten Nutzung digitaler Technologie gewarnt. Positive Auswirkungen auf Lernergebnisse und wirtschaftliche Effizienz könnten überbewertet werden und nicht jede Veränderung sei ein Fortschritt. Die Autoren dieser Studie appellieren an die Regierungen, dass sie sicherstellen müssten, dass sie über klare Ziele und Grundsätze verfügen, um den Nutzen digitaler Technologien in der Bildung zu gewährleisten.

Für das österreichische Bildungsministerium ist dieser Bericht kein Anlass umzudenken und die Digitalromantik infrage zu stellen. „Wir sind prinzipiell gegen ein Handyverbot", hieß es aus dem heimischen Bildungsministerium gegenüber einem Sender. Vielmehr sehe man in der Digitalisierung eine Chance. Es obliege den Schulen bzw. den einzelnen Lehrkräften, wie sie mit Smartphone und Co. im Klassenzimmer umgehen. Auch durch KI, etwa durch den Chatbot ChatGPT, der in vielen Bereichen umfassend Antworten generieren kann, sieht das Bildungsministerium die Schulen derzeit nicht bedroht. Deshalb sei auch hier kein Verbot vorgesehen. Die Politik blieb taub gegen die Forderung der Lehrergewerkschaft eines Handyverbots an Schulen. Schade.

Mir scheint, dass die äußerst beunruhigenden Daten über die Folgen des Internetkonsums auf werdende Erwachsene offensichtlich noch immer nicht jene kritische Masse erreicht haben, um ein Umdenken einzuleiten, und zwar in Bezug darauf, welche Folgen für die psychische Gesundheit des jungen Homo sapiens ein unkontrollierter, gesundheitsschädlicher Internetkonsum haben kann. Es bleibt zu hoffen, dass die in skandinavischen

Länder eingeleitete Initiative der Impulsgeber für viele andere Länder auf der Welt sein wird.

Es ist definitiv an der Zeit, dass wir Erwachsene und Fachleute den Empfang von Stimuli ernster nehmen, da es um die Gesundheit unserer Kinder und somit um die Zukunft der fragilsten Gruppe des Homo sapiens geht. Mit einem Handyverbot an Schulen, wenn das Handy nicht dem Unterricht dient, könnte man beginnen.

In ihrer Rede wurde die dänische Bildungsministerin emotional. „Ich habe ernsthafte Angst, dass ihr Kinder und Jugendlichen, die ihr heute heranwachst, auf eure Kindheit zurückblickt und sagt: ‚Wie um alles in der Welt konntet ihr uns so unkritisch dem Bildschirm aussetzen?'" (Schleper, 26.09.2023)

Meine Sorge darum, dass sich die Politik immer noch Zeit lässt, ebenso wie die Tatsache, dass immer mehr junge Homo sapiens in das „Einzugsgebiet" der Psychopathologie geraten, waren der Grund, dass ich Sie auf unserer Entdeckungsreise entlang des Flusses der Verwandlung an diesem Hafen („Stimuli und Ereignisse") etwas länger aufgehalten habe.

Prognose

Wenn die Menschwerdung nicht in einer Zunahme der Hirnmasse begründet lag, ist es denkbar, dass die Veränderungen in der Körperhaltung (aufrechter Gang) bei unseren Ururahnen vor 7 Millionen Jahren auf eine „Machtverschiebung" zwischen hemmenden und anregenden Neurotransmittern zurückzuführen sind, bedingt durch die anhaltend herrschenden niedrigen Außentemperaturen. Es ist wahrscheinlich kein Zufall, dass die *ausgestorbene Gattung der Menschenaffen, die Sahelanthropus,* zu jener Zeit lebte, als sich das Erdklima nahezu kontinuierlich auf kalte Klimaverhältnisse zubewegte. Die Kälte setzte die hemmende Wirkung von GABA herab, seine Rückenmuskeln spannten sich an, sodass sein Körper wie ein Segel aufgerichtet werden konnte. Die Voraussetzung für einen aufrechten Gang war da. Erste Schritte auf 2 Beinen konnten gemacht werden. Das muss nach dem gleichen Prinzip abgelaufen sein, wie es sich im kalten Wasser des Weißensees in Lisas Gehirn ereignete: Damals wurde die GABAerge Wirkung schwächer, sodass es zu einem Anstieg anregender Neurotransmitter kam. Die Folge war, dass neurophysiologische Verläufe beschleunigt wurden, was Veränderungen auf der motorischen, physiologischen und psychologischen Ebene mit sich brachte, genau wie Pinel annahm, dass die niedrigen Temperaturen für die Entwicklung von Hominiden sorgten (Pinel, 2011). Es wäre das Ende der Menschwerdung gewesen, wenn das Gehirn des Menschen damals nicht die neuroanatomischen Ressourcen in sich gehabt hätte, um einen neuen Zuwachs an Großhirnrinde zu ermöglichen.

Die neu hinzugewonnene Gehirnmasse ist reich an GABA-Neurotransmittern. Mit jedem neuen Kubikzentimeter an Gehirnmasse bekam der Mensch von damals einen neuen Zuschuss an hemmenden Ressourcen, als ob er diese während seiner Existenz verbraucht und dann neu gebraucht hätte. Nach einem solchen Zuschuss konnte immer eine neue Ära des Menschenwerdens beginnen. Durch einen solchen neuen „Zuschuss" bekam die gesamte hemmende Neurotransmission Verstärkung. Die psychophysiologische Prozesse konnten sich entspannen, was jeder neuen Art der Gattung Homo die Möglichkeit gab, mehr Zeit in einem Zustand der gesteigerten Aufmerksamkeit zu verbringen. Dies beflügelte den erfinderischen Geist der nächsten Art der Gattung Homo. Es gab wiederum mehr Potenzial für innovative Problemlösungen. Diese erhöhten deutlich die Überlebenschancen bei sich rasch ändernden, unvorhersehbaren Umweltbedingungen und erleichterten auch den Alltag. Somit wuchs die Zahl an neuen Erfindungen, neuen Stimuli und neuen Ereignissen.

Es ist zu erwarten, dass in der Zukunft jener Mechanismus des Zuwachses an Großhirnrinde beim Menschen auch weiter so funktionieren wird wie in den letzten Millionen Jahren. Das Gehirn des Homo sapiens hat in nur 200.000 Jahren 400 Kubikzentimeter an Masse zugelegt. Für den gleichen Zuwachs brauchten seine früheren Verwandten ein paar Millionen Jahren. Es scheint, dass die Geschwindigkeit des Hirnwachstums der Geschwindigkeit der Dichte an empfangenen Stimuli folgte. Funktioniert dieser Mechanismus weiter so, ist zu erwarten, dass die nächste Art der Homo-Gattung innerhalb der nächsten Jahrtausende an neuer Gehirnmasse als „Bonus" gewinnt. So entsteht ein Circulus vitiosus, in dem sich die Zunahme an Stimuli und die Zunahme an Großhirnrinde gegenseitig bedingen und verstärken. Das ist kein Grund zur Freude. Zu hoffen, dass das Gehirn des Homo sapiens, so wie das seiner Vorfahren, es auch schaffen wird, dem rasant steigenden Bedarf nach hemmendem GABA nachzukommen, ist hochriskant. Die Zunahme von psychischen Erkrankungen von Homo-sapiens-Individuen ist ein Warnsignal, dass wir umdenken müssen.

Die gute Nachricht

Trotz der Positionierung von Sinnesorganen (Augen, Ohren, Haut) an der Körperoberfläche haben wir in den meisten Fällen die Kontrolle über den Empfang von Stimuli bzw. von Ereignissen, zum Beispiel indem wir das Lesen oder Hören von Nachrichten oder die Nutzung von sozialen Medien vermeiden.

In Zeiten, in denen das Angebot an Stimuli und Ereignissen rasant und unkontrolliert steigt, können wir uns an die Erkenntnis halten, dass die Kontrolle darüber (noch immer) in unserer Hand liegt.

TIPP für einen angemessenen Internetkonsum:

Die Folge eines unkontrollierten Empfangs von Stimuli und Ereignissen führt dazu, dass das Gehirn des Empfängers zu einer „Mülldeponie" wird. Das Problematische dabei ist, dass vermüllte Gehirne nicht wie jede herkömmliche Mülltonne einfach entleert werden können. Wie weiter oben bereits erörtert, verbraucht jeder Stimulusempfang einen Teil unserer Energiereserven. Nach den Prinzipien der Homöostase müssen diese dann aus unseren Umweltressourcen wieder ergänzt werden. Aber das ist nicht alles. Wie wir im nächsten Kapitel sehen werden, hinterlässt jeder Empfang tiefe Spuren auf feinsten Ebenen im menschlichen Gehirn, welche hinterher kaum zu entfernen sind.

Das ist Grund genug, sofort mit einem angemessenen Internetkosum zu beginnen – mit einer „Diät sozialer Medien". Wie bei jeder anderen Diät geht es auch hier um einen GERINGEREN KONSUM, und zwar an Stimuli pro Zeiteinheit. Um nicht rasch rückfällig zu werden und zum alten Konsumausmaß zurückzukehren, d. h., um einen Jo-Jo-Effekt zu vermeiden, darf dies aber keine extreme „Crashdiät" sein, bei der die Zufuhr, in diesem Fall von Stimuli, radikal reduziert wird. Der Plan zur Reduktion der Dichte an Stimuli sollte von uns individuell erstellt werden und realistisch sein.

Dabei kann die folgende Vorgangsweise hilfreich sein:
a) Machen Sie sich eine Liste mit allen möglichen sozialen Medien, die Sie nutzen.
b) Treffen Sie eine Entscheidung, von welchem (Facebook, Snapchat. Instagram, TikTok, Twitter, Twitsch usw.) Sie sich am leichtesten verabschieden können.

c) Schreiben Sie die Stundenzahl Ihres aktuellen täglichen Medienkonsums auf und reduzieren Sie diese um nicht mehr als eine halbe Stunde Ihres üblichen Konsums. Versuchen Sie dies einen Monat lang beizubehalten.

d) Es ist besser, die Stundenzahl Ihres täglichen Medienkonsums nicht auf einmal, sondern in mehreren „Mahlzeiten" zu konsumieren. Stellen Sie Ihren Timer zur Erinnerung so, dass Sie eine halbe Stunde weniger konsumieren als vorgesehen.

e) Wenn Ihr Partner oder Ihre Partnerin, Ihre Eltern und Ihre Kinder diese Diät mitmachen, kann dies dem Erfolg Ihrer Diät an sozialen Medien förderlich sein.

Nach einem Monat wiederholen Sie das Prozedere. Reduzieren Sie Ihre Konsumzeit erneut um eine halbe Stunde und löschen Sie noch ein weiteres Ihrer sozialen Netzwerke. Sollten Sie doch einen inneren Druck nach weiterem Medienkonsum verspüren (Craving als eines der prägnantesten Merkmale der Sucht), versuchen Sie zum Beispiel, Ihr Handy oder den PC gleich nach dem Ablauf Ihrer „Konsumzeit" auszuschalten und etwas anderes zu tun oder für kurze Zeit auszugehen. Ein Aushalten des Verlangens verspricht bessere Erfolge. Wenn Sie nach einem Monat noch eine weitere Reduktion Ihres Medienkonsums vornehmen können, dann tun Sie das. Wenn nicht, dann seien Sie zufrieden mit dem Erreichten. Bei dieser Diät geht es nicht um den Verzicht des Empfanges von Stimuli bzw. von Ereignissen – was nicht möglich ist – hier geht es einfach um eine Reduktion ihrer Dichte.

Zur Erinnerung:

Die Evolution des Menschen ist eng mit der Zunahme von empfangenen Stimuli (Ereignissen) verbunden.

Der Empfang jedes einzelnen Stimulus bzw. Ereignisses ist mit einem Energieaufwand des Ereignisempfängers verbunden. Der Körper muss bei dem Transport von außen nach innen einen Teil seiner eigenen Energiereserven investieren.

Der technologische Fortschritt führt dazu, dass die Zahl an Kontakten mit Stimuli pro Zeiteinheit rasant zunimmt, bei Erwachsenen sowie auch bei Kindern und Jugendlichen.

Der leichte Zugang zu digitalen Medien setzt das Gehirn von Kindern, bei denen der Reifungsprozess noch nicht abgeschlossen ist, dem Empfang einer hohen Dichte an Stimuli aus.

Die Gehirne von Kindern mit höherem Internetkonsum zeigen eine beeinträchtigte Architektonik, die mit weniger dicht verlaufenden Nervenbahnen der weißen Gehirnsubstanz einhergeht. Dies bringt diese Kinder sehr früh in ihrem Leben durch emotionale Auffälligkeiten, aggressives Verhalten, verkürzte Aufmerksamkeitsspannen u. v. m. in eine ungünstigere Startposition im Vergleich zu Gleichaltrigen, die diese Begleiterscheinungen nicht zeigen.

Eine neue Unterart des Homo sapiens, der Homo sapiens internetensis, ist bereits da. Er hat sehr früh in seinem Leben mit ernsthaften psychischen Problemen zu kämpfen.

KAPITEL 14

DER MENSCH ALS EREIGNISEMPFÄNGER UND -SENDER

Der Mensch als Stimulus- bzw. Ereignisempfänger

Eine hundertprozentige Kontrolle über den Empfang bzw. die Aussendung *von Ereignissen* haben wir in den *meisten Fällen nicht*. *Die Einschränkung bei der* Kontrolle „verdanken" wir der Positionierung unserer Sinnesorgane in/an unserem Körper, die großteils an den Grenzen zur Außenwelt platziert sind.

Der menschliche Körper, ein offenes physikalisches System

Der menschliche Körper ist von seiner Umgebung durch die Haut bzw. Schleimhäute abgegrenzt. Die Sinnesorgane sind offene Schnittstellen, durch die der Körper mit seiner Umwelt in Kontakt steht und sowohl Materie als auch Energie mit ihr austauscht (Bild 10), was ihn aus *Sicht der Physik zu einem offenen physikalischen System* macht.

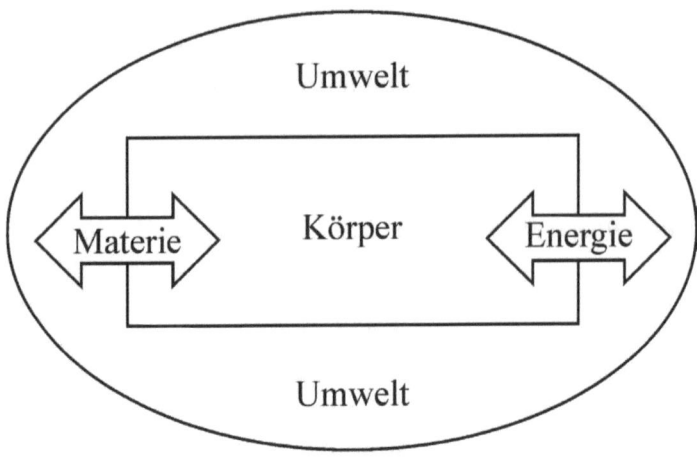

Bild 10
Unser Körper, ein offenes physikalisches System

Im Sinne der Physik wird ein System dann als (thermodyna-misch) *offen* definiert,

  a) wenn es ein *definierbares Teilstück der Welt* ist, das gegen-über seiner Umgebung durch eine sogenannte System-grenze abgegrenzt ist,

  b) wenn es durch *offene Schnittstellen sowohl Materie als auch Energie mit seiner Umgebung austauschen kann* (Schuller, 2013) und

  c) wenn seine *physikalischen Eigenschaften sich durch die Ge-setze der Thermodynamik beschreiben* lassen.

Die Haut bzw. die Schleimhäute ziehen eine Trennungslinie und machen aus dem menschlichen Körper ein *definierbares Teilstück der Welt*. Die Sinnesorgane, die Empfangsstellen der Stimuli, sind die Schnittstellen *des Austausches sowohl der Ma-terie als auch der Energie* zur Umwelt. Erinnern Sie sich an den Wärmeaustausch, bei dem die Wärme aus Lisas Körper direkt durch die Haut ins Wasser des Weißensees überging und ihren

Körper abkühlte? Hier kommen die Gesetze der Thermodynamik zum Tragen. Im konkreten Fall kam das Grundgesetz des Wärmeaustausches zur Geltung. Somit sind alle Kriterien, die ein offenes physikalisches System beschreiben, vonseiten des menschlichen Körpers zur Gänze erfüllt.

Der Mensch als Stimulus- bzw. Ereignissender

Jeder *Stimulus* hat einen „Absender", eine Quelle bzw. einen Ausgangspunkt, von dem aus er sich ausdehnt, von wo aus seine Qualitäten, zum Beispiel in Form von Temperatur, Druck, Licht oder elektromagnetischen Wellen, „ausgesendet" werden. Ein Stimulus hat auch einen „Empfänger", jemanden, der den Stimulus a) absichtlich empfängt oder b) dem er unabsichtlich zuteilwird. Die Grundvoraussetzung, einen abgesendeten Stimulus zu empfangen, ist, sich *in seinem Ausbreitungsradius zu befinden*.

Stefans Vater, der gewalttätige Alkoholiker
Stefans Vater war chronischer Alkoholiker, der immer wieder betrunken nach Hause kam. Im betrunkenen Zustand schimpfte er über die ganze Welt und drohte alle umzubringen. Seine Tiraden waren schon von der Straße aus zu hören. Dies gab Stefan und seiner Mutter Zeit, sich noch rechtzeitig vor ihm zu schützen und in einer kalten Scheune zu verbarrikadieren und abzuwarten, bis sich der Vater beruhigte. Wenn sie keine Möglichkeit mehr dazu hatten, war Stefan oft Augenzeuge der Gewalt seines Vaters der Mutter gegenüber. Die Drohungen seines Vaters und die Bilder der Gewalt jagten Stefan immer Angst ein: Angst um sein Leben und das seiner Mutter. 30 Jahre danach thematisierte er in Psychotherapiesitzungen fast detailgenau diese Bilder samt erlebter Angst, als ob das alles erst gestern geschehen wäre.

Ausbreitungsradius eines Stimulus

Die von den Stimmbändern erzeugten Schallwellen (Stimuli) verbreiten sich schneller und über längere Distanzen durch die Luft. So erreichten die von Stefans Vater erzeugten Schallwellen die Haarzellen im Innenohr seines Sohnes. Dies erfolgte nicht nur gegenüber den Menschen, an die diese Schallwellen absichtlich gerichtet wurden (Stefan und seine Mutter), sondern auch gegenüber denen, die sich zufälligerweise zu gegebenem Zeitpunkt im Ausbreitungsradius dieser Stimuli befanden (Nachbarn, vorbeigehende Fußgänger).

Immer als Stefan diese Stimuli empfing, *veränderte sich sein Energiebetrag als Stimulusempfänger.* Das war aber nicht, was seiner psychischen Gesundheit langfristige Schäden zufügte; es war das *Bewerten des Ereignisses,* das Bild, das daraus entstand: ein zorniger betrunkener Mann, der eigene Vater, der seinen Sohn und seine Mutter aufs Heftigste bedrohte, der damit drohte, die beiden umzubringen. Wie das Bewerten von Ereignissen den Gesundheitszustand der Ereignisempfänger beeinflusst, erfahren Sie im nächsten Kapitel.

Als offenes System kann der Mensch nie imstande sein, sich zu 100 Prozent vor Kontakten mit Stimuli zu schützen, die für ihn unerwünscht bzw. schädigend sein könnten. Im Laufe der Evolution hat genau dieser Platz der Sinnesorgane an der Grenze zwischen dem Körper und seiner Umgebung, gepaart mit ihrer beeindruckenden Empfindlichkeit, den Menschen mit „Sensoren" ausgestattet, auf deren Schutz leider kein 100-prozentiger Verlass ist. Aufgrund der hohen Sensibilität der Sinnesorgane schaffen auch sehr schwache Stimuli – durch ihr Aufsummieren – elektrische Impulse zu entladen, die dann das Gehirn erreichen und darauf folgend den körperlichen und psychischen Zustand des Stimulusempfängers abändern.

Uns Menschen, als potenzielle Stimulus-/Ereignisabsender, muss klar sein, dass alles, was wir machen, wie wir aussehen, welchen Gesichtsausdruck wir haben, was wir sagen, wie wir riechen etc. automatisch zu Veränderungen bei einem

Stimulusempfänger führt, und zwar zuerst auf lokaler Ebene, auf den Rezeptorzellen

Bei einer solchen unzureichenden Schutzleistung unserer Sinnesorgane bezüglich des Empfangs *viel zu vieler Ereignisse* ist es angebracht, dass der Mensch klug handelt und diese Aufgabe (die Steuerung dessen, welchen Stimuli er Zugang gewährt) selbst in die Hand nimmt, soweit es ihm möglich ist.

Die Verantwortung bei Empfang und Absenden von Stimuli und Ereignissen

Verteilt über die ganze Körperoberfläche machen die Sinnesorgane aus jedem von uns passive, unbeabsichtigte Stimulusempfänger, wie es die Nachbarn von Stefan waren, nur weil sie sich zufälligerweise im Ausbreitungsradius der ausgesendeten Schallwellen von Stefans Vater aufhielten.

Was den Empfang von elektromagnetischen Wellen im sichtbaren Bereich betrifft, haben wir Menschen in den meisten Fällen eine gute Kontrolle darüber, welche davon die Netzhaut erreichen werden und welche nicht. Als Schutz reicht es, die Augen einfach zu schließen. Das funktioniert jedoch leider nicht immer. Manchmal sind Kontakte mit unangenehmen Stimuli unvermeidbar, wie es sich auch für Stefans Nachbarn ereignete oder wenn wir unerwartet ohne Vorwarnung Bilder über Gewalt, Katastrophen und menschliches Leid im Fernseher oder in einer Zeitung zu sehen bekommen. Dies relativiert die Vorstellung mancher Menschen, sich als Stimulus- bzw. Ereignissender so benehmen zu können, wie es ihnen gerade beliebt. Sie bohren in der Öffentlichkeit in der Nase, äußern sich lautstark, telefonieren laut in öffentlichen Verkehrsmitteln wie zum Beispiel dem Zug, hören Musik oder lachen oder posten auf Instagram alles, was sie wollen. Wenn wir bedenken, dass der Kontakt zwischen Stimulus und Sinnesorganen am Anfang einer Kaskade mehrerer Folgeerscheinungen (Fluss der Verwandlung) steht, die nicht mehr zu stoppen ist, dann liegt die Verantwortung dafür, welche Stimuli bzw. Ereignisse aktiv bzw. passiv gesendet werden, zunächst beim Stimulus- bzw. Ereignissender. Jedem Einzelnen von uns sollte klar sein, dass jegliche von ihm – absichtlich oder unabsichtlich – gesendete Stimuli bzw. Ereignisse, die vom Ereignisempfänger negativ bewertet werden, werden immer negative Auswirkungen auf das Wohlbefinden des Letzteren haben.

Das heißt aber keinesfalls, dass die Verantwortung über die Auswahl von empfangenen Stimuli nur beim Absender liegt. Das bedeutet allerdings auch nicht, dass wir als Stimulusempfänger keine *Verantwortung über die Dichte an empfangenen Stimuli tragen*. Wir sind es letztendlich, die darüber entscheiden, wie viel von dem sehr breiten Angebot Zugang zu unseren Sinnesorganen *und damit zu unserem Körper* erhält.

Nach all dem, was Sie, liebe Leserschaft, in diesem letzten Kapitel über Stimuli und Ereignisse erfahren haben, und vor dem Hintergrund all der Fakten auf die physischen und psychischen Auswirkungen des Menschen bin ich zuversichtlich, dass Sie jetzt ausreichend motiviert sein werden, in Zukunft einen verantwortungsbewussteren Umgang beim Senden und Empfangen von Stimuli bzw. Ereignissen zu pflegen.

Einfluss von negativ bewerteten Ereignissen auf Neurotransmitterebene

Die Legende über die zwei Wölfe in uns
Ein Großvater erzählte seinem Enkel die nachfolgende Lebensweisheit. Es ist eine überlieferte Geschichte der Ureinwohner Amerikas.

„In unserem Herzen leben zwei Wölfe. Sie kämpfen oft miteinander. Der eine Wolf ist der Wolf der Dunkelheit, der Ängste, des Misstrauens

und der Verzweiflung. Er kämpft mit Zorn, Neid, Eifersucht, Sorgen, Schmerz, Gier, Selbstmitleid, Überheblichkeit, Lügen und falschem Stolz. Der andere Wolf ist der Wolf des Lichts, des Vertrauens, der Hoffnung, der Freude und der Liebe. Er kämpft mit Gelassenheit, Heiterkeit, Güte, Wohlwollen, Zuneigung, Großzügigkeit, Aufrichtigkeit, Mitgefühl und Zuversicht! Der kleine Indianer dachte einige Zeit über die Worte seines Großvaters nach und fragte ihn dann: ‚Und welcher Wolf gewinnt?' Der alte Man antwortete: ‚Der, den du fütterst.'"

Betrachten wir diese schöne Geschichte im Kontext eines verantwortungsvollen Umgangs mit dem Empfang von Ereignissen und im Zusammenhang mit dem Verlauf von neurobiologischen Prozessen. Die Wölfe in dieser Geschichte sind Metaphern für 2 Neurotransmittergruppen: die hemmende und die anregende. Einer von ihnen ist der GABA- und der andere der [5-HT-NA-DA&Co]-Wolf. Sie kämpfen nicht um Macht. Sie lauern in uns und warten nur darauf, mit welchen Ereignissen wir in Kontakt kommen. Die empfangenen Ereignisse sind ihr Futter. Je mehr negative Ereignisse seitens des Ereignisempfängers internalisiert werden, desto mehr werden anregende Neurotransmitter, [5-HT-NA-DA&Co], *aufgerüttelt, also jener Wolf, der sich in Form von Ängsten, Misstrauen, Verzweiflung, Wut, Neid, Eifersucht, Sorgen, Schmerz, Gier und Selbstmitleid manifestieren wird.* Mit einem ununterbrochenen Empfang von schlechten Nachrichten wird dieser Wolf immer stärker werden.

Die positiven Benachrichtigungen sind das Futter für den optimistisch veranlagten GABA-Wolf, der an Kraft gewinnt und es schafft, den traurig, ängstlich, misstrauisch, gereizt veranlagten [5-HT-NA-DA&Co]-Wolf zu zähmen und ihn in einen gelassenen, guten, großzügigen, empathischen Wolf umzuwandeln. Der alte weise Mann hatte recht. Welcher Wolf – GABA oder [5-HT-NA-DA&Co] – kräftiger wird, hängt nur davon ab, ob wir mit guten oder schlechten Ereignissen in Kontakt kommen. Die Entscheidung liegt bei uns.

Wahrscheinlich habe ich die Magie dieser Geschichte ein wenig geschmälert, aber sie bleibt weiterhin eine sehr schöne

Geschichte, unabhängig davon, in welchem Kontext wir sie sehen wollen.

Zur Erinnerung:

Der menschliche Körper erfüllt alle Kriterien eines offenen physikalischen Systems: a) Er ist mittels Haut bzw. Schleimhäuten von seiner Umgebung abgegrenzt und b) seine physikalischen Eigenschaften lassen sich durch die Gesetze der Thermodynamik beschreiben.

Durch die Positionierung der Sinnesorgane an der Körperoberfläche steigt die Wahrscheinlichkeit, dass jeder von uns in erster Linie ein passiver Stimulusempfänger bzw. Stimulussender ist.

KAPITEL 15

BEWERTUNG VON EREIGNISSEN

Ein Flusslaufabschnitt wird erforscht

> „Es sind nicht die Dinge selbst, die uns beunruhigen,
> sondern die Vorstellungen und Einstellungen den Dingen
> gegenüber."
> (Epiktet, o. D.)

Als Lisa ins kalte Wasser des Weißensees hineinsprang, war es nicht nur der Kontakt mit dem Stimulus „Kälte", der ihre (thermoregulatorischen) physiologischen Prozesse beschleunigte. Ihre *Bewertung* der erlebten Atemnot als lebensbedrohlich gab dem Verlauf dieser Prozesse noch mehr Antrieb. Die Bewertung der Ereignisse „unvermeidliche Kollision mit dem Stein auf der Fahrspur" oder „Empfang der Nachricht über die schwere Erkrankung ihrer Freundin", welche Lisa negativ als Lebensgefahr einstufte, verwandelte ihre physiologischen Prozesse vom ruhigen fließenden Gewässer in Stromschnellen. Auch bei Florian war die *Bewertung* des Ereignisses „Aufnahmeprüfung" jene Instanz, die das Fließen seiner physiologischen Prozesse beeinflusste. Als er auf der Liste mit den Namen der aufgenommenen Kandidaten immer weiter hinunterscrollte und seinen Namen nicht finden konnte, stieg die Wahrscheinlichkeit, dass er die Prüfung nicht geschafft hatte. Das Ereignis „Aufnahmeprüfung" wurde immer negativer bewertet. Dies spiegelte sich in der Fließgeschwindigkeit seiner physiologischen Prozesse wider. Diese beschleunigten sich rasant, sie wurden zu Stromschnellen, was sich als zunehmende Anspannung und Herzrasen manifestierte. Die hielten nur bis zu jenem Zeitpunkt an, als er seinen Namen erblickte. Seinen Namen auf der Liste zu sehen, bedeutete, dass er – nach 2 Versuchen – die Aufnahme-prüfung bestanden hatte. Die bis dato negative Bewertung wurde zum Positiven verändert. Die Stromschnellen seiner physiologischen Prozesse verwandelten sich wieder in ruhige Gewässer. Diese Beispiele zeigen, dass die Bewertung eines Ereignisses offensichtlich die Geschwindigkeit unserer physiologischen Prozessen beeinflusst, was sich danach in physischen und psychischen Reaktionen widerspiegelt.

Zu den Begriffen Wert(e) und Bewertung:

> *„Der Sinn und Zweck eines jeden Begriffs ist zweckbestimmt das Begreifen. Deshalb sollte man ihn demnach zerlegen und wieder zusammenbauen, also geistig „Hand anlegen" = „begreifen", und in Folge „sinngemäß benutzen können"*
> (Sauer und Hennig, 2023).

Darüber hinaus ist es sinnvoll, einige für das Konzept des Buches relevante Begriffe rund um den Themenkomplex *Bewertung* richtig einordnen und deuten zu können.

Bevor das Bewerten eines Ereignisses als ein im Körper tiefgreifender Prozess ausführlich durchleuchtet wird, holen wir wieder den Duden zu Hilfe, um die Begriffe um das *Bewerten*, wie *Werte, Wertsystem* und *Werteskala*, begreifen zu können.

Zum Begriff: Bewertung/Bewerten

Laut Duden ist die Bedeutung des Begriffes „*bewerten*“: „*dem [Geld]wert, der Qualität, Wichtigkeit nach [ein]schätzen, beurteilen*“. Dies würde heißen, dass erst durch eine Bewertung ein Ereignis einen *bestimmten Wert zuerkannt bekommt*, was impliziert, dass das *Be-werten* an sich ein *aktiver* Prozess ist.

Um ein Ereignis *be-werten* zu können (z. B. ist etwas klein oder groß, leicht oder schwer, warm oder kalt usw.), verlangt man im Alltag einen *Vergleichswert,* einen Wertmaßstab, der hilft, bestimmte Eigenschaften wie Gewicht, Größe, Konsistenz etc. nach ihrem Wert zu bemessen. Dies fällt leicht, da für viele Eigenschaften schon *Vergleichswerte* („Referenznormen“) von unterschiedlichen Maßeinheiten existieren. Seit 1889 wird der *Vergleichswert* für die Maßeinheit „Kilogramm“ sorgsam unter 3 Glasglocken im Internationalen Büro für Maß und Gewicht (BIPM) in Sèvres bei Paris aufbewahrt. Als Maßstab für Längeneinheiten wird der Meter verwendet, um die Länge oder Entfernung von etwas zu bemessen. Dank dieses *Meters* weiß man, dass ein Reiskorn ein paar Tausendstel eines Meters lang ist oder dass die Entfernung von der Erde bis zum Mond ganze 384.400.000 mal 1 Meter beinhaltet. Wurde etwas bemessen, ist der nächste Schritt, die gemessene Eigenschaft zu *bewerten:* die Länge des Reiskorns wird dann als *sehr kurz,* die Distanz zum Mond als *sehr weit* oder die zum Andromedanebel (2.537.000 Lichtjahre; 1 Lichtjahr entspricht 9.460528405×1021 Meter) als sehr, sehr, sehr weit von der Erde entfernt bewertet. Dank des *Vergleichswerts zum Kilogramm* ist man imstande, ein Objekt als (sehr) schwer oder (ultra-)leicht bewerten zu können. Diese Art des Bewertens ist recht einfach.

Bei dem Versuch, komplexere soziale Ereignisse zu be-werten, d. h. ihnen einen Wert zuzuschreiben, beginnt die Sache mit dem Bewerten komplizierter zu werden. Das Problem besteht darin, dass beim Bewerten von sozialen Ereignissen, zum Beispiel einer Erkrankung oder einer bestimmten Haltung, einfache allgemeingültige Referenzwerte (numerische Werte) fehlen, die, wie zum Beispiel im Falle der Referenzwerte für Kilogramm oder Meter, überall auf der Welt gleich gelten.

Zum Begriff: Wert(e)

Mit dem Begriff Werte hantierten schon die alten Griechen („axio"). Etymologisch stammt das Wort „Wert" aus dem Germanischen „werþa*" = „Wert, kostbar". Es wird generell häufig und unter unterschiedlichen Synonymen wie Normen, Ideologie, Sittlichkeit, Grundüberzeugung, Grundhaltung, Weltanschauung usw. verwendet, insbesondere in der Politik, in journalistischen Auseinandersetzungen, in der Philosophie und in der Soziologie.

Der „Wert" an sich ist das Output des Bewertungsprozesses, der im optimalen Falle eine Einheit und Skalierung besitzt. Werte, die sich in ihrem Kern aus der Bewertung von immateriellen Eigenschaften ergeben, werden *Wertvorstellungen* genannt. Werte *(Wertvorstellungen)* repräsentieren einen Menschen, *sie sind der individuelle Ausdruck von Persönlichkeitseigenschaften, die ihm persönlich wichtig sind.* Diese sind so gut wie sein zwischenmenschliches Aushängeschild. Werte sind die Dinge, die *Menschen* mit ihren Wertegemeinschaften *verknüpfen.* Aus bevorzugten Werten resultieren Denkmuster, Glaubenssätze, Handlungsmuster und Charaktereigenschaften. Das Wissen um seine eigenen Werte hilft einem Individuum bei der Orientierung und Findung von persönlichen Zielen, wie auch dabei, die richtigen Verbündeten zu finden, welche gleiche oder ähnliche Wertvorstellungen besitzen. Wertvorstellungen verbinden die Menschen, genauso wie sie Menschen trennen und Gesellschaften spalten.

Die Komplexität bei der richtigen Ein- und Zuordnung von Werten wird deutlich, wenn beachtet wird, dass Werte je nach Lebenssituation und subkulturellem Rollenbewusstsein *objektiv* sowie *subjektiv* unterschiedlich definiert und ausgeprägt sind.

Anders als bei Referenzwerten für Kilogramm oder Meter, die in den größten Teilen der Welt einheitlich sind, bedeutet der Begriff *Wertvorstellung*, dass es sich dabei um einen Wert handelt, *der auf die Wahrnehmung der Bewertenden selbst zurückgeht.* Dies trägt dazu bei, dass die Werte von immateriellen Eigenschaften sehr unterschiedlich sein können, da diese Werte die Subjektivität der Bewertenden, der Ereignisempfänger widerspiegeln. Unter diesen Gegebenheiten bekommt ein einziges Ereignis eine Bandbreite an unterschiedlichsten Werten.

Nehmen wir als Beispiel die Bewertung des Ereignisses „Töten von Menschen". Dieses Ereignis wird heutzutage wahrscheinlich von den meisten Menschen sofort als grauenvoll, nicht gut, nicht okay, also negativ bewertet. Und doch wird diese Wertvorstellung nicht von allen Menschen und nicht überall auf der Welt geteilt. Von einzelnen Gesellschaftsgruppen wird das Töten von Menschen noch im 21. Jahrhundert als okay bewertet. Denken wir dabei an öffentliche Enthauptungen, an die Todesstrafe, an Kriege, an Tötungen, *die von unterschiedlichen Menschengruppen* unter unterschiedlichen gerechtfertigten Argumenten *als richtig empfunden werden.* Solche Unterschiede in der Bewertung von gleichen Ereignissen und ihren Auswirkungen innerhalb einer Gesellschaft zeigten sich auch während der Coronapandemie 2022 sehr deutlich. Nur ein Beispiel: Bei der Bewertung des Ereignisses *„sich impfen lassen"* bildeten sich Gruppen von Impfbefürwortern und Impfgegnern. Man sprach von einer Spaltung der Gesellschaft. Die Vehemenz, mit der Impfgegner ihre negative Bewertung des Impfens zu verteidigen versuchten, war erstaunlich. Ihre Argumente waren es auch. Weder die Impfgegner noch die Impfbefürworter konnten die Sichtweise der jeweils anderen verstehen.

Dass unterschiedliche Menschen dieselben Ereignisse unterschiedlich bewerten, ist wenig überraschend. Dass aber dieselbe Person ein und demselben Ereignis, je nach „Tagesverfassung", unterschiedliche Werte zuschreiben kann, ist weniger nachvollziehbar, bedeutet aber, dass das Bewerten von Ereignissen und die Werte, die daraus resultieren, sozusagen situationsflexibel sein können. Bevor wir diese Flexibilität von Bewertungen einer einzigen Person näher erläutern, verweilen wir noch ein bisschen bei der Semantik der Begriffe rund um die Bewertung.

Zu den Begriffen: Wert(e)system und Wert(e)skala

Im Kontext der Bewertung werden auch die 2 Begriffe *Wert(e) skala und Wert(e)system* verwendet. Auf einer *Wert(e)skala* wird *eine Skala der Wertbestimmungen* mit Ausprägungen wie zum Beispiel „angenehm/unangenehm", „gut/schlecht" usw. definiert, nach der die *Menschen ihr Glück, ihren Lebenssinn und -zweck bestimmen* (Redeker, 2009). Dabei handelt es sich um eine Skala an Werten, die *vorher bestimmt* werden müssen. Selbiges betrifft auch die Definition des Wert(e)systems, das eine *Skala* an *festgelegten, festgesetzten Werten bezeichnet* (Dudenredaktion, o. D.).

Laut Duden ist eine *„Skala" eine vollständige Reihe zusammengehöriger, sich abstufender Erscheinungen (Stufenleiter)*. Übertragen auf den Begriff *Wert(e)skala* würde dies bedeuten, dass es sich dabei um *eine* vollständige Reihe mit einem Beginn mit niedrigstem Wert und einem Ende mit höchstem Wert an zusammengehörigen, sich abstufenden Werten handelt.

Im Unterschied zur Wert(e)skala, die eine *Reihenfolge* an Werten beschreibt, wird unter dem Begriff „System" ein *Prinzip* dargelegt, nach dem etwas *gegliedert, geordnet* wird. Übertragen auf den Begriff *Wert(e)system liegt diesem System ein Prinzip zugrunde*, nach dem die Werte gegliedert, geordnet werden. Während der Fokus beim Begriff *Wert(e)skala* auf *einer vollständigen Reihe* sich abstufender Werte liegt, liegt dieser beim *Wert(e)system* auf *dem Prinzip*, nach dem diese Werte gegliedert werden. Im Grunde genommen werden die beiden Begriffe Wert(e)system und Wert(e)skala aber *gleichgestellt* und gleichermaßen für die *von jemandem vorbestimmten, festgesetzten Werte verwendet*. Wie fein die Abstufung der Werte in der menschlichen Werteskala ist, kann bei jedem Einzelnen sehr unterschiedlich sein. Bei manchen weist diese Skalierung große Unterschiede zwischen einzelnen Werten auf, die dann nur *schwarz* oder *weiß, gut oder schlecht* als Wert haben, im Gegensatz zu anderen, deren Werteskala sehr *fein nuanciert und differenzierter* sein kann.

> ### Zur Erinnerung:
>
> *Werte sind der Output eines aktiven Prozesses des Bewertens, der nach einem Prinzip eine zusammengehörige, sich abstufende vollständige Wertereihe bildet. Diese kann unterschiedlich fein gegliedert und geordnet sein.*

Die Phasen der Bewertung

In seinem Bestsellerbuch *Schnelles Denken, langsames Denken* (Kahneman, 2012) befasst sich der Nobelpreisträger Daniel Kahneman, wie der Titel vermuten lässt, mit 2 Arten des Denkens: a) dem schnellen und b) dem langsamen Denken. Für die beiden Denkarten nutzt er die ursprünglich von den Psychologen Keith Stanovich und Richard West eingeführten Termini *System 1* und *System 2*. Nach Kahneman haben viele Neurowissenschaftler und Psychologen diese Aufteilung der Funktionsweise des Denkens mittels zweier Systeme übernommen. Auf den ersten Blick erweckt das den Anschein, dass hier von 2 unterschiedlichen, unabhängigen Denkarten die Rede ist, was im Grunde genommen nicht der Fall ist. Bei genauerem Lesen ist festzustellen, dass es sich bei System 1 und 2 um 2 Phasen des Bewertens von Ereignissen handelt:

    a) Phase 1: das automatische Bewerten

    b) Phase 2: das Neu-Bewerten

Basierend auf meiner Forschungsarbeit bin ich der Überzeugung, dass diese 2 Systeme aus der Sicht ihrer neurobiologischen Basis eher Teile eines Kontinuums darstellen. Deshalb verwende ich statt der bekannten Begriffe „System 1" und „Systems 2" neue Termini: „Phase 1" und „Phase 2". Wobei a) die Merkmale von Phase 1 mit jenen von System 1 übereinstimmen und b) die von Phase 2 den Eigenschaften von System 2 gleichen. Aus diesem Grund verknüpfe ich die beide neuen Begriffe mit ihren ursprünglichen Bezeichnungen: a) der Begriff „Phase 1" mit dem automatischen Bewerten und den Begriff „Phase 2" mit dem Neu-Bewerten. Meines Erachtens drücken diese Bezeichnungen klar aus, dass es sich beim Bewerten um ein Kontinuum handelt, und nicht um 2 unterschiedliche Systeme.

KAPITEL 16

PHASE 1: DIE AUTOMATISCHE, BLITZSCHNELLE BEWERTUNG

Mitte des 20. Jahrhunderts (1957) postulierte der amerikanische Psychologe und Psychotherapeut Albert Ellis, der Gründer der Rational-Emotiven Verhaltenstherapie (REVT), dass *„meist eine unbewusste* Bewertung" die Konsequenz für darauffolgende Veränderungen auf emotionaler und Verhaltensebene ist. Er vertrat die Meinung, dass nicht die Ereignisse (Stimuli) selbst eine emotionale Antwort hervorrufen, sondern dass diese durch *ihre Bewertung seitens des Bewerters ausgelöst* werden. Seine Anschauung erinnert stark an die Worte von Epiktet. Diese Ähnlichkeit ist nicht verwunderlich, da sich Ellis die Inspiration für seine Rational-Emotive Verhaltenstherapie (REVT-Modell) bekannterweise aus der fast 2000 Jahre alten Lehre dieses Stoikers holte (Robertson, 2010). Dadurch fügte Ellis die Bewertung als eine Sequenz von aufeinanderfolgenden Folgeerscheinungen hinzu, die zur Manifestation von Emotionen führt, und rückte diese näher in den Fokus der Aufmerksamkeit der Emotionsforscher.

Nur ein paar Jahre später, im Jahre 1960, ging die tschechisch-US-amerikanische Psychologin *Magda Blondiau Arnold* noch einen Schritt weiter. Mit ihrer Annahme, *es laufe eine direkte, unmittelbare, intuitive Bewertung ab, bevor sich eine Emotion wie zum Beispiel Angst manifestiert* (Scherer et al., 2001), betrachtete sie den Einfluss des Bewertens auf das Auftreten von Emotionen noch differenzierter. Damit nahm sie unwissentlich einen wichtigen Abschnitt des Flusses der Verwandlung vorweg, und zwar das automatische oder die Phase 1 des Bewertens.

Arnold war der Meinung, dass immer, wenn eine Person mit einem Ereignis in Kontakt kommt, dem Ereignis zuerst *automatisch* und *unbewusst* ein (Ur-)Wert zugeordnet wird (Schorr, 2001; Marsella & Gratch, 2003). Somit war Arnolds Theorie die erste Theorie über Emotionen („appraisal theory of emotions") (Schorr,

2001), die als eine Bewertungstheorie anerkannt wurde. Das wendete das Blatt von Forschungsarbeiten über Emotionen von „Gefühls"-theorien (James-Lange-Theorie) und „Verhaltens"-theorien (Cannon-Bard-Theorie) hin in Richtung eines *kognitiven Zugangs*, der bis jetzt noch immer die Vorstellung über die Entstehung von Emotionen dominiert. Obwohl Arnold den Weg zu der Idee ebnete, dass *„Emotionen durch den Prozess der Bewertung generiert werden"* (Reisenzein, 2006), geriet ihr Beitrag über die Existenz von automatischen Urbewertungen als Grundstein im Bewertungsprozess in Vergessenheit, was aber ihren Beitrag als Pionierin der kognitiven Emotionstheorie in der modernen Psychologie nicht geringer macht.

Ihrer Theorie zufolge ist das automatische Bewerten – wie alles, was schnell abgefertigt wird – ungenau und grob. Deswegen kann diese Bewertung nur zwischen „gut" oder „schlecht", „angenehm" oder „unangenehm bzw. „anziehend" oder „abstoßend" usw. unterscheiden (Marsella & Gratch, 2003). Das Bewerten von Ereignissen funktioniert sozusagen wie bei der Tinder-Dating-App, bei der man Fotos von Personen auf seinem Handybildschirm angezeigt bekommt. Er bewertet schnell diese Person im Sinne von *gefällt mir nicht* oder *gefällt mir* und gibt durch ein schnelles Swipen nach links oder rechts ein „O. K." oder „nicht O. K." ab. Die Person, die nach rechts oder links swipt, ist also der/die *Bewerter(in)*.

Das automatische Bewerten gibt den Bewertern keine Zeit, um alle bekannten Fakten und Kenntnisse in die Bewertung des Ereignisses miteinzubeziehen. Dies trägt dazu bei, dass diese allererste Bewertung *kein bewusster Vorgang* sein kann (Schorr, 2001; Marsella & Gratch, 2003), obwohl der Mensch diese Bewertung gerne als sein *eigenes, bewusstes Tun deklarieren möchte*. Letzteres betrifft eine der bedeutendsten Fragen der Menschheit, nämlich die Frage nach der Existenz des freien Willens, der ja (angeblich) den Menschen vom Rest der Tierwelt unterscheidet. Darauf werden wir in Kürze zurückkommen.

Vollzieht sich das automatische Bewerten eines Ereignisses, wird im Körper des Bewertenden eine Kaskade an Veränderungen in

Gang gesetzt (Schorr, 2001), die für die Intensität aller psycho-physiologischen Antworten verantwortlich ist (Scherer et al., 2001). Eine solche verantwortete alle Veränderungen in Lisas Körper, als sie ins kalte Wasser sprang oder die Situation auf der Autobahn als Lebensgefahr, als „nicht O.K." bewertete. Diese allererste Bewertung, die automatisch stattfindet, ist jene, die Arnold als automatische Bewertung bezeichnete.

Merkmale der automatischen Bewertung

Basierend auf zahlreichen Studien listet Kahneman in seinem Buch sehr genau die Merkmale von Phase 1 oder von System 1, wie er diese Phase des Bewertens nennt, auf.

Die automatische Bewertung: unsere mentale Schrotflinte

Sylvias Geburtstagsfeier
Bei Sylvias Geburtstagsfeier wurde auch Julia, eine gemeinsame Freundin von Lisa und Sylvia, eingeladen. Die Stimmung war toll, die Freundinnen lachten und schwatzten bis zu dem Moment, als ein Gast dem Geburtstagskind freudig „noch mindestens 30 mit Liebe, Freude und Gesundheit erfüllte Jahre" wünschte. Wie aus der Pistole geschossen erwiderte Julia: „Jetzt wollen wir mal nicht übertreiben. Mit 90 ist ein Mensch nur noch ein Wrack." Die Gesichter aller Anwesenden verkrampften sich. Kurz herrschte Stille in der Gruppe. Als Julia die Reaktionen der anderen bemerkte, versuchte sie ihre Aussage mit einem Lächeln zu entschärfen und meinte: „Aber ein paar solcher Jahre gehen schon noch." Doch mit der guten Stimmung war es vorbei. Es war für alle mühsam und dauerte einige Zeit, bis die gekippte Stimmungslage aller Anwesenden wieder aufgeheitert werden konnte. Dennoch blieb bis zum Ende der Feier ein Schatten in der Luft.

Leider war es nicht das erste Mal, dass Julia so unreflektiert aussprach, was ihr als Erstes in den Sinn kam, und dass ihre negative Bewertung von Ereignissen wie bei einer Schrotflinte aus ihr herausschoss. Dieses Persönlichkeitsmerkmal von Julia war allen bekannt. Sie wurde immer wieder von Freundinnen darauf aufmerksam gemacht und trotzdem konnte sie sich kaum mit ihren Äußerungen zurückhalten, als ob sie keine Kontrolle darüber hätte. Daran war nichts zu ändern: sie war nun mal, wie sie war, und deswegen waren sich die Freundinnen Lisa und Sylvia nach dieser Erfahrung einig: Es reicht, Julia wird nie wieder auf eine Feier eingeladen. Sie *nie wieder einzuladen,* war die soziale Konsequenz eines der Kennzeichen des automatischen Bewertens von Ereignissen, nämlich wie eine Schrotflinte zu fungieren (Kahneman, 2012, 136), die im gerade erwähnten Fall Julias soziales Interaktionsverhalten anvisierte.

Das automatische (Ur-)Bewerten ist fortwährend aktiv

Ein kleiner Sparziergang im Urwald
Im Jahr 2005 reiste Lisa mit ihrem Mann nach Costa Rica. An einem frühen Nachmittag entschieden sich die beiden, einen kleinen Spaziergang in den Urwald in unmittelbarer Nähe des Hotels zu unternehmen. Zu Beginn des Spaziergangs fesselte die üppige Natur ihre Aufmerksamkeit. Ihr Mann ging vorne, Lisa genoss die Üppigkeit der Natur, achtete aber gleichzeitig darauf, dass er in ihrer Sichtweite blieb. Irgendwann im Laufe des Spaziergangs stellte Lisa fest, dass die Beschilderung immer spärlicher wurde, es gab fast nur noch kaputte und am Boden liegende Schilder. Irgendwann waren auch diese nicht mehr zu sehen. Die Geräusche der fahrenden Autos, die ihr vorher ein Gefühl der Sicherheit gegeben hatten, waren auch nicht mehr zu hören.

Mit dieser Wahrnehmung schien der Urwald auf einmal dichter und bedrohlicher. Das Rascheln der vom Wind bewegten Blätter wurde für sie ein Geräusch eines sich nähernden gefährlichen Tieres. Sie spitzte die Ohren und wurde vorsichtiger. Sie achtete genauer darauf, wo sie ihre Hand hinlegte, um nicht aus Versehen etwas Giftiges anzufassen. Jeder ihrer Muskeln war angespannt, ihr Atem ging schwer, in ihrem Körperinneren verspürte sie Unruhe. Als ihr bewusst wurde, dass es zu dämmern begann, nahm ihre Angst immer mehr zu. Bei der Vorstellung, dass sie eventuell die Nacht in diesem Wald mit all den nachtaktiven und gefährlichen Tieren verbringen müssten, nahm ihre Angst ein unerträgliches Ausmaß an. Sie begann zu zittern. Sie verspürte Wut und beschuldigte ihren Mann, dass er so leichtsinnig diesen „Spaziergang" vorgeschlagen hatte, als ob es nicht auch ihre Entscheidung gewesen wäre, den Urwald zu erkunden. Auf einmal hörte sie, zuerst sehr leise und dann immer lauter, den Straßenverkehr. Die Hoffnung, dass sie den Weg hinausfinden und nicht das Abendmahl wilder Tiere werden würden, begann zu keimen. Bald erreichten die beiden die Straße – was für eine Erleichterung für Lisa! Das als lebensgefährlich bewertete Ereignis (der Urwald), das bei ihr Angst auslöste, lag im wahrsten Sinne des Wortes hinter ihr. Ihr ganzer Körper begann sich zu entspannen, erleichtert konnte sie sogar lächeln.

Den „kleinen Spaziergang" in den nahe gelegenen Wald startete Lisa im Zustand voller Freude mit einer positiven Bewertung, da sie eine neue Umgebung, einen Urwald in seiner vollen Pracht erleben durfte. Zu Beginn trafen ihre Sensoren auf viele neue Stimuli: Farben, Formen, Düfte, die in ihrem Gehirn mehrere „kleinere" Ereignisse – wie Bäume, Blumen, bunte Insekten, Gezwitscher – formten, die gemeinsam das „große" Ereignis „Spaziergang im Urwald" bildeten. Jedes einzelne dieser „kleineren" Ereignisse wurde von Lisa als etwas ganz Aufregendes, Positives bewertet, was in Summe für den Spaziergang im Wald einen *sehr positiven* Wert ergab. Irgendwann stellten Lisa und ihr Mann fest, dass sie drauf und dran waren, sich in dem unbekannten Urwald aufgrund der spärlichen Beschilderung zu verirren. Mit fortschreitender Dunkelheit verloren die Farben an Intensität, Details verschwanden, Schatten boten Lisas Fantasie einen grenzenlosen Raum. Sie begann alles rundherum als (lebens-)bedrohlich zu bewerten. Hinter jedem Schatten sah Lisa ein gefährliches Tier. Diese Veränderungen wurden laufend automatisch als immer lebensgefährlicher, immer negativer bewertet, was dazu beitrug, dass der ursprünglich „sehr positive" Wert des Ereignisses „Spaziergang im Urwald" immer mehr an positivem Wert verlor.

Während ihres „kleinen Spaziergangs" wurden die neuen, automatisch erzeugten Werte jedes einzelnen Details dieses Ereignisses automatisch und ohne Lisas Willen je nach Bewertung entweder aufsummiert oder subtrahiert. Das änderte fortlaufend die Endsumme, den Endwert des Spaziergangs im Urwald und somit Lisas Emotionen und physischen Reaktionen darauf.

Das automatische Bewerten definiert das Bild über unsere persönliche Welt

Ist das Glas halb voll oder halb leer?
An einem angenehm warmen Sommertag verabreden sich zwei Freunde, nennen wir sie Franz und Hans, auf ein Glas Bier. Irgendwann während des Gesprächs blickt Hans auf sein bis zur Hälfte mit Bier angefülltes Glas und denkt sich automatisch: Oje, die Hälfte vom Bier ist weg! Sein ganzer Körper verspannt sich, seine Stimmung wird getrübt. Franz hat das gleiche Ereignis vor seinen Augen, auch sein Glas ist nur bis zur Hälfte mit Bier angefüllt. Sein Gedanke ist aber ein ganz anderer: Super, ich habe noch die Hälfte von meinem Bier! Er macht es sich noch gemütlicher in seinem Sessel, bereit, die Sonne, das köstliche Bier und die Zeit mit seinem Freund weiter zu genießen. Seine Stimmung ist blendend.

Jeder kennt die bekannte Frage: *Ist das Glas halb voll oder halb leer?* Die Antwort darauf sagt nichts über das Glas Bier, d. h. nichts über das Ereignis selbst aus. Hier handelt es sich um eine psychologisch-philosophische Auseinandersetzung, welche die Unterschiede im Bewerten ein und desselben Ereignisses aus der Sicht unterschiedlicher Personen ausdrückt. Die Gläser von Franz und Hans waren genau gleich angefüllt. Der einzige, aber wesentliche Unterschied zwischen den beiden war der den halb gefüllten Biergläsern automatisch zugeordnete Wert. Dieser war für Hans negativ, für Franz hingegen positiv.

Der erste Schneefall im Winter
Eines Winters, als der erste Schnee Skopje (Hauptstadt von Nordmazedonien) in Weiß hüllte und Lisa auf einer Auslandsreise im Süden war, bekam sie zufälligerweise innerhalb einer Stunde von ihren zwei Freundinnen Anita und Julia folgende Nachrichten. Anita schrieb ihr: „Hallo Lisa! Schade, dass du gerade nicht da bist. Es schneit. ☺ Alles ist so wunderschön weiß mit Schnee bedeckt. Das muss man genießen. Ich muss jetzt gleich raus." Mit einem Lächeln dachte sich Lisa: „Typisch Anita, sie braucht nicht viel, um sich zu freuen." Anitas Freude steckte auch Lisa an. Wegen dieser Eigenschaft verbringt Lisa gerne Zeit mit Anita und zählt sie zu ihren besten Freundinnen. Kurz danach erhielt Lisa eine Nachricht von Julia, in der stand: „Hallo, du müsstest jetzt Skopje sehen. Es ist soooo viel Schnee auf den Straßen. Und es schneit noch immer. Ich kenne das von Skopje, morgen wird alles matschig sein. Es fehlt nur noch, dass über Nacht alles vereist. Dann kann ich nicht mit dem Auto zur Arbeit fahren, und du weißt, wie ich es hasse, mit dem Bus fahren zu müssen." Julias negative Gedanken überraschten Lisa nicht. Julias Neigung, alles schwarz zu sehen, war ihr bekannt. Obwohl in dem Moment zwischen Lisa und Julia eine Distanz von 1200 Kilometern lag, steckte Julias Missstimmung auch Lisa an.

Julias und Anitas Äußerungen über den ersten Schnee, wie auch Hans' und Franz' Sichtweise über ihr bis zur Hälfte angefülltes Glas Bier, sind auf ihr *automatisches Bewerten zurückzuführen*. Das Bewerten identischer Ereignisse von Franz und Hans sowie von Anita und Julia könnte nicht unterschiedlicher sein. Anita und Franz sind Optimisten, die freudig auf Ereignisse blicken, mit denen sie in Kontakt kommen; sie bewerten ihre Umwelt generell positiv. Optimisten genießen ihr halb volles

Glas Bier und erfreuen sich an der mit Schnee bedeckten Landschaft. Die Neigung, Ereignisse meist positiv zu bewerten, ist ihr dominierendes Persönlichkeitsmerkmal. Ihre Lebensauffassung ist, die Welt oder eine Sache durch eine rosarote Brille zu betrachten und *das Positive zu akzentuieren, ohne die Wirklichkeit aus den Augen zu verlieren.* Allgemein haben Optimisten wie Anita und Franz eine heitere, zuversichtliche und lebensbejahende Grundhaltung. Sie kommen besser mit dem Leben zurecht. Ohne Optimisten gäbe es wohl kaum nennenswerte Fortschritte auf dieser Welt.

Den Forschungsergebnissen zufolge ist Optimismus also nicht nur für die Psyche gut, sondern trägt auch zur körperlichen Gesundheit bei. Optimisten leben länger und werden nach einer Erkrankung rascher gesund. Wenn ihnen negative Ereignisse widerfahren, lösen sie sich rascher von den negativen Gefühlen, die damit einhergehen. Deswegen können sich Optimisten glücklich schätzen, da sie wie „vom Glück verfolgt" sind.

Im Gegensatz zu Optimisten werden Menschen wie Hans und Julia von Psychologen als *pessimistisch veranlagte Individuen,* als Pessimisten, bezeichnet. Mit ihren „Wenns" und „Abers" ersticken Pessimisten jeglichen Aufschwung bereits im Keim. Einer der bekanntesten Pessimisten in der Philosophie war der 1788 geborene *Arthur Schopenhauer,* einer der bedeutendsten deutschen Philosophen, der als Vertreter des Pessimismus gilt. Seine Menschenverachtung entspringt einem für ihn charakteristischen, tiefen und umfassenden Pessimismus, der sein ganzes Denken und seine Gefühle durchzog. Seine Grundhaltung war durch negative Erwartungen, d. h. Bewertungen gekennzeichnet. Sein ganzes Leben lang fühlte er sich unwohl. Bereits mit 17 Jahren wurde er *vom Jammer des Lebens* ergriffen. Für ihn konnte diese Welt kein Werk eines allgütigen Wesens sein, vielmehr war sie ein Werk des Teufels.(Arthur Schopenhauer Studienkreis, o. J.). Seine Lebensauffassung war die eines extremen Pessimisten.

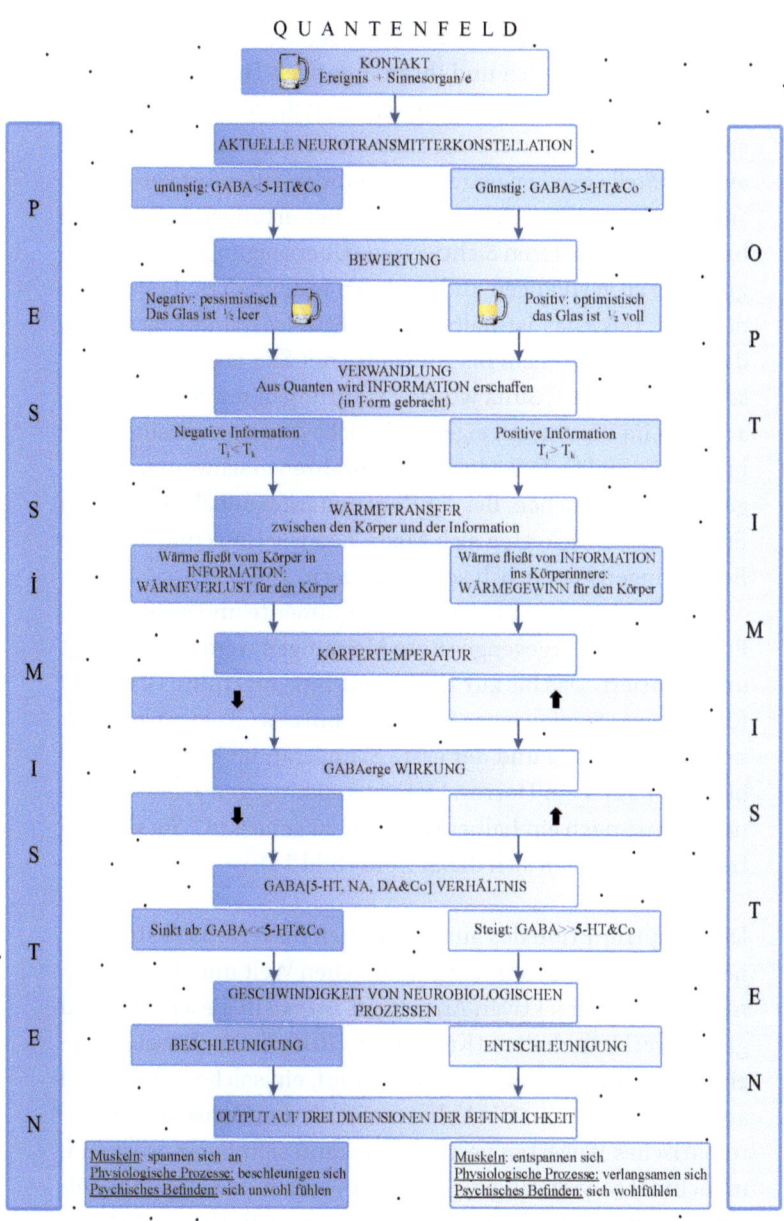

Bild 11
Unterschiede in neurobiologischer Grundlage zwischen Optimisten und Pessimisten

Würden Anita und Franz versuchen, die kognitive Unstimmigkeit zwischen sich und ihren Freunden Hans und Julia zu glätten, und deren negative, pessimistische Sichtweise infrage stellen, würden Letztere das tun, was die meisten Pessimisten an ihrer Stelle machen würden: Sie würden felsenfest versuchen, auf ihren pessimistischen, negativen Bewertungen zu beharren bzw. ihre verkrusteten Sichtweisen (Überzeugungen) durch Argumente zu verteidigen und an ihnen festzuhalten. Franz würde seine „Das-Glas-ist-halb-leer"-Sichtweise damit begründen, dass das Glas nur mehr bis zur Hälfte mit Bier angefüllt ist, d. h. schon fast leer ist. Julia würde Erfahrungen mit Schneeräumarbeiten im Winter, die eigentlich nicht ihre eigenen sind, oder mit vereisten Straßen, die das Autofahren erschweren, als Argumente heranziehen. Bei der Konfrontation mit abweichenden Erkenntnissen schotten sich Menschen wie Hans und Julia ab: Bewertungen lassen sich schwer ändern.

Häufig sind wir immun gegen Argumente und gegenteilige Erkenntnisse. Entgegengesetzte Meinungen werden verdrängt und ignoriert. Das bis zur Hälfte mit Bier angefüllte Glas wird für Hans das Symbol eines Verlusterlebnisses („Leider bleibt nur noch die Hälfte!") und der erste Schneefall im Winter ist und bleibt für Julia ein Horror. Optimisten hingegen sehen nur eines: „Da ist noch ein halbes Glas Bier zu genießen." Sie sind zufrieden und fühlen sich dabei wohl (Bild 11).

Die Hauptfunktion des automatischen Bewertens besteht genau darin, das Bild unserer persönlichen Welt und dessen, was nach unserer subjektiven Ansicht als *normal* in diesem Weltbild gilt, aufrechtzuerhalten (Kahneman, 2012, S. 96). Dabei achten einige von uns ihr ganzes Leben darauf, ein solches (Welt-)Bild aufrechtzuerhalten. Die Vehemenz, mit der Menschen ihr automatisches Bewerten verteidigen, kann sehr beeindruckend, manchmal sogar beängstigend sein, wenn man einmal die Bilder von so manchen Demonstrationen gegen die Corona-Schutzmaßnahmen bzw. gegen eine Corona-Impfpflicht verfolgt.

Die automatisch erzeugten Werte, die das *persönliche Welt-bild prägen*, sind wiederum als *Grundüberzeugungen („beliefs")* be-kannt. Sie bilden „die oberste, am wenigsten zugängliche Ebene der Kognition. Sie sind situationsunabhängig, starr, übergene-ralisiert" (Hautzinger, 2008). Geht es um negative Grundüber-zeugungen, scheinen die meisten Betroffenen wie Julia oder Hans kaum imstande zu sein, sich von ihrer Überzeugung „ei-nen Schritt zu distanzieren" und ihre negative pessimistische Haltung mit etwas Abstand zu überdenken. Aus der psychothe-rapeutischen Praxis ist bekannt: Wenn von betroffenen Pessi-misten gewünscht bzw. verlangt wird, sich länger mit entge-gengesetzten Argumenten auseinanderzusetzen, werden sie innerlich unruhig. Diese innere Unruhe nimmt zu, je länger sie sich mit diesen Argumenten auseinandersetzen sollen. Um diese unangenehme Unruhe zu vermeiden, bleiben sie lieber bei ihrer starren Haltung, die sie damit verteidigen, dass sie an ihren Werten „aus Prinzip" nichts abändern wollen. Allerdings wissen sie nicht, dass das, was sie meistens mit Stolz als eigene *Prinzipien* bezeichnen, in Wirklichkeit nicht bewusst ausgewählt ist, sondern ein Output ihres automatischen Bewertens ist, aus dem ihre Grundüberzeugung resultiert. Durch das Beharren auf automatisch erzeugten Werten wird behauptet, dass das auto-matische Bewerten „nicht erziehbar" (Kahneman, 2012), d. h. kaum zu verändern ist. Das stimmt, wenn auch nur teilweise.

TIPP 1 für Pessimisten: Optimismus lernen in einer kognitiv orientierten Therapieform
Der bekannte Verhaltensforscher Martin Seligman hat einen lesenswerten Bestseller geschrieben mit dem deutschen Titel „Pessimisten küsst man nicht. Opti-mismus kann man lernen." Das Grundmodell für die-sen Lernprozess ist die Rational-Emotive Verhaltens-therapie (REVT). Diese Methode, die vom Albert Ellis

begründet wurde, lehrt uns, die Welt durch rosarote Brille zu betrachten.

Es ist gesundheitsfördernd, sich ab und zu eine rosarote Brille aufzusetzen, um zu versuchen, das Glas als halb voll (und nicht als halb leer) oder die positive Seite des ersten Schneefalls zu betrachten und sich auf die ersten Schneeflocken zu freuen. Eine kognitiv orientierte Therapieform kann hilfreich sein, ein solches negatives automatisches Bewerten zu „zähmen". Sie werden erleben, wie das automatische negative Bewerten in Ihnen fest verankert ist, wie es sich dagegen wehren wird, seine Herrschaft über Sie aufzugeben. Deshalb kann hier nur konsequentes Üben helfen: Halten Sie gleich nach Ihrem ersten automatisch generierten negativen Bewerten eines Ereignisses kurz inne und versuchen Sie, das gleiche Ereignis positiver zu bewerten. Sie können es auch als ein Spiel sehen. Das Prinzip ist: „Fake it till you make it. And you will make it." Sie werden mit einer positiven Bewertung des gleichen Ereignisses belohnt.

TIPP 2 für Pessimisten: Dankbarkeitstagebuch schreiben

Eine Stunde bevor Sie schlafen gehen, notieren Sie sich 5 Dinge des Tages, für die Sie dankbar sind, d. h, die Sie positiv bewerten. Wenn Sie zu Beginn nur 1 oder 2 positive Dinge aufschreiben können, ist das okay. Wichtig ist, bleiben Sie dran.

TIPP 3 für Pessimisten: Kleine Notizzettel

Schreiben Sie auf ein paar kleine Notizzettel: „Mir geht's gut; wenn nicht heute, dann morgen!" und verteilen Sie diese in Ihrer Wohnung. Einen davon sollten Sie an Ihrem Nachttisch anbringen und einen weiteren in Ihre Brieftasche stecken. Dieser Spruch ist übrigens mein Lieblingssprichwort und Buchtitel eines Buches von Dirk Stermann.

KAPITEL 17

DIE AUTOMATISCHE BEWERTUNG UND DIE FRAGE DES FREIEN WILLENS

<u>Eine Nachbarin sucht nach Lisas Kater Rojo</u>
Rojo (aus dem Spanischen: der Rote, wird „Rocho" ausgesprochen) ist Lisas Kater, der Bernsteinaugen hat und alle Nachbarinnen verführt. Es reicht, dass er majestätisch in seinem langsamen Catwalk ihre Gärten betritt – sofort wird er mit Leckerbissen belohnt. Eine der Nachbarinnen, Simone, ist von ihm besonders angetan und erwartet täglich seine Besuche – bis er eines Tages nicht bei ihr erschien. Als Erstes kam ihr der fürchterliche Gedanke: Rojo wurde von einem Auto überfahren! Als er sie auch am nächsten Tag in der Früh noch immer nicht besuchte, war die Sorge um Rojo umso größer. Der Drang, ihn in der ganzen Siedlung suchen zu gehen, nahm von Stunde zu Stunde zu und war irgendwann kaum mehr zu ertragen, bis sie diesem Drang schlussendlich nachgab. Vergebens, er war nirgendwo zu finden. Am dritten Tag in der Früh war er wieder da. Was für eine Freude und Erleichterung! Als Simone diese Geschichte etwas später erzählte, gab sie zu, sie wünsche sich sehr, lockerer zu sein, nicht immer gleich vom Schlimmsten auszugehen und einen stärkeren Willen zu haben.

Ihre Alltagserfahrung sei aber eine andere: Meistens habe sie kaum eine Chance, den „schlimmen" Gedanken zu widerstehen, wie es im Fall von Kater Rojo war, den sie einfach suchen gehen musste. Was war mit Simones Willen? Das, was sie wollte, was sie selbst als übertrieben sah, war eigentlich, den Kater nicht suchen zu müssen. Sie handelte aber nicht danach. Sie tat das, wonach es sie in ihrem Inneren drängte. Sie wollte, konnte aber nicht ihre negativen Gedanken unterdrücken, die darauffolgend ihr Verhalten steuerten: Sie ging durch die Straßen auf der Suche nach dem Kater. In diesem Moment war der freie Wille als *Fähigkeit des Menschen, sich bewusst für oder gegen etwas zu entscheiden*, für sie und viele andere, die ähnliche Erfahrungen machen, *einfach nicht da*. Kognitiv wusste sie ganz klar, dass ihre Sorge um den Kater übertrieben war, der noch dazu nicht einmal ihr eigener Kater war. Bei dem Gedanken, dass Rojo etwas Schreckliches passiert sein könnte, ging es eigentlich um die automatische negative Bewertung der ausbleibenden Besuche von Rojo, was bei ihr den inneren Drang auslöste, ihn suchen zu gehen. Zu Beginn konnte sie diesem Drang für einige Zeit widerstehen. Doch je mehr Zeit verging, in der es noch immer kein Lebenszeichen von dem Kater gab, umso mehr stemmte sich dieser Drang gegen ihren Willen. Das Fundament ihres Willens wurde immer wackeliger, bis es dann schließlich nachgab und in Trümmer zerfiel: Simone ging Rojo suchen. Sie *musste* diesem Drang nachgeben – fast zwanghaft, würde man sagen. Ab diesem Moment war ihr freier Wille nicht mehr da: Simone hatte die Zügel – ihren Körper, ihr Handeln, ihr Selbst – nicht mehr in der Hand. Sie wurde nur mehr von dem automatisch negativ bewerteten Ereignis „*Rojo kommt nicht, es muss ihm etwas Schreckliches passiert sein*" gesteuert. Offensichtlich konnte sie *nicht das tun, was sie wollte*.

Der Drang, bestimmte Handlungen ausführen zu müssen, auch wenn die Vernunft sagt, dass diese Handlungen sinnlos sind, ist am deutlichsten ausgeprägt bei Menschen, die an einer Zwangsstörung leiden (zwanghafte Wiederholung von Gedanken oder Handlungen). Bei den Betroffenen hat der freie Wille gegen den Drang kaum eine Chance. Der einzige Ausweg, sich von diesem inneren Druck, dieser inneren Anspannung nur für kurze Zeit zu befreien, ist, sich diesem Drang zu beugen und ihm „*brav*" zu folgen.

Über die Existenz des freien Willens

Die Existenz des freien Willens als a) *Fähigkeit des Menschen, sich bewusst für oder gegen etwas zu entscheiden,* und b) die *Sehnsucht nach vollkommener Kontrolle* über eigene Entscheidungen, Gedanken, das Verhalten und generell über alles, was das Prinzip *„ich"* beinhaltet, sind 2 der wichtigsten Attribute des Menschen.

Die Geschichte des Willens, wie wir ihn kennen, umfasst einen Zeitraum von etwa 2000 Jahren. Die Anfänge dieser Geschichte fallen mit den Anfängen des Christentums zusammen. In der *griechischen und römischen Antike* war der Wille als eigenständiges geistiges Vermögen noch weitgehend unbekannt. Bei den Griechen begann die gedankliche Beschäftigung mit der Willensfreiheit bei Homer. Er benutzte den Begriff ἑκών (hekóon) für einen Zustand, in dem der Mensch *„durch keine äußere Gewalt behindert aus dem Antrieb der eigensten Natur tätig sein"* kann (Philoclopedia, 14.10.2017).

Die Menschheit kam über einen relativ langen Zeitraum auch ohne den Begriff eines „freien Willens" aus. *Der freie Wille als eigenständiges Konzept* wurde erstmals von einem der *einflussreichsten Kirchenlehrer aller Zeiten, von Aurelius Augustinus,* 354–430 n. Chr., konzipiert. Er beschäftigte sich mit einer zentralen Frage menschlichen Nachdenkens: „Woher kommt das Böse? Und warum entscheidet ein Mensch sich dazu, etwas Schlechtes zu tun?" (Hofmeister, 2010).

1000 Jahre nach ihm meinte einer der bedeutendsten italienischen Philosophen der Renaissance, der früh verstorbene *Giovanni Pico (Conte) della Mirandola* (1463–1494), dass der Mensch *ein sehr selbstständiges Wesen sei, das die Würde besitzt, frei zu denken und zu handeln.* Diese Würde des Menschen, *frei zu denken und frei zu handeln,* nannte Pico della Mirandola *Willensfreiheit* und behauptete, dass es allein am *Menschen liege, sich zu entscheiden, ob er aus sich etwas macht oder nicht* (Precht, 2012). Schön wäre es, wenn es so einfach funktionieren würde. Dem ist aber nicht so.

Den Gedanken über die Existenz des freien Willens entwickelte der deutsche Philosoph *Immanuel Kant* (1724–1804) weiter. Er meinte: „Wer die Freiheit besitzt [...] ist ein solch besonderes Wesen, (so)dass es nichts gibt, was über ihm steht. So gesehen gibt es nichts Größeres als den Menschen. [...] Das großartigste aller Lebewesen ist der Mensch. [...] Das einzig Gute am Menschen ist sein guter Wille" (Precht, 2012, S. 142). Kant war tief davon überzeugt, dass *weder die Begabung noch der Charakter noch günstige Lebensumstände eines Menschen das Gutsein sicherten, sondern allein sein Wille. Wenn jemand gut sein will, so wird er auch gut sein* (Precht, 2012). So einfach stellte er sich das damals vor, als Kant sein Werk *Kritik der praktischen Vernunft* schrieb.

Kant wusste genau, wovon er sprach. Geplagt von seiner angeschlagenen Gesundheit und aus Angst, dass ihm nicht mehr viel Zeit bleiben könnte, um seinen gedanklichen Fußabdruck in der Philosophie zu hinterlassen, stellte er über Nacht sein Leben um. Die letzten 34 Jahre seines Lebens verbrachte Kant nach strengen Regeln. Um 5 Uhr morgens ließ er sich von seinem Hausdiener aufwecken, machte jeden Tag zur gleichen Zeit einen Spaziergang und ging um 22 Uhr ins Bett. Er entfernte sich von seinem Geburtsort Königsberg nicht weiter als wenige Meilen (Precht, 2012). Er übernahm vollkommen die Kontrolle über seinen Alltag. Seine Befürchtungen, einen baldigen Tod zu erleiden, bewahrheiteten sich jedoch nicht. In einer Nische am Fenster an seinem karg eingerichteten Schreibtisch sitzend, richtete er seinen Blick immer wieder zu den Sternen – sie waren seine große Leidenschaft – und schrieb die Bücher, die zu den bedeutendsten Werken der deutschsprachigen Philosophie zählen. Er starb im Alter von fast 80 Jahren. Auf den ersten Blick würde man behaupten, dass Kant selbst ein Beweis dafür war, dass ein Mensch die Kontrolle über sein Tun haben könne, wenn er das wolle, und dass dies seinem freien Willen zu verdanken sei. Eine solche Schlussfolgerung wäre jedoch eine voreilige, denn über Kant steht geschrieben: Wenn „eine Schere oder ein Federmesser in ihrer gewohnten Richtung auch nur ein wenig verschoben sind, oder wenn gar ein Stuhl an eine andere Stelle im Zimmer gerückt ist, gerät er [Kant] in Unruhe und Verzweiflung" (Weischedel, 2001). Liest ein(e) Psychiater(in) diese Zeilen, wird er oder sie automatisch an eine psychische Erkrankung, nämlich an eine Zwangsstörung denken, eine Erkrankung, bei der im Alltag bei den Betroffenen kaum Platz für den freien Willen ist.

Ist der freie Wille eine Illusion? Seine Existenz haben große Denker infrage gestellt. Einer davon war auch *Arthur Schopenhauer*, der Gründer des Pessimismus, mit dem wir bereits Bekanntschaft gemacht haben. Er war pessimistisch veranlagt, misstrauisch. Seine ständigen Ängste, vergiftet zu werden, machten aus ihm einen Außenseiter, einen Pessimisten par excellence, der sich von niemandem verstanden fühlte. Dies erscheint nachvollziehbar, wenn man ständig glaubt, bald vergiftet zu werden (auch von seiner eigenen Mutter). Schopenhauers Ängste machten ihn einsam. „Mein ganzes Leben hindurch habe ich mich schrecklich einsam gefühlt und stets aus tiefster Brust geseufzt: Jetzt gib mir einen Menschen! Vergebens. Ich bin immer einsam geblieben" (Agthe, 2010). Etwas zu wollen und nicht haben zu können, erlebte er am eigenen Leib. Arroganz und Ironie, die in der Psychologie als eine sozial akzeptable Form von Aggression betrachtet werden, wurden zu seinem Markenzeichen. Er legte niemals Wert darauf, sich beliebt zu machen, obwohl er sich nach den Menschen sehnte. Als Mensch und Denker war er, wie sein Biograf betont, „heftig, kompromisslos und sich über jeden sozialen Takt hinwegsetzend". Er nahm sich, die „Freiheit zur Grobheit" (Agthe, 2010). Blieb ihm etwas anderes übrig? Auch er war also nicht sein eigener Herr.

Im Alter von 30 Jahren veröffentlichte er sein Hauptwerk: *Die Welt als Wille und Vorstellung*. In seinem grundlegenden Misstrauen gegen alles stellte er die Annahme von Kant und anderen Philosophen infrage, die besagte, dass die Vernunft diejenige sei, die dem Menschen sage, was er zu tun habe, und dass ihm nichts anderes verbleibe, als sich danach zu richten, was ihm die Vernunft diktiere. Schopenhauer stellte eine der spektakulärsten

Fragen der Philosophie, deren Intensität an Provokation bis jetzt kaum an Brisanz verlor: „Kann ich wollen, was ich will?" Erbarmungslos spann Schopenhauer sein Gedankenkonstrukt, dass die Kommandozentrale im Gehirn nicht die Vernunft sei, sondern der unbewusste Wille, der „unser Dasein und den Charakter bestimmt" (Precht, 2012). Anders ausgedrückt würde das heißen, dass Menschen, deren Kommandozentrale im Gehirn einquartiert ist, die der automatischen, unwillkürlichen Bewertung entsprechen, unbewusste Handlungen vollziehen.

Mit seiner Betonung des Willens drückte er der Philosophie einen Dorn ins Fleisch. Seiner Meinung nach hatte er nach „Jahrtausenden des Philosophierens" endlich mit dem Gerücht aufgeräumt, der Mensch würde durch seine Vernunft geführt und geleitet, wie es auch der Fall mit Lisas Nachbarin Simone war. Er meinte, den „Grundirrtum aller Philosophen", die „größte aller Illusionen", erkannt zu haben. Seiner Ansicht nach war es ausreichend, zu wissen, was gut ist, um auch danach handeln zu können. Im Prinzip also genau das, was Kant meinte (Precht, 2012).

Schopenhauers Weltanschauung, ebenso wie das Beispiel von Simone, weisen darauf hin, dass die Intensität des Willens eines Menschen eine große Bandbreite an Schattierungen aufweist, die sich in sehr unterschiedlichen Verhaltensweisen manifestieren kann, inkl. psychiatrischer Krankheitsbilder: zum Beispiel in Form von Zwängen, Ängsten, Wut-oder Aggressionsausbrüchen u. v. m.

Hinweise zur Klärung der Frage über die Existenz des freien Willens

Letztendlich fragt man sich mit Recht: Gibt es den freien Willen überhaupt? Der Mensch sucht noch immer nach einer klaren Antwort, da es sich hierbei um etwas handelt, das für ihn sehr wichtig ist, nämlich um die Frage der *Selbstbestimmtheit*.

Würde der deutsche Philosoph *Friedrich Nietzsche* (1844–1900) diese Überlegungen lesen können, würde er wohl abwertend das wiederholen, was er 1886 in seinem Werk *Jenseits von Gut und Böse* schonungslos schrieb: *„Es scheint, dass die hundertfach widerlegte Theorie vom ‚freien Willen' ihre Fortdauer nur noch diesem Reize verdankt – immer wieder kommt* jemand *und fühlt sich stark genug, sie zu widerlegen"* (Hoffmann, 2013).

Für den US-amerikanischen Neurophysiologen *Benjamin Libet* war es allerdings einen Versuch wert, mittels anderer Untersuchungsmethoden der Frage nach dem freien Willen näher zu kommen. Bis zu diesem Zeitpunkt konnte die Hirnforschung wenig Indizien dafür finden, dass es einen freien Willen gab. 1979 maßen Libet und sein Team die Hirnströme und Muskelbewegungen von Probanden. Das Ergebnis des EEG-Experiments (Libet-Experiment) verblüffte die Wissenschaftler. Es zeigte sich etwas Spektakuläres: Das Gehirn bereitete die Bewegung der Hand bereits zu einem Zeitpunkt vor, zu dem der Proband selbst noch gar nicht die Absicht gehabt hatte, eine solche Bewegung tatsächlich auszuführen. Das heißt, die bewusste Handlungsabsicht lag in jedem Fall deutlich *nach* dem Zeitpunkt, zu dem der motorische Kortex die Bewegung bereits vorzubereiten begann. Die gemessenen Zeiten im Mittel waren wie folgt:

- Bei –1050 ms trat das Bereitschaftspotenzial auf, wenn der Proband von einer Vorausplanung der Bewegung berichtete.
- Bei –550 ms setzte das Bereitschaftspotenzial von spontanen Handlungen ein.
- Der berichtete Zeitpunkt der Handlungsabsicht lag in beiden Fällen gleichermaßen bei –200 ms (zitiert nach Goller, 2009).

Dieses Experiment barg enorme Sprengkraft, da es die tragende Rolle des Bewusstseins bei Handlungen schwerwiegend infrage stellte. Allerdings wurden auch Kritikpunkte an Libet laut. Die Schlüsse, die Libet getroffen hatte – ausgehend von einem einfachen Experiment, die zeitlichen Abläufe bei einer Handbewegung zu untersuchen und sich gleichzeitig von der gesamten menschlichen Willenskraft zu verabschieden –, schienen etwas vorschnell. Es war schwer zu akzeptieren, dass die Theorie des *freien Willens* noch einmal durch andere überprüfbare Methodologie widerlegt wurde. Offensichtlich waren – bzw. sind – die Kritikpunkte an Libets Experiment immer noch vehement, was in einem gewissen Sinne nachvollziehbar ist. Die Suche nach Antworten auf die Frage nach dem freien Willen geht also weiter.

Mithilfe von neuen Verfahren (brain-reading) und entscheidenden Verbesserungen versuchten John-Dylan Haynes und Matthias Eckoldt ein Vierteljahrhundert nach Libets Experiment dem Hirnmechanismus willentlicher Handlungen etwas genauer auf die Schliche zu kommen. Ihre Ergebnisse waren noch verblüffender als jene von Libet. Mithilfe von Computern wussten die Forscher bis zu *sieben Sekunden früher* als der Proband selbst, welche Handlung (motorische Aktivität) er unternehmen würde. Erstaunlich, dass eine so lange Vorhersagezeit aus Hirnaktivitäten erkennbar war (Haynes und Eckoldt, 2021). Diese Ergebnisse stellten die Existenz des freien Willens nochmals infrage.

Als der Schriftsteller *Isaac Bashevis Singer* – er erhielt im Jahr 1978 den Nobelpreis für Literatur – gefragt wurde, ob er an die menschliche Willensfreiheit glaube, antwortete er ironisch: „Ich muss – ich habe keine Wahl" (Cathcart und Klein, 2021). Seine Antwort war eigentlich: den freien Willen gibt es nicht.

Das würde bedeuten, dass der Mensch dem automatischen Bewerten hilflos ausgeliefert ist, dass er somit kaum die Möglichkeit hat, *sich willentlich für oder gegen etwas zu entscheiden, die Kontrolle über seine eigene Gedanken, sein Verhalten zu haben.* Steht es so schlimm mit dem freien Willen? Gibt es eine Hoffnung für uns Menschen, dass wir nicht nur automatisch, sondern auch aufgrund unseres freien Willens entscheiden können? Die Antwort darauf sollte optimistisch stimmen: Die Möglichkeit, dass der automatisch gelieferte Wert eines Ereignisses korrigiert bzw. neu bewertet wird, besteht. Wohl aber müssen dazu einige Voraussetzungen in Form einer Neurotransmitterkonstellation bzw. eines GABA/[5-HT, NA, DA &Co]-Verhältnisses vorliegen, auf die wir in Kürze zu sprechen kommen werden.

Zur Erinnerung:

Phase 1 des Bewertungsprozesses: die automatische Bewertung

Der Prozess der Bewertung eines Ereignisses wird automatisch eingeleitet (= Phase 1 des Bewertens).

Eine solche Bewertung ist häufig ungenau, berechnet mehr als beabsichtigt und schießt über das Ziel hinaus. Dieser Automatismus fungiert als mentale Schrotflinte.

Ein solcher Automatismus läuft fortwährend. Dabei wird jede kleinste Veränderung bei einem Ereignis automatisch bewertet, ob positiv oder negativ.

Ein neuer Wert wird automatisch zum ursprünglichen Wert des Ereignisses addiert oder davon subtrahiert, was den Endwert eines Ereignisses fortlaufend abändert.

Die automatische Bewertung ...
- *... bestimmt unsere Persönlichkeit und führt dazu, dass wir so sind, wie wir sind. Sie kennzeichnet unsere Identität, unsere sozialen Interaktionen und spielt eine ausschlaggebende Rolle in unserem Leben.*
- *... definiert unser Bild über die Welt, in dem das repräsentiert wird, was für uns in dieser Welt okay und nicht okay ist.*
- *... versucht, dieses Bild aufrechtzuerhalten und setzt unserem freien Willen Grenzen.*

KAPITEL 18

PHASE 2: DIE LANGSAMERE, REFLEKTIERTE NEU-BEWERTUNG

Aufbauend auf Arnolds Theorie über das automatische Ur-Bewerten suchte der amerikanische Psychologe *Richard Lazarus* nach Antworten, wie die Bewertung eines Ereignisses das Entstehen von Emotionen erklären kann, und setzte Arnolds Arbeit fort. Er forschte weiter und fand heraus, dass, bevor es zum emotionalen Ausdruck einem Ereignis gegenüber kommt, das Auslöser-Ereignis davor neu-bewertet werden muss, und dies nicht nur einmal, sondern gleich dreimal. Diese Bewertungen bezeichnete er als primäre, sekundäre und Neu-Bewertung (primary, secondary, reappraisal). Mit Lazarus' Entdeckung der „Neu-Bewertung" wurde ein neuer Abschnitt zum Fluss der Verwandlung aufgespürt. Damit rückte er eine neue Sequenz zwischen dem Kontakt mit einem Ereignis und darauffolgenden Veränderungen in den Fokus der Aufmerksamkeit der Forschung. 1974 präsentierte er seine neue Bewertungstheorie, die er Transaktionales Stressmodell nannte. Lazarus war der Meinung, dass nachdem ein Ereignis (Stressor) mit den Sinnesorganen des Ereignisempfängers in Kontakt tritt, dieses zuerst *„primär"* („primary appraisal") bewertet wird. Die Bezeichnung *primäre Bewertung* könnte auf den ersten Blick fälschlicherweise den Eindruck erwecken, dass sie dem automatischen Bewerten von Arnold entspricht. Das stimmt aber nicht.

Hätte Lisa eine Möglichkeit gehabt, Lazarus zu begegnen und ihn um eine Erklärung dafür zu bitten, was damals beim Tauchgang und auf der Autobahn während ihres Bewertungsprozesses genau passierte, hätte er ihr Folgendes erklärt:

Bei der Bewertung eines Ereignisses gibt es eine primäre, eine sekundäre und eine Neu-Bewertung. Die primäre Bewertung des Ereignisses unterliegt einer Analyse (Anmerkung: was das Automatische in einer Bewertung ausschließt)*, bei der es als positiv, als* irrelevant oder als gefährlich bewertet wird. Dies würde heißen, dass erst als Lisa die beiden Ereignisse, die Atemnot im kalten Wasser bzw. den Stein auf der Fahrbahn, als (lebens-)gefährlich bewertete, die nächste, die *sekundäre Bewertung (secondary appraisal)* folgte. Weiter hätte Lazarus ihr erklärt: „Während dieser Bewertung hast du alle dir in diesem Moment zur Verfügung stehenden Ressourcen analysiert. Da bei dieser Analyse herauskam, dass diese doch mangelhaft erscheinen, um die lebensgefährlichen Situationen bewältigen zu können, wurde dein Körper in den Zustand eines (Dis-)Stresses katapultiert. Deine motorischen und physiologischen Veränderungen beim Empfang beider Ereignisse lieferten klare Beweise dafür, dass du damals im Disstress warst." Eine solche Lazarus-Erläuterung könnte sie ruhig akzeptieren. So weit, so gut. Das ist aber noch immer nicht alles. Nach Lazarus' Auffassung stand Lisa wieder vor der Auswahl von 2 Strategien: Soll sie a) *problemorientiert* handeln und *die Situation selbst ändern* oder b) *emotionsorientiert* handeln, d. h. *den Bezug zur Situation ändern*, um ihren Stress zu bewältigen?

Voller Stolz hätte sie gedacht: „Genau so *problemorientiert* habe ich auf der Autobahn agiert: voll fokussiert. Im Zustand meiner gesteigerten Aufmerksamkeit habe ich mich problemorientiert verhalten. Aber Stopp, der Zustand der gesteigerten Aufmerksamkeit gleicht nicht dem Disstress. Egal, ich checkte, was sich rechts und hinter meinem Auto verkehrstechnisch abspielte, ich passte meine Fahrtgeschwindigkeit dementsprechend an, schaffte es allmählich, immer weiter mit dem Auto nach rechts zu fahren, bis es mir endlich gelang, das beschädigte Auto auf dem Pannenstreifen zu stoppen." Damit war Lisas Bewertungsprozess aber noch immer nicht beendet. Geduldig hätte Lazarus weiter erläutert, dass der Stressor (die gefährliche Situation) noch einmal bewertet wurde, woraus sich endlich eine sogenannte *Neu-Bewertung* ergab. Nach dieser dritten Bewertung, der Neu-Bewertung, stand Lisa – und so geht es jedem, der sich in einer ähnlichen lebensgefährlichen Situation befindet – wieder vor der Wahl, a) sich an die Situation anzupassen oder aus den Stressoren (Atemnot und Autounfall) zu lernen, um ggf. in einer ähnlichen Situation besser gewappnet zu sein.

Ich hoffe, dass Sie diesen komplizierten und für einen Laien schwer verständlichen Ansatz über Lazarus' Neu-Bewertung fertig gelesen haben. Wenn Sie kein Mediziner oder Psychologe sind und Lazarus' Konstrukt dennoch verstanden haben, verneige ich mich vor Ihnen. Das Ganze klingt nach einem ziemlich anstrengenden, zeitaufwendigen Unterfangen, was auch in der grafisch mehrstufigen Darstellung ersichtlich ist. Lisa wunderte sich schon, dass in ihrem Kopf in so kurzer Zeit so viel passieren konnte. Zu Recht könnte sie denken, dass an Lazarus' Theorie (Tabelle 8) etwas nicht stimmte.

Im kalten Wasser gab es gar keine Zeit für Neu-Bewertungen: Dort wäre sie ohne Hilfe fast ertrunken. Erst später, als sie sich in Sicherheit auf der Stiege befand, als sie sich beruhigt hatte, konnte sie denken, Schlüsse ziehen und lernen, dass sie ihren Körper vor dem Eintauchen langsam auf die Kälte hätte vorbereiten sollen, um einen thermisch sanften Übergang ins kalte Wasser zu gewährleisten.

In der unerwarteten Situation auf der Autobahn veränderte sich die Situation (der Stressor) fast mit Lichtgeschwindigkeit. Die Zeit für die ganze Reihe von Bewertungen und Entscheidungen, nach Lazarus' Vorstellungen, hatte sie gar nicht. Sie konnte nur handeln; in dieser Akutsituation war es keine Zeit, etwas zu lernen. Sie konnte nur heilfroh sein, dass sie sich dank ihres Zustands der gesteigerten Aufmerksamkeit retten konnte. In der unerwarteten Situation auf der Autobahn hatte sie kaum Zeit, sich anzupassen oder etwas daraus zu lernen. Sie konnte nur automatisch handeln. Das Lernen aus beiden Situationen kam erst später, als sie es schaffte, die Gefahr zu überwinden und ihren Disstress, d. h. ihre psychophysiologischen Prozesse, zu beruhigen.

Tabelle 8: Transaktionales Stressmodell nach Lazarus

Umwelt Reize (Stressoren)		
Person **primäre Bewertung** Interpretation des Stressors		
positiv	gefährlich	irrelevant
	Herausforderung Bedrohung Verlust	
sekundäre Bewertung Analyse der verfügbaren Ressourcen		
mangelnde Ressourcen		ausreichende Ressourcen
	STRESS	
Coping/Stressbewältigung		
problemorientiert Situation selbst ändern		emotionsorientiert Bezug auf Situation ändern
Neubewertung Anpassung und lernen		

Lisa hätte nicht gewusst, dass sie nicht die Einzige war, die Lazarus' Vorstellungen in Bezug auf den Verlauf eines Bewertungsprozesses infrage stellte. Auch andere kritisierten sein Konzept mit den gleichen Argumenten: der nicht existente, aber erforderliche Zeitaufwand. Die Kritikpunkte waren die 2 folgenden: Erstens erfasste Lazarus' Bewertungstheorie (sowie viele Bewertungstheorien, die danach folgten) nicht die schnelle oder automatische Natur der Bewertung und zweitens ist das Nachdenken oder Reflektieren über ein Ereignis eher ein *absichtlicher, willentlicher, bewusster, vollständiger, umfassender und dadurch ein langsamer Prozess* (Marsella & Gratch 2003).

Nichtsdestotrotz hat es das transaktionale Modell Lazarus' zur führenden Emotionstheorie der kognitiven Bewertung gebracht, was ihm eine hoch angesehene Position in der Stressforschung verschaffte. Sein Modell beeinflusst noch heute das wissenschaftliche Denken, was mich ermutigte, es Ihnen so ausführlich zu präsentieren. Die von Arnold postulierte Existenz einer intuitiven, automatischen Phase der Bewertung wurde unbegründet aus den modernen Bewertungstheorien verdrängt. Die automatische Phase der Bewertung wurde in der Kette neurobiologischer Veränderungen, die mit psychologischen, motorischen und physiologischen Veränderungen einhergehen, ausgeblendet. Die Bedeutung und Relevanz des Neu-Bewertens eines Ereignisses als Modulator von psychophysiologischen Veränderungen der bewertenden Person wurden dennoch in die wichtigsten darauffolgenden Bewertungstheorien, wie jene von Scherer, Ortony, Clore & Collins oder Frijda usw., aufgenommen und noch differenzierter betrachtet. Trotz großem Respekt vor den Beiträgen zu all diesen Theorien, die eine tiefere Erkenntnis des Bewertens liefern, soll an dieser Stelle nicht näher auf diese Bewertungstheorien eingegangen werden. Wir bleiben bei dem, was für das weitere Verständnis über den Verlauf des Flusses der Verwandlung, der in uns fließt, hilfreich ist: Das ist erstens *Arnolds Entdeckung des automatischen, unwillkürlichen, intuitiven Ur-Bewertens* und zweitens jene von Lazarus über das Vorliegen eines überlegten, d. h. *willkürlichen, zeitlich anspruchsvollen und dadurch anstrengenden Neu-Bewertens.*

Die Neu-Bewertung kann das Leben retten

Wespenstich und Notfallpen
Nach einem Wespenstich im Mund erlitt Peter einen anaphylakti-
schen Schock. Ab diesem Moment wurde ihm empfohlen, immer einen
Notfallstick bei sich zu haben. Einige Jahre danach wiederholter All-
ergietest zeigte, dass er noch immer auf Wespengift stark allergisch
reagierte und dadurch ein Wespenstich für ihn fatal enden könnte.
Seiner Einschätzung nach war die Wahrscheinlichkeit, im Frühling
von einer Wespe gestochen zu werden, gleich null – weshalb er doch
nicht immer einen Notfallstick bei sich hatte. Beim Packen des Ruck-
sacks für eine zweitägige Wanderung im Frühling kam ihm zuerst
der Gedanke: „Ich nehme den Stick nicht mit. Ich glaube, zu dieser
Zeit gibt es keine Wespen, es kann sowieso nichts passieren." Dann
hielt er kurz inne und es kam ihm der Gedanke in den Sinn, dass die
Wahrscheinlichkeit, generell von irgendeinem Insekt gestochen zu
werden und eventuell einen anaphylaktischen Schock zu bekommen,
doch vorhanden war. Am nächsten Tag der Wanderung, als er sich
auf eine Wiese legte, stach ihn eine Wespe. Ohne viel zu überlegen,
packte er den Notfallstick aus und verabreichte sich das Medikament.
Es brannte auf der Stichstelle, eine allergische Reaktion blieb aus.

Nur kurz innezuhalten, gab Peter Zeit, das Ereignis *Wandern*
im Frühling ohne Notfallstick, wenn man eine Wespenallergie hat,
neu, und zwar negativ –, zu bewerten. Das veranlasste Peter
dazu, den Notfallstick doch einzupacken, weil es sicherer war.
Und es bestätigte sich. Insofern kann man sagen, dass die Neu-
Bewertung des Ereignisses *Wandern in Frühling ohne Notfallstick*
sein Leben rettete.

Was passierte beim Bewerten des Risikos durch Wespe im Frühling gestochen zu werden? Zuerst wurde das Risiko, von einer
Wespe im Frühling gestochen zu werden, von Peters automati-
scher Bewertung als sehr niedrig, als kaum wahrscheinlich bewertet, was ihn zuerst dazu brachte, den Notfallstick nicht im
Rucksack zu verstauen. Man sagt aber, dass die Neu-Bewertung

(Phase 2 des Bewertens) niemals schläft und die vom automatischen Bewerten vorgeschlagenen Werte überwacht. Das Neu-Bewerten befindet sich die meiste Zeit in einem angenehmen, trägen, sparsamen Modus „der leichten Anstrengung", während der nur ein Teil seiner Kapazitäten in Anspruch genommen wird (Kahneman, 2012), und dies, solange die eigenen Wertungen nicht mit gröberen Abweichungen von Werten des automatischen Bewertens konfrontiert werden. Ganz genau das passierte bei Peter, der seine unangenehme Erfahrung mit einem anaphylaktischen Schock und einem Aufenthalt auf der Intensivstation nach einem Wespenstich nie vergessen wird. Der niedrigere Wert des Risikos, ohne Notfallstick wandern zu gehen, der automatisch abgeleitet wurde, wich sehr grob von jenem Wert ab, den er real für Peters Leben haben könnte. Die bekannten Fakten in Bezug auf das Risiko, im Frühling von einer Wespe gestochen zu werden, und seine Neigung, mit einem lebensgefährlichen anaphylaktischen Schock darauf zu reagieren, wurden von Peter in seinen Bewertungsprozess miteinbezogen. Seine Aufmerksamkeit hinsichtlich der Pros und Kontras in Bezug auf den Notfallstick wurde gesteuert und sein Gedächtnis auf der Suche nach Fakten durchstöbert. Die Abfolge war, dass der durch das automatische Bewerten erworbene Wert des Ereignisses Risiko durch Wespenstich neu als „Gefahr" bewertet bzw. revidiert werden konnte, was sich auf Peters Handeln auswirkte. Der Notfallstick landete in seinem Rucksack, was sich später als lebensrettend erwies.

Der Verlauf von Peters Bewertungsprozess, während er seinen Rucksack für die Wanderung packte, ist ein Beispiel für Situationen, in denen die Neu-Bewertung über die automatische Bewertung siegt. Dies zeigt eindeutig, dass der Mensch, der sich Zeit nimmt, Ereignisse neu zu bewerten, sich bewusst für oder gegen etwas entscheidet und infolgedessen mehr nach seinem Willen handeln kann. Etwas so einfach und schnell neu zu bewerten, wie in Peters Fall, geht nicht immer so leicht. Generell gilt, dass die Neu-Bewertung anstrengend und mühsam ist und Zeit in Anspruch nimmt.

Es ist beruhigend zu wissen, dass uns Menschen die Neu-Bewertung zur Verfügung steht, die uns ermöglicht, unser Handeln einer Situation angemessen so weit zu modulieren, dass das Risiko von unerwünschten sozialen Konsequenzen eines überschießenden automatischen Bewertens minimiert werden kann. Dennoch zeigt sich, dass eine lösungsorientierte, reflektierende Neu-Bewertung (wie es bei Peter der Fall war), die so stark ist, dass sie sich gegen die automatische Bewertung durchzusetzen vermag, anfangs mühsam ist und nicht immer und nicht jedem von uns zur Verfügung steht.

Die Neu-Bewertung ist anstrengend

Migrationsströmung 2015
Sommer 2015, während der letzten großen Migrationsströmung nach Europa: Auf allen Kommunikationskanälen wie Fernsehen, Zeitungen oder im Internet waren Bilder von Menschen jeden Alters zu sehen, die müde entlang von Straßen und Gleisen marschierten. Angetrieben durch unterschiedliche persönliche Motive und bereit, übermenschliche Strapazen auf sich zu nehmen, schafften es die meisten davon, nach Europa zu kommen. Manche hatten nur eine Decke um ihre Schultern gewickelt, andere trugen nur einen Koffer oder einen Plastiksack mit sich, in dem ihr ganzes Hab und Gut eingepackt war. Auf ihrem Weg konnten sie nur wenig Materielles mitnehmen, brachten aber das gesamte eigene Bewertungssystem mit. Angekommen in Europa, tauchten diese Menschen ohne jegliche Vorbereitung in ein fremdes Meer ein, in ein Meer von Bewertungen, die sich in manchen Fällen sehr von ihren eigenen unterschieden.

Weder die Neuankömmlinge noch die Einheimischen waren vorbereitet auf diesen Zusammenprall ihrer unterschiedlichen Bewertungssysteme. Keine der beiden Gruppen wusste, was auf sie zukam und was es heißt, den gleichen geografischen Raum mit Personen zu teilen, deren automatische Bewertungen über dieselben Ereignisse so unterschiedlich sind. Keiner war darauf vorbereitet, wie man solche Unterschiede im Bewerten von Ereignissen am besten überwinden könnte.

Es dauerte nicht lang, als die Gruppen der Einheimischen und der Neuankömmlinge realisieren mussten, dass die „anderen" dieselben Ereignisse unterschiedlich bewerteten als sie selbst. Die wahrgenommenen Unterschiede in den Bewertungen verunsicherten die Menschen, verursachten bei manchen sogar Schrecken. Die Europäer mussten feststellen, dass manche Ereignisse, die sie als okay oder gut empfanden, d.h. positiv bewerteten, von manchen Neuankömmlingen negativ oder sogar sehr negativ bewertet wurden. Hinsichtlich der Bewertung von Ereignissen passierte dasselbe auch bei den angekommenen Volksgruppen. Viele fühlten sich vor den Kopf gestoßen, als sie realisieren mussten, dass das, was sie in ihrer Heimat als okay bzw. als positiv empfanden, viele Einheimische als abscheulich, besorgniserregend oder stark negativ bewerteten.

Dass die Integration von anerkannten Flüchtlingen eine wachsende Herausforderung für den gesellschaftlichen Zusammenhalt und die Sicherung des sozialen Friedens in Österreich darstellt, wurde bald erkannt, und so wurde im November 2015 ein „50-Punkte-Plan zur Integration von Asylberechtigten und subsidiär Schutzberechtigten in Österreich" hergestellt. (BMEIA Außenministerium Österreich, 2015). Kernelement dieses Aktionsplans war die Verankerung von Integration als Querschnittsmaterie, die in allen Lebensbereichen mitgedacht wurde. Dieser Logik folgend, wurden im Nationalen Aktionsplan Integration (NAP.I) 7 Handlungsfelder definiert: Sprache und Bildung, Arbeit und Beruf, Rechtsstaat und Werte, Interkultureller Dialog, Gesundheit und Soziales, Sport und Freizeit sowie Wohnen und die regionale Dimension der Integration. Eine solche Struktur sollte dabei helfen, „Herausforderungen klar zu skizzieren und Lösungsansätze zu implementieren" (BMEIA, 2005).

Die Ernüchterung kam fast 5 Jahre später. Im November 2019 wurde in Österreich eine Studie veröffentlicht, die Einblick in das Zugehörigkeitsempfinden, die demokratischen

Grundhaltungen und die gruppenbezogenen Abwertungen von jungen Menschen mit ausgewählten Migrationshintergründen gab. Dazu wurde eine standardisierte Befragung unter 707 14- bis 24-jährigen, in Wien lebenden jungen Menschen mit afghanischem, syrischem, tschetschenischem, bosnischem, kurdischem und türkischem sowie ohne Migrationshintergrund durchgeführt (BMEIA, 2005). Die Studie zeigte, dass a) trotz des jungen Alters der Befragten (Durchschnitt 20 Jahre) und b) einer eher längeren Aufenthaltsdauer in Österreich (bei den meisten zwischen 5 und 10 Jahren) ihre Werte betreffend Rollenbildern, Homophobie oder homosexuellen Menschen noch immer sehr weit von der sogenannten „europäischen Bewertung" entfernt waren. Die waren noch immer fremd in diesem Land.

Nach all diesen Jahren sahen einige der Jugendlichen und jungen Erwachsenen das Verhältnis von Mann und Frau noch immer in traditionellen, in ihrer Heimat verbreiteten Rollenbildern. Zum Beispiel fanden drei viertel der jungen Afghanen, dass der Mann für alle größeren Entscheidungen zuständig sein sollte. 76 Prozent der bosnischen und 61 Prozent der türkischen Jugendlichen fanden es außerdem peinlich, wenn der Mann weniger Geld verdiente als die Frau. Fast jeder vierte Afghane, der an der Studie teilnahm, war noch immer der Meinung, dass man „*Respekt* nur bekommt, wenn man auch mal zuschlägt". Beim Thema *Homosexualität* lehnte die Hälfte der jungen Afghanen und Syrer sowie 40 Prozent der Jugendlichen mit tschetschenischem oder türkischem Migrationshintergrund dies ab. Das *Zuschlagen auf* oder die *Bestrafung von Homosexuellen* bewerteten sie als *positiv*, als okay, was diametral unterschiedlich zu den Angaben der Einheimischen in gleichen Altersgruppen war, die dies als stark *negativ*, als nicht okay bewerteten.

Enttäuschend, aber wahr, dass sich die diametral unterschiedliche Bewertung von gleichen Ereignissen wie *Zuschlagen* oder *Bestrafung von Homosexuellen* von *Ankömmlingen im Vergleich zu Einheimischen* kaum verändert hatte. *Zuschlagen* oder *Bestrafung von Homosexuellen wurde noch immer gutgeheißen*, d. h., es wurde *ihrem Wertesystem* zufolge noch immer als okay bewertet.

Zwischen Jugendlichen mit unterschiedlichen Bewertungssystemen ergab sich durch Unterschiede in ihren Werten eine Kluft, die nach 10 Jahren Kontakt bzw. Erfahrungen mit Werten der Einheimischen noch immer kaum überbrückt werden konnte. Die Gründe dafür sind vielfältig. Man sollte jedoch in Betracht ziehen, dass auch von manchen einheimischen Jugendlichen (auch Erwachsenen) das Zuschlagen oder das Therapieren von Homosexuellen goutiert und als okay bewertet wurde.

Glücklicherweise betraf das nicht alle Muslime. *Die gute Nachricht aus dieser Studie war, dass die Studienergebnisse über junge Menschen mit muslimischer Prägung nicht nur negativ waren. Mit zunehmender Aufenthaltsdauer und mit zunehmendem Ausmaß an Unterstützungsmaßnahmen nahmen bei einem Anteil der Befragten die antidemokratischen und gleichwertigkeitsfeindlichen Grundhaltungen (d. h. Grundüberzeugungen als Folge automatischen Bewertens) ab.* Die Anstrengungen, die Werte der muslimischen Jugendlichen den europäischen Werten anzunähern, waren zwar erheblich, wurden jedoch belohnt. Ihre Werte über Homosexualität, Fremde u. v. m. wurden *zum Positiven verändert.* Dies bekräftigt, was Studien über die automatische Bewertung schon herausfanden, nämlich dass eine Abänderung unserer automatischen Bewertung, eine Neu-Bewertung von Ereignissen doch möglich ist.

Eine Forschung des Instituts für Soziologie der Universität Wien über Lebensrealitäten der Gastarbeiterinnen und Gastarbeiter zeigte das Folgende: ökonomische Absicherung allein gewährleistet nicht automatisch ein besseres Leben. Jedes Land, das mit Migration konfrontiert ist, muss bereit sein, finanzielle Mittel für gute Arbeits- und Lebensbedingungen, Kinderbetreuung, interkulturellen Dialog in den Schulen u. v. m. zur Verfügung zu stellen. Das verändert den Selbstwert von Migrantinnen zum Positiven. Sie werden optimistischer und lösen sich rascher von negativen Gefühlen.

Investition in Integration ist immer gut angelegtes Geld, es ist eine Investition in die Prävention gegen gewaltige Auseinandersetzungen zwischen unterschiedlichen Wertesystemen. Nur so kann eine gelungene Integration von Neuankömmlingen und ein gesellschaftlicher Zusammenhalt gelingen. Allen Beteiligten muss klar sein, dass Integration, d.h. ein gegenseitiges Annähern unterschiedlicher Bewertungssysteme, ein langwieriger Prozess ist, der Veränderung von beiden Seiten verlangt.

Beginnend vor rund 1,8 Millionen Jahren, als die Gattung Homo Afrika verließ und sich von dort aus über die ganze Welt verbreitete (Fleagle et al. 2010; Dennell & Roebroeks, 2005), ist Migration ein erdumspannendes Geschehen, das sich durch die Menschheitsgeschichte zieht und das aus Kriegs- oder Wirtschaftsgründen immer stattfinden wird. Trotz Bemühungen für eine gelungene Integration wird es immer wieder zu Auseinandersetzungen zwischen unterschiedlichen Bewertungssystemen von Einheimischen und Neuankömmlingen kommen. Diese bleiben unvermeidbar, die Anzahl solcher Auseinandersetzungen kann jedoch niedrig gehalten werden.

Die Erkenntnisse über die Merkmale von Phase 1 und Phase 2 des Bewertens machen es für uns leichter zu verstehen, warum aus dem Kontakt zwischen unterschiedlichen Wert(e)systemen Konflikte entstehen. Unterschiede zwischen 2 oder mehreren in Kontakt stehenden Wert(e)systemen darf man nie bagatellisieren. Stattdessen ist es notwendig, a) die Werteunterschiede in wesentlichen Lebensbereichen zu erkennen und klar zu benennen und b) mittels entsprechender Maßnahmen so lange darauf hinzuarbeiten, bis die beiden Wertesysteme sich bis zu einem gewissen Grad annähern. Das ist der einzige Weg hin zu einem gesellschaftlichen Zusammenhalt und zur Sicherung des sozialen Friedens in Regionen, wo ursprünglich unterschiedliche Wertesysteme koexistierten.

Die angeborene Schwäche der Neu-Bewertung

Erwartet man eine Veränderung der automatisch erzogenen Werte (Grundüberzeugungen), darf man nicht vergessen, dass der Bewertungsprozess eines Individuums immer so fit ist, um – wie im Fall von Peter – dem automatischen Bewerten die Stirn bieten zu können und Platz für das Neu-Bewerten zu schaffen. Bei manchen von uns scheitert es an der Stärke des automatischen Bewertens bzw. der Schwäche des Neu-Bewertens, ob angeboren oder erworben.

Nikis Verhaltensauffälligkeiten
Niki (10 Jahre) ist ein sehr intelligentes Kind, das zur Kinderpsychiaterin gebracht wurde, um Hilfe wegen seiner immer häufig gewordenen Ausraster (Wut- und Aggressionsausbrüche) zu erhalten. Von Natur aus ist Niki ein liebes und gut erzogenes Kind. Seine Wut- und Aggressionsausbrüche manifestieren sich nur dann, wenn er körperlich oder psychisch überfordert wird. Dann schlägt seine Stimmung um. Er wird zunehmend unruhig, verlässt seinen Sitzplatz in der Klasse, wirkt verzweifelt und beginnt wie ein Mantra immer den gleichen Satz „Keiner mag mich, ich bin dumm" zu wiederholen. In solchen Situationen machte er Äußerungen, dass er sich umbringen wolle, da er „nichts wert" sei. Am Ende des Schuljahres schilderte seine Lehrerin, dass ein weiterer Schulbesuch bei Fortbestand seiner Verhaltensauffälligkeiten schwer werde, da es für die anderen Kinder kaum mehr auszuhalten sei. Er sei den anderen gegenüber verbal sehr verletzend und beleidigend und mache auch vor Lehrern oder anderen Erwachsenen nicht halt. Während dieses Zustands habe niemand Zugang zu ihm. Die Mutter gab an, dass Niki, seit er ein Kleinkind war, zu solchen Ausbrüchen neigte und ihre Unvorhersehbarkeit für die Familie schwer war. Häufig waren Nichtigkeiten ausreichend, dass er auf einmal „bockig" oder rabiat wurde, mit Sachen herumschmiss oder davonlief. Gefragt von der Psychiaterin, was seine Wutausbrüche auslöste, zuckte Niki mit seinen Schultern und antwortete glaubwürdig: „Ich weiß es nicht." Gefragt, ob er sich in diesen Situationen wirklich umbringen wollte und ob es einen Grund dafür gäbe, schmunzelte er etwas beschämt und verneinte mit einer Kopfbewegung.

Konkret auf sein Alter bezogen, erfüllten Nikis Verhaltensauffälligkeiten die diagnostischen Kriterien einer psychiatrischen Störung im Kindesalter, die sich durch ein *wiederholendes und anhaltendes Muster dissozialen, aggressiven und aufsässigen Verhaltens* charakterisiert. Das *impulsive Verhalten wird dranghaft, oft automatisch* ausgeführt. *Es wird zwar bewusst erlebt, kann aber willentlich nicht oder nur schwer verhindert werden.* Die Impulse können nicht kontrolliert werden und schädigen meist die Interessen der betroffenen Patienten, aber auch anderer Menschen. Das Verhalten wirkt auf Außenstehende situationsunangemessen, unkontrolliert und unbedacht. Nikis Verhalten war nicht mehr altersentsprechend. Es war also schwerwiegender als gewöhnlicher kindischer Unfug oder jugendliche Aufmüpfigkeit, was nach einer fachärztlichen Abklärung verlangte.

Nach der ICD-10 erfüllten seine Verhaltensauffälligkeiten alle diagnostischen Kriterien einer *Störung des Sozialverhaltens im Kindesalter* (F92. Störung des Sozialverhaltens mit Beginn in der Kindheit und Jugend) (DIMDI, 2018). Die durch Nichtigkeiten abrupt hervorgerufenen großen Veränderungen in Nikis Bewertungsprozess können nur durch eine angeborene Instabilität in der Phase 2 seines Bewertens erklärt werden. Die Information, dass Nikis leiblicher Vater Probleme mit seiner Impulskontrolle aufwies, bekräftigte diese Annahme, dass die Stärke seines automatischen Bewertens bzw. die Instabilität des Neu-Bewertens angeboren war.

Nikis Beispiel zeigt auf, dass wir mit der Erwartung, dass ein Mensch, insbesondere ein Kind, sein Verhalten verändern kann, wenn er/es will, vorsichtig sein sollten. Einer solchen Veränderung geht immer eine Neu-Bewertung einer Situation, eines Ereignisses, voraus. Trotz der faszinierenden Toleranz der Lehrerin und seiner Schulkameraden und einiger sozial-psychiatrischer Maßnahmen konnte Nikis impulsives Verhalten kaum gemildert werden.

Ein Vorliegen eines schwachen Neu-Bewertens muss man allerdings differenzierter betrachten, da dies keinesfalls heißen muss, dass es bei einer angeborenen Stärke des automatischen Bewertens der betroffenen Person generell keine Chance für ein Neu-Bewerten von Ereignissen gibt. Es drückt nur aus, dass ein angeboren schwaches Neu-Bewerten es dem Betroffenen (je nach Ausprägung) kaum eine Gelegenheit gibt, überlegte, lösungsorientierte und bewusste Entscheidungen zu treffen.

Wie die Folgen einer angeborenen schwachen Neu-Bewertung zu lindern sind

Ist die Schwäche des Neu-Bewertens bzw. die Stärke des automatischen Bewertens angeboren, stehen den Betroffenen, abhängig von den Konsequenzen (Leidensdruck), die ein solches Bewerten mit sich bringt, 2 Interventionsmöglichkeiten zur Verfügung:
a) eine kognitiv (positiv) orientierte Psychotherapie und/oder
b) eine medikamentöse Behandlung.

a) Kognitiv (positiv) orientierte Psychotherapie
Einer der Begründer der kognitiv (positiv) orientierten Psychotherapie war Albert Ellis. (Wir haben bereits in Bezug auf die Angst Bekanntschaft mit ihm gemacht.) Er zeigte den Weg, wie der Bewerter zu weniger schädigenden Neu-Bewerten gelangen kann. Sehr vereinfacht dargestellt verläuft diese Therapieform so, dass im ersten Schritt die zentralen automatischen Gedanken (Bewertungen) identifiziert werden. Im nächsten Schritt wird der Klient unterstützt, seine dysfunktionalen negativen Bewertungen durch freundliche, wertschätzende Aussagen (Bewertungen) zu verändern. Diese Psychotherapie ist in der Regel eine Kurzzeittherapie. Abhängig von den psychischen Eigenschaften des Klienten, die allerdings aus einem bestimmten Verhältnis zwischen hemmenden und anregenden Neurotransmittern hervorgehen, kann es erforderlich sein, die gesamte Behandlung auch über mehrere Monate hinweg fortzuführen. Viele

Betroffene begeben sich häufig ein Jahr oder länger in Behandlung, was auf die Stärke ihres automatischen Bewertens bzw. die Schwäche des Neu-Bewertens hindeutet. Ist das automatische Bewerten resistent gegen Veränderungen, was die Lebensqualität in vielen Bereichen beeinträchtigt, so sinkt die Wirksamkeit einer Psychotherapie ab und macht Platz für eine medikamentöse Behandlung.

b) Medikamentöse Behandlung

Im Falle einer solchen Resistenz, bei der das grobe, unwillentliche, automatische Bewerten dem Neu-Bewerten keine Zeit lässt, sollte bevorzugt eine medikamentöse Behandlung eingesetzt werden. So war es letztendlich auch bei Niki, da das plötzliche Auftreten von Wutausbrüchen, die wie aus dem Nichts kamen, seiner Lehrerin oder der immer anwesenden Schulassistentin keine Zeit ließ, die ersten Zeichen eines Wutausbruchs zu erkennen und diese abzufangen. Seine Teilnahme am regulären Unterricht war gefährdet. Die letzte mögliche Behandlungsoption war eine medikamentöse. Durch die Einnahme von Medikamenten gelang eine zufriedenstellende Milderung seiner Wutausbrüche. Der Schulbesuch war gerettet. Der Vorteil einer solchen medikamentösen Behandlung ist, dass ihre Wirkung rascher einsetzt, was den Leidensdruck schnell abmildert.

Die erworbene Schwäche der Neu-Bewertung

Eine schwache Neu-Bewertung muss nicht immer angeboren sein. Psychische und/oder körperliche Müdigkeit kann die Phase 2 der Bewertung (Neu-Bewertung) temporär abschwächen, die Bewertung eines Ereignisses bleibt in diesem Fall in der Phase 1 „stecken".

Paulis Socken und der Tag, an dem alles schiefging

An jenem Tag lief für Simon alles schief, was nur schieflaufen konnte. Für diesen Tag standen auf Simons To-do-Liste einige Dinge, die unbedingt erledigt werden mussten. Es mussten einige wichtige Mails abgeschickt werden, er musste den wichtigen Projektantrag fertig schreiben und an den potenziellen Partner zur Korrektur schicken. Sein Arbeitstag begann damit, dass der Drucker sich weigerte, mit dem Computer zu kooperieren. Mehrere Ein- und Ausschaltversuche brachten keinen Erfolg. Der Zeitdruck erlaubte ihm nicht, sich mit dem Drucker näher zu beschäftigen. Als er versuchte, ins Internet zu gehen, stellte er fest, dass die Internetverbindung ausgefallen war. Das Mailen des Projektantrags musste also warten, bis er wieder nach Hause kam. Als ob das nicht genug wäre, rief am Ende des Arbeitstages noch einer seiner wichtigen Projektpartner an, um ihm mitzuteilen, dass er aufgrund fehlender Zeitressourcen nicht am Projekt teilnehmen könne.

Es war fast Abend, als Simon völlig übermüdet nach Hause kam. Was ihm beim Aufmachen der Eingangstür als Erstes begegnete, war die am Boden liegende schmutzige Socke seines Sohnes Pauli. Er spürte, wie seine Anspannung anstieg. Er hob die Socke mit zwei Fingern auf und begann ohne irgendeine Begrüßung seinen Sohnemann Pauli anzuschreien. Seine Frau stand perplex da. Seine unpassende, gereizte Reaktion konnte sie nicht nachvollziehen. Eigentlich lag fast immer irgendwo etwas von Pauli herum, aber noch nie hatte Simon auf diese Art reagiert. Erschrocken über seine Reaktion begann sein Sohn zu weinen. Selbst überrascht über seine eigene Reaktion, näherte sich Simon den beiden und versuchte Pauli zu streicheln. Pauli versteckte sein Gesicht vor ihm. Es tat Simon sehr leid, das zu sehen. Er flüsterte Pauli ins Ohr: „Es tut mir so leid, mein Lieber." Tief drinnen wusste Simon, dass der Grund für seine unangemessene Reaktion nicht diese Socke sein konnte. Sie war nur der letzte Tropfen, der „das Fass zum Überlaufen gebracht hatte". Die Socke war nun mal zur falschen Zeit am falschen Ort gewesen. Simon bereute sein Verhalten. In diesem Moment war es leider zu spät, sein Verhalten wiedergutzumachen. Pauli konnte die Situation noch nicht so differenziert betrachten. Das, was er sah, war nur der Zorn seines Vaters.

Mit einer funktionierenden Internetverbindung und einer Zusage des Projektpartners wäre der Ausfall des Druckers sozusagen nicht nennenswert gewesen, da bei den ersten 2 positiven Ereignissen das letzte negative kaum Einfluss auf die gesamte Stimmung von Paulis Vater gehabt hätte. Der Grund dafür ist, dass sich die automatisch erzeugten Werte von Ereignissen gegenrechnen: die positiven werden addiert, die negativen werden subtrahiert. Die Endsumme von Werten aller Ereignisse wird ununterbrochen korrigiert, nach oben oder nach unten, was den Verlauf der physiologischen Prozesse, die Stimmung und das Verhalten der Ereignisempfänger bestimmt.

Das gereizte Verhalten von Paulis Vater war ein Output der Endsumme von negativen Werten aller Ereignisse, mit denen er an dem Tag in Kontakt kam. Das negative automatische Bewerten Paulis *schmutzige Socke beim Eingang* machte den Endwert aller schlechten Ereignisse dieses Tages bei seinem Vater noch ein bisschen negativer. Bei jedem Absinken des Werts der Endsumme von Ereignissen sind wir immer weniger imstande, uns bekannte Fakten abzurufen und ein Neu-Bewerten zu unternehmen. Für Paulis Vater war die schmutzige Socke nur eine schmutzige Socke, die am Boden lag und da nicht hingehörte. In diesem Moment war er nicht imstande, die Fakten in den Bewertungsprozess miteinzubeziehen, dass die Socke seinem geliebten, kleinen Sohnemann gehörte, den er den ganzen Tag nicht gesehen hatte, und dass die Socke nicht mit Absicht dort liegen gelassen wurde.

Wie die Folgen einer erworbenen Schwäche der Neu-Bewertung zu lindern sind

Falls die Schwäche von Neu-Bewertung erworben ist, ist ihre „Behandlung" deutlich einfacher, da diese „in der Hand" der Ereignisempfänger liegt. Wenn wir wissen, dass sich die Werte von Ereignissen fortwährend zur Endsumme addieren oder von ihr subtrahieren, sollten wir die Summe der negativen Ereignisse nicht außer Acht lassen, insbesondere jene, die direkt aufeinanderfolgen. Die Verantwortung, welche Ereignis empfangen werden, liegt meistens bei uns als Ereignisempfänger. Das Beispiel von Paulis Vater zeigt uns, wie die negativ bewerteten Ereignisse die Neu-Bewertung abschwächen und den Ereignisempfänger anregen zu automatischen, impulsiven, nicht überlegten Handlungen.

Bei Paulis Vater waren es die sich aneinanderreihenden technischen Probleme (negativ bewertete Ereignisse). Es ist klar, dass wir als offene physische Systeme nicht immer die Kontrolle darüber haben können, mit welchen Ereignissen wir in Kontakt kommen. Das kann den Zustand einer erworbenen Schwäche des Neu-Bewertens und das Vorherrschen des automatischen Bewertens erklären, entschuldigt aber nicht die Eigenverantwortung der betroffenen Person als Ereignisempfänger.

Wenn der Kontakt mit negativen Ereignissen nicht vermeidbar ist, was im Leben unweigerlich immer wieder der Fall ist – denken wir nur an die Zeiten während der Coronapandemie, den Ukrainekrieg, die Inflation oder das Verfehlen von Klimazielen –, dann sollte uns bewusst sein, dass das letzte kleine negative Ereignis, also Paulis herumliegende Socke, die Corona-Schutzmaßnahmen oder die Impfpflicht, nicht der Grund für ein unkontrolliertes, impulsives, aufbrausendes Verhalten sein kann. Man sollte dabei nicht vergessen, tiefer in sein bereits durch negativ bewertete Ereignisse angefülltes Fass hineinzublicken.

Es gibt die Meinung, dass sich Fehlentscheidungen, die aus einem starken automatischen Bewerten hervorgehen, leicht vermeiden lassen, wenn man aus seinen Fehlern lernt. Kahneman zufolge sollte man lernen, „erste Anzeichen zu erkennen, wenn man sich in einem kognitiven Minenfeld [Anmerkung: das durch negative Bewertungen entstanden ist] bewegt", um dann mental „einen Gang zurückzuschalten" (Kahneman, 2012). Das ist sicherlich leichter gesagt als getan. Die Erfahrungen zeigen, dass eine solche vernünftige Vorgangsweise gerade dann am wenigsten angewendet wird, wenn sie „am dringendsten notwendig wäre", wie damals beim Geburtstagsfest von Lisas Freundin oder beim Heimkommen von Paulis Vater nach dem missglückten Tag. Mental einen Gang zurückzuschalten, war für beide einfach nicht möglich. Ihre automatischen negativen Bewertungen schossen wie aus einer Schrotflinte und verdarben somit die Stimmung aller Anwesenden. Wenn wir uns in einem kognitiven Minenfeld befinden, würde uns am besten helfen, wenn eine in uns eingebaute Ampel dann gelb leuchten würde. Nur dann hätten wir bei einem immer stärker werdenden automatischen Bewerten die Chance, schwerwiegende Fehlentscheidungen zu verhindern, die wir später in den meisten Fällen bereuen.

Aber wie erkennt man ein kognitives Minenfeld ohne eine solche innere Ampel? Was könnte Julia oder Simon helfen, um mit ihren negativen Bewertungen nicht die Stimmung aller anderen innerhalb nur weniger Sekunden zu verderben bzw. jemanden zu verletzen? Was können sie tun, um hinterher nicht ein schlechtes Gewissen haben zu müssen oder sich irgendwann zu fragen, warum sie von einer Gruppe ausgeschlossen bzw. gemobbt wurden?

Was uns bleibt, ist ...

- *... nicht zu vergessen, dass unsere automatische Bewertung immer aktiv ist,* was sich als Erstes in Form unserer Gedanken und Überlegungen äußert – aus diesem Grund heißt es ja auch „Phase 1 des Bewertens".
- *... den eigenen Anspannungsgrad der Muskeln wahrzunehmen.* Nimmt die Anspannung zu, bedeutet dies: „Achtung, wir befinden uns bereits in einem Minenfeld und stehen kurz vor einer möglichen Explosion!" und schließlich
- *... auf den Drang zu achten, unsere automatische und unreflektierte Meinung (Bewertung) zu äußern, und zu versuchen, ihn zu bändigen.*

Die gute Nachricht

Durch die Erkenntnis, dass das automatische Bewerten (Phase 1) nichts mit unserem Willen zu tun hat, ist es wichtig, auf automatisch negativ zugewiesene Werte eines Ereignisses zu achten und den Drang nach ihrer Artikulierung zu unterdrücken.

Die Folgen eines starken automatischen Bewertens bzw. eines schwachen Neu-Bewertens zu minimieren, ist machbar, wenn auch mühsam.

Zur Erinnerung:

Die Neu-Bewertung ist wie die automatische Bewertung immer aktiv, wenn wir wach sind. Sie schläft niemals. Sie schlummert in einem angenehmen, trägen Modus, während nur ein Teil ihrer Kapazitäten in Anspruch genommen wird.

Die Neu-Bewertung überwacht und revidiert, d. h., sie bewertet die von der automatischen Bewertung vorgeschlagenen, groben und ungenauen Werte neu.

Die Neu-Bewertung bewertet den durch die automatische Bewertung zugelieferten Wert über ein Ereignis neu, steuert die Aufmerksamkeit auf das Ereignis und durchstöbert das Gedächtnis des Ereignisempfängers nach Antworten, im Sinne von Pro und Kontra.

Die Neu-Bewertung nimmt jede dieser Bewertungen entgegen und liefert einen neuen Wert, der den automatischen Wert bestätigt oder infrage stellt.

Die Neu-Bewertung braucht Zeit, ist aber lösungsorientiert, reflektierend und bedacht.

Die Neu-Bewertung schafft Voraussetzungen, dass Entscheidungen mehr nach unserem Willen getroffen werden.

Die Neu-Bewertung kontrolliert und überwacht fortwährend unser Verhalten.

KAPITEL 19

NEUROBIOLOGISCHE GRUNDLAGEN DES BEWERTUNGSPROZESSES

Wenn sich die Werte von Ereignissen aus einer im allerersten Moment durchgeführten automatischen Bewertung ergeben, woraus ergibt sich dann die automatische Bewertung selbst?

Welches Prinzip bildet die *Werteskala?*

Das automatische Bewerten von Ereignissen erfolgt mit einer außergewöhnlichen Schnelligkeit binnen Tausendstelsekunden nach einem Kontakt. Dies impliziert, dass die neurobiologische Grundlage für Phase 1 des Bewertens auf Ebenen gesucht werden muss, die vorgefertigt bzw. angeboren sein sollten und auf die der Mensch, die *Krone der Schöpfung,* keinen direkten Zugriff hat. Aber wenn

a) sich die Manifestation und Intensität von Angst (und anderen Emotionen) nach einer Bewertung eines Ereignisses aus einem in bestimmten neuronalen Schaltkreisen herrschenden *GABA<[5-HT, NA, DA & Co]*-Neurotransmitterverhältnis ergibt und

b) die Bewertung eines Ereignisses – unabhängig davon, ob die positiv oder negativ ist – das Entstehen und die Intensität von Emotionen vorgibt, dann sollte auch die Bewertung ein Output eines Verhältnisses zwischen hemmender GABA und anregenden Neurotransmittern sein. Wieder in Form einer Gleichung dargestellt, können a) und b) am Beispiel von Angst (es betrifft auch alle anderen Emotionen) so präsentiert werden:

$$\text{Angst} = GABA < [\text{5-HT, NA}]$$
$$\text{Angst} = \text{negative Bewertung eines Ereignisses}$$

Im konkreten Beispiel führen uns beide Gleichungen zu der Schlussfolgerung, dass die Neurotransmitterkonstellation, die hinter der Angst steht, auch für die negativen Bewertungen von Ereignissen verantwortlich ist.

$$Angst = GABA{<}[5\text{-}HT, NA] =$$
$$negative\ Bewertung\ eines\ Ereignisses$$

Die Vorsicht gegenüber neuen Ereignissen, die ängstlich bzw. misstrauisch veranlagte Individuen charakterisiert, resultiert aus einer *automatisch erzeugten negativen* automatischen Bewertung.

Übertragen auf andere Emotionen kann dies wie folgt dargestellt werden:

$$GABA/[5\text{-}HT, NA, DA \,\&\, Co] \Rightarrow \text{Bewertung eines}$$
$$\text{Ereignisses} \Rightarrow \text{Manifestation einer Emotion}$$

Die in uns aktuell herrschende Neurotransmitterkonstellation, aus der eine automatische Bewertung hervorgehen sollte, entspricht nicht nur dem aktuellen Machtverhältnis zwischen hemmenden (GABA) und anregenden (5-HT, NA, DA & Co) Neurotransmittern, sondern auch den Verhältnissen, die innerhalb einzelner anregender Neurotransmitter bestehen. Bekannterweise interagieren diese Neurotransmitter auch miteinander, was eine *unvorstellbare Anzahl von Kombinationen bzw. von Nuancen von Bewertungen gleicher Ereignisse ergibt*. Diese Neurotransmitterverhältnisse verantworten die Manifestation aller unserer (Grund-)Emotionen: Freude, Trauer, Ekel, Angst, Überraschung, Wut und Verachtung. All diese Emotionen verleihen uns einen emotionalen Ausdruck der unsere Individualität auszeichnet.

Beweise aus der psychiatrischen Praxis

Die Annahme, dass die Art und Weise, wie ein Mensch seine Umwelt bewertet und daraus resultierend mit seiner Umwelt interagiert, *ein Output einer in irgendeinem, noch immer nicht gänzlich erforschten, neuronalen Kreis vorkommenden Neurotransmitterkonstellation ist,* mag sehr reduktionistisch klingen. Trotzdem liefern uns Erfahrungen aus der Behandlung von psychischen Erkrankungen viele Hinweise, die diese Annahme bestätigen.

Eine kleine Einführung in die Behandlung einiger psychischer Erkrankungen
Psychische Erkrankungen gelten, im Vergleich zu anderen Erkrankungen, noch immer als sehr rätselhaft. Aktuellen Erkenntnissen zufolge wird ihr Entstehen auf ein komplexes Wechselspiel (als sogenanntes *bio-psycho-soziales Modell*) zwischen a) biologischen (genetische Veranlagung), b) psychologischen (psychische Konstellation) und c) Umweltfaktoren (die Ereignisse, mit denen wir in Kontakt kommen) zurückgeführt. Auch wenn man mit Recht sagt, dass beim Menschen seine Emotionen und sein Verhalten nicht auf seine Gene reduzierbar sind, sind die biologischen Faktoren (Gene) maßgeblich am Ausbruch von bestimmten psychischen Erkrankungen, wie der endogenen Depression oder Schizophrenie, beteiligt. Die Relevanz der genetischen Faktoren beim Auftreten dieser Erkrankungen ist durch Studien bestätigt, bei denen Kinder von psychisch erkrankten Eltern zur Pflege in psychisch unbelastete Familien gegeben wurden. Bei diesen Kindern manifestierte sich eine psychische Erkrankung mit deutlich höherem Prozentsatz als bei den leiblichen Kindern der Pflege- bzw. Adoptiveltern. Dies impliziert, dass sich diese Erkrankungen mit einer sehr hohen Wahrscheinlichkeit irgendwann im Leben eines Menschen manifestieren werden, auch wenn er oder sie in einer einfühlsamen, förderlichen und gesunden Umgebung aufwächst.

Auch wenn Wissenschaftler noch immer nach Neurotransmittern bzw. genauen Neurotransmitterkonstellationen suchen, welche die Hauptrolle bei der Entstehung und Modulation der Symptome bei psychischen Erkrankungen tragen sollten, sind sich die meisten darüber einig, dass das veränderte Aktivitätsniveau der 5-HT, NA, DA & Co-Neurotransmissionen die Ursache sein könnte.

Beispiel 1: Die endogene Depression, auch bekannt als engl. „major depression" oder „große" Depression, ist eine psychische Erkrankung. Ihr Krankheitsbild weist neben klassischen depressiven Symptomen wie Energie-, Lust-, Freud-, Antriebs- und Schlaflosigkeit immer wieder auch Wahnideen auf, die mit massiven und für nicht betroffene Personen kaum nachvollziehbaren Schuldgefühlen einhergehen. Eine Depression mit Wahnideen (psychotische, „wahnhafte" Depression) gehört zu den schweren Verlaufsformen der Depression, deren Behandlung oft länger dauert als die einer Depression ohne dieses Symptom.

Seit fast 2 Jahrzehnten leidet Herr S. genau an einer solchen Depression. Der Ausbruch einer neuerlichen depressiven Phase verläuft bei ihm immer nach dem gleichen Muster. Sie wird eingeleitet durch a) Wahnideen der Versündigung (schwerwiegende Fehler in seiner Vergangenheit gemacht zu haben, die zu schweren Auswirkungen auf die Weltpolitik geführt und einige Kriege in der Welt ausgelöst haben) und b) schleichende, aber immer stärker werdende Schuldgefühle in Bezug auf diese Ereignisse. Das sind die Vorboten eines herannahenden Rückfalls. Herr S. wird immer deprimierter und verzweifelter. Die Kriege, die schon einige Jahre vor dem Ausbruch seiner Depression tobten, machten Herrn S., wie die meisten anderen Menschen, betroffen oder besorgt, er dachte aber keinesfalls, dass er daran schuld sein könnte. Bis sich eines Tages die ersten Symptome einer Depression manifestierten. Während der depressiven Phasen bewertete Herr S. sein Verhalten in der Vergangenheit als etwas äußerst Schlechtes und Negatives, als Fehler.

Psychiater wissen, dass solche Schuldgefühle durch keine Argumente korrigierbar sind, d. h. nicht neu bewertet werden können, deswegen werden diese als wahnhaft bezeichnet. Wie üblich in solchen Fällen wurde Herrn S. eine Behandlung mit einem Antidepressivum empfohlen. Ein paar Wochen später, bei der nächsten Kontrolle, wirkte er viel entspannter, er lächelte sogar. Er sah nicht mehr sein Verhalten in der Vergangenheit als Ursache für Kriege in der Welt. Durch das positive Neu-Bewerten seiner vergangenen Handlungen begannen seine Schuldgefühle abzuklingen, bis sie sich dann nach einigen Wochen vollkommen zurückbildeten. Eine berechtigte Frage wäre: Wie konnte es passieren, dass Herr S. nur innerhalb von ein paar Wochen die gleichen Ereignisse aus seiner Vergangenheit zuerst „positiv" ☺ vor dem Rückfall, dann „stark negativ" ☹ während des Rückfalls und dann wieder „positiv" ☺ nach seiner Genesung unter Behandlung mit einem Antidepressivum anders bewertete?

Während der Einnahme des Antidepressivums fand keine zusätzliche Behandlungsmaßnahme, wie zum Beispiel eine Psychotherapie, statt, welche die Bewertung seiner Handlungen aus der Vergangenheit hätte abändern können. Das verweist stark darauf, dass dieser Wert nur durch die Wirkung des Antidepressivums abgeändert werden konnte. Wie konnte durch die Einnahme eines einzigen Medikaments das Bewerten eines Ereignisses in der Vergangenheit den Realitätsbezug von Herrn S. so drastisch verwandeln?

Generell betrachtet, üben die Psychopharmaka ihre Wirkung so aus, dass sie das Aktivitätsniveau von bestimmten Neurotransmittern (meistens von 5-HT, NA, DA & Co) herabsetzen oder verstärken. Die meisten Antidepressiva wirken auf 5-HT und NA. So auch bei Herrn S.: Unter Einnahme des Antidepressivums begann sich das Aktivitätsniveau der oben genannten Neurotransmitter zu verändern, was sich auf das GABA/[5-HT, NA]-Verhältnis auswirkte. Sein Verhältnis begann sich dem optimalen Wert anzunähern, der mit dem symptomfreien Zustand korrespondiert. Die Psychiater wissen, dass eine Auswahl von

Antidepressiva – die in einem unterschiedlichen Ausmaß die Aktivität unterschiedlicher Neurotransmitter beeinflussen – an eines oder mehrere Kernsymptome (wie z. B. depressive Wahnideen, Angst) gebunden sind. Das macht wiederum die Annahme glaubwürdiger, *dass sich die Bewertung von Ereignissen aus einem Verhältnis zwischen gewissen Neurotransmittern in bestimmten neuronalen Schaltkreisen ergeben muss.*

Beispiel 2: Paranoide Schizophrenie. Wie bei der Depression wird auch bei *paranoider Schizophrenie* (es ist eine von mehreren Formen der Schizophrenie) angenommen, dass ihre Hauptursache biologischer Natur (Genen) ist. Eines der führenden Symptome dieser Form der Schizophrenie sind die sogenannten *paranoiden Ideen*. Man bezeichnet eine Idee als paranoid, wenn die betroffenen Personen Begebenheiten und äußere Ereignisse, wie zum Beispiel das Verhalten von anderen Menschen, auf sich beziehen. Meistens werden diese Ereignisse als äußerst bedrohlich, d. h. negativ bewertet. Beispielsweise bewerten Betroffene einfache Gespräche oder Gelächter vorbeigehender unbekannter Personen, Nachbarn oder sogar von Familienmitgliedern als beleidigende, kritisierende Äußerungen, also als negativ ihrer Person gegenüber. Ihr Realitätsbezug verändert sich. Betroffene Personen können sich die Bosheit dieser Menschen ihnen gegenüber nicht erklären. Als Folge ziehen sie sich zurück, um der Umgebung wenig Gelegenheit zu geben, ihr Verhalten zu kritisieren. Ihr Leidensdruck ist groß, sie erleben sich als machtlos, die Menschen in ihrer Boshaftigkeit ihnen gegenüber zu stoppen.

Die paranoiden Ideen, gleich wie die Ideen der Versündigung, sind jeder rationalen Argumentation gegenüber resistent. Sie sind wie in Stein gemeißelt. Diese Veränderungsresistenz oder fehlende Stärke des Neu-Bewertens bei betroffenen Personen ergibt sich aus einer Übererregung der Dopamin-D2-Rezeptoren, aus Überaktivität der dopaminergischen Neurotransmission, die nur mit einer medikamentösen Behandlung, mit sogenannten Antipsychotika, korrigierbar ist.

Der Ort, an dem sich eine solche Disbalance abspielt, ist das mesolimbische System, einer der wichtigsten zerebralen dopaminergen Kreisläufe, der ein Teil des Hirnstamms (Mesencephalon) mit dem limbischen System und sogar dem präfrontalen Kortex verbindet. Mit Einfluss von Antipsychotika auf das Aktivitätsniveau des Dopaminsystems in diesem neuronalen Kreis wird das gestörte GABA<[DA & Co]-Verhältnis so abgeändert, dass sich das Verhältnis jenem von Nicht-Betroffenen annähert. Der gravierende Unterschied zwischen an Schizophrenie leidenden Menschen und Nicht-Betroffenen in der Bewertung gleicher Ereignisse wird abgemildert oder im besten Fall dahinschwinden.

Frau A. litt an einer paranoiden Schizophrenie. Am Beginn der symptomatischen Verschlechterungen zeigte sich immer dasselbe Muster: Sie beginnt die Gespräche und Gestik zweier Nachbarinnen ihr gegenüber als kritisierend zu bewerten. Ihre Reaktion darauf ist, dies einige Zeit „zu dulden", bis es für sie dann „irgendwann nicht mehr auszuhalten ist", sie wütend zu den Nachbarinnen stürzt und diese ohne Vorwarnung zu beschimpfen beginnt. Als sich ihre Nachbarinnen bei den Eltern von Frau A. beschwerten, gelang es ihnen, ihre Tochter zu überreden, ihr Medikament wieder einzunehmen. Bei der nächsten Kontrolle, nachdem Frau A. das Medikament ein paar Wochen eingenommen hatte, wirkte sie etwas freundlicher und weniger misstrauisch und angespannt. Sie schilderte: „Es war doch nicht so, wie ich mir das gedacht habe", und nach ein paar Monaten regelmäßiger Einnahme des Medikaments meinte sie: „Damals bildete ich mir das nur ein."

Das Medikament zähmte das im mesolimbischen System überaktiv gewordene Dopamin, das für eine negative Bewertung des Verhaltens der Nachbarinnen verantwortlich war. Das neue GABA/[DA & Co]-Verhältnis bewertete die wahrgenommenen Gespräche und das Lachen neu. Das Weltbild von Frau A. schien wieder „wie früher" in Ordnung zu sein. Sie begann wieder, ihre Nachbarinnen freundlich zu grüßen.

Die gute Nachricht

Die an (paranoider) Schizophrenie erkrankten Menschen erleben einen enormen Leidensdruck. Ihre Symptome sind mittels eines gut ausgewählten und entsprechend dosierten Antipsychotikums in Kombination mit Psychotherapie, Psychoedukation sowie Soziotherapie bzw. Rehabilitation gut behandelbar. Die Behandlung erster Wahl bleibt aber die medikamentöse.

Beispiel 3: Manie. Manie gehört auch zur Gruppe psychischer Erkrankungen, die wie die ersten beiden stark genetisch bedingt, also vorgegeben ist. Ein für Manie typisches Symptom ist ein _maßlos übersteigerter Selbstwert, der fließend in Größenwahn (Wahnideen) übergehen kann._ Findet dies statt, neigen Personen dazu, ihr eigenes Können und ihre Kompetenzen _überzubewerten (Neu-Bewertung)._ Betroffene bewerten das Ereignis _zwei Nachbarinnen reden miteinander_ nicht wie im Fall einer paranoiden Schizophrenie negativ (_„die reden schlecht über mich")._ Im Gegenteil, das gleiche Ereignis wird von Personen mit Manie als eine Bestätigung ihrer Wichtigkeit (_„die sehen mich an, weil ich ein(e) gutaussehende(r) Mann/Frau bin")_ überhöht (positiv) eingeschätzt. Als Futter ihres Selbstwertes spiegelt sich das in ihrer Haltung in Form von Arroganz und einem Herabblicken auf andere wider.

Die Symptome einer Manie werden mit denselben Psychopharmaka behandelt, die auch bei der Behandlung einer paranoiden Schizophrenie, aber auch anderen psychischen Erkrankungen verordnet werden. Wie bei jeder Einnahme von Medikamenten werden auch die Wirkstoffe der Antipsychotika über Blutwege zu den Hirnzellen befördert. Stößt das Antipsychotikum irgendwo auf Dopaminrezeptoren, die nicht in ihrem üblichen Rhythmus „ticken", dockt dieses genau bei diesen an. Somit bleibt dem körpereigenen Dopamin kein Platz übrig, anzudocken und seine Wirkung auszuüben. Die Überaktivität der dopaminergischen Neurotransmission in der Hirnregion, in der die Bewertung entsteht, wird abgemildert. Das Verhältnis zwischen den Neurotransmittern wird in Richtung eines optimalen Werts abgeändert. Das Bewerten des Ereignisses *zwei Nachbarinnen reden miteinander* hat keinen Einfluss mehr auf die erkrankte Person. Die Ereignisse bekommen wieder ihren ursprünglichen Wert, den sie vor dem Eintreten der Symptome hatten, was sich in den Handlungen und der Haltung der Personen widerspiegelt. Bei einer erfolgreichen Behandlung und einem Abklingen der manischen Symptome werden betroffene Personen entspannter und ausgeglichener.

Die oben beschriebenen Beispiele von Bewertungen und Behandlungen der 3 psychischen Erkrankungen bekräftigen die Annahme, dass *für eine entsprechende Bewertung von Ereignissen nur eine angeborene und bestimmte Neurotransmitterkonstellation in ganz bestimmten neuronalen Schaltkreisen verantwortlich sein sollte*. Julias *negative* Bewertung des Ereignisses *ein 90-jähriger Mensch ist ein Wrack* oder jene von Hans, der das bis zur Hälfte mit Bier angefüllte Glas als *halb leer* bewertete oder die Bewertungen von Frau A. und Herrn S., aber andererseits auch der von Anita als „wunderbar" bewertete erste Schnee oder das *halb volle* Bierglas von Franz – das alles waren Outputs der aktuell in ihnen vorherrschenden Neurotransmitterkonstellationen.

Was die Neu-Bewertung und die gesteigerte Aufmerksamkeit verbindet

All das, was dem Bewerter die Neu-Bewertung ermöglicht, assoziiert sich stark mit den Fähigkeiten, die der von Yerkes und Dodson beschriebene Zustand der gesteigerten Aufmerksamkeit (siehe: Die [Lebens-]Rettung: die gesteigerte Aufmerksamkeit) einem Individuum verleiht: a) *hellwach sein mit b) nach außen gerichteter normaler oder erhöhter Aufmerksamkeit und Konzentration mit c) einem gesunden Maß an emotionaler Aktivierung, d) während erfolgreich nach lebensrettenden oder anderen (z. B. kreativen) Lösungen gesucht werden kann.*

gesteigerte Aufmerksamkeit = Zustand der Neu-Bewertung

Vom hier abgeleitet, sollte die Neurotransmitterkonstelation aus der sich die Neu-Bewertung von Ereignissen ergibt, dem Zustand der gesteigerten Aufmerksamkeit identisch sein. Mit anderen Worten ausgedrückt bedeutet das, dass eine Neu-Bewertung als Prozess nur dann möglich ist, wenn diese neurobiologische Voraussetzung vorliegt. Wie die angeführten Beispiele aus dem Alltag gezeigt haben, stehen diese Prämissen den Menschen nicht immer zur Verfügung. Manche von uns verfügen diese Prämissen die meiste Zeit, bei manchen sind sie nicht immer abrufbar und bei anderen sind sie generell nur selten präsent.

Glücklicherweise standen Lisa die Voraussetzungen für eine Neu-Bewertung zur Verfügung, als sie versuchte, ihren Kraftwagen sicher auf die Überholspur zu bringen; auch bei Peter, während er seinen Rucksack zusammenpackte. Beiden wurde dadurch im wahrsten Sinne des Wortes das Leben gerettet. Solche neurobiologischen Grundvoraussetzungen waren bei Julia während der Geburtstagsfeier nicht gegeben, um willentlich versuchen zu können, ihr negatives automatisches Bewerten zu bändigen; auch nicht bei Paulis Vater am Ende seines Arbeitstages voller negativer Ereignisse oder bei dem kleinen Niki.

Wie bereits erwähnt, die unzählbaren Kombinationen an Neurotransmitterkonstellationen zwischen hemmenden und anregenden, aber auch innerhalb von anregenden Neurotransmittern bedingen die Individualität jeder einzelnen Person. Die immense Neurodiversität, die sich daraus ergibt, ist verantwortlich dafür, dass ein Mensch bei der Bewertung jedes einzelnen Ereignisses unter keinen Umständen einem anderen gleich sein kann Selbst dann nicht, wenn es sich um geklonte Menschen handeln würde.

Die Antwort auf die Frage, nach welchem Prinzip die Werte von immateriellen Eigenschaften in ein Wert(e)system eines Bewerters eingegliedert werden, lautet in dem Fall: nach den Werten des GABA/[5-HT, NA, DA & Co]-Verhältnisses. Was heißt dann all das über Phase 1 und 2 des Bewertens für den „freien" Willen? Kann dieser, wie Schrödingers Katze, gleichzeitig da (lebendig) und nicht da (tot) sein? Wenn wir unter freiem Willen die hundertprozentige Freiheit unserer Entscheidungen und Handlungen verstehen wollen bzw. uns eine solche wünschen, *ist eine solche nie und nimmer möglich.* Beim Vorliegen bestimmter GABA/[5-HT, NA, DA & Co]-Verhältnisse als Prämissen für Phase 2 der Bewertung (Neu-Bewertung) steigen die Chancen, dass das Treffen von Entscheidungen unser Handeln betreffend reflektierter sein wird. Nach hundertprozentiger Freiheit zu streben, wäre unrealistisch; diesem Prozentsatz immer näher zu kommen, ist jedoch erstrebenswert.

Forscher neigen noch immer dazu, alle im Laufe der Evolution erworbenen Eigenschaften der letzten Unterart des Homo sapiens – Homo sapiens sapiens (der weise, verständige Jetztzeitmensch) – nur als etwas für ihn Positives zu bewerten. Sie behaupten, dass die neurobiologische Grundlage der automatischen Bewertung in filigranen neuronalen Schaltkreisen wohldefinierter Neurotransmitterkonstellationen gespeichert ist.

Diese wurden im Laufe von circa 3,6 Millionen Jahren der Evolution ausgeformt, um einer Gattung der Menschenaffen, dem Homo, die Möglichkeit zu geben, die Haupt(überlebens)probleme fortwährend als positiv oder negativ bewerten zu können. So können entsprechende Flucht- oder Annäherungsreaktionen ausgelöst werden, um das Überleben zu sichern (Kahneman, 2012). Die noch immer existierende Gattung Homo in ihrer aktuellen Art *Homo sapiens* wird als Beweis für diese Erfolgsgeschichte gepriesen.

Allerdings teilen nicht alle Wissenschaftlern diese Meinung. Einer von denen, Sir Paul Nurse, ist überzeugt dass, wir nicht die lange Existenz einer Gattung, Spezies, Art oder Unterart als Erfolgsgeschichte lobpreisen dürfen. Auch nicht beim Homo sapiens. Das Überdauern von Millionen von Jahren ablaufender Selektionsprozesse auf diesem Planeten heißt nicht, dass seine Artgenossen ihre Aufgaben besonders effizient erfüllen würden. Es weist lediglich darauf hin, dass der Homo sapiens als Träger von Neurotransmitterkonstellationen in wohldefinierten neuronalen Schaltkreisen es noch immer schafft, sich fortpflanzen und seine Gene der bzw. den nächsten Generation(en) weitergibt.

An dieser Stelle möchte ich auf das Zitat von Epiktet verweisen und seine Annahme im Kontext der neurobiologischen Grundlage erweitern:

Es sind nicht die Dinge (Ereignisse) allein, die uns beunruhigen, sondern die Vorstellungen und Einstellungen (Werte) den Dingen (Ereignissen) gegenüber, die aus der im Moment des Kontaktes mit Ereignissen präsente Neurotransmitterkonstelation resultieren.

Die gute Nachricht

Das Neu-Bewerten ist nur dann möglich, wenn ausreichende neurobiologische Ressourcen für das Erreichen einer gewissen Spanne von bestimmten Neurotransmitterkonstellationen realisierbar sind.

Abgesehen von einigen Ausnahmen, ist der Mensch in der Regel kein hilfloses Opfer des Machtspiels zwischen hemmender GABA und anregenden Neurotransmittern, das sich irgendwo in seinem Gehirn abspielt und aus dem sich die Bewertung von Ereignissen ableiten lässt und das in weiterer Folge die Stimmung und das Handeln des Bewertenden bestimmt.

Zur Erinnerung:

Die aktuell existierende Neurotransmitterkonstellation bildet die neurobiologische Grundlage für das Bewerten von Ereignissen.

KAPITEL 20

DER BEOBACHTER UND DER BEWERTER

Den vertrauten Flussverlauf verlassen

„Frei will ich sein im Denken und Dichten.
Im Handeln schränkt die Welt genug uns ein."

(Johann Wolfgang von Goethe, 1749–1832)

Die Ansätze über die automatische (Phase 1) und das Neu-Bewerten (Phase 2) werfen neue, noch komplexere Fragen auf, nämlich:

- Wie erklärt man sich, dass bei einer negativen Bewertung eines Ereignisses (der Umwelt) das gleiche Spektrum an neurobiologischen Veränderungen zu beobachten ist wie bei einem realen Wärmeverlust, wie zum Beispiel bei einem Sprung ins kalte Wasser?
- Wie kann eine positive Bewertung den Körper des Bewertenden in einen Zustand versetzen, der einem realen Wärmezuschuss, zum Beispiel während eines Sonnenbads oder eines Saunabesuchs, gleicht?

Der Versuch, diese kniffligen Fragen zu beantworten, stellt sich als große Herausforderung heraus, weil dabei 2, uns schon bekannte Fakten zu berücksichtigen sind, nämlich, dass
a) die Homöostase als „conditio sine qua non" voraussagt, dass eine reale Veränderung der Körpertemperatur nur durch *einen realen Wärmeverlust oder Wärmegewinn* stattfinden kann. Erst ein Wärmeverlust bzw. -gewinn kann als „Auslöser" die thermoregulatorischen Mechanismen zur Abänderung ihrer Aktivitätsniveaus „motivieren".

b) sich ein Wärmetransfer nur dann ereignen kann, *wenn 2 (oder mehrere) in Kontakt stehende Objekte unterschiedliche Temperaturen haben.*

Ein Versuch, die oben erwähnten komplexen Fragen näher zu erläutern, ohne dabei die geltenden Gesetze der Homöostase und der Thermodynamik zu verletzen, verlangt von uns das Einbeziehen eines *neuen Objekts,* das wir vorübergehend als *das gewisse Etwas* bezeichnen werden. Die Bewertung und *das gewisse Etwas* müssen in einer Relation zueinander stehen.

Bewertung = Erschaffen des gewissen Etwas

Dieses neue Objekt muss während des Prozesses der Bewertung entstehen oder erschaffen werden, damit es mit dem Körper des Bewerters thermodynamisch interagieren kann, um dann entsprechend dem Wärmetransfer das Aktivitätsniveau der thermoregulatorischen Mechanismen des Bewerters zu modulieren.

Mir ist klar, dass eine solche Annahme eines neu erschaffenen *gewissen Etwas* für die Leserschaft äußerst gewagt klingen mag,

- da dieses mysteriöse Objekt *weder für das menschliche Auge noch für hoch entwickelte technische Untersuchungsverfahren sichtbar* ist,
- da das mysteriöse Objekt in *direktem Kontakt* mit dem Körper des Bewertenden stehen muss,
- da seine Bestandteile *mit einem* Quantum *an thermischer Energie behaftet werden können bzw. müssen* und
- da *es zwischen ihm und dem Körper des Ereignisempfängers/ Bewerters zum* Wärmetransfer nach dem Wärmeausgleichsgesetz kommt, vom wärmeren Richtung kälteren Objekt.

Wenn Sie gerade denken: „Das ist aber eine sehr vage Behauptung, dass aus einer Bewertung, die aus einer rein neurobiologischen

Neurotransmitterkonstellation resultiert, etwas Reales oder –
wenn man so sagen will – etwas Materielles erschaffen werden
kann", dann gebe ich Ihnen vollkommen recht. Andernfalls
müsste das, was uns die Physik und Physiologie seit Langem lehren und worauf ihre fundamentalen Hypothesen basieren, über
Bord geworfen und neu überdacht werden. Das wäre aber noch
gewagter. Anscheinend geht es bei der Bewertung um ineinander verflochtene und uns verborgene Abläufe und Phänomene,
die sich innerhalb eines neuen Abschnitts des Flusses ereignen
und die durch Kenntnisse aus der Psychiatrie, den Neurowis-
senschaften, der Psychologie, der Physiologie und der klassischen Physik nicht erklärbar sind bzw. keine Beweise über die
Existenz dieses *gewissen Etwas* liefern können. Das zwingt uns
dazu, über den Tellerrand dieser Disziplinen hinauszuschauen
und zu versuchen, im Kenntnis-Pool anderer Disziplinen nach
Fakten zu suchen, die eine solche vage Annahme über *die Schöpfung eines neu erschaffenen gewissen Etwas durch Bewertung* eventuell erhärten könnten.

Der Beobachter und die Beobachtung

An diesem Punkt meiner Forschung angelangt, wurde mit klar,
dass es für mich kein Zurück gibt. Ich musste mich in unbekannte Gefilde begeben. Es erschien mir als einzig versprechender
Weg, um die verborgenen Zusammenhänge zu finden. Gleichzeitig war mir klar, dass ich mich der Gefahr aussetzte, eventuell vernichtende Beweise gegen mein eigenes Erklärungsmodell
zu finden, die das Ganze falsifizieren würden. Dann müsste ich
alles, wovon ich bislang überzeugt war, über Bord werfen. Trotz
solcher „Gefahren" traf ich die Entscheidung, mein Boot weiter flussaufwärts in verborgene Gefilde zu steuern, um Beweise für mein Gedankenkonstrukt bzw. mein Erklärungsmodell,
dass der Bewertungsprozess doch im Sinne der Emergenz ein
gewisses Etwas erschafft, zu finden. Eine feurige Erwartung in

Richtung neuer Entdeckungen oder unterstützender Erkenntnisse ergriff mich. Mit jeder neuen Kenntnis, die ich gewann, stieg die Anspannung: Es eröffneten sich neue Perspektiven, die meine Gedanken von den Fesseln des Etablierten befreiten und beflügelten. Das Ganze formte sich zu einem Gedankengebäude, das immer weniger Gemeinsamkeiten mit den mir vertrauten Gewissheiten hatte.

Wenn wir in der Physik nach Begriffen bzw. Phänomenen wie jene des *Bewerters* oder der Bewertung suchen, die Schlüsselbeweise für die Annahmen in diesem Modell sind, kann allerdings nur festgestellt werden, dass dies ein vergebliches Unterfangen ist. Das, was die Physik kennt ist, ist das Phänomen des *Beobachters*.

Deshalb widmete ich mich auf dieser Stelle dem Phänomen: Beobachter, der in Verbindung mit einem Bewerter bzw. einer Bewertung stehen könnte. Und hier stoße ich auf Hinweise, die meiner Meinung nach mehr Licht auf den Mechanismus von Aktivitätsveränderungen von thermoregulatorischen Mechanismen nach einer Bewertung werfen könnten, welche die Annahme eines erschaffenen *gewissen Etwas* unterstützen. Da die Physik die Termini „Beobachter und Beobachtung" verwendet, werde ich diese vorübergehend nützen.

Zu den Begriffen: Beobachter und Beobachtung

Seit dem 17. Jahrhundert ist *Beobachtung* (lat. „observatio") ein geläufiger Begriff. „Historisch gesehen aber auch noch gegenwärtig, sind seine Bedeutungen verschieden, etwa die der methodisch geleiteten Erfahrung, die über *bloße Wahrnehmung* (über ein Bemerken) hinausgeht, also in gewisser *Weise feiner, geduldiger ist und mehr Zeit benötigt*" (Fuchs, 2020). Dafür ist logischerweise ein Beobachter nötig.

Gemäß dem Lexikon des systemischen Arbeitens ist der Begriff Beobachter ein Wort, das äußerst populär ist, da jeder von uns imstande ist, zu beobachten, und die Beobachtung auch blinde Menschen nicht ausschließt. *„Wenn von einem Beobachter die Rede ist, braucht man nicht daran zu zweifeln, ob er existiert. Er muss da sein. Man kann ihn locker und lässig bezeichnen, man sieht ihn ja, er ist in den meisten Fällen derjenige, der ‚beobachtet‘, derjenige, der dem ‚Beobachten‘ zugrunde liegt"* (Fuchs, 17.12.2009).

Der Beobachter in der klassischen Physik

Eine vergleichbare Ansicht über den Beobachter vertritt auch die klassische Physik. Auch für die Physiker ist der Beobachter derjenige, der ein Phänomen, es kann *ein Ereignis sein,* beobachtet. Ein Ereignis ist *durch Dynamik oder Veränderung gekennzeichnet oder durch einen Zustand, der statisch ist, also ohne Veränderung.* Dabei kann es sich um eine reale Person handeln, es kann aber auch ein Messapparat sein, der das Phänomen beschreibt. Für die klassische Physik ist es denkbar, dass ein Beobachter *einen Vorgang wahrnimmt und ihn mit beliebig hoher Genauigkeit vermisst.* Dabei ist es wichtig zu betonen, dass der Beobachter nicht imstande ist, den zu beobachtenden Vorgang zu beeinflussen. Er ist einfach dabei und schaut dem Phänomen zu. Somit werden Beobachter und das Phänomen als 2 voneinander unabhängige, nicht miteinander in Kontakt stehende Systeme betrachtet. Dies impliziert, dass das beobachtete Phänomen in Anwesenheit des Beobachters so ablaufen muss, als ob niemand anwesend wäre, was auf eine passive Rolle des Beobachters im Sinne eines „Nichtstuns" hindeutet.

Übertragen auf die uns bekannte Situation von Hans und Franz, als sie ihre bis zur Hälfte mit Bier gefüllten Gläser beobachteten, trifft dies genau zu: Mittels Beobachten konnten die beiden nicht die Biermenge in ihren Gläsern nach Belieben verändern – was Hans allerdings freuen würde –, da die beide Herren und ihre mit Bier gefüllten Gläser als voneinander unabhängige, nicht miteinander in Kontakt stehende Systeme angesehen würden. An diesem Punkt sind sich die meisten Physiker und Nichtphysiker einig: *Das Beobachten kann die sichtbare makroskopische Welt nicht beeinflussen.* Dies ist ein Faktum aus unserem Alltag. Somit schließt die klassische Physik, die makroskopische Phänomene beschreibt, eine Wechselwirkung zwischen einem Beobachter und dem zu beobachtenden Phänomen *(Ereignis bzw. Zustand)* aus.

Bekannterweise kann ein Faktum nicht durch ein anderes falsifiziert werden. Das gilt auch für diese beiden Fakten: *Das Beobachten kann nicht die sichtbare makroskopische Welt beeinflussen* und *jede Bewertung verändert das Aktivitätsniveau von thermoregulatorischen Mechanismen.* Dann stellt sich die Frage: Wie wäre das letzte Faktum zu erklären? Anscheinend geht es beim Beobachten doch um uns verborgene Abläufe und Phänomene, die sich währenddessen ereignen, die aber vonseiten der Physik nicht erklärbar sind bzw. keine Hinweise auf das Erschaffen eines mysteriösen Objekts liefern können. Das zwang mich während meiner Recherchen dazu, den Wissensbereich der klassischen Physik zu verlassen und im Kenntnis-Pool der Quantenphysik nach möglichen Indizienbeweisen zu suchen. Hier schöpfte ich Hoffnung, Beweise zu finden, welche die vage Behauptung über die Schöpfung eines *gewissen Etwas* im Rahmen von Bewertungen bestätigen könnten.

An dieser Stelle möchte ich Sie, liebe Leser, vorwarnen, dass das Folgende für manche von Ihnen fantastisch klingen mag oder sich zunächst nicht mit Ihrem gesunden Menschenverstand vereinbaren lässt; Ihr gewohntes Weltbild könnte hart auf die Probe gestellt werden. Der Gedankenstrom, durch den ich Sie nun führen werde, könnte eine Tür zu verborgenen Welten öffnen, wo die Geschehnisse sich ereignen, die hinter dem Phänomen: Bewertung stehen. Wir machen uns auf die Suche nach Hinweisen, dass der Beobachter mehr kann, als nur passiv zuzuschauen.

Wir steuern in Richtung Quantenmechanik, die die Rolle des Beobachters anderes alls die klasische Physik annimmt. In der Welt der Quanten spielt der Beobachter *eine zentrale Rolle. Allein seine Beobachtung kann vieles verändern* (Zeilinger, 2003). Diese Annahme des Physiknobelpreisträgers aus dem Jahr 2022 klingt sehr ermutigend – und zwar dahin gehend, dass wir auf der richtigen Spur sind, die uns näher zu jenen Mechanismen bringt, die das *gewisse Etwas* durch einen Bewertungsprozess entstehen lassen könnten.

Der Beobachter in der Quantenmechanik

Die Quantenmechanik, die im ersten Viertel des 20. Jahrhunderts entwickelt wurde, ist gegenwärtig die beste Theorie der Natur auf dem Skalenniveau des Allerkleinsten. Sie beschreibt das Verhalten der Materie im atomaren und subatomaren Bereich, d. h. von Elementarteilchen (Atomen, Molekülen und anderen winzigen Objekten). Sie ist ein sehr spannendes, wenn auch kein einfach zu verstehendes Gebiet.

Richard Feynman, US-amerikanischer Physiker und Nobelpreisträger 1965, der wesentliche Beiträge zum Verständnis der Quantentheorien lieferte, beichtete einmal: „Ich kann mit Sicherheit sagen, dass niemand die Quantenmechanik versteht." Er musste wissen, wovon er sprach. Nichtsdestotrotz blieb mir keine andere Möglichkeit, als just in diesem schwer zu verstehenden Gebiet nach Schlüsselhinweisen für eine aktive Rolle des Beobachters zu suchen.

Wenn Quantenphysiker über Elementarteilchen sprechen, meinen sie allerdings nicht die Teilchen als „Gegenstände" wie aus unserer alltäglichen, vertrauten Welt. Für die Quantenphysiker sind alle Elementarteilchen, aus denen sämtliche bekannten Teilchen im Universum erschaffen sind (Kaku, 2021), etwas Einzigartiges, etwas, was sowohl als Teilchen als auch als Welle, d. h.

als etwas Quantenartiges (!) existiert. Diese Eigenschaft von Elementarteilchen ist als Superposition bekannt. Wenn Sie versuchen wollen, sich dies vorzustellen, dann sollten Sie, nach Empfehlung des Nobelpreisträgers Frank Wilczek, an strukturlose Punkte denken (Wilczek, 2021); ob dies unserer Vorstellungskraft wirklich auf die Sprünge hilft, sei einmal dahingestellt.

Das Sagenhafte ist, dass die Wellen und Teilchen ganz verschieden sind. Ein Teilchen ist *immer an einem bestimmten Ort zu finden,* so wie es auch in unserem Alltag vorkommt. Eine Welle (Wellenfunktion) ist das Gegenteil. Wie jede uns bekannte Welle *breitet sich auch diese bei ihrer Fortbewegung aus und besetzt den gesamten Raum,* der ihr zur Verfügung steht. Wellen und Teilchen (Wellen-Teilchen-Dualismus) sind 2 verschiedene Seiten einer Dualität (von lat. *dualis:* „zwei enthaltend"). Das beschreibt ein und denselben Gegenstand, der aus unterschiedlichen Perspektiven betrachtet unterschiedliche, scheinbar widersprüchliche Eigenschaften haben kann, was auch als Komplementarität bezeichnet wird (Wilczek, 2021). Die Vorstellung von Elementarteilchen ist in ihrem Dualismus zugegebenermaßen problematisch; manche Leser könnten wahrscheinlich einem solchen Dualismus bzw. dieser Komplementarität als Betrachtungsweise mehr Vertrauen schenken, wenn sie wüssten, dass diese Behauptung der Quantenmechanik eine mathematische Tatsache ist (Wilczek, 2021). Die Aussagen des US-amerikanischen theoretischen Physikers Lee Smolin, dass allen Berechnungen der Physiker nach die Natur genau diese (duale) Eigenschaft von Elementarteilchen aufweist und es somit keinen Grund geben könne, „warum das mit Sicherheit unmöglich sei sollte" (Smolin, 2019), sind meines Erachtens ausreichend überzeugend.

Der Übergang in die materielle Welt.
Der Kollaps der Wellenfunktion

Nach einer um 1927 von Niels Bohr und Werner Heisenberg formulierten Interpretation der Quantenmechanik (Kopenhagener Interpretation) existiert ein Elementarteilchen in seiner dualistischen Natur, d. h., es besitzt Eigenschaften einer Welle und gleichzeitig eines Teilchens, *solange nicht eine Messung von außen unternommen wird*. Das bedeutet: Bei einer Messung „nehmen wir Kontakt zur beobachtbaren Wirklichkeit auf, indem wir den Aufenthaltsort des Elektrons messen, und in dem Augenblick, da wir das tun, verändert sich die Form der Wellenfunktion jäh und plötzlich" (Green, 2008) und erleidet einen Kollaps, der als Kollaps einer Wellenfunktion bezeichnet wird. Somit ist die Messung das, was die Wellenfunktion veranlasst, „das quantenmechanische Zwischenreich zu verlassen und sich für eine der vielen Möglichkeiten zu entscheiden" (Green, 2008). So verschwindet die ominöse Superposition bei der Messung durch einen „Kollaps der Wellenfunktion". Aus der Fülle der Möglichkeiten kristallisiert sich eine einzige heraus, die sich als materielles Teilchen manifestiert – eben das, was man beobachtet (Vaas, 16.10.2012). Nach Wilszek spiegelt eine Messung auf der Ebene der makroskopischen Welt 2 Aspekte wider: erstens, dass „man mit einem Objekt interagieren muss, um seine Eigenschaften messen zu können", und zweitens, dass eine genaue Messung eine starke Interaktionen erfordert (Wilczek, 2021. Das steht im Gegensatz zu den Ansichten der klassischen Physik,die der Beobachtung eine passive Rolle zuordnet. Letztendlich setzt jede Messung a) einen Beobachter (Experimentator) und b) ein durch den Menschen erschaffenes Messgerät voraus, in dem die Erwartungen und Bewertungen des Beobachters bzw. des Experimentators eingeflossen sind. Somit sind das Messgerät und der Beobachter immer unzertrennlich miteinander verbunden: sie befinden sich in ständiger Interaktion/ Wechselwirkung mit der Umwelt (Smolin 2019, Green, 2008).

Auch der US-amerikanische theoretische Physiker *John Wheeler* (1911–2008) war der Meinung, dass *der Mensch nicht nur Beobachter physikalischer Phänomene ist, er ist auch ein „Teilnehmer"* (Warnke, 2013), *der eine zentrale Bedeutung in einem Quantenuniversum hat.* Wie diese zentrale Bedeutung aussehen könnte, fasste Wheeler folgendermaßen zusammen: „Kein elementares Phänomen ist ein reales Phänomen, bis es ein beobachtetes Phänomen geworden ist" (Fuchs, 17.12.2009). Weiter vermutete Wheeler, dass „der Akt der [...] Beobachtung ein integrales Element der Quantenmechanik ist, der Katalysator, der dafür sorgt, dass sich aus den Quanten ein Ergebnis herauskristallisiert" (Greene, 2008, S. 511).

Das kann als Bestätigung der Annahme angesehen werden, dass sich durch die Wechselwirkung zwischen einem Beobachter und der Quantenwelt eine irreversible Veränderung vollzieht – eine Veränderung hin zur großen Welt der alltäglichen Dinge.

Das Phänomen „Beobachten" könnte als Brücke fungieren, die diese beiden Welten miteinander verbindet.

Zur Erinnerung:

- *Bis zum Moment einer Messung existiert ein Elementarteilchen in der Quantenwelt in seiner dualistischen Natur (Superposition), d.h., es besitzt gleichzeitig Eigenschaften einer Welle (Wellenfunktion) und auch eines Teilchens.*
- *Jede Messung setzt einen Beobachter und ein Messgerät voraus.*
- *Der Akt der Messung führt dazu, dass die Wellenfunktion kollabiert und ein Teilchen sich herauskristallisiert (Kollaps der Wellenfunktion).*
- *Jeder Beobachter, jedes Messgerät und jede Messung sind unzertrennlich miteinander verflochten. Diese wechselwirken miteinander, währenddessen manifestiert sich etwas Irreversibles, ein Teilchen.*
- *Diese Wechselwirkungen schaffen den Übergang zwischen der Quantenwelt und der großen Alltagswelt.*

Der Bewerter

Auf der Suche nach Bestätigungen für die Annahme, dass während des Bewertens *ein gewisses Etwas* erschaffen wird, stießen wir auf Erfahrungen aus der Quantenmechanik, die ihren Fokus nicht auf die Bewertung, sondern auf die Beobachtung als Prozess richten. Letztere (die Beobachtung) übt somit einen Einfluss auf die Quantenwelt aus, bei dem sich etwas Irreversibles offenbart.

> Beobachtung = Erschaffen von Irreversiblem

Lassen Sie sich nicht irritieren, wenn der Beobachter bzw. die Beobachtung noch immer Thema sind. Basierend auf den Fakten, die im Kapitel über die Bewertung vorgelegt wurden, erfolgt bei jedem Kontakt mit einem Ereignis *immer* eine automatische Bewertung. Das erlaubt uns, den Begriff des *Beobachters* mit jenem des *Bewerters* gleichzusetzen.

> Beobachter = Bewerter

Wird der Begriff „Beobachter" durch den „Bewerter" ersetzt, würde die von Wheeler oben getroffene Annahme folgendermaßen lauten: *Der Akt der Bewertung ist ein integrales Element der Quantenmechanik, der Katalysator, der dafür sorgt, dass sich aus den Quanten ein Ergebnis herauskristallisiert.* Das Ergebnis, d. h. das Ereignis, das sich herauskristallisiert, wäre *das gewisse Etwas.* Somit verändert sich die Bedeutung vom Beobachter von einem, nach Ansicht der klassischen Physik, passiven zu einem erschaffenden Bewerter. Seine Beobachtung wird zur Bewertung, währenddessen aus Quanten ein irreversibles *gewisses Etwas* erschaffen wird.

> Bewertung = Erschaffen von etwas Irreversiblem

Bewertung als Schnittstelle zwischen 2 Wirklichkeiten

Immer wenn es um die duale Natur von Phänomenen geht, stellen sich für mich die folgenden Fragen, nämlich:

- Wo bzw. was könnte der Übergang bzw. die Schnittstelle zwischen Wellenfunktion und Teilchen sein?
- Wie wäre der Übergang bzw. der Kollaps der Wellenfunktion und der daraus resultierenden Manifestation eines materiellen Teilchens zu erklären?

<u>Zur ersten Frage: „Wo?"</u>
Wenn die Annahme ist, dass die Bewertung aus einer innerhalb von neuronalen Kreisen herrschenden Neurotransmitterkonstellationen erfolgt, ist es vorstellbar, dass diese auch die Schnittstellen darstellen. Da die neuronalen Schaltkreise die Hirnstrukturen im gesamten Gehirn miteinander verbinden, könnte man sich vorstellen, dass das Gehirn generell die Schnittstelle sein könnte, wo die Wellenfunktion kollabiert. Der Kollaps ereignet sich überall, wo es neuronale Kreise gibt, d. h. an unterschiedlichen Orten des Gehirns.

<u>Zur zweiten Frage: „Wie?"</u>
Eine ähnliche Frage wurde einmal dem bereits zitierten Physiker Feynman gestellt, nämlich wie der Kollaps der Wellenfunktion zu erklären sei. Seine Antwort war, dass es *„absolut unmöglich ist"*, diese Frage zu beantworten (Wissenschaft, 2012). Einige Jahrzehnte intensiver Forschung im Bereich der Quanten konnten noch immer nicht diese Frage nach dem „Wie" beantworten. Die während unserer Entdeckungsreise gesammelten Hinweise verweisen auf die Bewertung als potenzielle Antwort auf diese „Wie"-Frage, nämlich, dass der Prozess der Bewertung den Kollaps der Wellenfunktion auslöst.

Zur Erinnerung:

Da keine Beobachtung ohne Bewertung möglich ist, ist es auch nicht möglich, nur ein Beobachter zu sein, ohne automatisch zum Bewerter zu werden. Das bedeutet, dass jeder Beobachter automatisch ein Bewerter ist.

Bewertungsprozesse ereignen sich auf der Basis von aktuellen Neurotransmitterkonstellationen.

Diese schaffen den Übergang vom Zustand der Wellenfunktion über ihren Kollaps bis hin zum Herauskristallisieren eines materiellen Ereignisses.

Das heißt, das Erschaffen des gewissen Etwas verlangt nach der Existenz eines Bewerters, als seinem einzig möglichen Träger, der im Besitz der dafür erforderlichen neurobiologischen Grundlagen, d. h. von Neurotransmitterkonstellationen, ist.

Die Schnittstellen zwischen Quantenwelt und dem gewissen Etwas sind die neuronalen Schaltkreise, aus denen eine Bewertung und das gewisse Etwas resultiert.

Die Bewertung hat keinen direkten Einfluss auf die makroskopische, sichtbare Welt, beeinflusst aber allem Anschein nach die Quantenwelt.

KAPITEL 21

VOM BEWERTEN ZUM MATERIALISIEREN: DIE VERWANDLUNG

Ein neuer Flussabschnitt offenbart sich –
ein gewisses Etwas wird erschaffen

Als ob diese Vorstellung, dass wir durch den Bewertungsprozess automatisch Zugriff auf die Quantenwelt haben, was uns zu Schöpfern werden lässt, nicht bereits Herausforderung genug wäre, wird das nun Folgende für manche Leser noch fantastischer klingen. Nicht nur Goethe, auch der große Einstein war davon überzeugt: *„Wenn man gar nicht an der Vernunft sündigt, kommt man zu überhaupt nichts"* (Lesch und Müller, 2006). Dies gab mir den Mut, weiter meinem Gedankenstrom zu folgen. Das, was vor meinen Augen erschien, offenbarte mir einen Blick hinter die Kulissen ungeahnter Geschehnisse. Diese verdeutlichen, dass wir alle Tröpfchen eines Flusses sind, dem sich niemand entwinden kann – dem *Fluss der Verwandlung*.

Wir bleiben weiter bei der Annahme, dass die Bewertung einen Zugriff auf die Quantenwelt hat und einen Teil davon in etwas Irreversibles verändert bzw. formt, auch wenn die modernen bildgebenden Untersuchungsverfahren es noch immer nicht herausfinden können. Nach dem aktuellen Stand der technologischen Entwicklung gehe ich davon aus, dass wir uns noch einige Zeit gedulden müssen, bis dieses Objekt „aufgestöbert" und ans Tageslicht gebracht werden wird – falls das überhaupt irgendwann eintritt. Eine solche eher langfristige Zukunftsperspektive darf uns jedoch nicht entmutigen, die Gedankenreise, auf die wir uns in diesem Buch gemeinsam begeben haben, abzubrechen. Die fehlende Nachweisbarkeit ist kein Argument dafür, an die Existenz des gewissen Etwas anzuzweifeln. Ein Beispiel dafür ist die Akupunktur (eine Behandlungsmethode der tradizionellen chinesischen Medizin) die Menschen seit mehr als 2000 Jahren in ihrer Wirksamkeit überzeugt, muss wohl doch etwas Wahres dran sein. Einstein hatte mehr Glück. Er musste nicht so lange auf die Bestätigung seiner allgemeinen Relativitätstheorie warten. Nur knapp 4 Jahre nachdem er diese Theorie postuliert hatte, ereignete sich am 29. Mai 1919 eine Sonnenfinsternis über der Karibik. Als der Neumond die gleißend helle Sonnenscheibe bedeckte, nutzten die Astronomen um Arthur Stanley Eddington diese Situation, um die Richtigkeit von Einsteins Theorie zu überprüfen und sein neues wissenschaftliches Weltbild zu bestätigen.

Auch wenn wissenschaftliche Entdeckungen reproduzierbar und im Labor überprüfbar sein müssen, um von den Naturwissenschaften akzeptiert zu werden, wurden die meisten wissenschaftlichen Erkenntnisse in der Quantenmechanik auf indirektem Wege gewonnen (Kaku, 2021). Möglicherweise könnte dies auch das Schicksal *des gewissen Etwas* bzw. des Weges hin zu Beweisen für dessen Erschaffung betreffen. Bis zu dem Tag, an dem seine Existenz wissenschaftlich überprüft werden kann, sollte es uns nicht von dem Versuch abhalten, über indirekte Wege zu Erkenntnissen zu gelangen, welche die Idee der Erschaffung *des gewissen Etwas* seitens des Menschen erhärten könnten.

Das Wunder des *Schöpfungsaktes* faszinierte die Menschen von jeher. Bedeutet das nun, dass (während des Bewertungsprozesses) jeder Einzelne von uns ein Schöpfer ist? Ich möchte Sie nicht länger im Ungewissen lassen. Meinen Schlussfolgerungen nach ist die Antwort auf diese Frage positiv: Die Veränderung von Aktivitäten mittels thermoregulatorischer Prozesse, die nach einer Bewertung zu beobachten ist, darf als ein Beweis dafür angesehen werden. Die Idee, dass eine solche Fähigkeit, die nur einem Gott oder Göttern zugeschrieben wird, im Grunde genommen jeder einzelne Mensch hat, klingt spannend, für manche wahrscheinlich schmeichelnd, für andere vielleicht sogar beängstigend. Es ist jedoch zu beachten, dass wir diese Gabe, mittels Bewertung ein gewisses Etwas erschaffen zu können, keinesfalls nach Belieben aktivieren oder abschalten können. Das liegt daran, dass sich diese Fähigkeit automatisch aus der aktuell in uns vorherrschenden Neurotransmitterkonstellation (Phase 1 der Bewertung) ergibt, was für jeden von uns als Ereignisempfänger – und insbesondere als Ereignissender – eine enorme Verantwortung mit sich bringt.

Der Stoff, aus dem das gewisse Etwas erschaffen wird

„Es gibt keine Materie, sondern nur ein Gewebe von Energien, dem durch intelligenten Geist Form gegeben wurde. Dieser Geist ist Urgrund aller Materie."

Diese Worte mögen nach einem Mystiker klingen, stammen aber von dem Physiknobelpreisträger Max Planck (1858–1947), dem Begründer der Quantenphysik.

Die messbaren körperlichen Veränderungen, die jedem Bewertungsprozess folgen, unabhängig von Zeit und Ort, an dem sich der bewertende Mensch befindet, lassen annehmen, dass es für das Erschaffen *des gewissen Etwas* einen Stoff geben muss, der in erster Linie *allgegenwärtig* und *uns immer zur Verfügung stehen muss*. Die alten Kulturen erahnten die Existenz eines solchen Stoffes: Es wurde ein *allgegenwärtiges formloses Prinzip* angenommen, das bei der Schöpfung als „Baumaterial" für die Zusammensetzung des Universums verwendet werden sollte. Bei den Indern heißt dieses Prinzip „Prana", die Japaner kennen es als „Ki", in der tantrischen Philosophie spricht man vom „reinen, formlosen Sein".

Platon war einer der größten philosophischen Denker aller Zeiten, der gemeinsam mit seinem Lehrer Sokrates und seinem Schüler Aristoteles das Dreigestirn am Morgenhimmel der westlichen

Philosophie bildete. Diesen 3 Philosophen – sowie vielen weiteren Generationen brillanter Denker nach ihnen – waren Beobachtungen von Zuständen und Abläufen in der Natur nur mittels ihrer 5 Sinne möglich. Allein auf dieser Basis versuchten sie, Abläufe in der Umwelt zu erkennen und zu erklären sowie hinter die Kulissen des Sichtbaren zu blicken. Platon, der sich mit dem Gedanken beschäftigte, aus welcher Materie der göttliche Weltbaumeister sein Werk erschuf, kam zu einem ähnlichen Schluss: dass Gott für die Schöpfung einen Stoff vorfand, *der schon immer da war.*

Die potenziellen Kandidaten für den Stoff des gewissen Etwas

Welches ist nun der Stoff, der allgegenwärtig ist, der immer schon da war, dessen Existenz bereits seit einigen Tausenden Jahren erahnt wurde? Wenn es ihn wirklich gibt, dann müsste er im Bereich des Feinstofflichen, im Mikrokosmos, in den Vorgängen atomarer und subatomarer Bereiche zu finden sein, was wiederum bedeuten würde, ihn in für das menschliche Auge unsichtbaren Dimensionen zu suchen, also in allen Forschungsbereichen, die der Quantenmechanik angehören.

An Baumaterial aus den Bereichen des Unsichtbaren und des Feinstofflichen, die den Stoff für *das gewisse Etwas* liefern könnten, dürfte es nicht mangeln. Wenn man vor nicht allzu langer Zeit, vor etwa 4 Jahrzehnten, noch glaubte, dass das Universum vornehmlich aus Materie bestehe, so sind sich die Astrophysiker zu Beginn des 21. Jahrhunderts einig, dass sich nur circa 4 Prozent (!!) auf die für uns vertraute, Materie – wie zum Beispiel das Buch, das Sie gerade in Ihrer Hand halten, oder Sie selbst oder die Sterne am Himmel – belaufen. Circa 26 Prozent unseres Universums mache eine geheimnisvolle (dunkle) Materie aus. Der Rest von circa 70 Prozent bestehe aus irgendetwas, von dem Astrophysiker lediglich sagen können, was es *nicht* ist: „Es ist keine Strahlung, keine Materie und keine Energie" (Lesch und Müller, 2006). Deshalb trägt dieser große Rest unseres Universums den Namen *Dunkle Energie*. Rechnen wir alles zusammen, sind uns circa 95 Prozent völlig unbekannt (Lesch und Müller, 2006)!

Der Kandidat für den Stoff *des gewissen Etwas* könnte in diesem Unsichtbaren lauern und verharren, bis er durch die Bewertung geformt wird. Somit ist die Dunkle Materie bzw. die Dunkle Energie ein neuer Ansatz, der die Entstehung von Materie, d. h. auch die Erschaffung des gewissen Etwas, erklären könnte.

Dunkle Materie. Die Dunkle Materie ist eine dubiose Materieform, eine „dunkle" Schattenwelt, die auf *keiner Wellenlänge Licht emittiert* (Max-Planck-Institut, 2023). Sie ist nicht nur für das menschliche Auge *unsichtbar,* auch die empfindlichsten Technologien können sie noch immer nicht aufspüren. Wie konnte man dann überhaupt auf die Idee kommen, dass trotzdem etwas existiert, was weder sichtbar noch aufspürbar ist? Die Antwort auf diese Frage gelang indirekt, und zwar mittels Beobachtungen im All.

Franz Zwicky (1898–1974), einer der bedeutendsten Astrophysiker des 20. Jahrhunderts, war der Erste, der im Jahre 1934 auf die Existenz von „dunkler Materie" hinwies (Greene, 2008). Er versuchte zu erklären, warum die Randgalaxien wider Erwarten nicht durch die Zentrifugalkraft aus den Galaxienhäufen hinausgeschleudert werden, und kam indirekt zu dem Schluss, dass die Galaxien von einer zusätzlichen „dunklen" Materie im „Zaum" gehalten werden müssen. Seine Annahme wurde lange Zeit angezweifelt, bis sie rund 40 Jahre später durch weitere Nachforschungen bestätigt wurde (Lesch und Müller, 2006).

Beobachtungen, die später gemacht wurden, wie a) „Scheibengalaxien, die sich schneller drehen, als sie dürften", b) „ekliptische Galaxien, die mit extrem heißem Gas umgeben sind", und c) „Gravitationslinsen, die die Lichtstrahlen verbiegen und völlig verzerrte Galaxienbilder an den Himmel werfen" (Lesch und Zaun, 2017), konnten nur durch die Existenz dieser verborgenen Materieform erklärt werden. Dies ließ keine andere Hypothese zu als diejenige, dass die Dunkle Materie *die absolut dominante Materieform* im Universum ist (Lesch und Zaun, 2017). Der Ursprung sowie die Natur der Dunklen Materie gehören zu den spannendsten Rätseln der Hochenergiephysik als Teilchenphysik, die sich mit der Frage nach den kleinsten Bausteinen der Materie beschäftigt (Lesch und Müller, 2006). Dies veranlasste Physiker auch dazu, sich Gedanken über diese schwer begreifliche Materieform zu machen und ihre Glaubwürdigkeit mittels mathematischer Berechnungen zu bekräftigen.

Die Masse der Dunklen Materie
Was weiß man über die Natur der Dunklen Materie? Hinsichtlich der genauen Beschaffenheit dieses dunklen Stoffes herrscht noch große Ungewissheit – und da, wo Dunkelheit herrscht, wird die Freiheit der Gedanken beflügelt.

In den 60er-Jahren standen die Wissenschaftler vor einem Problem: Ihr damaliges Theorie-Gebäude konnte die Masse (Menge an in einem Körper enthaltene Materie) der Elementarteilchen nicht erklären. Ihr rätselhafter Ursprung ließ sich auch durch das Phänomen „Beobachter" nicht gänzlich erklären.

Um die Masse der Elementarteilchen widerspruchsfrei in das damalige Standardmodell der Teilchenphysik – das Modell fasst die Kenntnisse über die kleinsten Teilchen zusammen und beschreibt perfekt alle uns bekannten Phänomene – einbauen zu können, schlug eine Reihe von Wissenschaftlern (Robert Brout, François Englert, Gerald Guralnik, Karl Hagen, Peter Higgs, Tom Kibble) eine Erweiterung dieses Modells vor. Ein neues Feld, das Higgs-Feld (genannt nach dem englischen Physiker Peter Higgs) wurde eingeführt. Dieses Feld sollte *a) unsichtbar sein, b) den gesamten Raum ausfüllen, d. h. allgegenwärtig sein, und dies c) ohne, dass sich seine Gegenwart unmittelbar bemerkbar macht.* Wie ein exotischer Nebel durchdringt dieses Feld das gesamte Universum mitsamt uns (Greene, 2012). Auch gerade in diesem Moment, in dem Sie diese Zeilen lesen. Nach den Berechnungen von Physikern müsste dieses Feld mit dem Beginn des Universums, und zwar *eine billionstel Sekunde nach dem Urknall*, dem Zeitpunkt der „Schöpfung" des Universums, entstanden sein (Cordis, 2012). Es mussten noch 380.000 Jahre nach dem Urknall vergehen, bis sich aufgrund dieser Wechselwirkung entstandene Higgs-Teilchen in dunkle Materiehaufen verdichten konnten. Aus dem Nebel formte sich die Materie. Damit waren die Voraussetzungen gegeben, dass sich die leuchtende, für uns sichtbare Materie in materiellen Gestalten ansammelte. Galaxien wurden geformt, neue Generationen von Sternen wuchsen heran Die Erde entstand (vor ungefähr 4,5 Milliarden Jahren), etwa eine Milliarde Jahre danach begann das Leben in deren Meeren. (Lesch, 2017).

Damit ist die Frage nach dem „Wie die Masse zustande kommt" noch nicht beantwortet. Der Mechanismus, wie die grundlegende Eigenschaft „Masse" auf der Ebene der Elementarteilchen zustande kommt, wird als Higgs-Mechanismus bezeichnet. Dabei handelt es sich tatsächlich um eine Wechselwirkung zwischen dem Higgs-Feld und sich darin bewegenden Elementarteilchen. „Je nachdem, wie intensiv die jeweiligen Teilchen durch das Higgs-Feld pflügen, treten sie mit diesem Feld in Wechselwirkung und nehmen gerade die Masse an [...] und behalten sie auch" (Lesch & Zaun, 2017, Greene, 2012). Die während dieser Wechselwirkung „neugeborenen", mit Masse ausgestatteten Elementarteilchen stellen den Stoff für das Erschaffen realer Materie zur Verfügung. Der Namensgeber ist Peter Higgs, der bereits 1964 erkannte, dass mit diesem Feld auch ein neues Teilchen verbunden ist. Diese Idee zur Existenz dieses Elementarteilchen war die treibende Kraft für die Forscher, die Suche nach Higgs-Teilchen, nach dem Ursprung der sichtbaren Materie, zu starten. Die Motivation war hoch. Es wurden keine Kosten gescheut.

Am 4. Juli 2012 lüftete sich der Vorhang für eines der vermeintlichen größten Rätsel der Physik. Wissenschaftler am europäischen Kernforschungszentrum Cern (LHC: Large Hadron

Collider in Genf) gaben bekannt: Das vor 45 Jahren mittels hochabstrakter mathematischer Modelle vorhergesagte und bislang so schwer zu erfassende Teilchen, das Higgs-Teilchen (das Higgs-Boson), wurde endlich aufgespürt. Den Urheber für eine der Grundeigenschaften aller Dinge, die Masse, gibt es also wirklich! 2013, fast 50 Jahre nach der Veröffentlichung ihrer Theorie, war somit die Zeit reif, die jahrzehntelange Arbeit von Higgs, Englert und Brout mit einem Nobelpreis für Physik zu würdigen. Robert Brout, der an dem Projekt mitwirkte, war 2 Jahre davor verstorben und konnte dies nicht mehr miterleben.

Könnte man das Higgs-Feld aus einer Region komplett entfernen, so hätten die Teilchen, die dieses Higgs-Feld durchqueren, plötzlich keine Masse mehr (Greene, 2012). Die Struktur des Universums wäre völlig anders: Es wäre ein völlig anderer Ort, als wir ihn heute kennen. Es gäbe keine Atome und keine normale Materie, denn erst die Masse sorgt dafür, dass die Grundbausteine der Materie zusammenhalten und miteinander wechselwirken.

Das Higgs-Feld ist nicht das einzige Quantenfeld. Neben ihm existieren auch andere Felder, wie zum Beispiel das elektromagnetische Feld oder das Inflationsfeld. Alle Felder besitzen Energie. Das wissen die Physiker aus einem einfachen Grund: Alle diese Felder erfüllen nämlich Aufgaben, die Energie erfordern: „Sie sorgen beispielsweise dafür, dass Gegenstände (zum Beispiel Papierschnipsel) sich bewegen." Die Energie, welche die Felder besitzen, ist potenzielle Energie, also Energie, „die ohne Weiteres angezapft werden kann", die dann in andere Energieformen, wie zum Beispiel Bewegungsenergie (kinetische Energie), verwandelt werden kann (Greene, 2012). Als System, „das potenzielle Energie enthält, wird ein Feld jede Gelegenheit nützen, diese Energie freizusetzen" (Greene, 2012). Diese Eigenschaft macht aus Feldern großzügige, immer zur Verfügung stehende Energiespender.

Betrachten wir näher die Wechselwirkung zwischen dem Higgs-Feld und den Elementarteilchen als Mechanismus für den Erwerb von Masse, erinnert dies an den Bewertungsprozess als Mechanismus, der das gewisse Etwas aus dem „Nichts" hervorbringt. So, als ob sich die Elementarteilchen durch den Bewertungsprozess nicht nur Masse, sondern auch Wärmeenergie „angeln", die dann nach dem Wärmeausgleichsgesetz mit dem Körper in Wechselwirkung tritt. Dies könnte wiederum in Form der folgenden Gleichungen dargestellt werden:

Higgs-Mechanismus = *Elementarteilchen bekommen Masse*
oder
Bewertung = Erschaffen *des gewissen Etwas*

Zusammengefasst könnte die Wirkung des Bewertens mit der Wirkung des Higgs-Mechanismus auf die Elementarteilchen gleichgesetzt werden.

Bewertung = Higgs-Mechanismus

Es ist eine sehr vage Behauptung meinerseits. Dies würde bedeuten, dass die *Bewertung einen Mechanismus in sich bergen könnte*, durch den *das gewisse Etwas* in Form gebracht wird. Das könnte mit dem Higgs-Mechanismus korrespondieren, der die Elementarteilchen aus einem Quantenfeld mit Masse ausstattet. Im Grunde genommen müssen es nicht die Higgs-Teilchen sein, die den Stoff für des Bau *des gewissen Etwas* liefern. Den Astrophysikern ist klar, dass mit dem Higgs-Mechanismus bzw. den Higgs-Teilchen nicht das letzte Wort über das Erschaffen von Materie gesprochen wurde. Vielmehr behaupten sie, dass es im Universum neben den bereits bekannten Teilchen noch Materieteilchen geben muss, die noch immer nicht „beschrieben, erklärt und vorhergesagt wurden", deren physikalische Natur völlig unbekannt ist, die „ganz sicher nicht aus den Elementarteilchen" zusammengesetzt sind (Lesch, 2013). Diese Teilchen zu finden, *die als exzellente Kandidaten für die Dunkle Materie gelten,* ist der „große Traum" jedes theoretischen Physikers.

Das Gegenargument für die Annahme, dass die Elementarteilchen der Dunklen Materie den Stoff für die Bewertung liefern, aus dem *das gewisse Etwas* geformt werden könnte, ist, dass jene Elementarteilchen, nach Sicht der Astrophysiker, auf der Erde kaum zu finden sind; sie halten dagegen, dass sich diese Art der Materie erst in sehr großen räumlichen Ausdehnungen von Tausenden Lichtjahren bemerkbar mache. Das würde bedeuten, dass die Dunkle Materie keinesfalls den Bedarf für die Bewertung von Milliarden von Menschen decken kann. Nichtsdestotrotz, die Bewertung von Ereignissen und die darauffolgenden thermoregulatorischen Veränderungen deuten darauf hin, dass „something in the air" ist. Dieses Something könnte auch das Erschaffen von Bestandteilen für das gewisse Etwas verantworten.

Dunkle Energie: Über den Umweg der (halbwegs) bekannten Dunklen Materie kommen wir zu einem anderen potenziellen Kandidat für den Stoff, aus dem das gewisse Etwas geschafft werden könnte, und zwar zur völlig unbekannten Dunklen Energie. Da diese Energie nicht mit Licht interagieren kann, wurde sie im Jahr 1998 von einem führenden Experten für die Frühzeit des Universums, von dem US-amerikanischen theoretischen Astrophysiker Michael S. Turner, als Dunkle Energie bezeichnet. Das „Dunkel" liegt nicht nur außerhalb des Bereichs des Sichtbaren für das menschliche Auge, sondern auch des gesamten elektromagnetischen Spektrums. Kein Messgerät kann die Dunkle Energie erfassen. Trotzdem sind sich fast alle Physiker einig: Es gibt diese Form der Energie. Die durch Messungen gesicherte Ausdehnung des Universums oder das Auseinanderdriften von Galaxien lässt indirekt auf die Existenz von etwas Dunklem schließen.

Welcher Art ist diese Energie oder woher kommt sie? Diese Frage lässt sich noch immer nicht überzeugend beantworten.

Diese Energie „wächst mit Raum, reißt und zieht am Universum, treibt es auseinander, beschleunigt die Expansion, wird dabei immer stärker und schafft es schon seit etlichen Milliarden Jahren", die Energie zweier anderer Energieinhaber des Universums (Energie und Materie) in den Schatten zu stellen. Es ist eine Energie, die *autokratisch agiert und reagiert* (Lesch und Zaun, 2017).

Die Dunkle Energie ist demnach ein wichtiger physikalischer Bestandteil der modernen kosmologischen Modelle, die sich mit der Entstehung, der globalen Entwicklung und den großräumigen Strukturen des Universums beschäftigen. Die physikalische Natur der Dunklen Energie ist unklar! Astrophysiker nahmen bisher verschiedenste Quellen für die Dunkle Energie an. Manche vermuten, dass diese mit a) einem dynamischen Quantenfeld („Quintessenz") zu tun haben könnte; andere, dass es sich hier um b) Vakuumenergie handeln könnte.

Quintessenz: Viele Kosmologen untersuchen die Möglichkeit, dass die überwiegende Mehrheit der Energie im Universum in Form einer bisher unentdeckten Substanz namens *„Quintessenz" vorliegt.* Dabei handelt es sich nicht um den circa 23 Jahrhunderte alten, aus der Naturphilosophie der Antike stammenden Begriff Quintessenz („Wichtigstes"), der neben den Elementen Erde, Wasser, Feuer und Luft ein fünftes unbekanntes Element bezeichnete. Was hier gemeint ist, ist ein neuer physikalischer Ansatz, der 1998 von R. Caldwell, P. Steinhardt und R. Dave in Erwägung gezogen wurde: Der Ansatz über die Existenz eines *dynamischen, zeitlich veränderlichen (zeitabhängigen) Quantenfelds,* das „Quintessenz" getauft wurde (Caldwell et al., 1998). Somit wurde augenzwinkernd die Quintessenz als 5. Element neben den 4 anderen wesentlichen Ingredienzen der Kosmologie, nämlich Materie („Erde"), Strahlung („Feuer"), Neutrinos, Elementarteilchen mit sehr geringer Masse („Luft"), und kalte Dunkle Materie („Wasser"), eingefügt. Der alte Begriff Quintessenz wurde neu belebt. Unter diesem Begriff verstehen die

Autoren eine *echte, obwohl exotische Energieform, die sich von jeder normalen Materie oder Strahlung und sogar „Dunkler Materie"* unterscheidet. *Quintessenz ist*
a) allgegenwärtig,
b) dynamisch,
c) durchdringt alles,
d) füllt den Raum gleichmäßig aus,
e) entwickelt sich zeitlich und räumlich.

Die Beschleunigung der Expansion des Universums wird durch die Quintessenz erklärt (Caldwell & Steinhardt, 2000). Ihre Eigenschaft, *in jedem Punkt des Raumes eine bestimmte Stärke aufzuweisen* (Lesch und Müller, 2006), macht diese Energieform als potenzieller Stoff für das gewisse Etwas interessant für uns. Und dies aus einem einfachen Grund, nämlich: der wichtigste Parameter des inneren Milieus, die (Körper-) Temperatur, verhält sich im Raum gleich wie Quintessenz: in jedem Punkt des Raumes weist sie eine bestimmte Stärke auf.

Vakuumenergie: Um das Wesen der Dunklen Energie zu erläutern, bringen manche Kosmologen diesen mysteriösen Stoff mit der Energie des Vakuums in Verbindung, die *das ganze Universum gleichmäßig erfüllt.* Nach dem herkömmlichen Verständnis sollte das Vakuum doch das *absolute Nichts sein,* wo vermutlich nur pure Leere herrscht (Lesch und Müller, 2006). Stellen Sie sich den Fall vor, dass – im wahrsten Sinne des Wortes – ALLES aus dem Kosmos entfernt wird, die gesamte Materie, und das Übriggebliebene wird bis zum absoluten Nullpunkt (–273,15 °C) heruntergekühlt. Allem Anschein nach sollte dann gar nichts mehr vorhanden sein. Und dennoch kommt die Überraschung: Es bleibt etwas zurück. Die Vakuumenergie.

„Im Vakuum bilden sich fortwährend Paare aus Teilchen und Antiteilchen, die nach extrem kurzer Zeit wieder zerfallen" (Lesch und Müller, 2006). Hier wimmelt es von diesen exotischen Pärchen. Das Vakuum strotzt nur so vor Energie und macht sich bemerkbar. Hier treten *ständig und allgegenwärtig* winzige Schwankungen physikalischer Parameter *(Quantenfluktuationen)* und damit auch der Energie auf (Greene, 2012). Aber Achtung: Die Energie, die zur Erschaffung dieser Pärchen benötigt wird, wird nur *kurzfristig* von der Energie des Vakuums ausgeliehen. Diese Teilchen-Antiteilchen-Paare *existieren kurz* und *geben die geliehene Energie bald wieder an das Vakuum zurück.* Offensichtlich kann sich die Natur, wenn auch nur kurzzeitig, Energie „borgen": Je kürzer dieser Zeitraum, desto *höher der mögliche Energiebeitrag.* Kurze Darlehen an Energie klingen nach Wolkenkuckucksheim – so ist es aber nicht, da diese Teilchen um die Vakuumenergie real sind und sich sogar experimentell veranschaulichen lassen (Casimir-Effekt) (Lesch und Müller, 2006).

Warum ist bei der Annahme über Fluktuationen der Vakuumenergie die Voraussetzung, dass die Darlehen an Energie vom Vakuumfeld *wieder zurückgegeben werden,* wichtig? Die Antwort ist für Physiker klar: Das *Energieerhaltungsgesetz,* das wichtigste der Naturgesetze – das voraussagt, dass die Summe aller Energieformen (Gesamtenergie) eines abgeschlossenen Systems konstant bleibt –, darf nicht verletzt werden. Im Großen und Ganzen scheint es, dass in der Zwischenzeit nur ein paar wenige Details zu der Annahme der antiken Naturwissenschaften über die Quintessenz hinzugekommen sind. Das macht diese jedoch noch immer nicht weniger rätselhaft. Trotz dieser qualitativ hervorragenden Idee kommt nun ein sehr großes „Aber". Berechnungen zufolge ist die Vakuumenergie noch um 120 Größenordnungen (die Größenordnung einer physikalischen Größe bezeichnet die Zehnerpotenzen bezüglich ihrer Basiseinheit) größer als die Dunkle Energie. Das lässt annehmen, dass neben der Dunklen Energie noch weitere Energien im Vakuum schlummern könnten.

Die Bezeichnung *Dunkle Energie* wurde von dem Kosmologen Michael S. Turner (Universität Chicago, USA) im Jahr 1990 erfunden. Als er die Bezeichnung Dunkle Energie prägte, meinte er, dass „dies das größte Geheimnis der Wissenschaft überhaupt" ist (Warnke, 2013). Er hatte recht! Wie Sie hier lesen konnten, gilt die Dunkle Energieform noch immer als das größte Geheimnis der Wissenschaft überhaupt. Da allerdings das Gros der Kosmologen nicht an der Existenz der Dunklen Energie zweifelt, sollten wir es auch nicht. Obwohl es noch immer keine handfesten, direkten Nachweise für die Dunkle Materie und die Dunkle Energie gibt, so gibt es durchaus indirekte Nachweise. Die Dunkle Materie und die Dunkle Energie haben ähnliche Eigenschaften. Mit ihren bisher erforschten Gemeinsamkeiten,

a) *allgegenwärtig zu sein,*

b) *den gesamten Raum auszufüllen* und

c) *das ganze Universum zu durchziehen,*

erfüllen beide die Voraussetzungen, um als Kandidaten für die stoffliche Zusammensetzung des gewissen Etwas in Betracht gezogen zu werden. Der Bewertungsprozess gilt als Schöpfungskraft.

Unabhängig davon, welche dieser rätselhaften Energieformen den Bau verantworten, ist es wichtig, dass im Kosmos und unserer Umwelt something in the air ist, was als Stoff für die Entstehung des gewissen Etwas dienen kann.

Uns sollte klar sein, dass von Forschern noch sehr viele Jahre an Arbeit und Kreativität abverlangt werden wird, bis alle Puzzleteile des Bildes „Universum inklusive Mensch" reibungslos zusammengefügt werden können und das Allgegenwärtige – wie auch immer man es nennt –, das *höchstwahrscheinlich den Stoff für dieses* gewisse Etwas zur Verfügung stellt, restlos erklärt wird. Eine solche Zukunftsperspektive darf uns keinesfalls daran hindern, an die Existenz und Allgegenwärtigkeit eines solchen Stoffes zu glauben. Die Hinweise, dass es etwas Reales und Allgegenwärtiges gibt, das nicht nur kosmische Phänomene erklärt, sondern auch den Stoff für den Bau des gewissen Etwas bietet, verdichten sich.

**Zusammenfassung für die Leser, die – zu Recht! –
die letzten 20 Seiten übersprungen haben:**

Astrophysiker sind sich einig, dass es einen allgegenwärtigen Stoff in subatomaren Größenordnungen (Elementarteilchen) geben muss, aus dem Materie geschaffen wird.

Neuesten Erkenntnissen der Forschung zufolge bekommen die Elementarteilchen die Eigenschaft „Masse" in Wechselwirkung mit dem Higgs-Feld.

Das Higgs-Feld sowie auch andere (Quanten-)Felder, die allgegenwärtig, raumfüllend und unsichtbar sind, können Mengen an potenzieller Energie besitzen, die als Vorläufer für die Umwandlung in andere Energieformen fungieren könnten.

Das Einwirken des Bewertungsprozesses auf das Higgs-Feld oder andere noch in Verborgenheit schlummernde (Quanten-)Felder könnte beim Erschaffen der Materie für das gewisse Etwas beteiligt sein.

Die Wahrscheinlichkeit besteht, dass der Bewertungsprozess einen solchen Einfluss auf die Elementarteilchen ausübt, der ihnen Masse und eine Energiemenge verleiht und dadurch die Voraussetzungen für das gewisse Etwas schafft.

Damit würde die Annahme, dass mittels Bewertung als Phänomen ein gewisses Etwas entsteht, bestätigt, was das Fundament, auf dem diese Annahme fußt, festigt.

Das Higgs-Feld als skalares Quantenfeld ist Träger potenzieller Energie und kann hypothetisch auch die Bestandteile des gewissen Etwas mit Wärmeenergie beliefern.

Wichtig ist: Es existieren Vorläufer, Elementarteilchen und potenzielle Energien, welche die Annahme über das Erschaffen des gewissen Etwas plausibel machen.

KAPITEL 22

DIE INTERAKTION ZWISCHEN DEM EMERGENTEN ETWAS UND DEM KÖRPER DES BEWERTERS

Das Wesentliche an *dem gewissen Etwas* ist, dass es nach dem Kontakt mit dem Körper des Ereignisempfängers/Bewerters in Wechselwirkung tritt und thermische Veränderungen bei ihm hervorbringt. Die Veränderungen im Aktivitätsniveau der thermoregulatorischen Mechanismen des Ereignisempfängers/Bewerters, die nach Bewertung eines Ereignisses erfolgen, geben recht zur Annahme, dass sich *das gewisse Etwas* dem menschlichen Körper gegenüber wie ein thermodynamisches System verhält.

Ein kurzer Exkurs in die Thermodynamik

Wärme und Wärmeenergie. Für Laien klingt das möglicherweise nach Haarspalterei, aber streng genommen unterscheiden Physiker zwischen *Wärme* und *Wärmeenergie*. Sprechen Physiker von *Wärmeenergie*, ist meist *thermische Energie* als Teil der *inneren Energie* eines Systems (s. o.) gemeint, *die in einem Stoff aufgrund der Anordnung und Bewegung der Atome oder Moleküle gespeichert ist.* Wärmeenergie beschreibt den *Zustand* eines Systems und ist im Gegensatz zur Wärme eine *Zustandsgröße* (d. h. ein Parameter, der den momentanen Zustand beschreibt). Um beide Größen miteinander in Verbindung zu bringen, kann man sagen: *Wird Wärme übertragen, so ändert sich die thermische Energie.*

Mit *Wärme* ist die Energie gemeint, die zwischen 2 thermodynamischen Systemen aufgrund eines Temperaturunterschiedes übertragen wird. Kommt ein Körper in Kontakt mit einem anderen, geht die Wärme vom wärmeren in Richtung des kälteren

Körpers über (2. Hauptsatz der Thermodynamik nach Rudolf Clausius). Der Ausgleich erfolgt, bis keine Temperaturdifferenz mehr zwischen den Körpern besteht.

Demnach befinden sich die in Kontakt stehenden Körper in einem thermischen Gleichgewicht (0. Hauptsatz der Thermodynamik, Gleichverteilungsgesetz) (Hawking, 2010). Diesen Vorgang des Wärmetransfers (ohne Materialtransport) nennt man *Wärmeübertragung*.

Die Wärme wird in Infrarotwellen übertragen, die für das menschliche Auge unsichtbar sind. Diese Wellen bestehen aus ruhelosen, masselosen, eigenartigen Photonen, die eine unendlich *lange Lebensdauer* haben. Diese können durch physikalische Prozesse *erzeugt oder vernichtet* werden. Die Photonen bewegen sich mit der höchsten bekannten Geschwindigkeit, Lichtgeschwindigkeit, die fantastische 299.792 Kilometer pro Sekunde beträgt.

Wenn die Wechselwirkung zwischen dem menschlichen Körper und *dem gewissen Etwas* auf der Ebene des Wärmetransfers erfolgt, würde dies bedeuten, dass sich Wärme vom kälteren zum wärmeren Objekt mit Lichtgeschwindigkeit übertragen lässt, was auf eine rasche Körpertemperaturänderung hinweist und die darauffolgende rapide hemmende Auswirkung auf GABA erklärt – die Veränderung der GABA/[5-HT, NA, DA & Co]-Neurotransmitterkonstellation – sowie die blitzschnellen Abänderungen im Aktivitätsniveau der thermoregulatorischen Mechanismen nachvollziehbar macht.

Da *die Wärmeenergie nur auf materielle Teilchen übertragen werden kann,* impliziert dies materielle Eigenschaften der Bestandteile *des gewissen Etwas.*

Art der Wärmeübertragung. Wird Wärme zugeführt, steigt die mittlere kinetische Energie der Bestandteile des ursprünglich kälteren Körpers. Gleichzeitig verlieren die Bestandteile des Wärmelieferanten an kinetischer Energie, deren Temperatur absinkt. Da sie einen Zustandswechsel – die Änderung der kinetischen Energie von Bestandteilen beider Körper und die Änderung ihrer Temperatur – herbeiführt, ist die Wärme ein Störfaktor aller miteinander in Kontakt stehenden Körper.

Nach heutigem Stand der Erkenntnisse sind nur 3 Arten bekannt, über die Wärme von einem zum anderen Körper übertragen werden kann.

Konvektion oder *Wärmeströmung* ist eine Art der Wärmeübertragung zwischen einem festen System und einem strömenden Fluid. Nach dieser Art ging die Wärme aus Lisas Körper an das Wasser vom Weißensee über. Ob sich die Wärme zwischen *dem gewissen Etwas* und dem Körper eines Ereignisbewerters auf diese Art übertragen lässt, ist fraglich. Der menschliche Körper ist definitiv ein festes System, in dem Fall müsste aber *das gewisse Etwas* die Rolle des strömenden Fluids übernehmen.

Ein anderer Mechanismus für den Transport von thermischer Energie ist *Wärmeleitung*, bei der die kinetische Energie – die Fähigkeit eines Körpers, aufgrund seiner Bewegung mechanische Arbeit zu verrichten, Wärme abzugeben oder Licht auszusenden – zwischen benachbarten Atomen oder Molekülen ohne Materialtransport übertragen wird. Diese Art der Wärmeübertragung ist *irreversibel*, was bedeutet, dass der Wärmetransport – gemäß besagtem 2. Hauptsatz der Wärmelehre – nur in einer Richtung ablaufen kann: von einem Körper mit höherem Energieniveau (höhere Temperatur) zu einem anderen mit niedrigerem Energieniveau (niedrigere Temperatur). Für diese Art der Wärmeübertragung ist *ein unmittelbarer Kontakt zwischen den Körpern nötig*. Falls zwischen dem Körper und *dem gewissen Etwas* die Wärmeübertragung auf diese Art abläuft, müssten die beiden in Kontakt kommen, was *eine Grenze zu seiner Umgebung als Eigenschaft* des gewissen Etwas verlangen würde.

Wärmestrahlung ist die dritte Art, wie die Wärme übertragen werden kann. Diese wird von allen Festkörpern, Flüssigkeiten, Gasen und Plasmen emittiert, die sich in einem angeregten Zustand mit einem Temperaturwert befinden, der oberhalb des absoluten Nullpunktes liegt. Der menschliche Körper strahlt, wie jede andere Materie, einen großen Teil seiner Energie durch thermische Strahlung im infraroten Lichtbereich wieder ab. Er

kann aber auch durch infrarotes Licht, zum Beispiel Sonnen-
energie, Wärme aufnehmen, was seine Temperatur zum Anstieg bringen würde. Die Wärme, die Lisas Körper damals auf
der Stiege am Weißensee mittels Sonnenstrahlen aufnahm, er-
zielte ihre wohltuende Wirkung, was Lisa half, sich rascher vom
Kälteschock zu erholen.

Wie wir sehen, ist jede Art der Wärmeübertragung zwischen
dem Körper des Ereignisempfängers/Bewerters und *dem gewissen Etwas* vorstellbar, was eine Abgrenzung zwischen den beiden
erforderlich macht. Für uns ist weiterhin wichtig, dass es zwischen beiden Körper zum Wärmetransfer kommt, was sich in der
Umstellung der thermoregulatorischen Mechanismen unmittelbar nach der Bewertung eines Ereignisses bemerkbar macht.

Wärmeaustausch zwischen dem Körper und dem gewissen Etwas

Wenn man sich mit der Idee anfreunden kann, dass mit dem
Prozess einer Bewertung ein *gewisses Etwas* neu erschaffen wird,
dieses dann mit dem Körper in eine thermische Wechselwirkung
kommt, wäre – entsprechend der Gültigkeit des 0. Gesetzes der
Thermodynamik – zu erwarten, dass die thermische Interaktion zwischen beiden bis zum Temperaturausgleich stattfindet.
Das ist auch der Fall, wenn der Körper mit einem fremden Körper in Kontakt kommt, der eine andere Temperatur aufweist als
seine eigene, so wie es auch im Falle eines heruntergeschluckten Eiswürfels stattfindet. Was passiert in einem solchen Fall?

Wärmetransfer bei einem verschluckten Eiswürfel

Betrachten wir den Ablauf des Wärmetransfers zwischen dem menschlichen Körper und einem kalten Objekt am Beispiel eines heruntergeschluckten Eiswürfels. Passiert so etwas, landet der Eiswürfel abrupt im Magen. Aufgrund der großen Temperaturdifferenz zwischen dem Eiswürfel, dessen Temperatur bei etwa 0 °C liegt, und dem Körper mit einem Wert um 37 °C wird die Wärme rasant aus dem Körper zu den Bestandteilen des Eiswürfels (Wassermoleküle) übertreten. Das Wasser verändert seinen Aggregatzustand von fest (Eis) zu flüssig (Wasser). Darauffolgend wird eine Kette an zuvor beschriebenen Folgeerscheinungen in Gang gesetzt: Die Körpertemperatur sinkt ab (Ist < Soll), die GABAhemmende Wirkung wird herabgesetzt, Kälteabwehrmechanismen werden angeregt und die Wärmeproduktion steigt mit gleichzeitiger Drosselung der Wärmeabgabe an die Umgebung. Der Körper greift auf seine Energiedepots zurück und versucht auf Kosten der körpereigenen Energiereserven eine positive Wärmebilanz zu erzielen (Wärmeproduktion > Wärmeabgabe). Gelingt dem Körper dies, beginnt seine Körpertemperatur anzusteigen. Am Ende erlangt der Körper wieder seinen *Must-have*-(Soll-)Wert der Temperatur, seine Energiereserven werden leerer, da ein Teil davon für den Ausgleich des Wärmeverlusts aufgewendet wurde.

Genau so lief es damals in Lisas Körper ab, als sie ihren Körper buchstäblich ins kalte Wasser des Weißensees warf. Irgendwann wird das vom Wärmeverlust betroffene Individuum für Wärmezufuhr von außen sorgen müssen, um seine entleerten Energiedepots aufzufüllen. Lisa schaffte es, den Wärmeverlust mittels Wärmezufuhr durch Sonnenstrahlen auszugleichen und war wieder imstande, einen neuen Tauchgang zu wagen. Die Wege, wie die Depots aufgeladen werden können, sind unterschiedlich: energiereiche Nahrung, warme Kleidung oder spezielle Verhaltensweisen (z. B. das Reiben der Hände) sind nur einige der vielen Möglichkeiten.

Der merkwürdige Wärmetransfer
zwischen dem Körper und dem gewissen Etwas

Der Wärmeaustausch mit *dem gewissen Etwas* verhält sich gemäß dem 2. Gesetz der Thermodynamik. Allerdings spielt sich dabei etwas Merkwürdiges zwischen *dem gewissen Etwas* und dem Körper ab.

Cornelias traumatische Erfahrungen
Cornelia, 47 Jahre, litt seit ihrem 20. Lebensjahr an wiederholten depressiven Episoden, die von massiven Somatisierungen (Muskelverspannungen, Zittern, Herzrasen) begleitet wurden. Während einer Psychotherapieeinheit begann sie bitterlich zu weinen, als sie über ihre Kindheit und Jugend zu sprechen begann. Sie wuchs mit ihrer alleinerziehenden, streng konservativen Mutter auf. Mit 17 Jahren machte sie, ohne das Wissen ihrer Mutter, das erste Mal Urlaub mit ihrem damaligen Freund. Als ihre Mutter dies erfuhr, bekam sie einen Wutausbruch, schrie Cornelia an, nannte sie eine Hure und drohte, sie aus dem Haus zu schmeißen, da es für sie eine Schande sei, „unverheiratet mit einem Mann zu schlafen". Dies war nur einer von vielen Wutausbrüchen ihrer Mutter, die Cornelia miterleben musste. Diese waren sehr verletzend, sie prägten sich tief in ihr Gedächtnis ein. Dieses traumatische, negativ bewertete Ereignis tat Cornelia 30 Jahre später immer noch so weh, als wäre es erst vor einem Tag passiert.

Anhaltende Muskelanspannungen und Zittern, Symptome, die Cornelia seit Jahren begleiteten, waren Abwehrmechanismen ihres Körpers gegen den Wärmeverlust, der durch die negativen Bewertungen des Erlebten entstand. Es war, als hätte sich ihr Körper während dieser Jahre in einer permanenten Hypothermie befunden und hätte andauernd einen Wärmezuschuss benötigt.

Aber wenn sich die negative Bewertung der erlebten schmerzhaften Ereignisse in Cornelias Körper in ein *gewisses Etwas* verwandelte, das kälter war als ihr Körper, warum mussten dann ihre Muskeln durch die langjährige Anspannung so lange

Wärme liefern? Ihr Körper speiste seit Jahren ununterbrochen seine Wärme in *das gewisse Etwas* ein. Ein Temperaturausgleich konnte trotzdem nicht erreicht werden. Nicht, wie es zu erwarten wäre, wenn wir an den verschluckten Eiswürfel denken. Nein, das kalte *gewisse Etwas* verhielt sich im Körper der traumatisierten Cornelia wie ein in ihr eingebauter Kühler, dessen Thermostat durch negative Bewertungen auf einen fixen, tiefen Wert eingestellt wurde. Der nach der Bewertung erhaltene Wert des Ereignisses wurde zum Sollwert *des gewissen Etwas*. Auf diesen Wert, wie bei jedem Sollwert, wurde beharrt. Dies führte dazu, dass *das gewisse Etwas* – entsprechend seinem Sollwert – fortwährend ein Störfaktor für die Homöostase von Claudias Körper war, was die anhaltenden aktivierten Kälteabwehrmechanismen (angespannte Muskeln) erklärt. Der Sollwert *des gewissen Etwas* blieb unverändert.

Die Worte von Cornelias Mutter, dass sie eine *Hure sei, die es verdient habe, aus dem Haus geworfen zu werden,* konnten durch kein Argument neu bewertet und damit positiv bewertet werden. Das gibt all jenen recht, die sich weigern, nach traumatischen Erfahrungen eine Psychotherapie zu machen. Keine Psychotherapie kann die Vergangenheit ändern. Allerdings kann sie aber etwas anderes, sehr wirksames bewirken: die aktuelle Endsumme aller Ereignisse im Leben des Betroffenen positiver zu machen.

Was Psychotherapie verändern kann. Die Wirkung dieser negativen Bewertung auf die Endsumme aller Ereignisse in Cornelias Leben konnte nur durch einen Fokus auf positive Ereignisse gemildert werden. Das passierte während der Psychotherapie. Vielen positiven Ereignissen in ihrem Leben, vielem, was sie geschafft hatte – was zwar von den traumatischen Ereignissen mit ihrer Mutter überschattet wurde –, wurde in den Therapieeinheiten (es waren nur 3 notwendig) Aufmerksamkeit, d. h. Zeit geschenkt. Cornelia konnte jetzt wahrnehmen, dass sie es trotz ihrer ständig kritisierenden Mutter aus eigener Kraft geschafft hatte, ein Studium abzuschließen, allein 2

„wunderbare" Söhne großzuziehen, Zeit für ihre Hobbys – Klavierspielen und Schreiben – zu finden und ihren Beruf auszuüben. Mit der Wahrnehmung jedes einzelnen positiven Aspekts strahlte Cornelias Gesicht und ihr vorgebeugter Körper richtete sich auf. Die positiv bewerteten Ereignisse wurden hinzuaddiert, die Endsumme der Bewertungen stieg an, der Cornelias Körper gewann an Wärme, was ihre veränderte Körperhaltung zweifelsohne zeigte.

Der eigene Sollwert ist immer ein MUST-HAVE-Wert. Er muss gewahrt bleiben.

Wenn die Annahme stimmt, dass der durch Bewertung zugewiesene Wert des Ereignisses zum Sollwert *des gewissen Etwas* wird, dann haben wir hier 2 Körper: den Körper des Bewerters und *das gewisse Etwas* – beide beharren stur auf ihre Sollwerte.

Welches Szenario wäre dabei zu erwarten? Ist der Sollwert der Temperatur von dem neu erschaffenen *gewissen Etwas* niedriger als jener des Körpers – wie es bei negativen Bewertungen der Fall ist –, so wird es wie bei einem herkömmlichen Kühler sein. Die Wärme des Körpers wird ununterbrochen in *das gewisse Etwas,* das kälter ist, transportiert: Der Körper verliert kontinuierlich von seiner Wärme. Obwohl das Aktivitätsniveau seiner Kälteabwehrmechanismen gesteigert ist, wird sich der Körper in einer anhaltenden Hypothermie befinden: Seine Energiereserven werden anhaltend mangelhaft. Das Individuum mit seinen erlebten traumatischen Ereignissen wird stets versuchen, an energiereiche Nahrungsmitteln zu gelangen, oder sich entsprechende Verhaltensweisen gegen ereignisbedingte Unterkühlung aneignen. Es entsteht der Anschein, als würde die vom Körper des Bewerters ins *gewisse Etwas* übertragene Energie vernichtet. Was könnte mit der vom Körper ans *gewisse Etwas* übertragenen Wärmeleistung passieren? Jede Leserin und jeder Leser, die/der im Physikunterricht in der Mittelschule aufgepasst hat, würde an dieser Stelle aufschreien: Etwas wie das

Vernichten von Energie ist nicht möglich! Eine solche Annahme widerspricht dem Heiligtum der Naturgesetze, dem Energieerhaltungsgesetz, laut dem es in der Physik heißt: *„Innere Energie ist eine Eigenschaft der stofflichen Bestandteile eines Systems und kann weder erzeugt noch vernichtet werden."* Etwas stimmt hier nicht mit der Idee über das Vernichten bzw. das Erzeugen von Wärme (Energie) innerhalb des *gewissen Etwas* aus Nichts. Sie steht entweder im Konflikt mit dem Energieerhaltungsgesetz oder mit den Prinzipien der Homöostase. Aber wenn es so ist, wie erklärt man dann die veränderte Aktivität der thermoregulatorischen Mechanismen, die nach jeder Bewertung von Ereignissen zu beobachten sind? Schreit dies etwa danach, dass diese Gesetze neu überdacht werden müssen?

Wie bereits gesagt: Kein Gesetz ist in Stein gemeißelt. Physiker sind bereits dabei, etwas zu messen, das auf eine Schwäche in der Grundtheorie der Elementarteilchen (Standardmodell) hindeutet. Die Schwachstellen könnten Wege zu einer „neuen Physik" sein, die am Ende auch Phänomene erklärt, die jenes Modell mit seinen entdeckten Elementarteilchen noch immer nicht erklären kann: die Dunkle Materie zum Beispiel (Nestler, 08.04.2021). Die Rufe nach einer neuen Physik sind längst nicht mehr zu überhören. Auf der anderen Seite könnte es in der Natur noch andere/weitere Strukturebenen geben, von denen unsere physikalische Schulweisheit bisher nicht einmal zu träumen wagte. Weiß man denn, welche Entdeckungen uns noch bevorstehen? Kann sich jemand trauen zu behaupten, dass die aktuellen Theorien, auf die sich die aktuellen Erklärungsmodelle stützen, die Wirklichkeit getreu wiedergeben? Offensichtlich nicht. Natürlich existiert immer ein Risiko, wenn man Theorien bildet, insbesondere bei solchen, die auf Gedankenkonstrukten fußen. Die Theoretiker scheinen bereits zu ahnen, dass sie nicht nur das Standardmodell der Elementarteilchen, sondern auch andere Theorien besser noch einmal überdenken sollten. Auf jeden Fall ist noch viel Geduld erforderlich, bis die Erschaffung *des gewissen Etwas* durch andere technische Vorgangsweisen

nachgewiesen werden kann. Die nach der Bewertung eines Ereignisses veränderte Aktivität der thermoregulatorischen Mechanismen ist ein Nachweis, der klar dafür spricht.

Zur Erinnerung:

_Die Starrheit des Sollwerts und die daraus resultierenden physio-
logischen Auswirkungen auf den Ereignisempfänger sollten uns
sehr achtsam bei der Auswahl von Ereignissen machen, mit denen wir in Kontakt treten, sofern wir einen Einfluss darauf haben._

KAPITEL 23

DAS EMERGENTE GEWISSE ETWAS ALS INFORMATION

„Information ist physikalisch."
(Rolf Landauer, 1927–1999, deutsch-US-amerikanischer
Physiker und Informationswissenschaftler)

Bei einem Mittagessen im Jahr 1998 fragte Brian Greene (ein US-amerikanischer Mathematiker, theoretischer Physiker und Bestsellerautor) John Wheeler, welches „Thema der Physik in den kommenden Jahrzehnten nach seiner Auffassung die beherrschende Rolle spielen würde. [...] Er senkte den Kopf, als sei sein alternder Körper es müde geworden, einen so großen Geist zu stützen. [...] Dann blickte er langsam auf und sagte ein einziges Wort: *Information."* Wheeler war der Ansicht, dass *man Materie als zweitrangig betrachten sollte, als Träger von etwas Abstrakterem und Grundsätzlicherem: Information.* Er behauptete, Materie sei „die materielle Ausdrucksform von etwas Fundamentalerem" (Greene, 2012).

Der Begriff „Information" hat eine nahezu universell einsetzbare Bedeutung und wird leider sehr oft unpräzise und nur intuitiv benutzt. Stellt man die Frage, was eine Information ist, werden die meisten Menschen glauben, die Antwort auf diese Frage parat zu haben: Information bedeutet Mitteilung, Auskunft. – Ist es so?

Zu den Begriffen: Information und informieren

Der Begriff „Information" wurde aus dem lateinischen „inform-are" (īnfōrmāre) bzw. „informatio" entlehnt, der „Auskunft, Benachrichtigung, Belehrung" bedeutet. Es ist genau jene weitverbreitete Bedeutung, die heutzutage in der Alltagssprache verwendet wird. Beim Weiterlesen – und hier kommt wahrscheinlich für viele Leser, wie auch damals für mich, die große Überraschung – stößt man auf eine zweite Erläuterung des lateinischen Ausdrucks für Information/informieren: *„eine Gestalt geben, formen, bilden"* (Duden, 1963). Als ich die „zweite" Bedeutung dieses Begriffes las, wurde ich wachgerüttelt. Mit anderen Worten heißt das, der Begriff „Information" bezieht sich auf *eine in Form gebrachte Gestalt* oder, anders ausgedrückt, Information ist *eine Gestalt, die in die Form des gewissen Etwas* gebracht wird.

Information = etwas In-Form-Gebrachtes

Um die Bedeutung des Begriffes *In-formation ormation* noch besser zu verstehen, ist ein bisschen Wissen über die Grammatik der lateinischen Sprache in Bezug auf das Präfix *„in"* nötig. Im Lateinischen hat dieses Präfix neben der Bedeutung der a) *Negation* (z. B. *informis* = ungeformt) auch die Bedeutung der b) *Verstärkung oder Verortung einer Handlung (Thesaurus Linguae Latinae)* (Capurro, 2000). Mit anderen Worten: Die alten Römer versuchten mit dem Präfix *„in" das Formen einer Gestalt* als Prozess, in dem die Information entsteht, noch mal zu betonen. Suchen wir nach der Begriffsbedeutung des Wortes „informieren", finden wir das, was heutzutage als selbstverständlich gilt, nämlich: *in Kenntnis setzen, über etwas unterrichten; jemandem eine Nachricht oder Auskunft über etwas geben.*

Die Geschichte des Begriffes „Information"

Die Belege über die Herkunft des Begriffes „Information" gehen weit in die Geschichte – mehr als 2000 Jahre – zurück und führen uns somit sprachlich zum klassischen Latein. Die Vorstellung über „Information als *erschaffenes Objekt bzw. erschaffenen Körper*" kommt der Ideenlehre eines der wichtigsten Philosophen in der Antike, des Universalgelehrten Platon (4–3 Jh. v. Chr.), sehr nahe. Platon hat bei seinen Äußerungen zu(r) Ideen(Konzeption) keine feste Terminologie eingeführt, sondern auf verschiedene Ausdrücke der Alltagssprache zurückgegriffen. Die wichtigsten für die Rezeption der Ideenlehre maßgeblichen Begriffe sind *idea* und *eidos,* welche die gleiche Bedeutung haben: Erscheinung, Gestalt, Beschaffenheit und Form.

In seiner Lehre beschreibt er *das Verhältnis der einzelnen Dinge der Sinneswelt zu den Ideen.* Unter *Dingen* versteht er *nicht nur materielle Objekte, sondern auch Ereignisse und Handlungen.* Die Ideen sind nach Platons Ideenlehre keine bloße Vorstellungen im menschlichen Geist, sondern *bilden eine eigenständige, objektiv existierende metaphysische Wirklichkeit.* Den Ideen *verdanken die Dinge die Gesamtheit ihrer Eigenschaften* (De an. 430 a 1-2, zitiert in Capurro, 2000). Das, was wir sehen oder denken, *prägt sich, „wie beim Siegeln mit dem Gepräge eines Ringes",* so Platon, in unserer Seele ein. Das von ihm benutzte Zeitwort enthält das Wort *typos,* was so viel wie *Abdruck* bedeutet. (Theaet, 191 d, zitiert in Capurro, 2000). Demnach ist also alles, was unsere Sinnesorgane berührt, jeder unserer Gedanken wie ein *Siegelring, der einen Abdruck in uns einprägt,* was gemäß der ursprünglichen Bedeutung von „Information" als „etwas in Form bringen" bzw. „etwas modellieren" zu verstehen wäre. Von den Hauptmerkmalen der Ideen (bei Platon) möchte ich im Folgenden nur jene erwähnen, welche die Annahme über das Erschaffen von Information untermauern.

Ideen

a) ... sind *unkörperlich,* der Sinneswahrnehmung prinzipiell entzogen und nur durch geistige Einsicht erfassbar (!),

b) ... sind *vollkommen,* d. h. *spezifische Wesen,*

c) ... erhalten eine *Wertdimension* und

d) ... sind *ewig,* was sie, aus zeitlicher Perspektive betrachtet, unbegrenzt andauernd erscheinen lässt.

Somit schrieb Platon nicht nur dem, was wir „sehen oder denken" einen *Entstehungsakt*und *den Ideen eine (meta-)physische Existenz* zu. So wie für Platon Ideen eine objektive Wirklichkeit darstellten, trifft dies auch für *das gewisse Etwas* zu.

Was Platon – wie oben erwähnt – mit dem Begriff der „Dinge" meinte, umfasst im Modell über den Fluss der Verwandlung den Begriff der „Ereignisse".

In seiner Schrift *Über die Seele* bedient sich auch sein Schüler *Aristoteles* dieser Metapher, um den Prozess zu kennzeichnen, durch den die Dinge ihre *Formen (eidos* oder *morphé)* „ohne Stoff" angenommen haben und so, „wie das Wachs das Zeichen eines Ringes ohne das Eisen und das Gold aufnimmt", in unsere Seele einprägen (Capurro, 2000).

Der römische Dichter *Vergil* (70–19 v. Chr.) verwendet ebenso diese Metapher, indem er in seinem großen Epos *Aeneis* schildert, wie im Haus des Gottes Vulkan, dem Feuergott, die Kyklopen einen Blitz für Zeus „mit ihren Händen formen" (informatum). Ferner *„gestalten sie"* (informant) im Auftrag von Vulkans Gattin Minerva *einen Riesenschild* für den Helden Aeneas (Aen. 8, S. 426 ff., zitiert in Capurro, 2000). Es zeigte sich, dass „dieser Begriff damals ein Fachterminus der Philosophie war, und zwar sowohl im Sinne von *Gestaltung des Stoffes oder der Selbstgestaltung des Lebens* als auch im Sinne *von Formung von Wahrnehmung und Denken"* (Capurro, 2000).

Augustinus (354–430 n. Chr.), der lateinische Kirchenlehrer, der von Platons Philosophie beeinflusst war, fasst in seinem Traktat *Über die Dreifaltigkeit* die *Wahrnehmung und Vorstellung bei Tieren und Menschen* als Prozesse auf, *„wodurch die Abbilder*

der Dinge die Seele informieren" (Capurro, 2000), was aus der Sicht der damaligen Bedeutung von Information als *die Seele in Form bringen* bzw. *die Seele modellieren* zu verstehen wäre.

Auch *Thomas von Aquin* (1225–1274), der italienische Theologe und einflussreiche Philosoph des Mittelalters, gebraucht den Informationsbegriff als Fachterminus im materiellen oder *ontologischen* Verwendungsbereich im Sinne von *Beformung oder Versehen der Materie mit einer Form (informatio materiae)* (Capurro, 2000).

Diese ursprüngliche „eigentliche" Bedeutung von Information als *in Form bringen* dominierte die nächsten 14 Jahrhunderte, bis dann ein Bedeutungswechsel eingeleitet wurde. Wenngleich die alte „eigentliche" Bedeutung von Information *(eine Gestalt geben, formen, bilden)* weiterhin gebraucht wurde, etablierte sich allmählich – nach einem langen Prozess von Bedeutungsverschiebungen und -einengungen von Übersetzungen und Neubildungen – seine neue *übertragene,* heute bekannte Bedeutung *(Auskunft oder Mitteilung von relevantem Wissen).* Dieser Wechsel von einer zur anderen Bedeutung des Begriffes „Information", die kaum etwas miteinander gemeinsam haben, kann wahrscheinlich im Kontext der Renaissance besser verstanden werden. Die Renaissance gehört zu den Zeiten, die zu den schillerndsten Epochen der Menschheit gehören, als der Umbruch vom Mittelalter zur Frühen Neuzeit stattfand. Es war die Zeit der Hochrenaissance: im Europa des 15. und 16. Jahrhunderts bricht der Mensch mit grenzenlosem Selbstvertrauen zu neuen Ufern auf. Antike Kunst und Kultur sowie Malerei, Architektur, Philosophie und Literatur wurden wiederentdeckt, neu belebt oder „wiedergeboren". Es entstehen grandiose Bauwerke, Gemälde und Kunstwerke, die zu den bedeutendsten Werken der Menschheit gehören.

Mit dem Aufkommen der modernen Wissenschaft und dem damit zusammenhängenden Niedergang der mittelalterlichen Philosophie gingen die philosophischen Prägungen, darunter auch die Bedeutung von Information im Sinne von Formung eines Stoffes (ontologische Bedeutung), verloren (Capurro, 2000).

Die neue modische Bedeutung dieses Begriffes verdrängte nicht nur die ursprüngliche Bedeutung, sondern veränderte sie bis zur Unkenntlichkeit. Zwischen der Grundbedeutung von Information – *Gestalt geben und formen* – und der übertragenen Bedeutung – *unterweisen, bilden und unterrichten* – gibt es kaum etwas Gemeinsames, was einen erahnen ließe, dass es sich um denselben Begriff handelt. Die neue Bedeutung von Information, die während der Renaissance den Vorrang gewann, prägt unverändert noch immer unsere heutige Denkweise.

Als ich damals zufälligerweise und unwissend auf die ursprüngliche Bedeutung von Information stieß, war dies für mich eine Freude und Erleichterung. Irgendwo habe ich gelesen, dass die spannendsten Forschungsergebnisse die sind, die uns selbst überraschen. Dies kann ich nach meiner persönlichen Erfahrung vollkommen bestätigen. Auf meiner Entdeckungsreise von einem zum anderen Abschnitt des Flusses der Verwandlung bekräftigte diese uralte Bedeutung von Information als *Etwas-in-Form-Gegebenes* die These über eine reale Existenz eines *gewissen Etwas*. Gleichzeitig wurde mein Selbstvertrauen gestärkt, dass ich mich auf dem richtigen Weg im Fluss der Verwandlung befand. Ich griff zu einem Blatt Papier und schrieb in meiner gewohnten Weise 2 Gleichungen auf: a) die eigentliche Bedeutung von Information als *Etwas-in-Form-Gegebenes* und b) *das gewisse Etwas* als Etwas-in-Form-Gegebenes. Das Gleichheitszeichen („=") hat auch hier wiederum die Bedeutung: „entspricht"

Information = Etwas-in-Form-Gegebenes
Das gewisse Etwas = Etwas-in-Form-Gegebenes

Das Fazit, das daraus folgte, war:

Das gewisse Etwas = Information

Das mysteriöse mit Energie geladene *gewisse Etwas* sollte das Wesen von Information sein. Streng genommen es ist *DIE IN-FORMATION*. Ich jubelte innerlich. Das war die Krönung meiner jahrelangen Entdeckungsreise des Flusses der Verwandlung. Meine Schlussfolgerung, dass während eines Bewertungsprozesses aus einem allgegenwärtigen, dem menschlichen Auge verborgenen Stoff *eine Gestalt bzw. eine Form* erschaffen wird, hatte doch etwas Wahres an sich. Es bestätigte mich, dass man der Scharfsinnigkeit und dem Beobachtungsvermögen alter Philosophen und Universalgelehrten Vertrauen schenken sollte. Diese *ursprüngliche* Bedeutung von Information beschrieb genau das, was während einer Bewertung von Ereignissen entsteht: Etwas In-Form-Gegebenes, ein *gewisses Etwas*, die Information. Damit konnte die etwa 2500 Jahre alte Annahme von Platon und seinen Nachfolgern verifiziert werden. Diese Entdeckung zeigt, dass die *ursprüngliche* Bedeutung des Begriffes „Information" als In-Form-Gegebenes *die eigentliche* ist. Wie schon erwähnt, unterscheidet sich die moderne Bedeutung von Information im Sinne von „Auskunft, Benachrichtigung oder Mitteilung" substanziell von ihrer *ursprünglichen* Bedeutung. Im Prinzip beziehen sich *Auskunft, Benachrichtigung* oder *Mitteilung* auf Ereignisse, die sich außer Ruf- oder Sichtweite ereigneten. Die Funktion, die das Feuer vor etwa 2 Millionen hatte, wurde von Satelliten, Radio, TV, sozialen Medien wie TikTok oder X (ehemals Twitter) übernommen, die sehr weit entfernte Ereignisse zu Millionen potenziellen Ereignisempfängern fast in Echtzeit transferieren können.

Zur Erinnerung:

Das mysteriöse gewisse Etwas, das während des Bewertungsprozesses erschaffen wird, ist das Wesen der Information.

Die ursprüngliche Bedeutung des Begriffes „Information" (eine Gestalt geben, formen, bilden) beschreibt das Produkt eines Prozesses, der mit einer Bewertung in Gang gesetzt wird: den Prozess des In-Form-Gebens einer Information.

Aufgrund ihrer Bestandteile, die in der Größenordnung des subatomaren Bereichs liegen, ist nachvollziehbar, warum es den Wissenschaftlern noch nicht gelungen ist, die Information aufzuspüren.

Die Information resultiert aus Bewertungsprozessen, die aus bestimmten neuronalen Schaltkreisen und in ihnen herrschenden bestimmten Neurotransmitterkonstellationen festgesetzt wird.

Das lässt darauf schließen, dass sich die Schnittstelle zwischen der Information und dem materiellen Körper an diesen bestimmten neuronalen Schaltkreisen befindet, dass Information an diesen „angeheftet" ist.

Ausgehend von dieser Annahme könnten Informationen im gesamten Gehirn verteilt sein. Das erklärt, warum bei ihrer Speicherung kein fixer Ort auffindbar ist.

Die moderne Bedeutung des Begriffs „Information" als „Auskunft, Benachrichtigung oder Mitteilung" bezeichnet, dass der Ereignisempfänger keinen direkten Kontakt zum Ereignis hatte.

Der Sollwert des gewissen Etwas ist im Grunde genommen der Sollwert der Information.

Information und Engramme

So groß meine Freude über das neu Herausgefundene auch war, ich fühlte mich hin und her geworfen in einer heiklen Zone zwischen a) meiner Überzeugung, dass Information nach jedem Kontakt in Form gebracht wird, und b) gesichertem Wissen. In mir begann eine Unsicherheit zu keimen: Verfüge ich über ausreichend gesichertes Wissen in Bezug auf materielle Spuren, die einen Kontakt mit einem Stimuli hinterlassen? War es meinerseits etwa doch etwas vorschnell gewesen, die Sichtweise der Universalgelehrten, was denn „Information sei", als relevanten richtungsweisenden Hinweis zu betrachten? War es vielleicht doch zu leichtsinnig gewesen, das Ergebnis einer Gleichung, die darauf hindeutete, dass *das gewisse Etwas* „Information" sein könnte, für bare Münze zu nehmen? Als Antwort tauchte in meinem Bewusstsein ein mir aus der Neurologie bekannter Begriff auf: das „Engramm", das sich auf die *materielle Spuren* von Informationen bezieht, die sich nach jedem Kontakt mit Stimuli in uns einprägen und bleiben.

Exkurs in die Neurophysiologie des Engramms

Im Jahr 1904 führte *Richard Semon* (1859–1918), ein deutscher Zoologe und Evolutionsbiologe, in seinem Buch *Die Mneme* (deutsch: Gedächtnis) den Begriff „Engramm" (griech.: en = in und gramme = Schrift oder Inschrift) ein. Mit der Auswahl dieses Begriffes drückte Semon aus, was er unter Engramm verstand, und zwar jenes neuronale Substrat, das sich nach *jeder* Stimuluseinwirkung als dauernde strukturelle Änderung in unserem Gehirn einprägt bzw. hinterlassen wird. Das erinnert sehr an Platons Darstellung der „Idea" (Information), nämlich der Erlebniseindruck, der sich zum Beispiel beim Sehen *„wie beim Siegeln, mit dem Gepräge eines Ringes"* in unsere Seele eingraviert.

Den Prozess der Entstehung von Engrammen (Gedächtnis-prozess) nannte Semon *engrafy,* den er in 4 Phasen skizzierte, von denen nur die ersten 2 in unserem Kontext relevant sind: a) Engrafie (Codierung der Information im Gedächtnis) und b) Engramm (überdauernde Veränderung im Nervensystem). Er war der Ansicht, dass bevor ein Organismus in Kontakt mit jeg-lichen Stimuli kommt, er sich im sogenannten *primären Zustand der Indifferenz* befindet. In diesem Zustand wird die Reaktion eines Organismus auf einen neuen Stimulus

a) von seinen eigenen Erfahrungen sowie

b) von Eigenschaften des Stimulus bestimmt (Schacter, 2011).

Erste Voraussetzung für das Gestalten eines Engramms ist na-türlich die engrafische (codierende) Wirkung der Erregung. Diese ist die eigentümliche Veränderung, die *nach Ablauf einer engrafi-schen Wirkung der Erregung in der reizbaren Substanz zurückbleibt.* Der engrafische Effekt, was als Tiefe der Einprägung verstan-den werden kann, steht dabei in einem bestimmten Verhältnis zur Stärke der synchronen Erregung. Sehr schwache Erregun-gen (Stimuli) hinterlassen scheinbar keine engrafischen Effek-te. Aber nur scheinbar. Da bei häufiger Wiederholung solcher schwacher Erregungen eine engrafische Wirkung manifest wer-den kann, beweist, dass kein einzelner Stimulus für sich engra-fisch wirkungslos bleibt.

Das Resultat der engrafischen Wirkung (das Engramm) be-steht in einer *veränderten Disposition der reizbaren organischen (Hirn-)Substanz in Bezug auf eine Wiederholung durch den Origi-nalreiz.* So veränderte organische Substanz zeigt sich dafür prä-disponiert, sowohl durch den Originalreiz als auch durch ander-weitige Einflüsse wieder in jenen Erregungszustand versetzt zu werden (Dramiga, 31.03.2016). In *Phase 2* entsteht das Engramm oder, wie der Autor schreibt, „wird kreiert" (Schacter, 2011). Die letzten 2 Phasen beschreiben den theoretischen Link zwischen Gedächtnis und Vererbung, auf die an dieser Stelle jedoch nicht näher eingegangen werden soll.

Mir ist bewusst, das mag für die Leserschaft der Nichtphysiologen kompliziert klingen. „Übersetzt" in eine einfachere Sprache der Physiologie, die uns bereits vertraut ist, meinte Semon:

- *In der ersten Phase* trifft ein Stimulus die Sinnesorgane in ihren *stimulusnaiven Zustand* („primärer Zustand der Indifferenz"), d.h. im Zustand, bevor sie Kontakt mit einem jeglichen Stimuli hatten. Nach diesem Kontakt wird naturgemäß das Membranpotenzial von Rezeptorzellen verändert und ein neues Muster an erzeugten elektrischen Impulsen *ausgelöst*. Diese Auswirkung eines Originalstimulus auf die neuronale Ebene (d. h. die „engrafische Wirkung der Erregung") bleibt bestehen und macht die involvierte Neuronen zu einer reizbaren bzw. empfindlich gewordenen Substanz, die prädisponiert wird, *wieder in jenen Erregungszustand versetzt zu werden.*
- *In der zweiten Phase* wird der „schreibend" wirkende Stimulus aufgrund seiner Eigenschaften (Intensität, Dauer usw.) die *betroffenen Neuronen so weit verändern, dass ein Engramm kreiert werden kann.* Das neu kreierte Engramm kann *in den Zellen des Gehirns konserviert werden und so das Verhalten eines Organismus langfristig beeinflussen* (Schacter, 2011). Die Gesamtheit aller Engramme – es sind Milliarden – ergibt dann das Gedächtnis.

Wenn ein Ereignis ein materielles Substrat hinterlässt, dann ergibt sich von selbst der Versuch, den *Ort des Gedächtnisses (als angesammelte Informationen bzw. als gesamtes Informationskonglomerat) im Gehirn* zu identifizieren. Der US-amerikanische Psychologe Karl Lashley (1890–1958) war einer der Ersten, der im Gehirn systematisch danach suchte, wo Engramme abgelegt, gespeichert und abgerufen werden. Nach jahrzehntelanger Suche („in search of the engram") kam er Mitte des 20. Jahrhunderts zu dem Schluss, dass

- ein solcher Speicher *nicht lokalisiert ist,* sondern stattdessen *in funktionellen Bereichen des Kortex verteilt ist* und

- *die Speicherspuren* [Anm.: von Informationen] *keine isolierten kortikalen Verbindungen* sind, sodass ihr Ort überhaupt nicht identifiziert werden kann (Bruce, 2001).

Dieser Umstand trug dazu bei, dass eine Reihe von Forschern weitere Versuche unternahmen, die physische Spur von Engrammen im Gehirn zu lokalisieren. Richard F. Thomson (1930–2014) war einer davon, der die Lokalisation von Engrammen zum Beispiel im Kleinhirn suchte, jedoch vergeblich. Obwohl Semons Beiträge zu seinen Lebzeiten weitgehend ignoriert wurden, haben neue Technologien, die Forschern ermöglichen, das Gehirn auf der Ebene einzelner Neuronen abzubilden, die Engrammforschung wiederbelebt. Nach mehr als einem Jahrhundert an neurophysiologischer Forschungsarbeit konnten einige Voraussagen von Semons Theorie zur Bildung von Engrammen *bestätigt werden,* und zwar:

- Zu Beginn, d.h. nach dem Kontakt mit dem Stimulus *wird eine bestimmte Population von Neuronen (die sogenannten Engrammzellen) aktiviert, ihre Erregbarkeit wird erhöht.*
- Veränderungen nach wiederholten Kontakten mit Stimuli, die in bestimmten Populationen von Neuronen (Engrammzellen) etabliert werden, *sind dauerhafter Natur* (Josselyn und Tonegawa, 2020) – *Engramme sind Einprägungen, die nach dem Kontakt mit einem Stimulus in uns verfügbar bleiben.*
- Diese Prägung, das Engramm, *„befähigt ein Individuum zum dauerhaften Wiedererkennen der gleichen Merkmalgestaltung, die späterhin immer gleichartige Verhaltensreaktionen auslöst.* Neurophysiologisch muss unter *Prägung* der Vorgang der allerersten Verknüpfungen von Nervenfasern in gerade ausgereiften Nervenzellen verstanden werden, die hierdurch wahrscheinlich auch strukturell in bestimmten Abschnitten eine Gestaltung erfahren" (Rahmann und Rahmann, 2013).

- *EEG-Untersuchungen konnten jedoch insgesamt wenig Einsicht in die neuronalen Mechanismen des Gedächtnisses (von Engrammen) bringen.*
- *Engramme bleiben auch mit aktuellen wissenschaftlichen Methoden weitgehend schwer fassbar.*

Gleichzeitig tragen neurophysiologische Untersuchungen mehr und mehr zu einem klarer werdenden Bild über jene Mechanismen bei, die hinter der Zusammensetzung von Engrammen stehen; und zwar:

- Prozesse, die nach Semon auf der neuronalen Ebene stattfinden, konnten in Form von a) *funktionalen Prozessen* (chemischer Art bzw. im Zusammenhang mit erhöhter synaptischer Stärke) und b) *strukturellen Veränderungen* (erhöhte Dichte an Dendriten) nachgewiesen werden (Josselyn und Tonegawa, 2020).
- Unter *Prägung* muss neurophysiologisch der Vorgang der allerersten Verknüpfungen von Nervenfasern in gerade ausgereiften Nervenzellen verstanden werden, die hindurch wahrscheinlich auch strukturell in bestimmten Abschnitten eine Gestaltung erfahren (Rahmann und Rahmann, 2013).
- *Solcherart veränderte Neuronen repräsentieren somit das Wesen eines Engramms* (Ryan und Tonegawa, 2016).
- *Die Engramme setzen Ensembles zusammen, die weitgehend über mehrere Gehirnregionen verteilt sind* (Ryan et al., 2015).
- Diese Prägung, das Engramm, befähigt *„ein Individuum zum dauerhaften Wiedererkennen der gleichen Merkmalgestaltung",* die späterhin immer gleichartige Verhaltensreaktionen auslöst (Rahmann und Rahmann, 2013).

Bei der Zusammenfassung von verfügbaren Annahmen zeigt sich der Entstehungsprozess von Engrammen (Tabelle 9, Modell 1.0), der noch immer sehr lückenhaft ist.

Tabelle 9: Aktuelle Erkenntnisse über den Entstehungsprozess von Engrammen (Modell 1.0)

Kontakt / Erregung / Bilden von Engrammen	BILDUNG VON ENGRAMMEN
Kontakt Stimulus/Ereignis mit (stimulusnaiven) Sinnesorganen „primärer Zustand der Indifferenz" des Organismus	
Erregung von Neuronen	
Bilden von Engrammen **(Erinnerungen bzw. Gedächtnis)** *dauerhafte strukturelle Veränderungen* in Form von erhöhter synaptischer Stärke, gestiegener Dichte von Dendriten **der Verlauf und der Mechanismus** **sind unbekannt**	
gleichartige Verhaltensreaktionen werden auslöst	

Diese Darstellung macht ersichtlich, dass wir bisheriger Erkenntnisse noch immer nicht imstande sind, den Verlauf und den Mechanismus, der hinter der Bildung von Engrammen steht, zu erörtern. Da es bislang schwierig erscheint, die morphologischen, physiologischen oder chemischen Spuren von Engrammen überzeugend darzustellen, bleibt das „Engramm" nur eine Arbeitshypothese, der man einen heuristischen Wert beimessen kann (Müller, 2013). Kurz gesagt: 100 Jahre Forschungsarbeit lassen immer noch einige Fragen offen.

Vergleichen wir diese Sequenzen eines angenommenen Bildungsprozesses eines Engramms mit jenen des Flusses der Verwandlung (Bild 1), sind hierbei große Übereinstimmungen zu beobachten.

Tabelle 10: Erweitertes Modell über den Entstehungsprozess von Engrammen (Modell 1.1 nach A. Dimova)

Bildung von Engrammen nach aktuellen Erkenntnissen	Bildung von Engrammen nach der Theorie des Flusses der Verwandlung
Kontakt: Stimulus/Ereignis mit (stimulusnaiven) Sinnesorganen „primärer Zustand der Indifferenz" des Organismus	Kontakt: Stimulus/Ereignis mit Sinnesorganen
Der Übergang zur nächsten Sequenz ist unklar.	**Bewertung**
	Erschaffen von Information
	Wärmetransfer zwischen Information und Körper des Ereignisempfängers
	dementsprechende Veränderung der Körpertemperatur
	Erregungszustand von GABA-Neuronen sinkt
Erregungszustand von Neuronen steigt	Erregungszustand von anregenden Neurotransmittern 5-HT, NA, DA&Co steigt
dauerhaft erhöhte synaptische Stärke Engramm wird gebildet (Erinnerungen bzw. Gedächtnis)	GABA/[5-HT, NA, DA&Co]-Verhältniswert sinkt – anregende Neurotransmitter dominieren
Der Übergang zum psychophysiologischen Antworten ist unklar.	**Der Übergang zum psychophysiologischen Antworten ist im Bild 1 vom Fluss der Verwandlung dargestellt.**
psychophysiologische Antworten (Verhaltensreaktionen)	psychophysiologische Antworten (Verhaltensreaktionen)

Legende: Fett gedruckt sind die neu zugefügten Sequenzen aus dem Fluss der Verwandlung.

Der Vergleich zeigt etwas Überraschendes: Der Bildungsprozess von Engrammen beschreitet offensichtlich den gleichen Weg, der, neurophysiologisch betrachtet, seitens eines Kontaktes zwischen einem Stimulus/Ereignis und Sinnesorgan(en) eingeleitet wird. Nachdem wird unter Einfluss einer bestimmten Neurotransmitterkonstellation jedes Ereignis in Form von Information oder, wie in der Neurophysiologie bezeichnet, als Engramm internalisiert. Vergleichbar zur Informationsverarbeitung beziehen sich auch Engramme auf die gleiche neurobiologische Basis, und zwar auf aktuelle Neurotransmitterkonstellationen. Kann es sein, dass „Information" und „Engramm" das Gleiche sind? Bei wesentlichen Übereinstimmungen zwischen ihnen scheint dies im Rahmen des Möglichen zu sein, was uns zu folgender Schlussfolgerung bringt: *Der Entstehungsprozess von Engrammen kann als Teil dieses Flusses der Verwandlung angesehen werden.*

Falls an dieser Stelle eine Gleichsetzung zwischen „Information" und „Erinnerung" bzw. „Engramm" voreilig erscheint, kann ich nur darauf verweisen, dass die Betrachtungsweise hinsichtlich „Informationen" und „Engrammen" die gleiche ist: Beides löst gleichartige psychophysiologische Antworten (Verhaltensreaktionen) beim Ereignisempfänger aus, was auf eine gleiche Genese/einen gleichen Ursprung hinweist. Ob in Zukunft das gewisse Etwas, die Information, in den für die Neurowissenschaftler vertrauten Begriff „Engramm" umbenannt wird, wird sich zeigen. Um eine „gemeinsame" Sprache zu sprechen, wäre es mindestens unter Wissenschaftlern empfehlenswert, sich auf einen Begriff zu einigen. In diesem Buch wird der Begriff der „Information" als umfassender Begriff präferiert.

War dieses Exkurs über Engramme hilfreich im Sinne von zusätzlichen Hinweisen zum Erschaffen von Information? Meiner Überzeugung nach ja, weil das Überlappen zweier heuristischer Theorien die Validität von Annahmen verstärkt: jene Annahme die Engramme betreffend und jene Annahme den Fluss der Verwandlung betreffend. Beide versuchen über unterschiedliche Wege ein gleiches

Phänomen (und zwar die veränderten psychophysiologischen Reaktionen nach Kontakt mit einem Stimulus/Ereignis) zu erläutern.

Vor etwa 2500 Jahren ist Platon davon ausgegangen, dass sich nach einem Kontakt mit Ereignissen „Ideen" als eine eigenständige, objektiv existierende metaphysische Wirklichkeit bilden. Die Entdeckungsreise, auf die ich Sie mitgenommen habe, zeigte uns, dass er recht hatte. Nach dem Kontakt mit Ereignissen erschaffen wir eine eigenständige, objektiv existierende Wirklichkeit: die Information.

Zur Erinnerung:

Das mysteriöse gewisse Etwas, das während des Bewertungsprozesses erschaffen wird, ist das Wesen der Information.

Die ursprüngliche Bedeutung des Begriffs „Information" (eine Gestalt geben, formen, bilden) beschreibt den Prozess, der mit einer Bewertung in Gang gesetzt wird: den Prozess des In-Form-Gebens einer Information.

Das, was Neurowissenschaftler als Engramm bezeichnen, ist die Information.

Der Wohnort des Konglomerats an Informationen (Gedächtnis) lässt sich nicht mit traditionellen, wissenschaftlichen Untersuchungsverfahren lokalisieren. Es ist wahrscheinlich, dass diese über das ganze Gehirn verteilt sind.

Als Faktum bleibt, dass mit jeder Mitteilung nahe und ferne Ereignisse zum potenziellen Ereignisempfänger transportiert werden, die dadurch einen tiefgreifenden Prozess im Körper des Ereignisempfängers auslösen und somit eine Information erschaffen.

Die Interaktion zwischen uns und unserer Umwelt erfolgt ununterbrochen und fortlaufend.

KAPITEL 24

SCHICKSALSSZENARIEN EINER INFORMATION

Wo der Fluss mündet

Meine Entdeckungsreise von Fluss der Verwandlung begann an dem Ort, wo unsere Psyche und unser Körper auf den Kontakt mit einem Ereignis reagieren. Aus Neugier, fast naiv, da ich nicht ahnen konnte, wie anstrengend und lang die Reise würde – wollte ich für mich als Psychiaterin eine Erklärung zu den vielfältigen Antworten bei ein und derselben Person bzw. bei unterschiedlichen Personen auf gleiche Ereignisse finden.

Das, worauf ich bereits am Beginn stieß, war atemberaubend, es übertraf jegliche meiner Erwartungen. Mir wurde klar, dass das einzig Lösungsorientierte, Kreative, Lebensrettende in uns nicht die Angst, sondern die gesteigerte Aufmerksamkeit ist. Ich konnte jetzt verstehen, was es mit den ruhigen Gewässern im Fluss der Verwandlung auf sich hat und warum diese in jedem von uns die Sehnsucht erwecken, in ihnen zu verweilen. Letztendlich konnte ich begreifen, wie die neurobiologischen Prozesse, die diesen Fluss ausmachen, sich in stromernde Stromschnellen verwandeln, die ihren Ausdruck in Angst, Wut und Misstrauen finden, die Menschengruppen und ganze Gesellschaften voneinander trennen.

Faszinierend konnte ich realisieren, wozu JEDER EINZELNE von uns – unabhängig von seiner Hautfarbe, Geschlechtsorientierung, sozialem Status, ob reich oder arm – fähig ist: *nämlich, nach jedwedem Kontakt mit dem Feinstofflichen, das uns umgibt und durchdringt, energiegeladene Informationen zu erschaffen, wodurch die Ereignisse (unsere Umwelt) in uns internalisiert werden.* Die Entdeckungen deuten darauf hin, dass Informationen zu unseren Lebensgefährtinnen werden, die ununterbrochen unser Verhalten modellieren und aus jedem von uns etwas EINZIGARTIGES,

NICHT REPRODUZIERBARES, NICHT KLONBARES machten:
Ein LEBEWESEN: DEN MENSCHEN.

Nach all diesen Erkenntnissen stellte ich mir die Frage, ob ich den gesamten Verlauf des Flusses der Verwandlung von seinem Anfang (Kontakt und Information) bis zu seinem Ende (motorische, physiologische und psychologische Antworten) erkundet habe. Ist dieses Ende auch das Ende seiner Existenz? Aus dem Alltag ist uns bekannt, dass ein Fluss von der Oberfläche, von unserer Wahrnehmung verschwindet. Es gibt 2 Alternativen: 1. Der Fluss trocknet aus, was jeden Naturliebhaber, insbesondere in Zeiten der Klimakrise, wachrüttelt, oder 2. er versickert im Untergrund und existiert weiterhin unterirdisch. – Wie verläuft der Fluss der Verwandlung? Welches ist sein Schicksal?

Schicksal Nr. 1:
Die für immer untergegangene Information

Seit Ewigkeiten stellen sich die Menschen die Frage, ob nach dem eigenen Tod alles, was uns ausmacht, alle angesammelten Informationen (Erfahrungen) aufhören zu existieren oder ob diese doch weiter bestehen.

Betrachten wir zuerst Schicksal Nr. 1, das dem Glauben der meisten Menschen entspricht, also dass nach dem Tod NICHTS von uns weiterexistiert. Diese Vorstellung, dass nach dem Ableben jedes einzelnen Menschen auch seine Abermilliarden erschaffenen Informationen sich in nichts auflösen, könnte für den einen oder anderen schwer vorstellbar, gar kaum erträglich sein.

Wenn das, was die Astrophysiker prognostizieren, stimmt – nämlich dass in etwa 5 Milliarden Jahren die Sonne zu einem sogenannten Roten Riesen anschwellen und die Erde verschlingen wird und die Welt in einem Feuer untergehen wird (Mack, 2021) –, dann ist die Frage, ob wir nach dem Tod etwas hinterlassen, eigentlich überflüssig.

Erträglich oder nicht, die Antwort der Neurowissenschaft, vor allem der Medizin, ist hart: NICHTS BLEIBT NACH UNS, da bewiesen ist, dass der Körper nach dem Tod im Laufe der Zeit langsam – sofern er nicht einbalsamiert wurde – in seine Bestandteile (Atome) zerfällt. Das könnte auch das Schicksal der Information betreffen. Davon ausgehend müssten nach dem Tod die mit Energie geladenen Informationen auf die gleiche Weise wie die sichtbare Materie des Körpers in ihre für uns derzeit noch unsichtbaren, nicht nachweisbaren, nicht messbaren Bestandteile aufgelöst werden. Für den Naturwissenschaftler ist das die einzige wahre Wahrheit. Das heißt, dass die Antwort auf die Frage, ob etwas nach uns bleibt, ein entschlossenes „Nein" sein muss. Der Körper und seine Lebensgefährtin, die Information, bleiben zusammen bis zum Tod. Was für ein herber Schlag für die Information! Es erinnert mich stark an die Rolle des Kapitäns auf einem sinkenden Schiff. Jede Seefahrernation kann von Kapitänen berichten, die bis zum letzten Moment auf ihrem Schiff geblieben sind – und manchmal darüber hinaus.

Gleichzeitig könnte man mit Recht eine Gegenfrage stellen: Muss man immer in Kategorien des „Danach" oder, um es modern auszudrücken, der Nachhaltigkeit denken und nach einem (Nachfolge-)Nutzen für alles suchen, auch für die im Laufe eines Lebens angesammelten Informationen? Aber wenn es keinen Nutzen, *kein Danach* für das Informationskonglomerat geben würde, was wäre dann der Sinn und Zweck all der im Laufe der Evolution entwickelten erfolgreichen Überlebensstrategien die Menschen betreffend? Wenn die Antwort auf diese Frage zurzeit mit Entschlossenheit verneint wird, lässt dies ohnehin gar keinen Diskussionsraum für andere Alternativen. Auch könnte man argumentieren, es reiche doch einfach, das Leben zu leben, es zu genießen. Ja, das stimmt. Das Leben ist sooo schön.
Aber so wunderschön das auch klingen mag, wäre das nicht irgendwie viel zu wenig, nicht nur aus Sicht der menschlichen Eitelkeit? Denn etwas egoistisch wirkt diese Haltung schon, da es eine sinnlose Verschwendung von Ressourcen der Erde

wäre, die sowieso immer knapper werden. Man denkt sofort: Gibt es denn nicht menschliche Gene mit dem *Drang, sich fort-zupflanzen*, um all jene, während mehrerer menschlicher Generationen erworbenen Informationen weiterzugeben? Meiner Auffassung nach ist die Antwort auf diese Frage: nein. Die Theorie über egoistische Genen ist weit überholt, da die Evolution keine Moral kennt. Die Gene übertragen die Haut- oder Augenfarbe, die Gesichtszüge oder Neigungen zu Erkrankungen sowie unsere Persönlichkeitsmerkmale. Denken wir an die Information, die im Fluss der Verwandlung nach einem Kontakt mit Ereignissen als Output von aktueller Neurotransmitterkonstellation in bestimmten neuronalen Schaltkreisen geformt wird. Dass diese in den Genen, die, sehr vereinfacht gesagt, eine Reihe von organischen Molekülen sind und gespeichert werden können, bezweifle ich.

Kehren wir zurück zu der Annahme von Neurowissenschaftlern, dass die materielle Basis von Engrammen funktionelle und strukturelle Veränderungen in den Neuronen und neuronalen Schaltkreisen seien. Dies würde bedeuten, dass nach dem Absterben von grauen Zellen (bei Demenzerkrankungen) im Gehirn, welche die materielle Basis von Engrammen bilden, auch die Informationen sich auflösen, die aus unserem Erinnerungsportfolio ausradiert würden. Eine solche Schlussfolgerung würde plausibel klingen, wenn die Erfahrungen von Demenzerkrankten nicht dagegen sprechen würden. Bei dieser Erkrankung vollzieht sich ein langsam verlaufendes Massensterben von Gehirnzellen (Neuronen), somit ein Verlust von Materie. Als Folge müssten die Neuronen mit Synapsen samt neuronalen Kreisen, die sie bilden, als solche aufhören zu existieren. Die Informationen würden „auf Nimmerwiedersehen" verschwinden. Dies trifft jedoch nicht vollkommen zu, was wir im Alltag von Menschen, die an Demenz leiden, erleben können. Während des Verlaufs einer Demenzerkrankung sieht es so aus, als ob Erinnerungen progressiv verschwinden würden. Dementgegen bringen uns Betroffene oft zum Staunen, wenn sie uns detailreich ihre Erinnerungen von vor 50 oder 60 Jahren schildern.

Wie das Sinken des Meeresspiegels während der Ebbe die am Gewässerboden liegenden Steine in Erscheinung bringt, so kommen mit zunehmendem Alter und fortschreitender Demenz die älteren, „in Form" gebrachten Informationen immer mehr zum Vorschein, als wäre die Existenz von Erinnerungen (Informationen) durch das Absterben des Materiellen, der Gehirnzellen, noch einige Zeit nicht wirklich betroffen. Als ob in diesem Prozess des Zerfalls von Neuronen die Schnittstelle zwischen Information und neuronalem Schaltkreis immer lockerer würde, aus dem sich die Informationen allmählich loslösen. Als ob es noch etwas danach geben würde. Als ob diese weiterexistieren würden.

Schicksal Nr. 2:
Die unsterbliche Information

Wie ein Schwan,
der seine Fesseln durchtrennt hat,
geradewegs hinauf zum Himmel fliegt,
so lässt eine Seele, die ihre Fesseln gelöst hat,
stets, ohne zu zögern, den Samsara hinter sich.
Kshurika Upanishad, ein alter Sanskrit-Text (Vers 22)

Was ist *unsterblich*? Kommt in unserer offenkundigen Welt überhaupt etwas vor, was *unsterblich* bzw. *immerwährend* ist? Die Unsterblichkeit wird als ein ewiger Traum betrachtet, der oft als das Erreichen des ewigen Lebens geträumt wird, was sich indirekt auch auf die Unsterblichkeit von Information beziehen würde. Bereits in der wahrscheinlich ältesten Geschichte der Welt, dem Gilgamesch-Epos, dessen Entstehungszeit etwa zwischen 2100–1600 v. Chr. anzusetzen ist, versucht der grausame Herrscher von Uruk vergeblich, Unsterblichkeit zu erlangen. Geläutert muss er schlussendlich in seine Heimat Uruk zurückkehren mit der Erkenntnis, dass der Mensch nur durch seine Taten unsterblich wird (Schuhmacher, 2015).

Die naturwissenschaftliche Zunft hält das Unterfangen, über die *Unsterblichkeit* nachzudenken, natürlich per se für unwissenschaftlich, und dies aus einem einfachen Grund: Keine der der (Natur-)Wissenschaft zur Verfügung stehenden Methoden konnte bisher evidenzbasiert nachweisen, dass nach unserem Ableben doch noch etwas von uns übrig bleibt, weiterexistiert, womöglich *unsterblich ist.* Hierbei tun die Religionen sich meist leichter, sie sprechen über die Unsterblichkeit der Seele, ohne dabei versuchen zu müssen, diese Behauptung zu begründen.

Wenn man über das Thema „Unsterblichkeit von Information" redet, ist es im Grunde genommen unvermeidlich, sich mit dem Thema: „Gibt es ein Leben nach dem Tod?" auseinanderzusetzen. An dieser Stelle muss ich etwas gestehen. Bevor ich mit dem Schreiben über dieses Thema begann, habe ich mir viele Gedanken gemacht, ob es meinerseits clever ist, meine und auch Ihre Aufmerksamkeit in diese Richtung zu lenken, ob das nicht dem gesamten Werk einen unseriösen, esoterischen, unwissenschaftlichen Touch geben könnte, was ich keinesfalls wollte. Mir ist klar, dass die Annahme, dass die Information unsterblich sein könnte, irritierend und verunsichernd wirkt. Diese verlangt für viele von uns enorm viel Vorstellungskraft ab und könnte unsere Ideen über das Leben und den Tod hart auf die Probe stellen.

Das Spannende, Mitreißende an diesem Thema weckte meine Neugier und verführte mich dazu, es zu wagen, den Vorhang, hinter dem sich das das Unbekannte verbirgt, noch ein bisschen weiter zu lüften und tiefer vorzudringen. Zahlreiche Erzählungen dokumentieren Erlebnisse, die dafür sprächen, dass sich nach dem Tod noch einiges ereignet.

Es gibt unzählige Argumente aus unterschiedlichen Wissenschaftsdisziplinen zu diesem Thema, die sich für oder gegen die Unsterblichkeit aussprechen. Es ist jedoch nicht meine Absicht, alle diese Argumente im Hinblick auf die Unsterblichkeit der Information hier aufzuzählen. Aber es wäre ein Irrglaube, zu meinen, die Welt an sich sei schon vollständig erklärt oder es *würden nur noch ein paar Details fehlen.* Eine solche Haltung wäre überheblich sowie unseriös, da es offensichtlich ist, dass das, was wir wissen oder glauben zu wissen, nur ein Bruchteil dessen ist, was wirklich existiert.

Das ist Grund genug, um sich nicht an verkrustete Modelle und Annahmen der Neurowissenschaft zu klammern (als wären diese ein „rettender Strohhalm"), die behaupten, dass nach dem menschlichen Ableben kein Leben möglich sei. Den Mut zu zeigen, *frei im Denken zu sein,* ist stattdessen viel spannender, mitreißender und lebendiger. Aus diesem Grund konnte ich das Thema *Ewigkeit,* d. h. die *Unsterblichkeit von Information,* an dem viele große Denker, Physiker und Nobelpreisträger seit Jahrtausenden festhielten bzw. noch immer festhalten, nicht auslassen. In ihren Texten ist meist die Rede vom „Geist", von der „Seele" bzw. vom „Bewusstsein". Der gemeinsame Nenner von ihnen allen ist die Information bzw. das während eines Lebens erworbene Informationskonglomerat.

Abtrennbarkeit und die Mündung ins Ungewisse

Mündung: der Zufluss/die Zuflussstelle eines Fließgewässers in ein anderes Gewässer

Exkurs in die Nahtodforschung

Das Phänomen der Nahtoderlebnisse stellt die frei existierende, unsterbliche Seele (Konglomerat aller während des Lebens angesammelter Informationen) immer wieder in den Fokus des Interesses. Nahtoderlebnisse sind das stärkste Argument, das dafür spricht, dass sich die Information (Seele) nach dem

Ableben mit einer hohen Wahrscheinlichkeit vom materiellen Körper abtrennt und weiterexistiert.

Durch inzwischen sehr gut dokumentierte Erlebnisse an der Schwelle des Todes gehen die Argumente der Skeptiker schnell aus. Tatsächlich erzählen 6 bis 12 Prozent aller Menschen, die einen Herzinfarkt erlebt haben, von Nahtoderlebnissen (Kaku, 2021). Mediziner können diese Nahtoderlebnisse, die aufgrund mangelnder Sauerstoffversorgung entstehen und an die sich die Betroffenen detailreich und klar zu erinnern vermögen, auf Basis von Veränderungen im Gehirn kaum erklären.

An der Schwelle des Todes, zum Beispiel bei einer ventrikulären Fibrillation (Kammerflimmern) mit extremer Unregelmäßigkeit des Herzschlages, wird das Gehirn nicht ausreichend durchblutet und der Sauerstoffmangel zieht Funktionsausfälle nach sich. Elektroschocks können das Herz wieder in Gang bringen. Personen, die wiederbelebt wurden, berichten über Nahtoderlebnisse. Die Berichte über Nahtoderfahrungen stimmen alle miteinander überein, unabhängig davon, ob sie von einem Professor für Verhaltenspsychologie, Neurobiologie, dem Direktor eines Instituts für Hirnforschung (Gerhard Roth), einem anerkannten Erfinder (Thomas Edison), dem Schriftsteller eines der erfolgreichsten Bücher der Welt (Antoine de Saint-Exupéry: *Der kleine Prinz*) oder von einem US-Soldaten berichtet wurden.

Auch der Begründer der analytischen Psychologie, *Carl Gustav Jung* (1875–1961), der für seine ausgezeichnete Beobachtungsgabe bekannt war, berichtete sehr genau von seinem eigenen Nahtoderlebnis, welches er nach einem Herzinfarkt erlitt. Er berichtete, wie er sich fliegend im Weltraum in einer Höhe von 15.000 Kilometern erlebte, als er feststellte, dass die Erdkugel blau leuchtete. Skeptiker würden sagen: Ein netter Versuch, das ist ja nichts Neues, das weiß jeder. Das Erstaunliche an Jungs Bericht war allerdings, dass Astronauten im Weltall erst viel später entdeckten, dass der Erdball mit einem charakteristischen Blau schimmerte (Warnke, 2013). Offensichtlich sah ein Anteil von ihm, seine Seele, sein Bewusstsein oder sein Informationskonglomerat – egal, wie wir diesen Anteil nennen – im

Moment seines Hirntodes etwas, was dem menschlichen Auge noch einige Jahre verborgen bleiben sollte. All diese Persönlichkeiten sind keine, die dafür psychisch prädestiniert waren oder eine ausgeprägte religiöse Einstellung hatten. Die Aussagen über solche Erlebnisse *ähneln sich ungeachtet der sozialen Herkunft, des Alters, der Intelligenz oder der Ausbildung* der Menschen, die an der Schwelle des Todes standen. Der gemeinsame Nenner aller Berichte über Nahtoderlebnisse war bzw. ist, dass die Betreffenden das Gefühl hatten, ein *gewisses Etwas* trenne sich vom Körper sich ab, verlasse ihn und würde die Welt „von oben" betrachten, um sich letztendlich wieder mit dem Körper zu vereinen.

Dies entspricht genau dem, was der geniale *Descartes meinte, als er sagte, die Seele könne „vollständig unabhängig vom Körper weiterexistieren"*, oder auch dem, wie es später der australische Physiologe, Neurowissenschaftler und Philosoph John C. Eccles formulierte: Der Geist kann *„außerhalb des Gehirns weiterexistieren"*. Der Körper ist kein ewiges Gefängnis für ihn. Das würde heißen, bei Nahtoderlebnissen trennt sich das Informationskonglomerat samt *versiegelter Endsumme seiner Wärmeenergie* von den neuronalen Schaltkreisen bzw. vom Körper ab. Für kurze Zeit und vorübergehend.

Platon und Descartes und die unsterbliche Seele

Die Idee der Unsterblichkeit rühmt sich einer sehr langen Geschichte in der Philosophie. Platon hielt die Wirklichkeit für zweigeteilt: Der eine Teil war die *Sinneswelt,* über die wir nur Kenntnisse erlangen können, indem wir unsere 5 Sinne nutzen. Laut ihm ist die *Sinneswelt* nicht schwer zu erklären und bedarf auch keiner strengen Beweisführung, denn *jeder sieht den eigenen Körper und kann andere Körper sehen.* Er sprach nicht nur dem, was wir „sehen oder denken", sondern auch dem Denken einen *Entstehungsakt* und *den Ideen eine (meta-)physische Existenz* zu.

Der andere Teil, die *Innenwelt,* die schlicht *Seele* genannt wird, *lässt sich hingegen nicht so einfach mit den 5 Sinnen erkennen.* Wird versucht, sie zu erläutern, schlagen die empirischen Methoden fehl (Gaarder, 1993). Nach Platon beinhaltet die Seele *Urbilder* und *Ideen, die sich nach einem Kontakt mit Ereignissen als eine eigenständige, objektiv existierende metaphysische Wirklichkeit bilden (siehe: Exkurs in die Geschichte des Begriffes „Information").* Ausgehend von diesen Gedanken, fragte er sich, woher denn diese Urbilder stammen würden. *„Und er muss antworten: Der Mensch hat sie nicht selbst geschaffen oder entworfen. [...] Es muss dem Menschen vor seiner zeitlichen Existenz zugekommen sein, in einem Dasein, das er schon vor seiner Geburt führte. [...] So führt der Gedanke der Idee mit Notwendigkeit zur Annahme einer Präexistenz der Seele und von da aus zur Gewissheit der Unsterblichkeit"* (Weischedel, 2001).

Die 4 Beweise für die Unsterblichkeit der menschlichen Seele lieferte Platon in seinem Dialog „Staat" *(Politeia)* (Platon: *Biografie und Philosophie,* 2022). Seinen „ersten Beweis für die Unsterblichkeit der Seele entwickelte er aus einem *zyklischen Wiederkehren der Seelen.* Die Lebenden werden zu Toten und und aus diesen werden neue Lebende geboren. [...] *Einzig die Seele überdauert dieses Vergehen und Werden, meinte er, und wandert zwischen den Körpern und dem Reich der Seelen hin und her."* (Bodmer, 2023, 32) was in der Sprache des 21. Jahrhunderts heißen würde, die Seele ist wiederverwendbar, d. h. nachhaltig. Was für eine gute Nachricht !

Die Unsterblichkeit, die Platon als Tatsache betrachtete, führte er als Hauptargument für die Idee einer Reinkarnation der Seele an.

Interessant ist seine Vorstellung, dass die unsterbliche Seele *im Körper nur Gast sei. Diese Seele bindet sich somit auf Zeit an ihn, um ihn dann nach dem Tod mit allen Erinnerungen wieder zu verlassen und in ihre Heimat, den Himmel zurückzukehren.* Dies erinnert uns an die Annahme über die Existenz eines Informationskonglomerats, das ein Mensch während seines Lebens erworben hat und das dann mit dem Absterben von Gehirnzellen und schließlich mit dem Tod des Körpers gelöst wird.

Platons zweiter Beweis basierte auf seiner Idee, dass *Wissen eine Erinnerung sei*, dass *„im menschlichen Geist die Erinnerungen für sich existieren" und dass diese Erinnerungen als Wesenheiten ewig und unsterblich seien*. Mit der Bezeichnung von Erinnerungen als *Weisheiten* bzw. als Wesen meinte er, dass diese etwas Besonderes in sich tragen würden, etwas, was sie kennzeichne und wodurch sich die Erinnerungen voneinander unterscheiden würden. Seine Vorstellung von Ideen als „besondere Wesen" ist mit dem Bild über Informationen als erschaffenes Objekt vergleichbar.

Den dritten Beweis für die Unsterblichkeit der Seele gründete Platon auf seiner dualistischen Betrachtungsweise, „auf den Gegensatz des sterblichen Körpers und der unsterblichen Seele". Er lehrte, dass *der Körper und die Seele im Leben „untrennbar miteinander verbunden"* seien, wobei *der Körper von der Seele kontrolliert würde*.

Faszinierend ist, wie der große Denker Letzteres wissen konnte. Übertragen auf das Informationskonglomerat als Pendant zur Seele heißt das, dass im Laufe des Lebens erworbene Informationen mit Neuronen bzw. mit *bestimmten neuronalen Schaltkreisen* (d. h. dem Körper) untrennbar *miteinander* verbunden sind.

Getreu seinem Dualismus, legte Platon seinen vierten und letzten Beweis für die Unsterblichkeit der Seele folgendermaßen aus: Wenn der Körper in der Lage sei zu sterben und zu verfallen, dann entspreche der Tod dem „Wesensanteil". Das Leben sei dem Tod entgegengesetzt; genauso verhalte es sich mit der Seele dem Körper gegenüber. Wenn also der Körper vergänglich ist, dann, so Platon, ist die Seele unsterblich.

2000 Jahre später, zu Beginn des 17. Jahrhunderts, vertrat der bedeutendste Denker, der französische Philosoph und Naturwissenschaftler *René Descartes,* die gleiche Meinung wie Platon, und zwar jene, dass die Seele und der Körper – über den er ein streng mechanisches Menschenbild hatte – etwas Verschiedenes sein müssten. Laut Descartes ist die Seele *immateriell*, hat *keine umrissenen Grenzen im Raum* und kann nach dem Tod *vollständig unabhängig vom Körper weiterleben*. Damit hatte er recht.

Die Verschiedenheit zwischen der Seele (Information) und dem Körper liegt an ihren unterschiedlichen Bestandteilen. Bei der Information sind es Elementarteilchen, welche die Eigenschaft „Masse" bekommen, wenn ein Ereignis bewertet wird, im Unterschied zum Körper, der aus echter, uns vertrauter Materie zusammengebaut ist. Für ihn ist die Seele *„eine unausgedehnte, unteilbare und geistige Substanz"*, die für Gefühle, bewusste Wahrnehmungen, das Nachdenken und willentliche Handlungen sorgen sollte. Für ihn ist der Mensch nichts anderes als *eine Verbindung aus einer körperlichen und einer geistigen Substanz.*

In der Sechsten Meditation hingegen teilte er auch die Meinung der Aristoteliker, *dass die Seele mit dem Körper aufs engste vereint* sei und nicht, dass sie sich in ihrem Körper nur so befinde, wie ein "Schiffer auf seinem Schiff" Descartes Ansicht war somit, dass der Körper und die Seele *aufs engste* vereint sind so daß der Körper mit der Seele eine „essentielle Einheit" bildet. Beide sollten somit als Bestandteile einer Einheit verstanden werden. Für Descartes ist der Mensch nichts anderes als eine Verbindung aus einer körperlichen und einer geistigen Substanz (Perler, 2006)

Eines der interessantesten Probleme der eigenständigen Seelentheorie Descartes, mit dem er – wie jeder andere auch – die dualistische Sicht umgehen muss(te), ist das Problem der Schnittstelle zwischen Seele und Leib bzw. wie die beiden interagieren könnten. Dieses Problem löst Descartes für sich auf, indem er den Ort der Interaktion in einer in der Mitte zwischen den beiden Gehirnhälften platzierten Zirbeldrüse (lat. Glandula pinealis) vermutete. Moderne Untersuchungen konnten diese seine Schlussfolgerung über die Vermittlerrolle der Zirbeldrüse nicht bestätigen. Das Modell vom Fluss der Verwandlung lokalisiert die Schnittstelle präziser, nämlich bei den neuronalen Schaltkreisen, wo sich die Bewertung ergab.

Trotzdem muss Descartes zugutehalten, dass er sich Gedanken darüber machte, was allerdings von einem dualistischen Konzept verlangt wird, nämlich die Frage zu beantworten, wo sich die Schnittstelle zwischen dem materiellen (Körper) und der – auf den ersten Blick immateriellen – Seele befindet.

Im Laufe der Jahrhunderte wurden Descartes Schriften vielfach und heftig kritisiert, bezogen auf die ganze Breite seines Schaffens, von der philosophischen Anthropologie über seine Zirbeldrüsen-Hypothese bis hin zu seinem Dualismus. Seine Theorien beruhten auf der naturwissenschaftlichen Methode der Beobachtung und der wissenschaftlichen Deduktion, was dazu führte, diese weitgehend, eher abwertend als spekulativ einzustufen. In Wirklichkeit dachte er nach dem Prinzip: „Halte nichts für wahr, was in Zweifel gezogen werden kann. Zerlege schwierige Probleme in Teilprobleme; beginne beim Einfachen und schreite zum Schwierigen fort; prüfe, ob die Untersuchung vollständig ist" (Strick, 2006). So kam er, aus der Sicht des Flusses der Verwandlung, zum richtigen Schluss: *Die Seele (das Informationskonglomerat) und der Körper sind unterschiedlich in ihrer Beschaffenheit, die doch lebenslang eine sehr enge und intensive Beziehung pflegen, bis die beiden mit dem Tod voneinander Abschied nehmen.*

Descartes Überzeugung, dass die Seele nach dem Ableben weiterexistiert, blieb bis zum Ende seines Lebens bestehen. Seine letzten Worte sollen gewesen sein: „Nun, meine Seele, heißt es Abschied nehmen." (Original frz.: „Ça, mon âme, il faut partir."). Er starb am 11. Februar 1650.

Mehr als 300 Jahre nach Descartes gibt man auch im 21. Jahrhundert die Idee über die Unsterblichkeit (von einem Anteil) des Menschen noch immer nicht auf. *Sir John Carew Eccles* (1903–1997), trug mit seiner Forschung zur Signalweiterleitung in Nervenzellen entscheidend dazu bei, *die Vorgänge im menschlichen Gehirn aufzuklären,* was ihm 1963 – gemeinsam mit Alan Hodgkin und Andrew Huxley – den Nobelpreis für Physiologie brachte. Nichtsdestotrotz oder gerade wegen seiner ausgezeichneten Kenntnisse darüber, was im Gehirn vor sich geht, wies er 1975 darauf hin, dass *etwas* (er nannte es *Bewusstsein*) *außerhalb des Gehirns (Anm.: als materielles Substrat) existieren müsse* (Eccles, 1975). Somit vertrat Eccles gemeinsam mit seinem berühmten Kollegen, dem Philosophen Karl Popper, einen bis heute umstrittenen interaktionistischen Dualismus, nämlich dass *der sich selbstbewusste Geist als etwas vom Gehirn Getrenntes* aufzufassen sei (Warnke, 2013).

In seinem Buch *Wie das Selbst sein Gehirn steuert* legte sich Eccles fest: Das *Bewusstsein* sei *„eine in sich selbst gegründete Seinsform, die einerseits aus den vielfältigen Prozessen der neuronalen Apparatur der Hirnrinde [...] herausliest, [...], die umgekehrt aber auch von sich aus auf den neuronalen Apparat einwirkt"* (Eccles, 1996). Damit sah er den Entstehungsprozess des *Bewusstseins (Seele bzw. Informationskonglomerat) als Output von* „*vielfältigen Prozessen der neuronalen Apparatur der Hirnrinde",* die dann *„von sich aus auf den neuronalen Apparat einwirkt".* Damit brachte er die Wechselwirkung zwischen dem Bewusstsein (Anm.: Informationskonglomerat) und dem *neuronalen Apparat* klar zum Ausdruck. Das Modell des Flusses der Verwandlung bestätigt seine Annahme und geht noch einen Schritt weiter, indem es diese Wechselwirkung durch den Wärmetransfer erklärt, der sich nach den Gesetzen der Thermodynamik zwischen Körper und Information abspielt.

Eine dualistische Existenzmöglichkeit zwischen Geist und Gehirn scheint auch für den kanadischen Neurochirurgen *Wilder Penfield* die plausiblere zu sein. Laut ihm ist „die Geistesfähigkeit eine Funktion des Gehirns, aber *der Geist besitzt eine eigene Energie,* die sich von elektrischer Energie unterscheidet und in Form von neuronalen Potenzialen in den Neuritenbahnen manifestiert" (Warnke, 2013). Die Entdeckung, dass das Informationskonglomerat seine eigene Energie besitzt, dessen Sollwert vehement angestrebt wird, stimmt mit Penfields Idee über eine *eigene Energie des Geistes überein.*

Seele-Körper-Koexistenz:
monistische vs. dualistische Denkweise

Wie bereits erwähnt, beschäftigten sich seit Platon viele Generationen von Philosophen und Wissenschaftlern mit der Frage, *ob es die Seele gibt und, wenn ja, durch welche Eigenschaften sie sich dann auszeichnet.*

Es sind viele Ansätze und Theorien entwickelt worden, welche die Existenz der Seele entweder beweisen oder leugnen. Auf der einen Seite stehen die *Dualisten,* die Körper und Seele als 2 unterschiedliche Seinsbereiche betrachten; auf der anderen Seite sind die *Physikalisten.* Diese betrachten eine Vereinigung zwischen Seele (Informationskonglomerat) und Körper als eine Beziehung zwischen 2 ungleichartigen Partnern (materiell vs. immateriell), die unmöglich existieren kann, und versuchen mit ihren Argumenten die Seele als etwas, was nicht physisch ist, zu verneinen.

Eine solche Haltung ist nachvollziehbar, da es sehr problematisch ist, an die Existenz von etwas Immateriellem, wie es die Seele ist, glauben zu können, wenn kein Beweis in einer materiellen, messbaren Form erbracht werden kann. Das wäre ein Widerspruch in sich, was zu dem Schluss führt, dass sich *Nichtmaterielles materiell nicht erklären lässt;* demzufolge kann aus wissenschaftlicher Sicht die Existenz von Seele, Geist oder Bewusstsein nicht akzeptiert werden.

Eine zusätzliche Herausforderung im Zusammenhang mit der Frage über die Existenz der Seele (Informationskonglomerat) ist die Frage, wie der angenommene Dualismus zwischen der Seele – als etwas Immateriellem – und dem materiellen Körper zu erklären wäre. Haben die Monisten mit ihrer Weltanschauung, dass alles Einzelne und Endliche in einem untrennbaren und nirgendwo unterbrochenen Zusammenhang stehen würde, also doch recht? Kann die Koexistenz von Körper, Seele und Co. nur auf der Basis der im Modell über den Fluss der Verwandlung dargebotenen Argumente über die Eigenschaften der Information (siehe: „Information") begründet werden? Die

Antwort von Skeptikern lautet erwartungsgemäß: Nein, dies sei nicht überzeugend. Die Koexistenz von 2 grundsätzlich unterschiedlichen Zuständen, wie es beim Körper und der Seele bzw. der Information der Fall ist, sei nach wissenschaftlichen Kenntnissen nicht zu überprüfen. Nichtphysikern mögen überrascht sein, schließlich liegen Hinweise vor, die für eine mögliche Koexistenz von 2 oder gar mehreren *Zuständen sprechen*. *Auch dieses Mal kommt* die Antwort vonseiten der Thermodynamik, wo tatsächlich ein *Trippelpunkt-Zustand bekannt ist, bei dem 2 oder mehrere Aggregatzustände eines Systems, die aus einer einzigen Stoffkomponente bestehen, gleichzeitig existieren können!*

Ein gutes Beispiel hierfür ist die Koexistenz der 3 Aggregatzustände von Wasser: rein flüssiges Wasser, reines Wassereis und Wasserdampf. Alle 3 Aggregatzustände in diesem koexistierenden System bestehen aus einer einzigen Stoffkomponente, nämlich den Wassermolekülen. Ein solches System aus koexistierenden Aggregatzuständen *kann die Wärme mit der Umgebung austauschen, was* erwartungsgemäß sein gesamtes Volumen abändert (Lieb und Yngvason, 1999). Das würde bedeuten, dass eine Koexistenz von unterschiedlichen Zuständen nur dann möglich ist, wenn es sich um unterschiedliche (Aggregat-)Zustände handelt. Übertragen auf die Koexistenz von Information (Seele) und Körper hieße das in der Konklusion: Die Voraussetzung für eine Koexistenz von Körper und Seele ist nur dann gegeben, wenn es sich bei den beiden um unterschiedliche Aggregatzustände einer einzigen Stoffkomponente handelt. In diesem Fall ist diese Voraussetzung erfüllt: die beiden, der Körper und die Seele, sind aus Elementarteilchen entstanden (Tabelle 11).

Tabelle 11: Informationskonglomerat und Körper:
Die Unterschiede und Gemeinsamkeiten

Informationskonglomerat	Körper
aus Elementarteilchen *feinstofflich und unsichtbar* erschaffen	aus Elementarteilchen *makroskopisch und sichtbar* erschaffen
unterliegt den Gesetzen der Quantenmechanik	unterliegt den Gesetzen der Quantenmechanik
besitzt Energie	besitzt Energie

Das macht deren Koexistenz nicht nur denkbar, sondern legt die Vermutung nahe, dass diese gar real ist. Somit ist das Hauptargument der Physikalisten, dass eine Koexistenz von Information (Seele & Co.) und Körper als 2 ungleichartigen Partnern (immateriell vs. materiell) unmöglich sei, vom Tisch. Die dualistische Vorstellung über Körper und Seele, die seit Tausenden von Jahren existiert, verliert an Gültigkeit.

Da die beiden in einem ununterbrochenen Zusammenhang stehen, entspricht ihre Koexistenz eher der monistischen Sichtweise. Während ihrer Koexistenz teilen der Körper und die Information/das Informationskonglomerat noch eine weitere Eigenschaft, die im *Trippelpunkt-Zustand* zu sehen ist: Auch bei ihnen findet ein Wärmeaustausch statt (siehe: „Der merkwürdige Wärmetransfer zwischen dem Körper und dem gewissen Etwas"), der so lange erfolgt, bis die Energie eines Aggregatzustandes – nämlich die des Körpers – völlig versickern wird. Und was passiert dann?

Mit dem Absterben von Hirnzellen und dem Ausfall des letzten funktionsfähigen neuronalen Schaltkreises wird keine Bewertung mehr möglich sein. Keine neue Information kann erschaffen werden. Das Konglomerat von allen erworbenen Informationen wird in seinem Inhalt „eingefroren". Die Lebensgemeinschaft Körper/Informationskonglomerat hört auf zu existieren. Unser während des Lebens angesammeltes Informationskonglomerat wird vom Körper freigelassen. Er ist die einzige *Hinterlassenschaft, die am Ende unseres Lebens zählt. Sein Schicksal bleibt ungewiss. Mündet es irgendwo? Wahrscheinlich in ein anderes Gewässer§, wo es weiterexistiert.*

An dieser Stelle ist wahrscheinlich der richtige Moment, um sich zu fragen: Wie viele positive und negative Informationen in meinem bisherigen Leben habe ich erworben und bei anderen erzeugt? Und – da am Ende die Summe zählt: Welche Endsumme werde ich hinterlassen?

Ich kann nur hoffen, dass die Dinge so sind, wie ich sie in diesem Buch beschrieben habe. Ich bin der Überzeugung, dass wir nur durch furchtloses Denkens und Tun etwas über die Grenzen unserer vertrauten Wirklichkeit hinaus erfahren können. Nur durch geduldiges Beobachten sowie mittels verschiedener Theorien – und seien es solche, die uns in seltsame, wenig vertraute Gefilde entführen – haben wir eine Chance, die Wirklichkeit in ihrer ganzen Bandbreite zu erkennen.

REFERENZEN

Agthe, K. (02.08.2010). Mit der Freiheit der Grobheit gegen „Windbeutel". Das Blättchen 13, 15. https://das-blaettchen.de/2010/08/mit-der-freiheit-der-grobheit-gegen-windbeutel-1984.html [abgerufen am 06.2.2024]

Ahlgren, M. (22.01.2024). Über 25 Social-Media-Statistiken und -Trends [Update 2024]

Alexopoulou, A. A. & Karamanou, I. (2014). The Papyrus from the 'Musician's Tomb' in Daphne: MΠ 7449, 8517-8523 (Archaeological Museum of Piraeus). In: Greek and Roman Musical Studies. Band 2, Ausgabe 1, S. 23–49

Arthur – Schopenhauer – Studienkreis (o. J.). Zur Lebensphilosophie von Arthur Schopenhauer. Das Leid und seine Ursache: der „Wille". www.arthur-schopenhauer-studienkreis.de/Lebensphilosophie/Schopenhauer_2/schopenhauer_2.html

Baeyer, H. C. (2004). Das Atom in der Falle. rororo, Hamburg

Baratta, M. V., et al. (2007). Controllable versus uncontrollable stressors bi-directionally modulate conditioned but not innate fear. Neuroscience. 146,4, 1495-503

Barloon, T. J., Noyes, R. (1997). Charles Darwin and Panic Disorder. JAMA; 277,2, 138–141. doi:10.1001/jama.1997.03540260052035

Beobachter (Physik). (o. D.). Physik für alle! https://physik.cosmos-indirekt.de/Physik-Schule/Beobachter_(Physik) [abgerufen am 06.2.2024]

Berg, T. (2018). Braucht die Schweiz ein Handy-Verbot? Beobachter. https://www.beobachter.ch/bildung/

braucht-die-schweiz-ein-handy-verbot-173581 [abgerufen am 06.2.2024]

Bergado-Acosta, J. R., Sangha, S., Narayanan, R. T., Obata, K., Pape, H. C., and Stork, O. (2008). Critical role of the 65-kDa isoform of glutamic acid decarboxylase in consolidation and generalization of Pavlovian fear memory. Learning & Memory 15, 163–171. doi: 10.1101/lm.705408

Bernd, S. (2008). Vom Faustkeil zum Internet. Gerstenberg, Hildesheim

Birnbaum, S. G., et al. (1999). A role for norepinephrine in stress-induced cognitive deficits: alpha-1-adrenoceptor mediation in prefrontal cortex. Biological Psychiatry 46,9, 1266–1274

Bitkom e.V. (2019). Mit 10 Jahren haben die meisten Kinder ein eigenes Smartphone. https://www.bitkom.org/Presse/Presseinformation/Mit-10-Jahren-haben-die-meisten-Kinder-ein-eigenes-Smartphone [abgerufen am 06.2.2024]

Bodmer, A.C. (2023) Königreich Unterbewusstsein: Der Weg ins innere Gleichgewicht, wie du dein Potenzial erkennen und leben kannst. Books on Demand, Norderstedt

Boulant, J. A. (2000). Role of the preoptic-anterior hypothalamus in thermoregulation and fever. Clinical Infectious Diseases 31,5, 157-161

Braun, H. A., et al. (2000). Interactions between slow and fast conductances in the Huber/Braun model of cold-receptor discharges. Neurocomputing 32-33, 51–59

Bruce, D. (2001). Fifty years since Lashley's In search of the Engram: refutations and conjectures. Journal of the History of the Neurosciences 10,3, 308–318. https://doi.org/10.1076/jhin.10.3.308.9086 [abgerufen am 06.02.2024]

Brück, K. (1987). Wärmehaushalt und Temperaturregelung. In: R. F. Schmidt & G. Thews (Hrsg.), Physiologie des Menschen. 23. S. 670.Auflage. Springer-Verlag,Heidelberg

Bryson, B. (Hrsg)(2011)., Eine kurze Geschichte von fast allem. Übersetzt von Sebastian Vogel, Neuauflage. Goldmann, München, Goldmannn, 2011

Bundesministerium für europäische und internationale Angelegenheiten (BMEIA). (2015). 50 Punkte – Plan zur Integration von Asylberechtigten und subsidiär Schutzberechtigten in Österreich. BMEIA,Wien. https:// www.bmeia.gv.at/fileadmin/user_upload/Zentrale/ Integration/Publikationen/Integrationsplan_final.pdf [abgerufen am 06.02.24]

Byrnes, N. M., Sharp, T. (1999). A review of central 5-HT Receptors and their function. Neuropharmacology 38, 1083-1152

Caldwell, R. R., Dave, R., Steinhardt, P. J. (1998). Cosmological Imprint of an Energy Component with General Equation of State. Physical. Review. Letters 80, 1582–1585. https://doi.org/10.1103/PhysRevLett.80.1582[abgerufen [abgerufen am 06.02.2024]

Calvin, W. H. (1997). Der Strom, der bergauf fließt. Eine Reise durch die Evolution. Deutscher Taschenbuch Verlag, München

Capurro, R. (2000). Einführung In den Informationsbegriff. IV. Kapitel. Zur Geschichte des Informationsbegriffs. http://www.capurro.de/infovorl-kap4.htm [abgerufen am 06.02.2024]

Cathcart, T., Klein, D. (2021). Platon und Schnabeltier gehen in eine Bar...: Philosophie verstehen durch Witze. Goldmann, München

Celada et al. (2001). Control of dorsal raphe serotonergic neurons by the medial prefrontal cortex: Involvement of serotonin-1A, GABA(A), and glutamate receptors. J Neuroscience 21,24, 9917-29

Celada et al. (2002). Control of the serotonergic system by the medial prefrontal cortex: potential role in the etiology of PTSD and depressive disorders. Neurotoxicity Research 4,5-6, 409-419

Chase, D.L., Koelle, M.R. (2007) Biogenic amine neurotransmitters in C. elegans. WormBook 20, 1-15. doi: 10.1895/wormbook.1.132.1

Christianson, J. P., et al. (2010). 5-hydroxytryptamine 2C receptors in the basolateral amygdala are involved in the expression of anxiety after uncontrollable traumatic stress. Biological Psychiatry 67,4, 339–345

Cordis. (2012). Forscher behaupten, das „Gottesteilchen" gefunden zu haben. Cordis Europa. https://cordis.europa.eu/article/id/34802-scientists-claim-to-have-found-god-particle/de [abgerufen am 06.02.2024]

Costafreda, S. G., et al. (2008). Predictors of amygdala activation during the processing of emotional stimuli: A meta-analysis of 385 PET and fMRI studies. Brain Research Revviews 58,1, 57-70

Dennell, R., Roebroeks, W. (2005). An Asian perspective on early human dispersal from Africa. Nature 438,7071, 1099-104. doi: 10.1038/nature04259. PMID: 16371999

Der große Duden. (1974). Fremdwörterbuch. Band 5. Bibliographisches Institut, Mannheim

DerStandard (19.03.2013). Facebooks kühle Büros sollen Produktivität steigern. In den Räumlichkeiten in Palo Alto herrscht ein kühles Raumklima. https://www.derstandard.at/story/1363239481272/facebooks-kuehle-bueros-sollen-produktivitaet-steigern [abgerufen am 06.02.2024]

Deutsche Telekom AG. (o.D.). 5G Geschwindigkeit ist Datenkommunikation in Echtzeit. https://www.telekom.com/de/konzern/details/5g-geschwindigkeit-ist-datenkommunikation-in-echtzeit-544496 [abgerufen am 06.02.2024]

Dietrich, E. K. (2015). Klima-Zyklen IV: Die Milankovic-Zyklen. Über die Ursache der alle 100000 Jahre aufgetretenen Warmzeiten. http://diekaltesonne.de/klima-zyklen-iv-die-milankovic-zyklen-uber-die-ursache-der-alle-100-000-jahre-aufgetretenen-warmzeiten/ [abgerufen am 06.02.2024]

DIMDI (Hrsg) (2019). ICD-10-GM Version. Deutscher Ärzteverlag, Köln

Dorey, F. (07.01.2019). Sahelanthropus tchadensis. Australian Museum. https://australian.museum/learn/science/human-evolution/sahelanthropus-tchadensis/[abgerufen am 06.02.2024]

Dramiga, J. (31.03.2016). Susumu Tonegawa: Das Ende der Suche nach dem Engramm. Lindau Nobel Laureate Meetings. https://www.lindau-nobel.org/de/susumu-tonegawa-das-ende-der-suche-nach-dem-engramm/#[abgerufen am 01.08.2023]

Eccles, J. C. (1996). Wie das Selbst sein Gehirn steuert. 3. Auflage. Piper, München

Ehrlich, I., et al. (2009). Amygdala inhibitory circuits and the control of fear memory. Neuron 62, 757–771

Epiktet. (o. J.). Handbüchlein der Moral (Encheiridion), von Arrian angefertigter Auszug aus den Lehrgesprächen Epiktets. https://www.aphorismen.de/zitat/3879 [abgerufen am 06.02.2024]

Fakler, B.,Jonas, P. (2011). Grundlagen zellulärer Erregbarkeit. In: R. F. Schmidt,., F. Lang,., M. Heckmann (Hgs.), Physiologie des Menschen mit Pathophysiologie, 49-75. 31. Auflage. Springer, Heidelberg

Fendt, M., Fanselow, M. S. (1999). The neuroanatomical and neurochemical basis of conditioned fear. Neuroscience & Biobehavioral. Reviews 23, 743–760. doi: 10.1016/s0149-7634(99)00016-0

Fessl, S. (25.4.2020). Kindliche Entwicklung und Smartphones: Vom Smartphone zum Smart Baby? Österreichische Ärztezeitung 8 https://www.aerztezeitung.at/archiv/oeaez-2020/oeaez-8-25042020/kindliche-entwicklung-und-smartphones-vom-smartphone-zum-smart-baby.html [abgerufen am 11.01.2024]

Fleagle, J. G., Shea, J. J., Grine, F. E., Baden, A. L., Leakey, R. E. (Edit.) (2010). Out of Africa I: The First Hominin Colonization of Eurasia. Springer, Wien

Flechtner, H. J. (1972). Grundbegriffe der Kybernetik. Hirzel, Stuttgart

Froemke, R. C. (2015). Plasticity of cortical excitatory-inhibitory balance. Annual. Review Of Neuroscience 38, 195–219. doi: 10.1146/annurev-neuro-071714-034002

Fuchs, P. (17.12.2009). Die doppelte Verschränkung – Das Konzept der Beobachtung in der Quantenphysik und in der ‚Allgemeinen Theorie der Sinnsysteme (ATS)' – Ein Essay. Manuskript (aufgeschaltet auf www.fen.ch am 17.12.09), http://www.fen.ch/texte/gast_fuchs_quantenphysik.pdf [abgerufen am 06.02.2024]

Fuchs, P. (2020). Beobachtung. Lexikon des systemischen Arbeitens 31. https://www.carl-auer.de/magazin/systemisches-lexikon/beobachtung [abgerufen am 06.02.2024]

Gaarder J. (1996). Sofies Welt. Roman über die Geschichte der Philosophie. Hanser, München

Garzorz-Stark, N. (2018). Basics Neuroanatomie. 2. Auflage. Elsevier, München

Goller, H. (2009). Erleben, Erinnern, Handeln: Eine Einführung in die Psychologie und ihre philosophischen Grenzfragen. Kohlhammer, Stuttgart

Greene, B. (2008). Der Stoff, aus dem der Kosmos ist. Raum, Zeit und die Beschaffenheit der Wirklichkeit. Goldmann, München

Greene, B. (2012). Die verborgene Wirklichkeit. Paralleluniversen und die Gesetze des Kosmos. 2. Auflage. Siedler, München

Griffiths, M. D., Kuss, D. J., Lopez-Fernandez, O., Pontes, H. M. (2017). Problematic gaming exists and is an example of disordered gaming. Journal of behavioral addictions 6,3, 296–301. https://doi.org/10.1556/2006.6.2017.037 [abgerufen am 06.02.2024]

Gross, G. C. (1998). Claude Bernard and the Constancy of the Internal Environment. The Neuroscientist 4,5, 380-385. DOI: 10.1177/107385849800400520 [abgerufen am 06.02.2024]

Grupe, G., Christiansen, K., Schröder, I., Wittwer-Backofen U. (2012). Anthropologie: Einführendes Lehrbuch. 2. Auflage. Springer, Berlin Heidelberg

Güngör, K., Zandonella, M., Hoser, B., Sützl V. (2019). Junge Menschen mit muslimischer Prägung in Wien. Zugehörigkeiten, Einstellungen und Abwertungen. ÖIF-Forschungsbericht. Österreichischer Integrationsfonds, Wien

Haas, R. (2021). Generation Lebensunfähig. Wie unsere Kinder um ihre Zukunft gebracht werden. Yes Publishing, München

Häcker, H., Stapf, K. H. (1998). Dorsch Psychologisches Wörterbuch (13. Auflage). Huber, Bern

Hall, J. E. (2016). Guyton and Hall textbook of medical physiology. 13th edition. Elsevier, Philadelphia

Hansen, J. et al. (2008). Target Atmospheric CO2: Where Should Humanity Aim? The Open Atmospheric Science Journal 2, 217-231

Hartley, C. A., Phelps, E. A. (2010). Changing fear: the neurocircuitry of emotion regulation. Neuropsychopharmacology 35, 136–146

Hautzinger, M. (2008). Grundüberzeugungen ändern. In: M. Linden,, M. Hautzinger, (Hrgs.), Verhaltenstherapiemanual. Springer, Berlin. Heidelberg. https://doi.org/10.1007/978-3-540-75740-5_33

Hawking, S. (2010). Der große Entwurf: Eine neue Erklärung des Universums. Rowohlt, Hamburg

Haynes, J. D., Eckoldt, M. (2021). Fenster ins Gehirn: Wie unsere Gedanken entstehen und wie man sie lesen kann. Ullstein, Berlin

Heidegger, M. (2003). Beiträge zur Philosophie (Vom Ereignis). Gesamtausgabe III. Abt.: Unveröffentlichte Abhandlungen Vorträge – Gedachtes. Bd. 65, 3. Auflage, Klostermann, Frankfurt

Hille, H. (2005). Jeder bestimmte Zustand ist durch einen Beobachter bestimmt. Buchbesprechung über

Anton Zeilinger/Einsteins Schleier. Die neue Welt der Quantenphysik. Beck, München. http://www.helmut-hille. de/zeilinger.html [abgerufen am 26.01.2024]

Hirano, T., Watanabe, D., Kawaguchi, Shin-Ya, Pastan, I., Nakanishi, S. (2006). Roles of inhibitory interneurons in the cerebellar cortex. Annals of the New York Academy of Sciences 978,1),405-12. doi: 10.1111/j.1749-6632.2002. tb07583.x. PMID: 12582069

Hoffmann, T. (2013). Eine kurze Geschichte des Willens. In: T. Hoffmann, Wille und Entwicklung Problemfelder – Konzepte – Pädagogisch-psychologische Perspektiven. 41-115. Springer, Wiesbaden. https://doi.org/10.1007/978-3-658-03041-4_2

Hofmann, F. (2008). Die Metaphysik der Tatsachen. Brill, Leiden

Hofmeister, P. R. (2010). Προαίρεσις und Freiheit bei Epiktet: Ein Beitrag zur philosophischen Geschichte des Willensbegriffs. In: J. Müller and R. Hofmeister P. (Hrsg.), Wille und Handlung in der Philosophie der Kaiserzeit und Spätantike. 95-128. De Gruyter, Berlin. https://doi. org/10.1515/9783110221329.95

Hogen, H. (2001). Der Brockhaus Psychologie. Brockhaus, Leipzig

Holmes, A., Chen, A. (2015). GABA receptors in a state of fear. Nature Neuroscience 18,9, 1194-6

Homo rudolfensis. (2022). The Smithsonian Institution's Human Origins Program. https://humanorigins.si.edu/ evidence/human-fossils/species/australopithecus-afarensis [abgerufen am 06.02.2024]

HÖREX Hör-Akustik eG. (o. D.). https://www.hoerex.de/ service/presseservice/trends-fakten/wie-laut-ist-das-denn.html [abgerufen am 06.02.2024]

Hoyle, R. H. (ed) (2010). Handbook of Personality and Self-Regulation. Wiley-Blackwell, Oxford

Karamanou, I. (2014). The Papyrus from the 'Musician's Tomb' in Daphne: ΜΠ 7449, 8517-8523. Greek and Roman Musical Studies 4, 51-70

Jax, M. (06.02.2020). Studie: 72 Prozent der 0- bis 6-Jährigen im Internet. Saferinternet. https://www.saferinternet.at/presse-detail/studie-72-prozent-der-0-bis-6-jaehrigen-im-internet/[abgerufen am 22.02.2024]

Jha, S. K., Islam, F., Mallick, B. N. (2001). GABA exerts opposite influence on warm and cold sensitive neurons in medial preoptic area in rats. Journal of Neurobiology 48,4, 291-300

Josselyn, S. A., Tonegawa, S. (2020). Memory engrams: Recalling the past and imagining the future. Science 367, 6473, eaaw4325. https://doi.org/10.1126/science.aaw4325

Kahneman, D. (2012). Schnelles Denken, langsames Denken. Siedler, München

Kaku, M. (2021). Die Gottes-Formel: Die Suche nach der Theorie von Allem. Rowohlt, Hamburg

Kaku, M. (2021). Die Physik des Unmöglichen. Die Physik der Zukunft. Die Physik des Bewusstseins. Nikol, Hamburg

Kandel, E. (2018). Was ist der Mensch? Störungen des Gehirns und was sie über die menschliche Natur verraten. Siedler, München

Karoly, P. (2010). Goal systems and self-regulation: An Individual Differences Perspective. In: R. H. Hoyle (Edit.), Handbook of Personality and Self-Regulation. Wiley-Blackwell, Hoboken

Kasperski, F. (18.10.2021). Sorge um die Generation Alpha. Was läuft schief bei der jüngsten Generation? SRF-Generationentalk https://www.srf.ch/kultur/sorge-um-die-generation-alpha-was-laeuft-schief-bei-der-juengsten-generation [abgerufen am 06.02.2024]

Kazdin, A. E. (2000). Encyclopedia of psychology.American Psychological Association and Oxford University Press, Washington

King, D., Consortium, G., Schimmenti, A., Billieux, J., Delfabbro, P., Potenza, M., Achab, S., Beard, C., Grünblatt, E., Montag, C., Perales, J., Brevers, D., Burkauskas, J., Carmi, L., Deleuze, J., Spritzer, D., Kim, H. S. A. (2018). Comment on the global gaming industry's statement on

ICD-11 gaming disorder: A corporate strategy to disregard harm and deflect social responsibility? Addiction, 10,1111/ add,1438

Köhle, K., Simons, C., Böck, D., Grauhan, A. (Hrsg.). (1980). Angewandte Psychosomatik. Die internistisch-psychosomatische Krankenstation – Ein Werkstattbericht. Rocom, Basel

Koutsikou, S., et al. (2014). Neural substrates underlying fear-evoked freezing: the periaqueductal grey–cerebellar link. Physiological Society Journal 592, 2197–2213

Krohne, H. W. (1996). Angst und Angstbewältigung.: Kohlhammer, Stuttgart

Laboda, A. (14.08.2020). Warum wir so oft zum Smartphone greifen. MDR. Medien36OG. https://www.mdr.de/ medien360g/medienwissen/warum-wir-so-oft-zum-Smartphone-greifen-100.html [abgerufen am 06.02.2024]

Lazarus, R. S. (1974). Psychological stress and coping in adaptation and illness. International Journal of Psychiatry in Medicine 5,4, 321–333. https://doi.org/10.2190/T43T-84P3-QDUR-7RTP [aufgerufen am 20.2.2024]

LeDoux, J. (2000). Emotions circuits in the brain. Annual Review of Neuroscience 23, 155-184

LeDoux, J. (2007). The amygdala. Current Biology 17, 868–874

Lesch K. P., Mössner, R. (1998). Genetically driven variation in serotonin uptake: is there a link to affective spectrum, neurodevelopmental, and neurodegenerative disorders? Biological. Psychiatry 44, 179-192

Lesch, H. & Zaun, H. (2017). Die kürzeste Geschichte allen Lebens: Eine Reportage über 13,7 Milliarden Jahre Werden und Vergehen. Piper, München

Lesch, H. (Hrsg.). (2013). Die Entdeckung des Higgs-Teilchens: Oder wie das Universum seine Masse bekam. Bertelsmann, Gütersloh

Levi, L. (1971). Society, Stress and Disease. Vol. 1. The psychosocial environment and psychosomatic disease. Oxford University Press, London

Libet, B. W. (1999). Do we have free will? Journal of Consciousness Studies 6, 8-9, 47-57

Lieb, H. E., Yngvason, J. (1999). The physics and mathematics of the second law of thermodynamics. Physics Reports, 310), 1-96. https://doi.org/10.1016/S0370-1573(98)00082-9

Lombard, B. L. (1986). Events: A Metaphysical Study. Routledge, Milton

Luhmann, N. (2004). Einführung in die Systemtheorie. 2. Auflage.: Auer, Heidelberg

Lüllmann, H.,Mohr, K.,Wehling, M. Pharmakologie und Toxikologie Thieme, Stuttgart, 2002

Magen, E., Gross, J. J. (2010). The cybernetic process model of self-control. In: R. H. Hoyle (Edit.), Handbook of Personality and Self-Regulation. Wiley-Blackwell, Edinburgh

Maier, S. F. (2015). Behavioral control blunts reactions to contemporaneous and future adverse events: Medial prefrontal cortex plasticity and a corticostriatal network. Neurobiology of Stress, 1, 12–22

Maier, S. F., et al. (1995). The dorsal raphe nucleus is a site of action mediating the behavioral effects of the benzodiazepine receptor inverse agonist DMCM. Behavioral Neuroscience 109,4, 759–766

Marsella, S. C., Gratch, J. (2003). Modeling coping behaviors in virtual humans: don't worry, be happy. In: Proceedings of the International Conference on Autonomous Agents and Multiagent Systems. ACM Digital Library, Melbourne

Mason, S. T., Fibiger, H. (1979). Noradrenaline, fear and extinction. Brain Research 165, 47–56

Max-Planck-Institut. (2023). Research: Dunkle Materie. Max-Planck-Institut. Max-Planck-Institut für Kernphysik. www.mpi-hd.mpg.de/lin/research_DM.de [abgerufen am 06.02.2024]

McCormick, D. A., Thompson, R. F. (1982). Locus coeruleus lesions and resistance to extinction of a classically conditioned response: involvement of the neocortex and hippocampus. Brain Researc 245, 239–249

McGaugh, J. L. (2004). The amygdala modulates the consolidation of memories of emotionally arousing experiences. Annual Review of Neuroscience 27, 1–28

McGowan, K., Kane, A., Asarkof, N. et al. (1983). Entamoeba histolytica causes intestinal secretion: role of serotonin. Science 221, 762-4

Millhouse, O. E. (1986). The intercalated cells of the amygdala. Journal of Comparative Neurology 247, 246–271

Mongillo, G., Rumpel, S., and Loewenstein, Y. (2018). Inhibitory connectivity defines the realm of excitatory plasticity. Nature. Neuroscience 21, 1463–1470. doi: 10.1038/s41593-018-0226-x

Mosing, M. A., Zietsch, B. P., Shekar, S. N., Wright, M. J., Martin, N. G. (2009). Genetic and environmental influences on optimism and its relationship to mental and self-rated health: a study of aging twins. Behavior Genetics 39,6, 597-604. doi: 10.1007/s10519-009-9287-7)

Müller, C. (Hrsg.). (2013). Lexikon der Psychiatrie. Springer, Wien

Müller, K. W., Wölfling, K. (2017). Both sides of the story: Addiction is not a pastime activity. Journal of behavioral addictions 6,2, 118–120. https://doi.org/10.1556/2006.6.2017.038 [abgerufen am 16.02.2024]

Musk, K. (2021). Das Ende von allem. Astrophysikalisch betrachtet. Piper, München

Nagashima, K., et al. (2000). Neuronal circuitries involved in thermoregulation. Autonomic Neuroscience 85, 18–25

Nestler, R. (08.04.2021). „Tür zur unbekannten Physik weiter geöffnet": Möglicher Widerspruch im Standardmodell der Teilchenphysik entdeckt. Tagesspiegel. https://www.tagesspiegel.de/wissen/tuer-zur-unbekannten-physik-weiter-geoeffnet-moeglicher-widerspruch-im-standardmodell-der-teilchenphysik-entdeckt/27075780.html [abgerufen am 04.02.2024]

Nikolov, R. P., Yakimova, K. S. (2008). Effect of GABA-acting drugs diazepam and sodium valproate on thermoregulation in rats. Journal of Thermal Biology 33,8, 459–463

Novakid (2022). Generation Alpha: aktuelle Forschungsergebnisse. Novakid, Ort https://www.novakid.de/blog/generation-alpha-aktuelle-forschungsergebnisse/ [abgerufen am 22.2.2024]

Nurse, P. (2021). Was ist Leben? Die fünf Antworten der Biologie. 3. Auflage. Aufbau-Verlag, Berlin

Perler, D. (2006). René Descartes. Beck, München

Peroutka SJ, Howell TA. (1994). The molecular evolution of G-protein coupled receptors: Focus on 5-hydroxytryptaminereceptors. Neuropharmacology, 33,3-4; 319-324

Philipp, G. (2014). Die Evolution des menschlichen Gehirns. The evolution of the human brain. Max-Planck-Gesellschaft, Leipzig. https://www.mpg.de/8953555/mpi_evan_jb_2014 [abgerufen am 22.2.2024]

Pinel, J. P. J. (2011). Biopsychology. 8th Edition. Pearson, Boston

Philoclopedia O.A. (14.10.2017). Die Geschichte des freien Willens. Philoclopedia. https://www.philoclopedia.de/2017/10/14/die-geschichte-des-freien-willens [abgerufen am 06.02.2024]

Precht, R. D. (2012). Wer bin ich – und wenn ja, wie viele? Eine philosophische Reise. 19. Auflage.Goldmann, München

Rahmann, H., Rahmann, M. (2013). Das Gedächtnis: Neurobiologische Grundlagen. Bergmann, München

Ramos, C. J., et al. (2005). Deficiency of ATP2C1, a Golgi ion pump, induces secretory pathway defects in endoplasmic reticulum (ER)-associated degradation and sensitivity to ER stress. Journal of Biological Chemistry 280,10, 9467-73

Reisenzein, R. (2006). Arnold's theory of emotion in historical perspective, Cognition and Emotion 20.7, 920-951, DOI: 10.1080/02699930600616445

Robertson, D. (2010). The Philosophy of Cognitive-Behavioural Therapy (CBT): Stoic Philosophy as Rational and Cognitive Psychotherapy. Karnac, London

Rohen, W. J. (2001). Funktionelle Neuroanatomie. Lehrbuch und Atlas. 6. Auflage. Schattauer, Stuttgart

Ryan, T. J., Roy, D. S., Pignatelli, M., Arons, A., Tonegawa, S. (2015). Memory. Engram cells retain memory under retrograde amnesia. Science 348,6238, 1007–1013. https://doi.org/10.1126/science.aaa5542

Ryan, T., Tonegawa, S. (2016). Rehabilitating Memory. Neuropsychopharmacology 41, 370–371. https://doi.org/10.1038/npp.2015.264

Sah, P., et al. (2003). The amygdaloid complex: anatomy and physiology. Physiological Review 83, 803–824

Salzburger Nachrichten (04.12.2019). Immer mehr Österreicher zocken Videospiele. https://www.sn.at/panorama/medien/immer-mehr-oesterreicher-zocken-videospiele-80195881 [abgerufen am 07.01.2024]

Sangha, S., Narayanan, R. T., Bergado-Acosta, J. R., Stork, O., Seidenbecher, T., Pape, H. C. (2009). Deficiency of the 65 kDa isoform of glutamic acid decarboxylase impairs extinction of cued but not contextual fear memory. Journal of Neuroscience 29, 15713–15720. doi: 10.1523/JNEUROSCI.2620-09.2009

Sauer, F. H., Hennig, C. (2023). Was sind Werte? Values Academy, Birmingham. https://www.values-academy.de/was-sind-werte/[abgerufen am 07.01.2024]

Sawall, A. (13.10.2023). Projekt Kuiper. Amazon-Konkurrenz zu Starlink startet Anfang 2023. Golem Plus https://www.golem.de/news/project-kuiper-amazon-konkurrenz-zu-starlink-startet-anfang-2023-2210-168916.html [abgerufen am 17.01.2024]

Schacter, D. L. (2011). Forgotten Ideas, Neglected Pioneers: Richard Semon and the Story of Memory. Routledge, Milton

Scherer, K. R., Shorr, A., Johnstone, T. (Ed.). (2001). Appraisal processes in emotion: theory, methods, research. Oxford University Press, Canary

Schleper, H. (26.09.2023). Zurück zum Buch: CDU schaut nach Skandinavien.Was ist das? https://table.media/bildung/analyse/cdu-schaut-nach-skandinavien [abgerufen am 22.2.2024]

Schlott, K (25.08.2022). Der angeblich erste Zweibeiner war wohl keiner. Spectrum. https://www.spektrum.de/news/sahelanthropus-der-angeblich-erste-zweibeiner-war-wohl-keiner/2051601 [abgerufen am 16.02.2024]

Schmidt, R. F. (1999). Physiologie kompakt. 3. Auflage. Springer, Berlin, Heidelberg.

Schmidt, R. F., Thews, G. (Hrsg.). (1987). Physiologie des Menschen. 23. Auflage. Springer Verlag. Berlin, Heidelberg

Schönherr-Mann, H. M., Jain, A. K.,Beilhack, M. R. M. (Hrsg.). (2019). Das Unbehagen in der Wirklichkeit: Der philosophische Rau(s)chsalon 2015–2018. Edition fatal, Potsdam

Schorr, A. (2001). Appraisal: The evolution of an idea. In: Scherer, K. R., Schorr, A., Johnstone, T. (Eds.). Appraisal processes in emotion: Theory, methods, research (20–37). Oxford University Press, New York

Schuhmacher, B. (2015). Das Geheimnis des menschlichen Alterns. Die überraschenden Erkenntnisse der noch jungen Altersforschung. Blessing, München

Schuller, D. (2013). Methode zur Beschreibung stofflicher Systeme. Lehrbuch für Naturwissenschaftler. Vieweg, Wiesbaden

Selye, H. (1953). Einführung in die Lehre vom Adaptationssyndrom. Thieme, Stuttgart

Selye, H. (1974). Stress without distress. Lippincott, Philadelphia; New York

Sheldrake, R. (2021). Der Wissenschaftswahn: Warum der Materialismus ausgedient hat. 1. Auflage, überarbeitete Neuausgabe. Knaur, München

Smithonian National Museum of Natural History (03.01.2024) Australopithecus afarensis. https://humanorigins.si.edu/evidence/human-fossils/species/australopithecus-afarensis [abgerufen am 06.02.2024].

Smolin, L. (2019). Quantenwelt: Wie wir zu Ende denken, was mit Einstein begonnen hat. Deutsche Verlags-Anstalt, München

Song, H., Fang, F., Arnberg, F. K., Mataix-Cols, D., Fernández de la Cruz, L., Almqvist, C., Fall, K., Lichtenstein, P., Thorgeirsson, G., Valdimarsdóttir, U. A. (2019). Stress related disorders and risk of cardiovascular disease: population based, sibling controlled cohort study. BMJ (Clinical research ed.) 365, l1255. https://doi.org/10.1136/bmj.l1255

Spielberger, C. D. (1980). Furcht und Angst. In: C. D. Spielberger (Hrsg.), Stress und Angst. Risiken unserer Zeit (63-78). Beltz, Weinheim

Stadler, H., Haye, T. (2020). Johannes von Salisbury. Metalogicon 3,4, In: Kindlers Literaturlexikon. 1-2. Metzler, Stuttgart

Strick, H. K. (01.03.2006). René Descartes (1596–1650): Er verband Algebra und Geometrie Spektrum. https://www.spektrum.de/wissen/rene-descartes-1596-1650/862794 [abgerufen am 11.02.2024]

Tenzer, F. (03.01.2024). Smartphone-Besitz bei Kindern und Jugendlichen in Deutschland 2019. https://de.statista.com/statistik/daten/studie/1106/umfrage/handybesitz-bei-jugendlichen-nach-altersgruppen/[abgerufen am 11.01.2024]

Thews, G. (1987). Lungenatmung. In: R. F. Schmidt & G. Thews (Hrsg.), Physiologie des Menschen. 23. Auflage. Springer, Wien

Tinbergen, N. (2019). Eskimoland: Ein Bericht aus der Arktis. Beck, München

Urban, P. P. (2012). Klinisch-neurologische Untersuchungstechniken. 1. Auflage, Thieme, Stuttgart

Vaas, R. (16.10.2012). „Die verdammte Quantenspringerei". Wissenschaft. https://www.wissenschaft.de/allgemein/ die-verdammte-quantenspringerei/[abgerufen am 23.02.2024]

Vaas, R. (2023). Kontroversen um Universen: Sind Multiversum-Szenarien ein legitimer Teil der Wissenschaft? In: Fink, H., Kuhlmann, M. (Hrsg.). Unbestimmt und relativ? Springer, Berlin, Heidelberg

Varga et al. (2001). Evidence for a role of GABA interneurones in the cortical modulation of midbrain 5-hydroxytryptamine neurones. Neuroscience 106, 4, 783-792

Vianna, D. M., Landeira-Fernandez J., Brandão M. L. (2001). Dorsolateral and ventral regions of the periaqueductal gray matter are involved in distinct types of fear. Neuroscience and Biobehavioral Review 25, 711–719

Vogler, Ch. (26.07.2023). „Stören Unterricht". UNESCO gegen Handys in Schulen. ORF. https://orf.at/stories/3325254/ [abgerufen am 23.02.2024]

Warnke, U. (2013). Quantenphilosophie und Interwelt: Der Zugang zur verborgenen Essenz des menschlichen Wesens. Scorpio, München

Watson, J. B. (1970). Behaviorism. 7th edition.: Norton & Company, New York, NY

Weischedel, W. (2001). Die philosophische Hintertreppe. Die großen Philosophen in Alltag und Denken. DTV, München

Welt.(22.11.2010). Über 300 Tote bei Massenpanik in Kambodscha. https://www.welt.de/vermischtes/ weltgeschehen/article11155241/Ueber-300-Tote-bei-Massenpanik-in-Kambodscha.html [[Abgerufen am 6.2.2024]

Wilczek, F. (2021). Fundamentals. Die zehn Prinzipien der modernen Physik. Beck, München

Wirth, V. J.,Kleve, H. (Hrsg.). (2012). Lexikon des systemischen Arbeitens. Grundbegriffe der systemischen Praxis, Methodik und Theorie. Carl-Auer, Heidelberg

Xueqin, L., Harbottle, G., Zhang, J., Wang, C. (2003). The earliest writing? Sign use in the seventh millennium BC at Jiahu, Henan Province, China. In Antiquity, 77,295, 31–45

Yerkes, R. M., Dodson, J. D. (1908). The relation of strength of stimulus to rapidity of habit-formation. Journal of Comparative Neurology and Psychology 18, 459-482

Zeilinger, A. (2003). Einsteins Schleier. Die neue Welt der Quantenphysik. Beck, München

Zenner, H. P. (1997). Die Kommunikation des Menschen: Hören und Sprechen. In: R. F. Schmidt & G. Thews (Hrsg.), Physiologie des Menschen. 27. Auflage. Springer,, Berlin, Heidelberg

Zhang, W. H., Zhou, J., Pan, H. Q., Wang, X. Y., Liu, W. Z., Zhang, J. Y., et al. (2017). δ subunit-containing GABAA receptor prevents overgeneralization of fear in adult mice. Learning & Memory 24, 381–384. doi: 10.1101/lm.045856.117

Zumsteg, D., Hungerbühler, H., Wieser, H. G. (2004). Atlas of Adult Electroencephalography. 1st edition. Hippocampus, Bad Honnef

REGISTER

EIN HERZ FÜR AUTOREN A HEART FOR AUTHORS À L'ÉCOUTE DES AUTEURS MIA ΚΑΡΔΙΑ ΓΙΑ ΣΥΓΓΡΑΦ
HJÄRTA FÖR FÖRFATTARE UN CORAZÓN POR LOS AUTORES YAZARLARIMIZA GÖNÜL VERELIM SZÍVÜ
CUORE PER AUTORI ET HJERTE FOR FORFATTERE EEN HART VOOR SCHRIJVERS TEMOS OS AUTORE
SZÍVÜNKÉRT SERCE DLA AUTORÓW EIN HERZ FÜR AUTOREN A HEART FOR AUTHORS À L'ÉCOUTE
CORAÇÃO ВСЕЙ ДУШОЙ К АВТОРАМ ETT HJÄRTA FÖR FÖRFATTARE Á LA ESCUCHA DE LOS AUTORES
AUTEURS MIA ΚΑΡΔΙΑ ΓΙΑ ΣΥΓΓΡΑΦΕΙΣ UN CUORE PER AUTORI ET HJERTE FOR FORFATTERE EEN HAI
YAZARLARIMIZA GÖNÜL V SZÍVÜNKÉRT SERCE DLA AUTORÓW EIN HERZ FÜR A
VOOR SCHRIJVERS TEMOS OS AUTORES ВСЕЙ ДУШОЙ К АВТОРАМ ETT HJÄRTA FÖR F

Die Autorin

Aleksandra Dimova, geboren 1956 in
Skopje, Mazedonien, ist Fachärztin für
Psychiatrie und Neurologie. Nach ihrer
Habilitation in Biologischer Psychiatrie
arbeitete sie als Assistenzprofessorin
an der Universitätsklinik Skopje. Als sie
nach Österreich übersiedelte, war sie
in der Landesnervenklinik in Graz tätig.
Danach arbeitete sie in der Sozialpsychiatrie, bis sie
ihre eigene Praxis mit den Schwerpunkten „Angststörungen" und „Depressionen" eröffnete.
Die verheiratete Autorin hat bereits mehrere Bücher
publiziert, darunter den Titel „Schizophrenie" (1998)
sowie „Frühförderung mit Kindern psychisch kranker
Eltern" (2004). Aleksandra Dimova liebt Fernreisen
und Wandern. Sie zeichnet sich durch ihre beharr-
liche Ausdauer aus, mit der es ihr immer wieder auf
geniale Weise gelingt, die verborgenen Zusammenhänge zwischen dem Wunderwerk Mensch, der
Umwelt und der Natur zu erforschen, und dies in ihre
Arbeit mit Menschen zu integrieren.